桥典 桥景 桥趣

中国桥梁文化撷珍

康志保 著

知识出版社

图书在版编目（CIP）数据

桥典　桥景　桥趣——中国桥梁文化撷珍/康志保著.
一北京：知识出版社，2007.11
ISBN 978 - 7 - 5015 - 5436 - 2

Ⅰ. 桥… Ⅱ. 康… Ⅲ. 桥-文化-中国 Ⅳ. U44

中国版本图书馆 CIP 数据核字（2007）第 180363 号

桥典　桥景　桥趣——中国桥梁文化撷珍

责任编辑：韩小群

特约审稿：谭昌富

封面设计：云飞扬

出版发行：知识出版社（100037　北京阜成门北大街 17 号）

排　　版：北京录文通科贸发展有限公司

印　　刷：廊坊市佳艺印务有限公司

开　　本：787×1092 毫米　1/16 开

印　　张：21.375

字　　数：370 千字

版　　次：2007 年 12 月第 1 版

印　　次：2007 年 12 月第 1 版印刷

印　　数：1 - 4000 册

ISBN 978 - 7 - 5015 - 5436 - 2　　　　定价：52.00 元

武汉长江大桥

铜陵长江大桥

一桥飞架南北，天堑变通途。

天堑通途

南京长江大桥

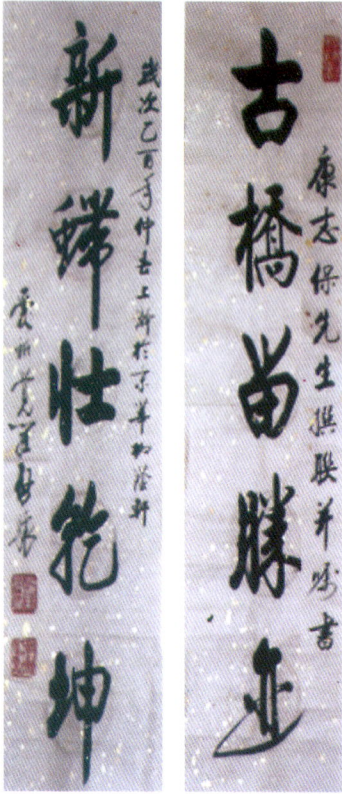

康志保先生撰联并嘱书

古桥留胜迹
新蝶壮乾坤

康志保　　撰联
著名书法艺术家
爱新觉罗·启骧书

万象生辉

北京卢沟桥

苏州宝带桥

周庄南湖桥

广东虎门大桥

河北赵州桥

山西丹河桥

上海卢浦大桥

水从碧玉环中过
人在苍龙背上行

元·刘百熙　联
著名书画家 米南阳　书

蟠螭垂虹

扬州二十四桥

扬州五亭桥

北京玉带桥

园林着锦

玉宇琼楼天上下　　方壶员峤水中央
清·赵翼　题金鳌玉蝀桥联
中国楹联学会会长孟繁锦书

北京十七孔桥

园林着锦

广西程阳桥

浙江泰顺北涧桥

浙江泰顺溪东桥

重瓴联阁怡神巧
列砥横流入望遥

郭沫若　诗联
中国楹联学会副会长常治国　书

雕梁画栋

甘肃灞陵桥

太原十字桥

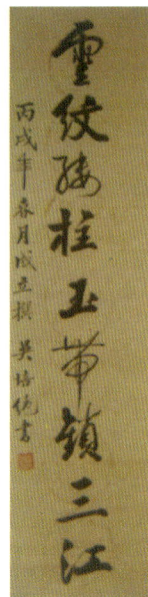

河北桥楼殿

巧夺天工

鱼沼飞梁悬天盘十字
云纹缕柱玉带锁三江

成　立　　撰　联
著名书法家吴培纯　书

绍兴八字桥

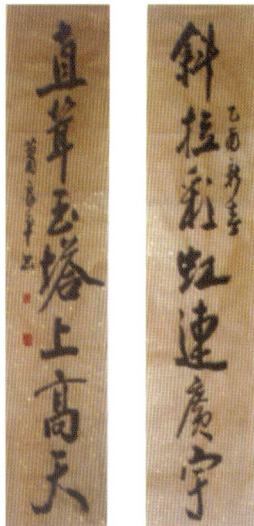

苏通大桥

斜拉彩虹连广宇
直耸玉塔上高天

巫祖才　　撰　联
著名书法家　萧良平　书

洞庭湖大桥

厦门过街桥

银弦金曲

润扬长江大桥

四川泸定桥

厦门海沧大桥

江阴长江大桥

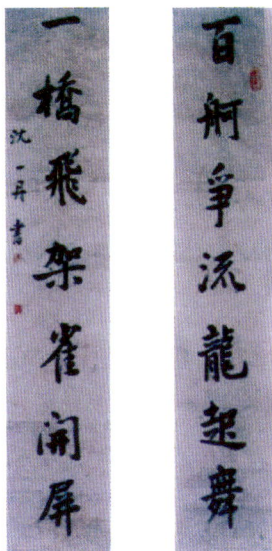

百舸争流龙起舞
一桥飞架雀开屏

郑举 撰联
全国青联委员
青年书画家 沈一丹 书

天琴落地

广东虎门大桥

北京四元桥

弯弯曲曲高低路
叠叠重重上下桥

北京天宁寺桥

弯弯曲曲高低路
叠叠重重上下桥

季复春　撰联
青年书法家　刘月忠 书

山东小许家桥

蟠龙飞虹

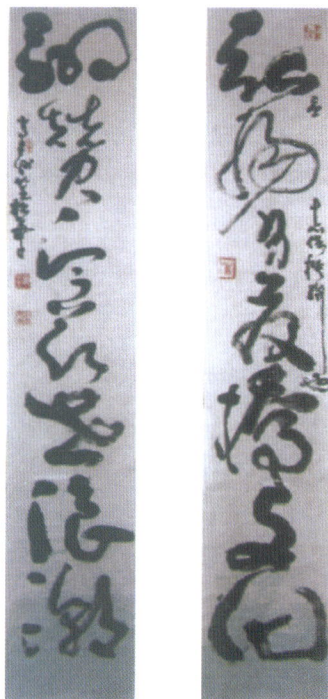

弘扬有夏桥文化
翊赞今兹世浪潮

康志保　撰　联
中国楹联学会副会长高寿荃　书

勇于创新

本书摄影：张　俭　吴卫平　杨秉政
　　　　　李士昕　项秉康　欧阳彪
　　　　　刘长山　康志保　袁冬平
　　　　　赵　伟
篆　　刻：米正阳　刘铁峰
电脑排版：赵洛冰　张　晖

南京长江三桥

上海南浦大桥

鄱阳湖大桥

序　言

罗哲文

　　半个多世纪以来，我由于工作的关系，经常奔走于祖国大地。在中华壮丽河山、优美名胜古迹和琼楼杰阁之间，处处都被那些雄伟壮观、造型优美、装饰富丽的新老桥梁所吸引，并为之倾倒，留连忘返。更由于我是从事古建筑(包括近代代表性建筑)的保护和研究工作的，与这一"人间彩虹"的建筑类型——桥梁，结下了浓厚的感情。记得在 1952 年为了抢救保护的需要，开始对我国乃至世界著名的赵州大石桥(安济桥)进行勘查测绘，1953 年从桥下发掘出隋代雕龙栏板，直到大桥修复竣工，我都参加了工作。60 年代初，为了修复泉州宋代安平桥(五里桥)多次来回奔走。1963 年和北京市文物工作队的同志为了制作国家文物保护单位卢沟桥的"四有"工作档案，终于数清了卢沟桥的石狮子的数目，解开了一直传说着"卢沟桥的石狮了　　数不清"之谜。可以说，半个多世纪以来，每到一地，必拜名桥，即使是现代名桥也是如此，如对武汉长江大桥、南京长江大桥等的设计兴造施工，也都寻求机会前往参观，因而对古今名桥产生了浓厚的兴趣，结下了不解之缘。除了到实地参观瞻仰了名桥之外，对于桥的历史资料、介绍文章，我也十分爱好阅读和收集，有关问题也乐于探讨。

　　然而，由于我国桥梁的历史文化、工程技术、民间传说等方面的内容十分丰富，在许许多多地方仍然有不解之谜。如像福建漳州江东桥，200 多吨一根的大石梁，在八百年前是如何开采、运输，以至如何架设到水深湍急的江上去的? 茅以升先生生前费了许多思考，仍然未能解答。茅老也曾嘱我为之收集过这一古桥奇迹的有关资料，力求解答这一问题，至今未能完成这一任务。在许许多多古桥奇迹得不到解答的时候，人们只好把它归于鲁班了。如赵州桥的"制造奇特，人不知所以为"，便解答为"鲁班爷修"了。

　　桥，不仅满足了江河飞越、洞壑横跨、楼阁通联等等交通往来的需要，

1

而且在建筑造型、艺术装饰、雕刻绘画等等方面，都有着很高的成就。古往今来，不知有多少圣哲先贤、骚人墨客，为之立碑树传、泼墨挥毫、赞颂吟唱，留下了不朽的名句名篇。如描写桥梁身影的"长虹饮涧"、"初月出云"、"彩练横空"；描写隋代赵州桥龙兽栏干栏板的"蟠绕挐踞，睢盱翕欻，若飞若动"。至于近代伟人毛泽东同志赞咏武汉长江大桥"一桥飞架南北，天堑变通途"的豪迈辞章之后，在长江、黄河、湘江、珠江、淮水等江河海湾之上，不知又有多少大桥飞跨，城市之中高楼大厦之间，大道交衢之上许许多多飞廊复道，立交桥日新月异，使许多天堑变成了通途，频繁交通得到了利济。

由于桥梁的通连利济的作用，人们又把它引申为各种交往联谊的意语。如促进友谊的桥梁，沟通心灵的桥梁，通向各种理想的金桥等。我国古代神话中，天上的牵牛、织女到"七夕"的时候连喜鹊也来搭桥，称之为"鹊桥"，以完成一年一度的相会。古今桥梁的历史文化、科学技术、轶闻趣事、民俗风情等等的内容非常丰富，也是许多人所关心的事。

今有《中国交通报》康志保同志，利用工作之便，逢桥必览，并注意搜集材料，撰写文章，经常发表；他还注意从各类报刊书籍中辑录有关桥的文章，十年有余，编成了《桥典 桥景 桥趣——中国桥梁文化撷珍》一书。这是一部展现我国灿烂的桥梁文化知识小品类的读物，把有关桥的各个方面的知识内容几乎都网罗进去了。书内文章，文字生动活泼，通俗易懂，叙述深入浅出。可在工间班前、茶余饭后、旅途之中以及其他点滴时间，随处都可读上一两篇。不用冥思苦索，劳神费力，在轻松愉快中便能获得一些有关桥梁的知识趣闻，也可作为桥梁爱好者欣赏参考的材料。

康志保同志知我是桥的爱好者，与桥结下了半个世纪的深厚情缘，志同道合，同为桥迷，特将文稿送我，并嘱我写一个序言。至于书中的丰富内容，趣闻轶事，还请读者自己阅览，在此不作多赘，是为序。

2002 年 12 月 12 日

概　述

　　优秀的桥梁建筑是永恒的艺术,是一种文化的代表。中国桥梁文化的繁衍和积淀有着数千年的历史,形成了一条长长的、丰腴的"桥文化链",是一部读不尽的诗章与画卷。

　　桥,是路的延伸,是水上梁、空中路、陆上节点。它飞架于江河湖海之上,跨越于沟壑山谷之间,盘旋于交通要道之中,点缀于园林庭院之内。它们有的雄伟壮观、有的挺拔傲岸、有的玲珑剔透、有的曲曲弯弯。它凝聚着中华民族的智慧与汗水,闪耀着科学技术的光辉,体现着人类对自然的适应;它连接着历史、现实与未来,反映着社会发展的轨迹。

　　桥,缩地节时,行人载物,安全便利,顺畅交通,改变了人类生活。因为有了桥,跨河过江才不靠泅渡、溜索、船筏等工具。桥,从古至今,对于国计民生,都起着重要的作用,促进着社会的发展。

　　桥,是创造者的丰碑,记录着劳动者的艰辛;桥,是智慧的官殿,展现着精湛的技艺;桥,是精美的工艺品,是激情的赞美诗;桥,是优美的风俗画,是令人神往的景观,是千古吟诵不绝的宝典。几乎每一座桥都有着深厚的文化底蕴。

　　桥,是引人入胜的历史华章,是石头、木头、钢铁、水泥等材料筑成的史书,是时代与地域的标志。桥,是镌刻在大地上的雕塑,是传世久远的标识,其自身的灵通与优美环境的融合,构成了醒目的胜迹;即使桥梁已经废圮,也留下了一个地名,让人们追忆着那个时代的逸事。由景识地,赏景阅史,遐想涟漪。

　　桥,是杰出人物演绎的舞台,记载着惊天动地的事件,彰显着历史的业绩。桥,不断引发着文学的灵感,给文人骚客带来了创作的天地,而文学又升华着桥的艺术境界,文人们也为桥写下了无数的讴歌诗篇。

桥，常常被引伸到许多领域的关系，表达着人们的意愿、信奉、志向，甚至是作为一种精神和心灵上的依托和鼓舞。许多比赋寓意深刻、富于哲理，堪为名言典章。

桥，有沟通两岸的作用，它很自然地被用来象征、比赋、隐喻和引伸的到婚恋上来。同时，也象征着交流与结合，因而演绎出许多浪漫、悲怆的婚恋故事，令人荡气回肠，萦绕不绝。

我国被誉为是世界桥梁博物馆，在历史上和当今，都有着惊人的辉煌。改革开放以来，桥梁建设飞速发展，正在由桥梁大国走向桥梁强国，一座座规模大、科技含量高的新兴桥梁不断建成，一批批具有创新能力的科技英才喷涌出现，桥苑一派繁荣景象。

灿烂绚丽的桥梁文化，有着说不尽的审美情趣，有着深刻的哲理，有着科学创新思维。让我们去领略，去体味，去创新！让桥梁文化的百花园耕耘得更加灿烂光辉！

万象生辉　刘铁锋刻

目　　录

一、名城与桥

京华古桥留胜迹

北京有 3000 多年的建城历史,作为历代都城近 800 年,有着丰厚的文化积淀和众多的历史遗迹,留下了许多古代桥梁。据资料显示,解放初期不含园林、宫府、庙宇的桥梁在内,尚有元、明、清时期的大大小小街道上的桥梁 100 多座。随着北京城的建设,对道路的扩宽改造,将明河改为暗沟或填沟河修路等,许多古桥被拆除,有的被埋在了地下,只留下了一些以桥命名的地名。已知整体被埋在地下的桥梁有 12 座,地上完整保存下来的桥梁有 10 余座。当然,新建的桥梁数目远远超过古代。不过,北京的古桥都是可读的历史,是地地道道的北京文化,许多桥有着浓厚的"帝王"、"官宦"色彩,也有着民间的趣事与传说。

北京城内现存最老的古桥——万宁桥 这座单孔石拱桥,位于北京鼓楼南面,地安门外大街与帽儿胡同交界处,又称地安桥,俗称后门桥。

1266 年,当忽必烈决定废弃金中都旧城,另建大都新城时,就以什刹海为核心,在其东岸规划出一条中轴线,这条中轴线与什刹海的切点就是现在的后门桥处。这座桥始建于 1285 年,桥长约 34.6 米,宽 17 米,拱高 3.5 米。桥上的火焰状方形望柱、云纹瓶形镂空栏板,现均已斑驳有残。全桥共有六组 10 只镇水兽,最为生动的是在东西两侧的石泊岸上的两对,似龙似狮,栩栩如生,专注地监视水情。一般镇水兽只见头不见尾,而这两对却能见到全身。在封建社会,百姓为了祈求平安,常常是靠神兽的力量镇压洪水。这座桥的规模不大,只为卢沟桥的十分之一,但在元代它的作用却相当巨大。当时它是连接和扼守大运河与积水潭的水上码头的枢纽。桥下有大水闸,通过提水放闸,使大运河北上的粮船驶入大都水港,是大都进粮的"咽喉"。后来由于河道淤塞,桥也破败,直到 2001 年后重修,才恢复了原貌。

雍容华贵的金水桥 金水桥，象征着皇权，有过天界河汉之意。帝王君临天下，一统海内外；臣民按等级过金水桥，朝圣天子。所以，它建得雍容华贵，大气磅礴，庄严肃穆。

金水桥有内、外金水桥之分。外金水桥在天安门、劳动人民文化宫、中山公园的前面，有7座三孔拱圈式石桥（天安门前5座，劳动人民文化宫和中山公园前各一座）。这些桥造型优美、庄严华贵、贯通南北，与挺拔玉立的华表、威武雄壮的石狮子相配，使气势恢弘的天安门更加巍峨壮观，是紫禁城建筑完美的点睛之笔。内金水桥在午门内、太和门前面，是5座并列的单孔拱圈式石桥。其造型雍容华贵、雕栏玉砌、壮丽典雅。中间一座为主桥，在5座桥中最宽、最长、最高。桥面净宽6米，全长20米，两侧栏杆28根，栏板26块，望柱上雕刻着飞云蟠龙，工艺精美。两侧的4座桥为宾桥，它比主桥稍低，桥面净宽5米，长度为17米。天安门前的金水桥之美，在全国古桥中是独一无二的。首先是造型美，由5座桥科学地组合在一起；其次是构造美，体现在栏板望柱头上，中桥是蟠龙柱头，其他4座是蕊形，俗称桃形。上边雕线细致、讲究，微观和宏观上看都很美。每座桥上每侧有望柱12根，从侧面看，5座桥串起来，10根望柱成一线，共12排；从正面看，每座桥八字栏杆，组合起来成为凤凰展翅的形状；从天安门上往下看，5座桥之间有4个空间，像正在行驶的四条船；如果从空中俯视，5座桥的整体平面也很壮观，中间宽，两头窄，似元宝形；从结构上看，5座桥下面的对应孔拱高、跨径相等。因此，如果从远处看，只能看到一个孔径，但从近处看，则5孔成串，由不同长度的八字栏杆形成5座桥的不等长度，中间桥最长，两边的4座桥递减。

内外金水桥最能体现皇权与等级。中间的一座桥建在故宫的子午线上，被称作"御道桥"，是专供皇帝使用的。御道桥两侧的两座桥称作是"王公桥"，是宗室亲王通过的；王公桥左右的，称作"品级桥"，是三品以上文武官员行走的；太庙（今为劳动人民文化宫）和社稷坛（今为中山公园）门前的桥称为"公生桥"，是四品以下官员过往的。现在，这一切都成了历史。在中华人民共和国的成立大典上，朱德总司令走下天安门，健步通过金水桥，驱车检阅了三军部队，开始了中华民族的新纪元。

闻名天下的天桥 有人问："天桥没有桥为什么叫天桥？"其实，闻名天下的天桥，过去不仅有桥，而且还是不一般的桥，那是一座规模宏大壮观的大石桥。桥的地点在前门大街南口，天桥南大街北口，永安路东，天坛路西口的十字大街的中间的南中轴路上，约建于明代景泰年间。是聚集了很多能工巧匠，用汉白玉石料精雕细凿成的大石桥。

因为石桥位于前门与永定门之间的南中轴路上,明清两朝的皇帝去天坛、先农坛祭祀途中必经此路,这座桥供皇上使用,皇帝亦称天子,天子所过的桥,就被称为天桥。人们俗称前门为龙头,天桥为龙鼻子,桥东西的河沟称为龙须沟。这些都体现着皇权。

当年的天桥,站在桥北,往南看不见永定门,站在桥南,往北看不见前门。前门箭楼九丈九,是当年最高的建筑,可见石桥的高大雄伟。

据记载,早在元朝后期,天桥附近就出现了饮食业和经营旧货的市场,明朝后逐渐成为热闹的景区。清末逐渐形成民间艺人集中演出的场所,经常有各种戏剧、曲艺、杂技、木偶戏、武术等,在简陋的棚子里或摆地摊演出。清末和民初时,每逢杀了犯人后,将人头挂在桥头的杆子上示众。

民国十八年(1929),因当时为通电车、修马路,才把天桥拆平,把桥下的龙须沟改为暗沟。桥虽然拆平了,但保存了两边的汉白玉栏杆,一直到民国二十三年(1934),在拓宽前门到永定门的街道时,才将天桥的汉白玉栏杆拆掉,直到今天。天桥的桥没有了,但天桥的大名,一直流传到今天……

廉吏建起的朝宗桥 朝宗桥位于昌平沙河镇北的北沙河上,俗称北大桥。这座桥建成于明正统十三年(1448),为7孔连拱石桥,长130米,宽13.3米,中间高7.5米,中孔跨径8.2米,桥上有石栏杆53对,是一座稳固结实的大桥。明朝皇帝为了到明陵(今称十三陵)祭祀祖宗,修起了沙河南桥和沙河北桥,南边的桥称作安济桥,北边的桥称作朝宗桥,两桥相距2.5公里。朝宗桥不仅是谒陵的必经之路,而且是控扼八达岭关隘的要道,与锁控通州粮道的永通桥(八里桥)和扼中原通道的广利桥(卢沟桥)合称为拱卫京师的三大桥。朝宗桥所以出名,还有一段扬廉斥贪的故事。传说,一位明朝皇帝命令两位大臣各监修一座桥,资金与工期相同,先完工者加官授奖,延误工期者斩首。主修南桥者,偷工减料,不顾质量,提前完工,得到了皇帝的嘉奖。主修北桥者,认真负责,注重质量,虽然投资都有一点超过,桥也按期建成,但皇帝一怒,下命斩首。可没过几年,洪水暴发,南桥被冲垮,北桥却安然无恙。这时皇帝方才醒悟过来,于是斩了贪官,为廉臣平了反。御笔题写了"朝宗桥"三个大字,刻碑立于桥头。石碑高4米余,宽1.1米。这座桥历经洪水冲击和车辆碰撞,仍然稳固如初。1937年7月侵华日军曾炮击大桥,现在还留着碗口大的疤痕,铭刻着侵略者的罪行。现在,这座桥已经"退休",有新桥代替。

京华古桥奇趣多

在北京的古桥中,不仅有雍容华贵的金水桥,雄伟壮观的卢沟桥,多姿多彩的园林桥,而且也有很多饱含浓郁的民间色彩和丰富趣味的桥。

八里桥的"长" 这座桥与半步桥,被相声演员作为包袱进行演绎,说:最长的桥是北京通县的八里桥,它有 8 里长;最短的桥是半步桥,只有半步长。虽然这都是噱头,但是它使两座桥的知名度大为增加,并在民间留传。

八里桥位于京城东部,因距通县城关八里,故得名。它架设于通惠河上,是明清时南粮经运河漕运进京和清廷到遵化东陵谒陵必经之桥,故倍受官府的重视。该桥建成于明正统十一年(1446),因祈望永远通顺,起名永通桥。它是一座 3 孔拱圈石桥,宽 16 米,桥总长 50 米。八里桥的中间拱圈比两边的拱圈要高出一倍多,便于粮船通过,因此,有"八里长桥不落桅"的说法。桥面两侧各有 33 根石望柱和 32 块实心栏板,望柱顶端石狮子千姿百态,栩栩如生,桥头还置有镇水兽。该桥的长度比卢沟桥短 200 米,比"天下无桥长此桥"的福建泉州安平桥要短 2000 多米,因此,算不上是最长的桥。

八里桥所以出名,还由于在八里桥一带曾发生过激烈的战斗。1860 年 9 月,英法联军攻占天津后又入侵北京,驻守在八里桥的清军顽强抵抗,给侵略者以迎头痛击。但大刀长矛难敌洋枪洋炮,清军大败。法军将领蒙特班竟被封为"八里沟伯"。1900 年,义和团将士又在八里桥畔与八国联军浴血奋战,使这座桥更是名扬中外。

半步桥的"短" 半步桥是一座很有趣的桥,位于外城右安门内,其原址是在半步桥胡同 20 号屋的西北角。顾名思义,它桥体不大,但还不至于仅有半步,也不是一座正规的桥。有专家学者对它进行了考证:这里在清朝末年时还比较荒芜,坟地杂草丛生,当时,有两家农户共用一口水井种菜,并在北边史姓农户家菜田里。南边郭姓农户浇菜时,需从井里打出水以后,通过一条小水沟流向郭家菜田。为了行人方便,避免车辆轧坏水沟,就在水沟上放了两块约半步的墓碑石(也有说是在小水沟的上面搭了块门板似的木板),这就是人们称作的"半步桥"。还有一种传说:半步桥原是京师第一监狱北面一条明沟上几块石板。因带脚镣的犯人只能半步而行又常从此通过,所以才得名"半步桥"。如此种种,使这个小桥传说的内容更为丰富。后来,这里的居民逐步增加,形成了"半步桥胡同"。解放后,这一带建起了电业局宿舍,定名为光源里,又建起了电报局宿舍,称作信建里,小小的半步桥胡同被住宅楼掩藏起来。在胡同西口新开了一条南北大道,命名为"半步桥街"。半步桥这个地名,已有百年以上的历史。而半步桥胡同、光源里五巷、信建里、半步桥街等,都属半步桥范围。

高粱桥的"趣" 这是一座有着史迹、景观和神话色彩的桥,位于现在西直门立交桥西北百余米处,建在长河的东端,因长河古时称高粱河,故把这座桥也称作高粱桥。该桥始建于元代,距今已有 700 多年的历史。原是一座闸桥合一的单孔石拱桥,桥长 19.4 米,宽 6.2 米,用青白石砌筑,有 10 对方形望柱和 9 块栏板,雕刻精细,历代对其均有修葺。1982 年,由于长河下游改为暗河,遂将原高粱桥拆除,向北移位重建,并将桥面加宽、坡度调缓,改造成了一座桥下无洞的"模型桥"。

高粱桥因民间神话使它在京城家喻户晓。这个神话也有不同的版本,大意是说:明代宰相刘伯温奉命规划建设北京城,惹恼了龙王和龙母,他们把北京(当时叫幽州)的水装在两个水篓子里放在推车上运走,刘伯温派大将高亮去追赶,终于把水篓子扎破把水留了下来,这就是高亮赶水的故事。从此高亮的名字传遍了北京城,于是人们把长河就叫做高亮河,河上所建的桥就叫高亮桥。时间一长,人们以讹传讹,就把它叫成了高粱桥。明清时,高粱桥一带十分繁华。站在西直门城楼上远眺高粱桥,长河似玉带,白桥跨碧水,绿荫藏酒肆,古刹连西山。近观高粱桥:桥下柳浪飞燕逐清波,桥上行人车马如穿梭。桥北曾有一座娘娘庙,每年阴历四月初八,久不生育的女子带上酒果食品到娘娘庙求子,并在桥边赏玩,是一处游玩的场所。🌉

绚丽多姿的北京立交桥

在世界上,没有任何一座城市像北京有这么多立交桥,到 2006 年时达到近千座,且绚丽多姿,堪称是立交桥的博物馆,形成了一个个新的景观,真是:"古都添新景中外瞩目,长街起彩虹百态千姿"。一位摄影家从空中惊异地发现,能与故宫、天坛媲美的不是那些高楼大厦,而是立交桥。它们有的雄伟壮观、有的玲珑精巧、有的古朴典雅、有的明快华丽。有的呈苜蓿叶形,如建国门桥、广渠门桥、安华桥等;有的呈上环形,如德胜门桥、安定门桥、朝阳门桥等;有的像蝴蝶、蜻蜓形,如玉蜓桥、四元桥等;有的似菱形,如菜户营桥、安慧桥等;有仿树叶形的,如分钟寺桥等;有近似喇叭形的,如东便门桥等;有的是综合型,如天宁寺桥、四惠桥、五元桥、五方桥等。

总之,北京的立交桥是形式多样,风韵别致,美观大方,直行、转弯、定向,功能齐全,不仅大大方便了交通,也给北京添景增美。在环线上的立交桥像颗颗珍珠缀成了串串精美的项链。

北京的立交桥可以说是随形就势,风采各异。如复兴门立交桥,其特点是典雅壮观。它建成于 1974 年,是北京也是我国第一座全苜蓿叶形的互通式立交桥,由于是建在长安街的西端,因而就被格外加以装饰。桥壁用的是红褐色花岗岩,据说是建造人民大会堂时剩下的石材。栏杆是用灰褐色花纹的大理石筑成,看上去十分美观。而建国门立交桥,由于东面靠近使馆区,在造型上就注意简洁明快,又因靠近古观象台,就没有用挡墙,而是用了放土坡的办法,种植了草皮,形成绿色立交。东便门城楼旁的东便门立交桥,其人行梯采用了古色古香的汉白玉栏杆。北京的每一座立交桥都因周围的建筑、景观、道路、交通量等因素,在造型上各有不同。其中,最具中国特色的是机动车、非机动车、行人各行其道的建国门桥、安慧桥。

外国的立交桥实际是汽车行驶的桥,而我国是一个自行车王国,以自行车为交通工具的状况还要延续下去,因此需要解决自行车与行人的行驶和转弯的问题。建国门立交桥就是一座快慢车分行三层的拉长苜蓿叶形的互通式立交桥。它是利用三座桥六个洞从空间上把机动车与非机动车分隔开来,即在上下两层机动车通道之间的中层修成了自行车环形道,同时也把行人与机动车隔开来,既保证了机动车的正常行驶,也保证了自行车与行人的安全,比平交道路通行能力增加了 3 倍。即使像建在高速路与四环路之间的四层大规模立交桥——四元桥,它的一层也是环绕的非机动车道。对于这种中国特色的立交桥,美国和日本的桥梁专家也认为是中国的一个创造。

建筑是科技与艺术的有机结合,修建在城市的立交桥是城市景观的一个亮点,在坚持实用与安全的原则下,刻意求美是设计师的追求。坐落在南二环路、蒲黄榆路、南护城河之间的玉蜓桥,连续跨越二环路、京广、京山铁路和北滨河路,共有 8 座跨河桥、6 座匝道桥、4 座通道桥、3 座铁路桥涵,组成一个庞大的桥群,造型俏丽飘逸,恰似一只白玉琢成振翼欲飞的蜻蜓。在面向天坛东路展开的两个匝道,组成了两个近似椭圆的蜻蜓前翼,而通向蒲黄榆路的匝道与通道恰如蜻蜓的两个后翼,设计者显然是运用了对称平衡的美学原则,达到平面视觉与立体布局上的和谐统一,给人以流畅愉悦的感觉。

北京立交桥的另一个特色就是注重环保,并形成景观。苏州桥、分钟寺桥等都建有隔音墙,20世纪末修建的中关村立交桥采取了路堑的办法,以减少噪音。建桥时尤其注重绿化,使立交桥区成为了一座座优美的公园。建筑在亚运村地区的安慧立交桥是一座二层机动车、非机动车与行人分道和转向的拉长菱形立交桥,其巧妙之处在于通向四环路的快速直行道下加了两个通道洞口,使非机动车可以行驶与转向,用二层立交达到了三层的效果。整个设计舒展、流畅,又兼着意绿化,同西北侧的五洲大酒店相互映衬,成为了进入亚运村地区迎面的第一景观。每到盛夏,进入桥区都有一种凉爽的感觉,于是很多人都来纳凉拍照。

五环路上的立交桥涵盖了北京所有桥型,而且绿化工程规模宏大,是按照百米绿化带的目标进行建设的,形成点线结合、多数量、多层次、多色彩的生态景观,是一条艳丽的大花环。五方桥的绿化独具匠心,从空中俯瞰,桥区周围的绿化以足球为主造型,体现了五环路奥运大道的特点。

北京的立交桥还有一个奇观,就是桥中有古树。在天宁寺立交桥上行驶时,你会发现在桥的中间有一棵大槐树,它不是飞来之物,而是一棵有300年树龄的古树。设计者和决策者都一致认为,可以用巨资建一座桥,而用多少钱也买不来一棵古树。于是,几易设计方案,保留下这棵古树。实际上设计者是在桥面上开了一个大口子,在桥底用水泥做了一个通气的“大花盆”,大树从桥底拔地而上,好不壮观。1994年在建公主坟立交桥时,对桥区的古树进行了一棵一棵的测量,设计者先把古树在图纸上定位,然后再从桥梁选型上使古树得以保存。20世纪末重建西直门立交桥时,在辅道上又遇到一棵编号古槐,它目睹了西直门沧桑历史,同样是“老佛爷的眼睛——动不得”,辅道只好绕行。这种奇观在全世界的立交桥中也是比较少见的。

对于千姿百态、绚丽多彩的北京立交桥,一位《北京晚报》的老报人吟诗道:“远望长虹卧波,近看盘龙引梭;蝶舞蜓飞景美,人流车潮似河。”由名家闫肃、冯世金创作的、著名歌唱家蔡国庆演唱的《北京的桥》中唱道:三元桥蝴蝶飞天外/安贞桥明珠绕花台/立交桥修得特别快/你就数哇数哇/怎么也数不过来! 🌉

天津的活动桥

近代,我国修建的活动桥数量较少,较早的几座主要集中在天津市区内。其中有公元 1888 年修建的金华桥,1903 年修建的金刚桥,1906 年修建的金汤桥和 1926 年修建的万国桥等。1985 年,新建了一座升降式的活动桥——海门大桥。中国著名桥梁专家茅以升先生曾经说过,几乎全国的开启式铁桥都集中在天津,这不能不算是天津的一个"特产"。

天津临渤海,是海河五大支流汇合处,是我国北方最大的港口城市。1860 年辟为商埠,后被英、法帝国主义者强行租借。所以,天津的活动桥多为外国人设计与施工,它为我们留下了一份"洋为中用"的遗产。

西式浮桥金华桥 这是中国最早的近代开启式铁桥,于 1888 年在天津直隶总督行馆前的南运河上建成,其前身为"北浮桥"。康熙九年(1662),北岸两侧建起了天津钞关,主管往来货物税收。那时是摆渡,1716 年新建了钞关浮桥,位于南运河上,北连河北大街、南接北门外大街,也是通往京师的要道。1888 年,在李鸿章的主持下,英国人设计了天津第一座西式浮桥,命名为"金华桥"。

金刚桥变成彩虹桥 金刚桥是一座历史悠久的纯用铆钉铆起来的钢铁浮桥,可从中间抬升。始建于 1922 年,可惜于 1981 年被拆除,并在旧桥墩上新架了一座钢制便桥,因上部有两道弧拱,市民们称之为"彩虹桥"。

解放军会师金汤桥 金汤桥原为浮桥,1906 年改建为钢桥,起名"金汤桥",是天津市早期建造的大型开启式钢桥。在著名的平津战役中,中国人民解放军东西两路主攻部队于 1949 年 1 月 15 日凌晨在此桥胜利会师,因此该桥是天津解放的象征。

金汤桥全长 76.4 米,宽 10.5 米,跨径组合为 20.3+35.3+20.4 米,主桁架为双腹杆类型,上弦呈曲线,纵横梁木桥面板,下部结构为实体墩身。1970 年进行了大修,全桥顶升 1.2 米,停止了开启设备,桥面更换成混凝土板。2005 年重新进行了整修,加固修复了严重锈蚀损坏的局部构件,恢复了横向旋转开启功能。在大型船只通过时,以 2 号桥墩作为支点,其 80 吨左右的旋转跨进行 90°的旋转,平行于河道方向,使船只顺利通行。金汤桥是目前内地唯一的三跨平转式开启钢结构桥梁,平常只作为步行桥使用。

桥名多变的解放桥 解放桥位于天津市中心,在天津站对面海河之上。桥长96.7米,宽19.5米,共分为三孔,中孔47米,双叶立转式开启,与金刚桥类似,所不同的是在桁架下弦近引桥部分背贴一固定轨道,开桥时活叶桁架沿轨道移动开启,以便通航时有更大的空间,因此其使用效果比金刚桥要好很多。它的原址上曾有一座老龙头浮桥,建于1904年;1923年因老桥上车辆经常堵塞,石砌桥墩又影响轮船通过,法国政府提出改建。竞标单位有17家、设计方案有三十多个,于1926年建成,耗资190万两白银,历时3年。这座桥位于法国租借范围内,故称为法国桥;又因法、德、中多国参建,也称"万国桥";1948年,曾以蒋介石的字命名为"中正桥";天津解放后遂改为解放桥。仅桥名就刻着一个个历史的痕迹。

目前,管理部门尚保存着一套完整的施工图纸,开启设备也比较完好,始终保持每年或隔年试开一次。测定可通过50吨拖车,目前限制荷载20吨。又因海河市区段已无通航巨轮的要求,一般不再安排使用。

海门大桥 1985年,在天津市在塘沽区河北路的海河上,新建了一座我国最大的钢结构直升式城市开启桥。桥的总长度为903米,桥面宽18米,两侧引桥各9孔,为跨度16米的预应力钢筋混凝土空心板梁。主桥5孔,为下承式栓焊钢桁架,其中通航孔跨径64米,两端建有高45米的提升钢塔,塔上装有两组提升机和电器控制系统。平时桥上车辆可正常通行,桥下可满足四级航道的通航要求,如有大船从桥下通过,管理人员只要按动电钮,3分钟内即可将重达630多吨的桥面再升高24米,使桥下通航净高达到31米,比武汉和南京长江大桥都要高,保证5000吨级的海轮安全通行。由于这里过往的大船数量较少,桥上的交通量也不很大,这座活动桥目前还是很适用的。同时,也为我们了解和研究活动桥的利弊及适用范围,提供了实物和条件。

天津市的活动桥梁,为各具特色的桥文化增添了丰富的色彩。 🌉

说不尽的南京古桥轶趣

南京是历史文化名城。建城近2500年之久,曾是六朝盛地,十代名都。它是我国东南的形胜之地,也是山水名区,文物旧邦。人们钟情于古时留下的许多胜迹,桥梁也在人们追索寻访之中。

因诗名扬的朱雀桥 在说到南京的朱雀桥时,许多人都会随口念出唐朝诗人刘禹锡《金陵五题》之二的《乌衣巷》:

朱雀桥边野草花,乌衣巷口夕阳斜。

旧时王谢堂前燕,飞入寻常百姓家。

诗人以沧海桑田的感慨,留下了历代传诵、脍炙人口的名句,也使朱雀桥名声广为流传。

朱雀桥位于朱雀路中段的古代"朱雀航"上,横卧于夫子庙附近的秦淮河畔。但是,如果你碰上个老南京,他会告诉你,这座桥不叫朱雀桥,而叫"四象桥"。那么朱雀桥在哪里呢?

其实,南京本来确有一座真实的朱雀桥。据考,原址就是现今中华门内的那座镇淮桥。远在1000多年前的晋咸康二年(336),在此设置了朱雀航,亦名朱雀桥,是一个规模很大的渡口。六朝时,秦淮河经此由石头城入长江,河面宽阔,浮航多达24个,终年波涛汹涌,行人视为畏途。东晋谢安当宰相时,又于朱雀航上建楼,并在桥上安放了两只铜雀,名为"朱雀观"。自此以后,世事变化,中华门内那座正宗的朱雀桥,变成了镇淮桥;而四象桥倒成了朱雀桥,实际上是阴差阳错。朱雀桥和乌衣巷原本也不在一处,而今人已将两者拉扯为比邻。历史有时就是这样真真假假,颠颠倒倒,妙趣横生。

似"三潭印月"的文德桥 顺乌衣巷往上走,与朱雀桥并肩的是文德桥。它坐落在南京夫子庙大成殿前侧,最早建于六朝时期,是座木结构浮桥。到了明代改建为石墩木梁桥。夫子庙东侧原是贡院,古时,每到夏秋之交,各地来京城应考的书生云集夫子庙,谓"文章道德天下第一"之意,取名"文德桥"。

文德桥横贯秦淮河,桥的两端旧日歌台、舞榭、茶肆、食店林立。入夜,灯火如昼,菜佣酒保亦具六朝习俗,故游人每云:"魂断文德桥"。每年端午节,多举办赛龙舟的活动,来观赏的人拥挤不堪,多次造成栏断桥倾的重大伤亡事故,故此,沿袭至今南京还流传一句歇后语:"文德桥的栏杆——靠不住。"我国著名桥梁专家茅以升的几位同学,于1907年端午节时,因去看龙舟比赛,文德桥坍塌身亡。当时11岁的茅以升立志长大了要建造结实的桥梁,成年后终于成为了一位享誉中外的桥梁设计大师。1976年,文德桥改建成钢筋水泥混凝土桥身,柏油路面,三眼桥孔。桥长25米,宽6.7米,文德桥的悲剧从此结束。

文德桥上最具魅力的是有个千古称绝的景致,就是赏半边月的奇观。每年中秋,明月正圆,而在文德桥上观月,倒映在水中的月亮却各有半边!传说李白酒醉赏月时,看到月亮掉到河里,遂跳下河去捞月,两手一抱,将月亮剖为两半所致。因此,引得满城众人争相饱览。大文豪吴敬梓客居南京,在农历十一月十五夜漫步文德桥,见到"分月"奇景时曾赋过诗。这首诗传到安徽全椒阁中,感动其妻,于是举家搬迁南京。

文德桥改建后,桥上奇观依然存在。每到农历十一月十五日,赏月最为精彩。人站桥中间,当月悬中天,月光下见不到自己的身影,奇景便生。先是桥西的水中露出月牙儿,渐次,桥东西两侧各露出半边月。明月西走,桥东"半月"渐小、桥西"半月"渐大,一直至桥东全消、桥西全圆,时间持续十几分钟。据说,现在的三眼桥孔能分出三对"半边月",那完全可以和誉贯天下的杭州"三潭印月"媲美了。

翁姑竞建的赛虹桥 赛虹桥位于南京水西门外。同是一座桥,却有三个名字:赛公桥、赛工桥、赛虹桥。典出民间传说,很有趣味。

为什么叫"赛公桥"呢? 相传,明时金陵大富豪沈万三在明太祖朱元璋面前"露富",沈独资助官修完外城的一半,很是得意,以为大功告成了。但是,城墙虽然建造好了,还有城外濠上大桥未修,而与朱元璋约定的期限快要到了。为此,他的儿媳妇十分着急。便拿出自己的"私房钱"去造桥,昼夜赶工,果然,在时间与质量上都超过她公公所造的另一座桥。故取名"赛公桥"。

那么为什么又叫"赛工桥"呢? 原来,朱元璋筑南京外城时,规定由中央的工部和地方应天府分段包干。从驯象门起的八个城门地段由应天府负责,工程完毕,筑城专款尚有节余,就以余款在水西门以南驯象门外造了一座桥,取名"赛工桥",意即赛过工部的工程。

那么后来为什么又改为"赛虹桥"呢? 那是因为当时地方官档、史志的编纂者们为了避免"轻侮上台(工部)"罪责,并有意湮没与沈万三有关的"赛公"传说,用杜牧《阿房宫赋》的词句:"长桥卧波","不霁何虹"的典故,而改为"赛虹桥"了。

兵燹洪水难撼的七桥瓮 从南京出光华门,过中和桥,只见波光粼粼的秦淮河上有一座颇有气势的联拱石桥,这就是石头城历史上有名的七桥瓮。它凌跨于往昔弦歌酒宴之场的秦淮河上。秦淮河,相传是秦始皇时期开凿的人工运河,以疏淮水,故名秦淮。秦淮河一带,岸上房宇密集,河中船灯流萤,曾是繁华富锦之地。唐代诗人杜牧《泊秦淮》诗,就是描绘当时的情景,诗曰:

烟笼寒水月笼沙,夜泊秦淮近酒家。

商女不知亡国恨,隔江犹唱《后庭花》。

七桥瓮又叫七瓮桥,为明初所造。因桥原位于明代上坊门附近,故又叫上方桥。全桥有六墩七孔,即 7 个拱圈,似七个瓮,故称作七瓮桥。桥长 100 米,宽 13 米,高 25 米,均取花岗岩和石灰岩为材,以糯米汁、桐油和石灰等粘结物纵联砌筑而成,结构坚固细密。桥的七瓮排列整齐,分水桥墩成棱船形,两边各超出桥面数米,桥的两端均置巨石雕琢的人面龙身塑像,神态各异,皆怒视着河水,无畏地迎接洪水的冲击,百折不挠。

七桥瓮地处南京城外,跨秦淮河,是进城的咽喉,又是保卫城垣的重要门户,历来为兵家必争的要冲。太平天国、辛亥革命、抗日战争都在桥上有过激烈的战斗,至今还残留着枪炮痕迹。六百年来,虽屡经兵燹和洪水冲击,仍端立无恙,甚至能承负现代载重汽车和坦克的安全通过。解放后,人民政府进行了加固,并作为省级文物保护单位。

屡改桥名的大中桥 这座桥在大光路与白下路相衔的青溪上,唐宋时期叫白下桥,桥畔曾有白下亭和白下寺。唐代诗人李白游历金陵时,曾寓居这里,有"小子别金陵,来自白下亭"等诗句。元明时,这里改名为长春桥;明时为纪念一武将的忠贞,改名长春桥为大忠桥;清时,为避文字之祸,又改名大中桥。

南京还有其他一些古桥,如建在明故宫御河上石拱桥,为纪念孙中山先生而改名的"逸仙桥";有国民党中央党部所在地,专卖南京特产"玫瑰花生米"的丁家桥;有东晋大书法家王献之为迎接爱妾桃叶,名曰桃叶渡之上的"利涉桥"。还有内桥、浮桥(实为古老石桥)、北门桥等。总之,南京的古桥及轶趣难以尽数。 🌉

黄浦江上的南浦大桥及其他

1991 年 11 月,黄浦江上南浦大桥建成通车,实现了世世代代上海人的梦想,几乎所有的上海人为之振奋,沉浸在欢声笑语之中。遥看南浦大桥,就像一条绚丽的彩虹,飘浮在黄浦江上空。在那两座高耸入云的桥塔身上,180 根高强度钢索飞流直下,牢牢地拉住桥面,像竖琴一般鸣奏着欢乐的乐曲。近处仰视大桥,雄姿伟岸,令人眩目;再看江上巨轮悠然从桥下通过,令人神爽。这座大跨径的迭合梁斜拉桥,建成时名列中国第一、世界第三,是上海建城 700 年历史上辉煌的一笔,是上海人民的骄傲,是近万名建设者用双手树立起的丰碑。

悠悠梦想　上海专事桥梁文化研究的学者谢天祥曾不无感慨地写道：大自然的神笔，给上海画了一条美丽的黄浦江，使上海成为"江海之通津，东南之都会"。因此，上海人称她为母亲河。可是千百年来，也因为是这条黄浦江，阻隔了浦东、浦西两岸的往来，人民多么期望在黄浦江上建造几座桥梁。

清朝末年，上海著名绅士陆士谔曾写过一本幻想小说《绘图新中国》，大意是：宣统二十年，浦东举办万国博览会，在黄浦江上建起了一座大铁桥，主人公漫步大桥前去游览，不料一跤跌醒，方知是南柯一梦。然而这一梦想实现已愈百年。

黄浦江经年流淌，历史沧桑，惊诧莫名地注视着身旁的巨大反差。浦西高楼林立，车水马龙，商贾云集，流光溢彩，可谓寸土寸金；而浦东却是茅舍瓦屋，阡陌纵横，农田池塘。上海人曾有过一种心态："宁要浦西一张床，不要浦东一套房。"1931年，上海地方商绅筹建了建桥机构，并同一家德国厂商草签了协议，准备在董家渡建一座钢质浮船开合式梁桥，计划投资百万美元，并且有了比较完善的设计，其功能是可以通过汽车、电车，也可以通过大吨位船只，但由于得不到当局的支持和其他方面的种种原因，这一构思没有付诸实施。

抗战胜利后的1945年到1948年间，当时的市政当局专门成立了越江工程委员会，由茅以升等专家主持，经选址、测绘后，向当时的上海市政府递交了一份《上海市越江工程之研究》报告，提出了隧道、活动桥和高架固定桥三种越江方案。然而，由于国民党忙于内战，国统区经济崩溃，建桥美梦再一次成了泡影。解放后虽建了两条越江隧道，却远远不能满足繁忙的交通。

一朝圆梦　难道黄浦江上永远建不成大桥吗？不，解放以后，上海人一直在努力谋划着。

1976年6月，为配合上海石油化工总厂的建设，在黄浦江上建起了第一座公路铁路两用的连续桁架桥。此桥位于松江得胜港，命名为"松浦大桥"，因远离市区，对缓解市区"过江难"的作用不是很大。

1980年12月8日，上海《文汇报》在一版显著位置，发表了题为《浦东浦西可否一桥飞架》的文章，再次引起了上海全社会的强烈反响，市民们共同参与讨论，纷纷献计献策。随着改革开放，我国经济的发展，国力的增强，科技的进步，上海已具备了在黄浦江上建造世界上一流大桥的条件和可能。上海市的几任市长都对南浦大桥的建造给予了高度重视，特别是时任上海市市长的江泽民同志更是亲自动手，一抓到底，集中了大批专家和工程技术人员的智慧,经过长达 8 年的反复论证才确定了下来,1987 年建设南浦大桥被列为上海五大市政建设工程之一,开始实现上海人民的梦想。江泽民同志对桥梁专家和建设者们语重心长地说:"建设黄浦江大桥对开发浦东、振兴上海意义重大,一定要把浦江大桥建成上海城一个新的标志、新的景点!"

朱镕基同志继任上海市市长后,先后 12 次来到大桥工地上,关心指导大桥工程的进展。1991 年春节的大年初一,朱镕基同志又到工地慰问节日仍坚持施工的建桥工人,他对身旁几个施工单位的领导说:"修建黄浦江大桥是上海人民多少年来梦寐以求的愿望。这个大桥不修好,开发浦东就是一句空话。修好大桥,振兴上海开发浦东的伟大事业就开始了。这个工程非常重要,我曾经说过,它要震惊世界!"

在上海市政府的重视下,经过上海桥梁界各路精英的顽强拼搏,从 1989 年 12 月大桥开工,到 1991 年 11 月建成通车,在不到两年的时间里,实现了上海人民的世纪之梦,上海人民翘首以待的南浦大桥终于凌空飞架。

1991 年 6 月 9 日,上海《文汇报》在一版相同位置报道:《一桥刷新浦江史,几代夙愿作宵偿,南浦大桥在昨晚 8 时 25 分正式合龙》。南浦大桥的建成,吹响了开发浦东的强劲的冲锋号。

非凡大桥 南浦大桥是一座双塔双索面迭合梁斜拉桥,这种桥,是指主桥采用钢梁与钢筋混凝土相结合的迭合梁结构,以拉索作为主要受力构件,将桥面牵拉于主塔上的一种桥型。我国的斜拉桥比较多,在此之前,已有上海的泖港桥、广州海印大桥、嘉陵江石门大桥等 5 座,这些桥主要采用预应力混凝土结构。南浦大桥采用的是迭合梁结构,是国内的第一座。迭合梁结构是由两根工字型主梁与横梁、小纵梁等构成钢骨架,钢架上放置钢筋混凝土桥面板,迭合成整体共同受力的结构形式。这种结构形式,充分利用钢材的受拉能力和混凝土的耐压性能,同预应力混凝土梁相比,具有自重轻、施工期短、造型轻巧美观等优点。

这种结构技术也在不断地发展,加拿大安塞斯大桥是世界上最大的一座迭合梁结构的斜拉桥,主桥跨径达到 465 米,修了近 3 年;印度修建的一座同类桥型胡各里大桥,主跨仅次于安塞斯大桥,在南浦大桥建成时已建了 8 年,尚未完工。而安塞斯大桥在建成通车后,出现了 4 种类型的大大小小数百条裂缝。对此,南浦大桥设计者进行了缜密的研究,采取了措施,经过 36 辆 30 吨载重汽车动、静载试验,未出现一条裂缝。这个困扰西方桥梁界的技术难题被我们解决了。

在回答什么是"飘浮的大桥"时，大桥总设计师、桥梁设计大师林元培说："当今世界上绝大多数的斜拉桥，都采用全飘浮设计。平时你凭肉眼根本看不出，只是遇到地震或者反差强烈的温度影响时，主桥才会飘浮晃动起来。这是为了抗震、抗温，确保大桥安然无恙而采用的一种新颖科学设计。"

南浦大桥是一座双塔双索面的迭合梁斜拉桥。全桥长 8629 米，主桥长846 米，一跨过江。主桥中孔跨径 423 米，桥面宽 30.35 米，为双向六车道，日均车流量 6 万辆次。通航净高 46 米，为当时"中国第一"。浦东引桥 3746 米，浦西引桥长 3754 米，那 200 米直径的两圈半复曲线螺旋形的环圈，线条流畅，气势博大，煞是好看，是南浦大桥的一大特色。

大桥主塔柱为折线"H"型，高 154 米，相当于两个上海国际饭店的高度。它是大桥的主要受力墩，像两个千手力士，伸出条条巨臂，牢牢抓住主梁。它的外观高耸挺拔，气势磅礴，最能突出地表现斜拉桥的雄伟豪放。主塔施工质量之高，真让人叹为观止：它的垂直误差达到 1/12300，因此创造了桥梁史上的奇迹。180 根斜拉索，最长的 223 米，最短的 60 米，都是用强度高、保护性能好、护层重量轻的优质高强钢材制成，是我国的钢铁工人自己生产的。四组斜拉索像四把张开的巨大竖琴，给人以力的振奋和美的享受。

大桥的两侧各设 2 米宽的人行道。两岸还分别建有 50 米高的观光电梯，当人们登上大桥，仰望直指蓝天的桥塔，俯视江流滚滚直奔东海，看到 5.5 万吨级的巨轮可以方便地进出于桥下的空间时，都会赞叹大桥在工程技术和造型艺术上的水准。

南浦大桥是上海走向现代化的象征，成为上海的一大景观。由邓小平题写的"南浦大桥"桥名高缀在横梁上，更使大桥增加了无限的光彩。

续写辉煌 当南浦大桥正在紧张施工的时候，杨浦大桥已经打下了第一根桩，工程历时 1 年 4 个月，于 1993 年 9 月 15 日全面建成。该桥选用双塔双索面钢筋混凝土和钢迭合梁斜拉桥结构，总长 7658 米，主桥长为 1172 米，宽为 30.35 米，双向 6 车道，主孔跨径为 602 米，被称为是当时的"世界第一跨"。主塔为倒"Y"字型钢筋混凝土结构，建筑高度为 220 米，同南浦大桥与电视塔形成二龙戏珠之势。杨浦大桥于 2004 年被评为"中国十佳桥梁"。

2003 年 6 月 28 日，经过建设者两年零八个月的奋战，一道美丽的"世纪彩虹"——卢浦大桥，跃然出现在黄浦江上，这是一座超大跨度的中承式全焊接钢箱拱桥。全长 750 米，两个边跨各长 100 米，主跨径长度为 550 米，居世界同类型桥梁之首。双向 6 车道，两边各设 2 米观光人行道。通航净高 46

米,宛如在黄浦江上划出一道美丽的彩虹,有着很高的审美价值。该桥前后获得国际尤金奖、国家科技进步二等奖、建筑工程"鲁班奖"、詹天佑土木工程大奖等8个奖项。

1976年以来,黄浦江上先后建成了松浦、南浦、杨浦、奉浦、徐浦、卢浦大桥……它们以优美的风姿横跨黄浦江上,是上海现代桥梁建设的一个缩影,也是展现现代桥梁科技与向着新的高峰冲击的平台。 桥

江城武汉飞彩虹

武汉,从新中国成立到改革开放之后,在长江上共建起了6座大桥,在汉江上建起了7座大桥,在支流上建起了14座大桥。改革开放后,平均每两年建5座大桥,是全国在江河上建桥最多的城市之一。它是在浩浩荡荡的长江上建桥的一个缩影,更是中国改革开放的一座丰碑,也是中华民族振兴的一个标志。

圆梦前后 地处中原腹地的武汉市,夹长江、汉水,聚汉口、汉阳、武昌,历来就是交通咽喉。长江天堑不仅阻隔了两岸的来往,也是全国交通的瓶颈。有人感叹地说:早在1400多年前,中国就拥有了令世界折服的赵州桥,但是,直到新中国成立时,跨越长江天堑仍然是华夏儿女千百年来一个未圆的梦。

新中国的成立,数千年的梦想变成了现实。建国之初,国家就将武汉长江大桥列入了第一批重点工程。1955年9月,大桥正式动工,在两年零一个月之后,万里长江上就建成了第一座公铁两用桥,从此天堑变通途,沟通了大江南北。被隔断的京汉、粤汉铁路连接了起来,跨接北国南疆的京广铁路大动脉从此打通。

武汉长江大桥建成后,与旧时交通相比简直有天壤之别。原来,四艘火车轮渡每天只能运输1000多个车皮,一列火车经轮渡过江需要2～3小时。一艘汽车轮渡一次运送几辆汽车,一天最多只能运送300多辆。大风大雾,轮渡停航,就只能望江兴叹了。大桥通车后,火车过江只需要一两分钟,每天通过列车170列以上,基本每隔8分钟就有一列火车通过。昼夜通行的各类汽车达5万多辆。火车、汽车每年节省的过江费用就达6600万元。武汉长江大桥建成通车40多年来,累计创造直接经济价效益达百亿元以上。大桥本身经过

40多年的使用,依然坚如磐石。

好梦多多 有人问,到武汉看什么?回答是:看桥!如果说武汉长江大桥圆了武汉人的千年的梦;那么,改革开放之后,武汉的桥梁建设更是进入了一个飞速发展的黄金时期。在长江、汉江及支流上建起的一座座异彩纷呈的大桥,或古朴典雅,或现代大气,或彩虹飞跨,或双塔刺穿,千姿百态,令人目不暇接。

在武汉第一座长江大桥建成38年后,由于长江一桥的交通不畅,每年直接和间接经济损失高达10亿元,1995年,在下游6.8公里处建成了第二座长江大桥,武汉首次形成28公里长环线。第二座长江大桥是一座双塔、双索面预应力钢筋混凝土公路斜拉桥,全长4687.73米,桥面宽29.4米,正桥长1877米,最大跨度400米,建成当时在自锚连续梁类型桥梁中居世界第三位。二桥改变了武汉交通一线牵的局面,分流过江车辆51%。

2000年12月,位于武汉长江大桥上游8.6公里处建成了武汉长江三桥,即武汉白沙洲大桥,全长3586.38米,正桥长2458米,桥面净宽26.5米,6车道,设计日通车能力5万辆次,改善了107、316、318国道过境武汉的条件,成为武汉市城市环线工程的标志。长江三桥为双塔双索面钢箱梁与预应力混凝土箱梁组合型斜拉桥,主塔采用钻石型结构,承台以上高178.75米,斜拉索96对,主跨为618米,为当时国内已建斜拉桥之最。其巍峨挺拔、轻巧流畅的建筑造型,充分体现了"实用、经济、先进、美观"的当代桥梁建设的设计思想。它与龟山电视塔、蛇山黄鹤楼以及武汉长江大桥、武汉长江二桥遥相呼应,为江城增添了时代风彩和壮丽景观。

2001年12月建成的武汉军山长江公路大桥,即武汉长江四桥,是京珠、沪蓉两条国道主干线跨越长江的特大桥,也是武汉市外环线的咽喉要道。大桥全长4881.2米,主桥桥型为五跨连续半飘浮双塔双索面钢箱梁斜拉桥,主桥长964米,桥面宽33.5米,是当时国内桥梁中最宽的一座。

在建的阳逻长江大桥,是武汉跨长江的第五座大桥,于2003年11月4日开工,预计2007年建成通车。这是一座双塔单跨悬索桥,主桥长2.7公里,另有7.3公里长接线及互通立交,主缆索距35米。是京珠、沪蓉国道主干线武汉绕城公路段的重要组成部分和控制性工程。

2003年开工的还有天兴洲公铁两用桥,是武汉长江上第六座大桥,位于二桥下游9.5公里处。正桥全长4657米,上层为公路桥,设6个机动车道;下层为铁路桥,设四条并行轨道。大桥将开创世界桥梁史三项记录:主跨达504米,在当今世界公铁两用斜拉桥中跨度第一,是世界上首座拥有四条并行轨道、载荷最大(2万吨)的公铁两用桥。设计列车通行时速200公里,也是中国第一座能满足高速铁路行驶的斜拉桥。该桥与白沙洲大桥构成万里长江第一环,即88公里的武汉中环线。

梦韵无限 这些桥梁的建成,使武汉成为名符其实的"九省通衢"。在武汉市公安局户政处,当干警用电脑查询名字中含"桥"的人数时,电脑用了10分钟的时间,从5258061人中搜寻出13787人,年龄最大的91岁,最小的3岁。武汉市民中有2566人的名字取为"汉桥",60%的"汉桥"生于第一座武汉长江大桥施工至建成通车期间。仅出生于1957年的"汉桥"就有635人。武汉地区以"大桥"命名的企业有40多个,以"大桥"为商标的商品也达40多种。桥改变着武汉人的生活,因建桥拆迁就有4万余户居民,使他们住上了宽敞明亮的新房,生活质量得到明显改善。

武汉人自豪地说:桥,是武汉经济发展的生命线;桥,是武汉经济腾飞的新的增长点;桥,是武汉人生活重要的组成部分;桥,是江城武汉一道亮丽的风景线。 桥

兰州胜迹——天下黄河第一桥

"高山仰止,大河前横",这是清朝甘肃总督升允为兰州黄河大铁桥题写的一副对联,这座桥建在兰州市白塔山下,横亘在浊浪滚滚的黄河之上。巍巍白塔山,滔滔黄河水,弯弯大铁桥,组成了兰州标志性景观。

这座近百年的大铁桥,其桥址在镇远镇,故旧称"镇远桥"。桥上有五组弧形钢拱,其美称又是"月牙桥"。为纪念孙中山先生的伟大功勋,辛亥革命后,改名为"中山桥";更因为它是黄河上第一座大铁桥,又被称为"天下黄河第一桥"。从桥名称谓的变化上也可以看出它承载了多少历史的沧桑。

兰州地处甘肃省中部,于陇海、包兰、兰新、兰青铁路交汇处,是中原通向西北地区的交通要冲,自古就是"丝绸之路"必经之地,更是兵家必争之地。黄河从兰州市区穿过,水深流急,交通受阻。千百年来,只能靠羊皮筏子和小木船摆渡。在严冬季节,冰冻数尺,行人和车马也只能踏冰而过。遇有大批军队调遣和物资运输,只有待黄河封冻之后才能进行。明太祖朱元璋统一全国后,即派大将军冯胜、守御指挥佥事赵洋于洪武五年(1372)在城西7里处的镇远

镇架设浮桥,取名"镇远桥"。洪武九年(1376),又将浮桥向西移了约3里,卫国公邓愈命人在黄河两岸打下4根大铁桩,中悬6条120丈的粗铁索,把24只大船并排串连起来,上面铺以木板。洪武十八年(1385),兰州卫指挥佥事杨廉经实地勘察,依金城、玉迭两关险要的地形,将浮桥移至白塔山下,仍使用"镇远桥"之名。这种桥有一定的季节性,春季为防止凌汛冲撞毁桥,就将桥拆除。

镇远桥在史书上有记载。公元1420年10月,撒马尔汗国沙哈鲁王的使节经兰州时记述说:"有船桥可以渡河,桥以船二十四只连路而成,各船之铁链粗如人之上腿,链系铁柱之上,柱粗如人身,深埋地中。"

光绪三十三年(1907),在甘肃总督允升和省洋务总办彭英甲的主持下,由德商泰来洋行驻天津经理喀佑斯承包,美国人满应本及德国人德罗作技术顾问,开始了镇远铁桥的修建工程。施工人员和物资运输由我国提供,大桥所用的桁架构件钢材、水泥及其他各种器材、机器设备等,全部从德国购置。当时,老百姓以骆驼、大轱辘车,远涉千里,从天津等地运输这些材料。

大桥修建历时4年,终于在清宣统二年(1910)六月建成,全部工程耗银30.6万两。这是一座跨越黄河的公路桥,全长243米,宽8.36米,为5孔穿式钢桁架拱桥。桥下设有4个墩,下用水泥铁柱,上用石块建成。南端的第二个墩最深,墩底至水面5.6米。这就是开天辟地第一座黄河上固定的道路桥梁,清朝楹联家梁章钜有对联云:

天险化康衢,直如海市楼中,现不住法;

河墙开画本,安得云梯关外,作如是观。

此后,兰州铁桥继续演绎着一段又一段修桥的历史故事。1948年8月,中国工程师任震英(地下党员)以7天的时间,抢修好被马步芳匪军溃退时破坏的桥体,保证了西北解放军的西进。1954年,中国年轻的工程师戴竞对年久失修,不堪重负的大铁桥进行了加固维修,增建了弧形钢架拱,使大桥更为气势恢弘。

戴竞固桥的故事鲜为人知。解放初期,我党要修建兰(兰州)新(疆)铁路,但只能过骡马的旧桥,已容不得运输大量施工设备的汽车通过。当时,一些专家甚至有个别部门领导也主张把旧桥拆掉重建。为节省时间和财力,也为保护古迹,戴竞提出采用弧形上弦杆加固的方案。戴竞周密设计,认真组织施工,在短短的6个月内就把大桥改建成功,载重量可达20吨,重型车可以顺利通过,而桥型更为精致美丽。此后,在20世纪70年代、80年代都进行过大规模的维修和数次小型维修。

随着经济的发展，兰州建起了一座座现代化的新型桥梁，而存留下来的大铁桥则成为了观光的胜迹。2004年又对大桥进行了一次大规模的维修，并在10月1日正式宣布："天下黄河第一桥"兰州中山桥退役，变为步行桥，结束了它近百年的通车历史。

如今，游人驻足桥头，尚能看到粗如人身的大柱子，虽已锈迹斑斑，但仍依稀可见柱上铸刻着的铭文："洪武九年，岁次丙辰，八月吉日，总兵官卫国公建斯柱于浮桥之南，系铁缆壹百贰拾丈"等字样。这几根柱子由于年久失修，沉入河底，1958年时挖出三根，称作"将军柱"，长5.6米，下粗上细，重10余吨。曾在甘肃省博物馆的大院内保存，为供游人观览。1983年又重新竖在桥附近的岸边。镇远桥是古兰州的八景之一，名曰"镇龙锁蛟"。有诗赞道："伫看三月桃花水，冰泮河桥柳色新"。

兰州人民和来兰州的旅游者，目睹着大桥雄姿，俯瞰着滚滚的黄河，回眸着古丝绸路上华采的史章，令人浮想联翩，流连忘返。今人王秉祥有联云："千年古郡翻新貌，几处长桥跨大河。" 桥

重庆又现栈道景

2005年底，在巴山横亘，渝水纵横的重庆市，山体的崖壁上出现了一条仿古栈道，即石板坡栈道，它被称作是"山城第三步道"。这一奇思妙想的构筑，不仅方便了交通，串联了历史遗迹，而且形成了一道诱人靓丽的风景线。

重庆是山城，位于四川盆地的东南，地形起伏，富有立体感，四面山景，相配成趣；重庆是江城，长江、嘉陵江汇合于此，充满了灵气与秀美；重庆又是桥城，在重庆市境内，有各种类型的现代化大桥24座，有的在建成的当时，其跨径与桥塔高度就名列中国或世界的前茅。在长江和嘉陵江上各建有一条过江索道，是重庆独有的城市交通工具。重庆又是一座古城，在三千年前就是巴国的首府，是巴渝文化的发祥地。

昔日，作为巴国的首府，秦岭没能阻隔它通向中原地带，远在三千年前就有了通向巴国的四条蜀道：陈仓道、褒斜道、傥骆道、子午道。这些沿水而行，回旋于悬崖峭壁之间的道路，逐渐演变为精湛实用的栈道。早在公元前11世

纪,巴蜀人民参加武王伐纣的战争时,即在川陕道上修筑了栈道;战国时,秦取巴蜀,又在这条路线上大量修凿栈道;楚汉相争时,更有"明修栈道,暗度陈仓"的精采战例。现在,在重庆境内还有一条长约400多公里的古栈道,即三峡巫峡大宁河古栈道。

在龙门峡西岸崖壁之上,依次排列着无数匀整、方正的石孔,这就是大宁河古栈道遗迹。栈道石孔,孔径20厘米见方,孔深30厘米左右,孔距130～200厘米。上下孔眼交错成倒"品"字形,上排两孔插木桩、铺木板,下孔插木柱斜撑木板,构成三角形支撑架,从而修筑成供人畜行走的栈道。大宁河栈道长度超过著名的剑阁栈道,在我国古栈道遗迹中首屈一指。随着三峡水库的蓄水,在水位升至135米后,古栈道将面临被淹没的境遇。

2005年底修成的"山城第三步道"是一种仿古栈道,它建在渝中区崖壁之上,全长约1748米,步道最高点位于市外科医院,最低点位于山城巷入口处,高差79.5米。由北向南,依次经过市外科医院、菩提金刚塔、石板坡、第一水厂水塔、鱼鳅石、法国仁爱堂旧址、山城巷等处,将这些原本散落的历史文化遗迹串联了起来,形成一幅紧凑的老重庆风情画。据了解,在渝中半岛居民区,有60%左右的人在短距离出行时选择步行,因此没有必要将公路交通发展到每一个街区,于是,决定而是以更为节约和人性化的步道来替代,使其集文化、环保、人性于一体,兼顾交通的城市设施。既可形成人们休闲散步的带形空间,又可解决山城车行交通上下不便问题。群众对这条新栈道的修筑无不拍手叫好,称它是山城的一道靓丽的风景线。

修栈道可不容易,在岩壁上凿孔就像蹦极,是件非常"惊险"的事情,难度比建桥大多了。由于崖壁上凹凸不平,操作起来很困难。参与施工的人员说:"通过修建这条栈道,我们终于体会到古人的智慧和艰辛!"

施工时,工人们在身上拴上两条保险绳,悬空吊在距地面约50米的崖壁上,用电锤在石壁上凿出孔,仅石板头300米的一段就要凿孔100多个。然后打进石桩,再吊下钢管,在露出的横梁上铺建钢架。但对于行人来说,却尽可放心行走,因为支撑栈道的混凝土钢架是经过上百次的抗压实验的。栈道上装置了仿明清时期风格的金属栏杆,并铺设了仿青石和仿红青石路面,营造出山城老青石板路的视觉效果。将传统和现代化因素结合起来,成为城市的亮点。栈道上设置了8个观景平台,供路人休息,可以尽览长江上的大桥和南岸的风景。

山城步道是"渝中半岛城市形象设计方案"中的十大要素之一,共规划了

9条。这条步道建成后,再适时修建另外8条。 桥

冰城明珠——哈尔滨松花江大桥

1986年9月20日,一座气势磅礴的特大型公路大桥矗立在江城哈尔滨的松花江两岸,这是黑龙江省新建的第一座跨越松花江的特大型公路桥。从此,结束了游人汗流浃背、排队等候渡江的烦恼,过桥只需十余分钟即可到达避暑胜地太阳岛消暑纳凉。更重要的是,大桥的建成,沟通了南北交通,对促进黑龙江省的经济发展具有重大作用。

大桥主桥全长1198米,其中跨越江河的主孔为59+7×90+59米,共长748米,为9跨一联的预应力混凝土箱形连续梁。北岸河滩边孔为15孔30米,共长450米,为5跨一联桥面连续的预应力混凝土装配式简支梁。下部结构为:江中主墩为22～24根1.3米直径的钻孔灌注桩,考虑到冬封春汛冰凌,采用带破冰体的重力式墩身;边墩基础为8根直径1.3米的钻孔桩,柱式墩;桥台基础为14根直径1.3米钻孔桩,肋板式台身。

江南市区引桥长458米,由直桥、斜桥、环桥三部分组成,直桥、斜桥均为预应力混凝土简支梁,而环桥则为钢筋混凝土连续梁。下部结构都为钻孔桩基础,柱式墩身。

无论是主桥或南引桥,都采用耐寒的三元乙丙橡胶支座,并根据国外资料确定采用负温时的摩阻系数0.11,对防止橡胶支座的老化,延长使用寿命,均起到了很好作用。

全桥主桥与南引桥合计总长1656米,设计荷载汽车—超20,挂车—120,人群荷载40kN/m²。主桥行车道宽19米,两侧人行道各宽2.5米,全宽24米。南引桥直桥行车道宽与主桥相同,但斜桥与环桥行车道宽为11米,单侧人行道宽1.5米。江南岸桥头左右两侧建设了长廊、圆厅等,方便了游人上桥眺望太阳岛并浏览哈尔滨与松花江两岸景色,又是大桥管理所的所在地。圆厅与环桥及南岸地形相辉映,配合协调,使整个大桥更显得雄伟壮观。别致的造型、碧绿的江水、汹涌的波涛,使人们登高远眺,顿感心旷神怡,流连忘返。

由于大桥处于严寒地区,冬季最低气温在-30℃以下,除上述采用摩阻系数0.11的三元乙丙耐寒橡胶支座、带破冰体的重力式墩身外,还在设计、施工

方面采用了多项新技术。如跨越滨洲铁路立交桥两端引道的高路堤,为节省土方、少占耕地,修建了高 7.43～13.27 米、长 360 米的双面加筋土挡墙;水深在 4 米以上的深水承台施工,采用开启式组合双壁钢套箱围堰新工艺,可一物多用,既可用作围水,又可作为施工平台,转移施工作业点时还能作浮箱载货运输;水深在 3 米以下的浅水承台施工时,采用吹砂筑岛、井点降水的新工艺,变水中作业为陆地作业,极大地改善了施工条件;在连续量体转换中,成功地采用了控制定向爆破法新工艺,迅速、准确地拆除了墩上的混凝土临时支座,使连续梁悬臂施工的关键工序即结构体系转换顺利完成。这些新工艺的顺利实施,既缩短了工期,又保证了工程质量,从而使大桥荣获黑龙江省 1989 年首届"鲁班奖"。(浦增钤)桥

青岛栈桥　见证历史

几乎每一座城市都有一个标志性建筑,像上海的外滩、广州的五羊雕塑、西安的大雁塔等,它常常是一个城市历史与风貌的象征。青岛标志性建筑就是栈桥,见证着青岛的近现代史的变迁。

美丽的海滨城市青岛,康有为先生曾经把它的建筑景观概括为"红瓦绿树,碧海蓝天"。当你从海上望去,依山势而建的楼宇层层叠叠,绿树茵中·片片红色屋顶,在蓝天碧水辉映下煞是好看。

栈桥位于青岛湾中心,与市区最繁华的中山路成一条直线,从海岸前一直伸入大海。全长 440 米、宽 8 米,近岸处为方石砌基,深入海中部分为钢架结构。桥面两侧以铁柱和铁索为防护栏,并有 4 米高白色灯柱 10 对,顶上为兰花型灯饰。桥的南端为半圆形的防护堤,上面筑有一座雄伟壮观具有民族特色的高亭,名曰"回澜阁"。高亭为尖顶两层八角翘檐黄色琉璃瓦构成,全亭由 24 根红漆大柱支撑。亭内中心部位有螺旋形楼梯,可以登上亭的第二层,在远眺大海时,只见万顷碧波来眼底,势若迎浪向前行,因而,被冠名为"飞阁回澜",位居青岛十景之首。青岛长期为德、日帝国主义侵占,青岛人民对帝国主义者充满了仇恨与警惕,形象地将这一景观称作"满弓利剑"。回澜阁是箭镞,栈桥是箭杆,海湾是一个怒弓,整体成为拉满弓弦的利箭射向大海,让帝国主义者再不能侵犯我们的国土。

　　青岛原是一个海边渔村。1891年6月,清廷诏令登州总兵衙门章高元带领着四个营由登州(今蓬莱)移驻青岛,从此青岛不断发展起来,故青岛市人民政府于1991年确定1891年为建市之始。1892年,为了驻军的给养和北洋水师舰艇的停靠,由中国工程师李仪曳设计,总兵章高元率领清军修建了栈桥码头,曾被称作"海军栈桥"、"前海栈桥"、"大码头"等。1897年,德军占领期间,曾将栈桥北端改为石基,桥身由原来的200米加长到350米,仍为军用码头。1931年青岛建港,当时的市政府出巨资由德国设计修建,桥身加长到440米,桥南段改为钢筋水泥结构,在桥的南端增建了半圆形的防浪堤,同时建起了"回澜阁"。

　　解放后,人民政府在20世纪50年代、60年代、80年代都对栈桥进行过维修,1998年底至1999年6月进行的一次维修是栈桥历史上规模最大的一次。这次大修发现了栈桥的秘密:当打开桥面时,桥墙里面装有8000多吨细砂,经建筑与地质专家勘察研究后认为,栈桥两侧海浪的冲击力是不一样的,这些细砂就是起缓冲与平衡的作用。

　　栈桥的历史记录着德、日帝国主义者血腥践踏、蹂躏青岛和中国人民的罪恶历史。首先是德国,他们早就派人对胶州湾地区进行了多方面的考察,经过长期预谋,在经济掠夺与文化奴役之后,开始了炮舰入侵。当时,德国传教士在山东一带的活动十分猖獗,他们敲诈勒索,无恶不作,其中两个传教士受到钜野县农民的惩罚,德国帝国主义者借口"钜野教案",于1897年12月大规模入侵,占领了青岛和胶州湾,栈桥就是登陆点之一。

　　1914年7月28日,第一次世界大战爆发,日本帝国主义者在占据旅顺、染指威海、霸占台湾后,还要乘德国无力顾及山东和青岛之际,意欲将青岛据为己有。在德国帝国主义者表示愿意把胶州湾归还中国的情况下,腐败的清政府却不敢接洽,日本帝国主义者却要求德国将胶州湾交给日本,并发动了战争,经交战,最后日本帝国主义者于1914年11月10日占领了青岛,实行了军管,栈桥又成了日本海军的码头。这是帝国主义者为了争夺殖民地在第三国领土上进行的一场战争,受害者是中国人民。1915年5月9日,窃国大盗袁世凯与日本签订了丧权辱国的"二十一条",主要内容是日本继承德国在山东和青岛的一切利益。从此,日本帝国主义者对青岛和山东人民进行了残酷的掠夺和奴役。

　　1919年1月,在第一次世界大战结束后的两个月,战胜国在巴黎举行"和平会议",帝国主义列强拒绝归还我山东和青岛的主权,从而引发了震惊中外的"五四"运动。直到 1922 年,日本才交回青岛,中国军队就是从栈桥登陆接受青岛的。1937 年"七七事变"后,同年 12 月 27 日,日军占据了济南,1938 年 1 月 10 日,侵华日军军舰在前海栈桥登陆,青岛人民再次遭受了日本帝国主义者的野蛮掠杀。

从 1891 年到 1949 年,清军、德军、日军、北洋军伐、国民党军队先后在青岛驻扎,直到 1949 年 6 月 2 日青岛解放,才翻开了历史新的一页。而国民党部队也是从栈桥灰溜溜地逃往了台湾。

现在的栈桥已开辟为栈桥公园,在其不远处的海面上有一个"小青岛",又称"琴岛",因海浪冲击岩石的声音如琴鸣响得名。"小青岛"在绿树丛中筑有亭阁,更有一座白色的灯塔,那是进出胶州湾的航标。在栈桥的右侧有一座形似悉尼歌剧院的建筑,其漂亮的外形更是让人赏心悦目。在栈桥的背后还有壮观的海关大楼、国贸大厦、银行大楼等,构成了一个完美的景观区。曾有一位诗人在很早以前就写过一首关于栈桥的诗:

烟水苍茫月色迷,渔舟晚泊栈桥西;

乘凉每至黄昏后,人依栏杆水拍堤。 ⑱

嵯峨沈阳大石桥

沈阳是一座现代化的工业城市,也是一座有 2000 多年历史的古城。它是清王朝的"发祥重地",在清军进关之前,这里是盛京首府,有清太祖努尔哈赤、清太宗皇太极的皇宫和他们的陵寝,还有许多名胜古迹,"大石桥"就是其中之一。

沈阳的永安石桥,俗名大石桥,位于辽宁省沈阳市西郊裕国车站西北 1 公里的蒲河上,是在清崇德六年(1641)由关外著名的石匠任朝贵所建。它设计考究、造型优美、装饰精巧,通体采用砖石结构,使用的石材质地坚固、不易风化,类似北京卢沟桥的艺术风格。桥东端向南一面竖有"宽温仁圣皇帝敕建永安桥"石刻一面。"宽温仁圣皇帝"是皇太极即位后给自己加的尊号。这座桥在现代化的桥梁建筑出现以前,是清初陆路的主要公路桥梁之一,是通向山海关的交通要冲。清朝的康熙、乾隆等皇帝东巡盛京祭祖时,都要经过这座桥。清代的官员、文人也常有人从这座桥经过,有的还吟诗作赋以寄情怀。乾隆时有一位叫常纪的官员,曾写过《晓过大石桥》这样一首诗,诗中赞道:"夕行落圆照,晓行晨星多。霜华积野草,秋水增寒波。驾言渡石桥,石桥何峨峨。愧非马相如,今日复来过。"

据《盛京通志》记载,沈阳大石桥,为清皇太极下令修建。公元1616年,努尔哈赤基本统一了女真各部。后金天命四年(1619),明朝派出47万大军,与后金武装在萨尔浒(今抚顺大伙房水库)展开决战,结果努尔哈赤以少胜多,大败明朝军队。努尔哈赤乘胜占领了蒲河、懿路地区,并指挥部队进攻沈阳城。当时明朝守卫沈阳的将领是贺世贤与龙世功,二人虽勇猛善战,但敌不过当时骁勇的八旗兵,加上当时明朝政治腐败,缺少粮饷,军无斗志,又无援军,贺世贤与龙世功在保卫沈阳城的战斗中被八旗兵击毙于乱军之中。努尔哈赤在黄罗伞的罩盖下正欲率领军队入城,探马却报告说,浑河南部总兵陈策救援沈阳的部队到了。陈策本来是驻守在浑河南部,他听说八旗军攻打沈阳,就领兵来援助,由于动作迟缓,部队过河不久,沈阳城已经失守;这时,他想再退回浑河南边去,可为时已晚,努尔哈赤已布置快骑将他缠住。陈策所率明军在努尔哈赤指挥的八旗兵丁围攻下,死伤惨重,混战仅一个时辰,陈策即力尽被杀,余下明军争着渡河,结果不是被杀死就是溺死河中,只有少数人侥幸渡河而逃。就这样,清军占领了沈阳。

努尔哈赤率兵进入沈阳城后,决定放弃正在修建的辽阳皇宫,迁都到沈阳来。努尔哈赤定都沈阳后,他感到西边的道路泥泞难行,就命令夫役修了一条长20里的大道,但通过蒲河时仍不方便。清太宗皇太极即位后,才下令修了这座石桥。从此,沈阳西边的交通因大道和桥梁的修成畅通无阻了。

大石桥全部用石头筑成。桥身长37米,宽14.5米,横跨于蒲河之上,好似长虹饮涧,雄伟壮观。桥身中部隆起,有3个弧形的桥洞,即3个跨度各为13米的大拱圈。在圈脸处,浮雕着二龙戏珠,姿态生动,形象活泼。桥面两侧设有石雕栏杆,石柱上有圆雕狮子;栏板上雕琢着柿蒂形花纹等。桥的两端各置石雕狮子一对,雕工精细,造型美观。拱圈之间的桥基部分有分水石,截流分水,稳固桥墩。拱圈的外壁、桥身两侧,分别嵌有一对石雕巨龙,它们头朝北、尾朝南,迎着水流。不管水流如何湍急,这些石龙都会把水分开,均匀地形成了3股水流,分别从圈洞中流过。这对石龙造型优美,形态逼真,设计科学,迎水时就像两条白色蛟龙,在水中翻腾游动。桥的两端装有抱鼓石、石望柱等。抱鼓石的鼓心雕刻着虎、鹿、麒麟、牛、羊、盆景等,姿态各异,栩栩如生,是不可多得的石雕工艺品。

永安石桥是辽宁省省级文物保护单位,保存这座石桥不仅有历史价值,也有巨大的观赏价值。但是,由于此桥年代久远,加上地震的影响,已经遭到一定程度的损坏,需要不断进行修缮,以使这一文物得以长久保存。 桥

香港青马大桥的风采

香港青马大桥"把传统的造桥技术升华至超卓的水平,令人叹为观止,其宏伟的结构令各方赞赏。它无疑是一项最好的建筑。"这是香港青马大桥在1997年10月参加英国建筑业设计大赛荣膺冠军后评审团的评语。2004年,在第十六届全国桥梁学术会议上它又被评为"中国十佳桥梁"。

香港青马大桥于1992年5月25日动工兴建,1997年4月22日建成,历时近5年时间,耗资巨大,共用了71.4亿港元。这是一座规模宏大的公路、铁路两用悬索桥,架设在青衣和马湾两个岛屿之间的海面上,全长2160米,主孔跨径1377米。由5万吨钢材焊接成的箱梁宽41米,高7.23米,上部铺设沥青路面,日通行汽车为8万至10万辆。箱内是双线铁路,铁路两侧各有一条净宽4米的机动车道,遇到台风、大雾,汽车可以从钢箱内的备用车道通行,免受恶劣天气的影响。桥下净高62米,可以通过大型船舶。它是香港岛通向大屿山新机场的重要通道。

香港青马大桥的主跨径1377米,仅次于1410米的英国亨伯桥,但青马大桥铁路为双轨、汽车线8道,而亨伯桥没有铁路,只有汽车线4道;著名的美国旧金山金门桥主跨径为1280米,有汽车线6道,无铁路;日本南备赞濑户桥,主跨径1100米,汽车线4道,铁路双轨;土耳其博斯普鲁斯海峡二桥主跨径1090米,汽车线8道,无铁路。世界上跨海大桥主跨径超过1000米的不多,香港青马大桥名列前茅。

青马大桥的两座门字型的索塔,高206米,比香港的汇丰银行大厦还高出28米,由双柱组成,随高度增加而倾斜。每个塔柱宽6米,每根塔柱用了3.3万立方米混凝土。在两座桥塔中均装有电梯,便于养护。大桥的锚碇、桥墩和主塔混凝土总用量约50万立方米。浇注时在青衣和马湾岛各设一个配料厂,各有两台拌和机,每小时生产60立方米的混凝土供建桥使用。

大桥的两条主索缆,每根由33400根直径为5.38毫米的特种高强镀锌钢

丝在现场用空中绕丝法制成,然后捆扎和包裹,两根粗大的主缆直径为 1.1 米,总重量为 3 万吨,单丝长度为 16 万多公里,可以绕地球赤道 4 周。主缆用三重防护螺旋钢绞线与锚碇相连,用了 95 根吊索挂在主缆上,每根吊索的直径是 75 毫米,吊索的间距为 18 米,通过铸钢锚头与桥面连接。

青马大桥建成通车,把香港岛和九龙半岛与青衣岛、马湾、大屿山岛连接了起来,乘汽车可以直接到达任何一地,为去香港新机场的交通提供了方便条件,也为开发大屿山诸岛提供了交通保障。青马大桥已成为香港陆地、海洋交通的一道新的风景线。正如权威机构评述所说,在设计、策划和建造上,青岛大桥都达到了了世界级的先进水平。它外形雄伟壮观,桥身两边呈 V 字形,线条柔和优美,还可卸去风力。

青马大桥的建成,是港人智慧的结晶。大桥的总指挥、总工程师及大多数工人都是港人。总指挥刘正光谈到,英籍工程技术人员虽有造桥经验,但对香港地理环境的熟悉不及港人。20 世纪 70 年代造的桥很少考虑四周环境,而 90 年代建造的青马大桥不仅注重造型、质量、功能,而且注重与环境的协调,对此,香港文化界撰有一副对联,联曰:"桥横急水飞青马,路接长空驾玉虬"。上联中"急水",既言水势之急,又暗含青马大桥和相连的汲水门大桥;下联中"玉虬(音求)"即"玉龙",源于屈原诗句。意谓这条路是通向新建的飞机场,可以坐上飞机飞上蓝天,走向世界。 🌉

跨海彩虹——澳门的桥

珠江三角洲上有一座宁静美丽的袖珍城市——澳门,它由澳门半岛、凼仔岛和路环岛组成,总面积 23 余平方公里。面积虽小,但桥梁很多,最引人入胜的是气势如虹的跨海大桥。

原来,澳门半岛与凼仔岛之间没有桥梁,来往全靠渡船,遇有风急浪高时,渡船停摆,交通受阻。澳门经济要发展、要繁荣,就需要架起跨海桥梁。从 20 世纪 70 年代起,岛上建起了多座大型桥梁,增添了一个又一个壮美的人文景观。

第一座跨海大桥是澳凼大桥,建成后被誉为"澳门八景"之一:"镜海长虹"。大桥横卧于澳门半岛与凼仔岛之间,乘船从海上望去,但见长桥跨海,气象万千;乘车从桥上经过,又见烟波浩渺,航船穿梭,一派繁荣景象。

筹备建造澳门跨海大桥始于 1969 年初,时任澳门总督的嘉乐庇宣布了建桥计划,设计者是葡萄牙的贾多素教授,由澳门工程有限公司承建。1970 年 6 月 18 日动工,1974 年 10 月 25 日建成通车,耗资 6 亿多澳门元,大桥建成初期曾命名为"嘉乐庇大桥",但是澳门人觉得殖民主义色彩太浓,还是亲切称它是"澳氹大桥"。

澳氹大桥是世界上跨海钢筋混凝土长桥之一。主桥长 2569.8 米,连同两端的引桥长 3449.91 米。宽 9.2 米,双向二车道,人行道宽 1 米。大桥由 4 段连续梁组成,最长一段为 1056.4 米,是当时世界上最长的连续梁。为便于港澳客轮航行,中间一孔隆起,跨度为 73 米,高度为 35.6 米。桥柱事先预制,然后粘合。一字排开的桥柱,高低错落,中间隆起,似巨型恐龙,横亘于水面之上。整座桥梁造型独特,线条朴素大方,色调明快,节奏感强,同时,与两岸建筑风格和谐一致。入夜,灯彩一串,蔚为壮观。

第二座跨海大桥叫"友谊大桥",位于澳氹大桥之东,与第一座桥并列。由于内地改革开放,带动了澳门经济的发展,同时,澳门国际机场在氹仔岛建成和路环岛工业区的兴起,原有的一座跨海大桥已不够用。20 世纪 80 年代末,开始筹划建设另一座跨海大桥——"中葡友谊大桥"。该桥于 1990 年开工兴建,1994 年 4 月 18 日正式启用,由中国港湾振华公司承建,造价 6 亿多澳门元。

友谊大桥起于澳门半岛的水塘角,止于氹仔岛的北安码头,是一座斜拉钢索桥,全桥长 5000 米,主桥长 3900 米,桥面宽 15 米,双向四车道,桥头为立体交叉。比澳氹大桥长了二分之一,宽了一倍。

友谊大桥的设计颇费匠心。桥体中间两跨呈澳门英文第一个字母"M"形,距水面高 30 米,不仅便于通航,而且美观精致,与澳氹大桥形成"二龙戏珠"之势。

友谊大桥通车之日,澳门同胞无不欢腾雀跃,有万余名各界代表,身穿统一的 T 恤衫,手持彩色的气球,浩浩荡荡,欢快地走过大桥。队伍中有一条巨型金龙,龙体有 688 节,全长 1559 米,重 1800 公斤,由 2600 名身体健壮的男女青年共同舞动,盛况空前。

第三座跨海大桥是澳珠大桥,又称"莲花大桥",被澳门人称为"回归桥"。由澳门的路氹填海区至珠海横琴岛,是澳门回归前的最大工程。大桥于 1998 年 6 月开始兴建,为了赶在 1999 年 12 月 20 日回归前完成,建筑人员日夜加紧施工,于 1999 年 10 月竣工通车。

这座大桥由中葡两国共同兴建,大桥的水面工程及位于氹仔部分,由澳门方负责施工,而在横琴岛的桥身则由珠海方面承担。大桥总长 1781 米,桥高 22 米,双向 6 车道,总造价 2 亿多澳门元。

在澳门,"莲花"具有特殊的含意。澳门半岛形似莲花,北部通过细长砂堤——"莲花茎"与内地相连。莲花大桥成为连接澳门与内地的新通道,使澳门与内地的联系更加紧密,促进了各个领域的交流与合作,更好地实现了优势互补、共同繁荣。

2005 年 1 月 9 日,连接澳门半岛和氹仔岛的又一座跨海大桥——西湾大桥正式开通,从此结束了遇台风时入岛与出岛车辆不能对开的历史。大桥不长,只 2200 多米,但特色独具。它是世界上首座上下两层行车的混凝土斜拉桥。在通常的情况下,只开放上面六车道,一旦台风来临,上层封闭,车辆改走下面密封的四车道。大桥采用了抗风性能好、抗扭刚度大的竖琴式双塔斜拉桥型,跨径 180 米,距海面净高 28 米。主塔采用了"M"造型,是斜拉桥首创。其"M"造型意谓澳门英文的字头;也是罗马数字三,寓意澳门三岛紧密相连;"M"造型也与澳门地标大三巴相像。

其实,澳门的跨海桥梁不止这些。完全建筑在海上的澳门国际机场跑道,如同一艘航空母舰。连接停机坪与跑道之间的南北两座联络桥,构成飞机场的滑行道,宽 44 米、全长 2600 米,直指伶仃洋。每天都有许多国际航班从这里飞向世界各地,架起了通向灿烂未来的空中桥梁。

澳门的跨海大桥,为澳门的繁荣发展起着举足轻重的作用,也是澳门重要的人文景观。 🌉

姑苏小桥之妙

提起苏州,人们都夸赞苏州的小桥之美。尤其是一些诗词,绘声绘色地写出了姑苏水城醉人的风情画卷。如白居易的"绿浪东西南北水,红栏三百九十桥";刘禹锡的"春城三百七十桥,两岸朱楼夹柳条";杜荀鹤的"君到姑苏见,人家尽枕河;古宫闲地少,水巷小桥多"等。在宋代的苏州地图——《平江图》上,有如经似纬的河道 82 公里,可数桥梁 359 座。现在,苏州城里尚有河道 35 公里,桥梁 361 座,郊区主要桥梁 21 座,城外有桥 179 座,其中大小古桥 168 座。苏州城内的古桥是街巷的连接体,是交通的纽带,桥也是特殊的街巷。在水巷上,桥与桥相望,点缀和划分了水巷空间;在街巷上,桥与桥相联,给小巷空间带来起伏和敞聚,真是因桥成路,因桥成市。这些小桥建造得十分讲究,造型简洁柔美,体态轻盈。姑苏城内,枕河人家,粉墙黛瓦,水巷逶迤,小桥卧波,一派"波光柳色碧溟蒙,曲渚斜桥画舸通"的水乡景色。

在苏州,最富于诗意的桥要算是枫桥,留下的历代诗篇颇多;最长的桥是宛如"长虹卧波"的宝带桥,长 316 米;现存最古的桥是塔影桥,建于宋代;最高的古桥是吴门桥,高达 11 米,桥下就是至今国内唯一完整留存的古代水陆城门——盘门,它与古建筑融合一体,相映成趣。吴门桥重建于清同治十一年(1872),横跨在古运河上,顺桥拾级而上,只见河水东流,船只往来,盘门三景,历历在目;最宽的桥要数普安桥,桥长不过 5 米,桥孔进深却达 30 米,大型船只驶入可首尾匿而不露;最小的桥要算网师园里的引静桥,它是只能容一人独过的"袖珍小桥",桥长 2 米,宽仅尺余,桥形如弓,小拱跨越小洞,桥头有石阶,两侧配着石栏,姿态秀美,小巧玲珑,别有趣味,不失为造园巨匠的点睛之笔。还有"石湖串月"的行春桥。石湖与太湖通,它在古吴城和古越城的边上,两城之间有两座桥首尾相连。近越城的叫月盛桥,近吴城的叫行春桥。行春桥有 9 个拱形桥洞,"石湖半月"就发生在这座桥下。据说每逢中秋时分,月过中天稍偏时,行春桥北面的水面上,每个桥洞中都会映出一轮明月,9 个桥洞就有 9 个月亮,加上天空中一个月亮,10 个月亮相映争辉,月亮成串,构成奇景。

在姑苏城东的平江河上,横架着十余座造型古朴的宋代古桥,在这些古桥中,以雪糕桥最为著名。雪糕桥是一座平板式,宽不过 3 米多,长不到 7 米。顾颉刚先生晚年在《祖父的故事·玉渊潭忆往》一文中这样写道:"祖父是顶会讲故事的,一次上雪糕桥,他说:'以前有个孝子,母亲病了,想吃糕,但没有钱买,不得已抓起一堆雪,压成糕形,对母亲说道:'买到了。'可是他母亲真要取来吃时,他哭出来了'……"

苏州的小桥不仅多,而且妙。纵横的河道,使苏州的住宅往往前门是街巷,后门是小河,而站在相跨其间的小桥上,则能最充分地领略水城风情。水巷远近小桥座座,犹如飞虹竞相横跨,不时有一小舟从圆月般的桥洞里缓缓驶出,那摇橹声和竹篙击水声,是那样的悠长。圆的桥洞、方的石块、弧的桥背、方圆之间得体、和谐,使"小桥流水人家"浑然一体,充满了江南水乡风情韵味。苏州河道还贯穿于闹市之间,不少街道都要跨越好几道河。在这熙熙攘攘的街道上,不时会有一座桥出现,幽雅的小桥与热闹的街市形成了鲜明的对比美。

　　桥者,水上之路也。然而,苏州的桥却是诗情画意,小巧玲珑,犹如佳丽。绿树垂荫之下,小舟托起之时,人行其上,登阶抚栏,往往浮想联翩。这些桥纤尘不染,古朴庄重,一如淑女初妆之态。人们通过苏州的桥,可以发思古之幽情,体会江南才子的高雅与品位,缅怀陆机、范仲淹、范成大、冯梦龙、唐伯虎、文徵明、顾炎武、章太炎等众多文人雅士和著名的苏州评弹、昆曲、苏剧、苏绣工艺。这些文化历久弥新,令人神往。　桥

周庄石桥　因画驰名

　　被称为有"天下第一水乡"的周庄的出名,很大程度上与旅美画家陈逸飞的油画《故乡的回忆》有关。画面是镇上的两座石桥,一座是拱桥,一座是梁桥,桥形呈一横一竖,桥洞为一方一圆,相连成 L 型,样子很像古时候的钥匙,故当地人称它为"钥匙桥";它们又像是一对相依相伴的情侣,也被称作"双桥"。这两座桥分跨于十字交汇的两条市河上。

　　陈逸飞(1946～2005),浙江镇海人,1965 年毕业于上海美专。20 世纪六七十年代就创作了著名油画《黄河颂》、《占领总统府》、《踱步》等。1984 年,画家来到古镇,经过几天的倘佯、沉浸、酝酿,创作了一幅油画。画的主体就是"双桥",还有一轮明月高悬在天空,水气氤氲,晕渲出渺远温馨的氛围,美丽的景致和悠悠的情思浓缩在画中。这幅画在美国纽约展出后,顿时蜚声海内外,《纽约时报》评论说:"画风融合了写实主义和浪漫主义,叫人想起了欧洲大师的名作。"此后,周庄也使众多的画家、摄影师、文学家前来寻觅艺术的灵感。后来,这幅画被美国石油大王哈默高价购得后,作为礼品赠送给邓小平同志,被各界传为佳话。1985 年,这幅画又被联合国选为首日封图案,从此,周庄一跃成为世界知名的中国江南名镇。

　　"镇为泽国,四面环水","咫尺往来,皆须舟楫"的水乡周庄,是一个有 900 多年历史的古镇。位于苏州城东南,在昆山、吴江和青浦三地接壤处。澄湖、明镜湖、南湖和白蚬湖环抱全镇,构成四面环水之势,素有"岛中之镇"的美誉。环绕小镇是一条逶迤的小河,河上 20 余座小桥相望相连。由于河湖阻隔,避开了历代兵燹战乱,较好地保留了许多元明清时的建筑。近年来,江浙乡镇工业发展,建楼扩道,使江浙一带许多古典文化消失,唯独周庄古风依旧。画家

吴冠中先生称赞说："黄山集中国山川之美,周庄集中国水乡之美。"

镇内有四条河流,成"井"字形相互交叉,把全镇分割成许多方块,房屋依水而建,飞檐耸脊,红窗白墙黑瓦,清雅悠静。连接这些方块的是十几座建于元、明、清时代的石桥,拱若新月,古态潇然。这些桥中,最引人注目是元代的富安桥,它是江南现存唯一的一座楼桥,这座石拱桥两端有引桥,桥的四角均有一座雕梁画栋、古色古香的楼阁,还有店堂酒肆等。日本女画家桥本心泉以此桥为主体创作了一幅佳作,名为《周庄的一天》,现陈列在镇上民居展览馆中。

在周庄还有一座著名的石桥,叫贞丰桥。这座小桥有360多年的历史,那青石桥面,花岗岩的栏杆,桥石上的青苔,石缝中生长出的虬曲小树,都使人追寻着一段历史的故事。在贞丰桥边有一座酒楼,当地人叫它是"迷楼"。传说"迷楼"曾是一位年轻标致的寡妇开的一个小酒楼。1920年前后,柳亚子、叶楚伧、王大觉、费公直等南社诗人经常在此聚会吟诗。村里人还以为这些文人墨客被美丽的小寡妇迷住了,便将小酒楼称作"迷楼"。其实,柳亚子等人是借小酒楼的掩护进行革命活动。现在贞丰桥边的"迷楼"也成了游人寻访的胜迹。

周庄小桥相连,流水潺潺,尽现"小桥流水人家"的悠闲的意境。在周庄款步徘徊,会给人以"迂回不尽之致,云水相忘之乐"。陈逸飞先生说:"周庄是不可多得的财富,你看,站在周庄的任何一个角度,都是美的!" 桥

气壮山河 刘铁锋刻

二、史典与桥

访古探幽觅桥踪

　　桥是路的延伸,是水上梁,空中路。桥是架在水上或空中以便通行的建筑物,也是陆上的枢纽。桥、梁这两个字,在古代是异名同义的两个单词。东汉经学家许慎在《说文解字》里作的解释是:"梁,水桥也,从木水,刃声";又,"桥,水梁也,从木,乔声"。互为通释。清代段玉裁所著《段氏说文解字注》中说得比较清楚,"梁之字,用木跨水,则今之桥也"。又,"凡独木者曰杠,骈木者曰桥。"就是说,古时用木作梁跨越水上,即为桥,因而桥与梁习惯上合在一起,称为"桥梁"。当然,后来"梁"字离开"桥"字,便有了其他含义,如屋梁、车梁、鼻梁等。就建筑物而言,它们都是架在空中的。

　　据史籍载:秦以前,人们将"桥"称为"梁",或"徒杠"。如《孟子·离娄下》中称:"岁十一月,徒杠成"。直至三国时期魏文学家嵇康在《琴赋》中还是说:"乃相与登飞梁"。《段氏说文解字注》关于石杠的解释是:"然则石杠者谓两头聚石,以木横之,可行,非石桥也。"而始见于"桥"的记载,则源出《史记·秦本纪》:"昭襄王五十年,初作河桥"。即公元前257年秦昭襄王,曾第一次在黄河上架过大浮桥。浮桥古称舟梁,是指把船或筏、浮箱置于水中,以绳索相连,上面铺以木板,用以渡河。它是大型桥梁的前辈,是由船渡向固定式桥梁过渡阶段出现的新桥梁类型。

　　关于桥梁的起源,专家认为在原始人尚不能直接造桥时,常常是将天然倒下落在河的两岸的树木,作为了渡河的桥梁。再有的是,大自然的神工造化,当地壳变动、长年的水流冲刷在地表形成了天然拱形桥或梁桥。如浙江天台山石梁,就是横跨在飞瀑之上,人可通行的石梁桥。至于天然形成的石拱也有很多,如广西桂林的象鼻峰和江西贵溪的仙人桥等。还有一些是在悬崖溪间上的树木和藤萝攀缠垂吊形成原始的索桥。时至今日,在桥梁形式上,仍脱离不了梁桥、拱桥、索桥这三大基本类型或其组合。只不过是内容更丰富,形式更多样,材料更坚固,技术更进步。

从自然倒下的树木而形成的梁桥到有意识地砍伐树木架作梁桥,在原始社会就已经出现,但尚无确凿的实物或史证。较早的文献记载是《史记·殷本纪》:"厚赋税以实鹿台之钱,而盈钜桥之粟"。《诗经·大雅·大明》:"亲迎于渭,造舟为梁。"这是说西周文王为迎亲,用船在渭水上搭的浮桥,这是浮桥最早的记载。至于石梁桥的出现则是更晚的事,因为在制作上比较困难,记载也少。齐翀著《三晋见闻录》中:"潞城县北四十里石梁,即《左传》晋荀林父败赤狄于曲梁处,时伐石为梁,故名石梁。"这是发生在公元前 594 年的事,也是关于石梁桥较早出现的佐证。1972 年对春秋战国时齐国的国都临淄进行考古发掘时,首次发现了石梁桥的遗址和石桥台遗址,两处桥梁的跨径均在 8 米左右。

关于桥梁形象,则是以汉代画像石、画像砖、壁画上看到的最为古老。如山东沂南汉墓画像石上刻着的石梁桥,四川成都青杠坡汉墓画像砖的半座桥梁。在桥的实例中,如山西太原晋祠鱼池上十字形石桥,北魏始建,宋代重建,它保留了汉代梁式柱桥的风格,造型类似大鸟飞翔,故称"飞梁"。梁桥中,以陕西西安的灞桥、福建泉州的洛阳桥、福建漳州江东桥、福建晋江的安平桥最为有名。安平桥最长,享有"天下无桥长此桥"之誉。

我国是石拱桥大国,历代建造的石拱桥有百万座之多,有明确记载的是公元 282 年在洛阳东石建的一座"旅人桥"。《水经注》:"凡是数桥,皆垒石为之……下圆以通水,可以受大舫过也。"1957 年,在河南新野县北安乐寨村出土了一批东汉中期或晚期画像砖,刻有一座单孔"裸拱"图形,即没有拱上结构的拱桥。桥上有驷马轩车,车前有骑士,桥下有若干艘船。在山东汶上县孙家村也有类似的东汉画像砖。由此证明,至迟在东汉时期已有了拱桥。约建于公元 221 年蜀汉时期"石材拱式七洞"的成都万里桥,孔明于此送费祎聘吴,曰:"万里之道,从此始也"。到元、明、清时期,石桥建筑艺术已呈巅峰。千古独步的赵州敞肩式石拱桥,较欧洲同类桥梁要早 700 多年。闻名中外的卢沟桥,被意大利人马可·波罗称为世界上无可与其媲美的桥梁。1577 年,他从中国返回,记述福建石桥之精美,"全世界建筑工人应数中国第一"。1675 年沙皇彼得一世派使团,请求中国派专家去俄罗斯传授造桥技术。

索桥,首创于中国,主要分布在我国西南和西北地区。这些地区因地势险要、气候湿暖,多生竹、藤,当地人便以竹藤和兽皮或铁制成缆索,架在深谷急流之上用以渡河。索桥又称吊桥、悬桥,古书上称为絙桥、笮桥、绳桥;又分独索桥和多索桥。独索桥又称"溜索桥",在绳索上穿上竹木筒,在过渡时手握溜筒滑向对岸,这种桥安全性较差。多索桥则是并列几根缆索,在绳索上铺上木板,再以两边的绳索为扶栏。我国在春秋战国时已有多索桥,北魏时新疆地区即有了铁索桥,而西方在 16 世纪才始建铁索桥。

我国最著名的索桥是四川灌县的珠浦桥,系战国时李冰父子在修都江堰时建造的一座竹索桥,长 343 米,8 孔,最大跨径 61 米。我国较早的铁索桥是云南澜沧江上的霁虹桥,有诗云:"索桥卧波马惊渡,溜筒凌空人如弹"。再就是四川泸定县的铁索桥,建造在水流湍急的大渡河上,至今仍在使用中。

还有栈桥,又称栈道、阁道、复道,是我国古代在今川、陕、甘、滇诸省境内悬崖峭壁上凿孔架设的一种重要的交通设施。早在公元前 11 世纪,巴蜀人民参加武王伐纣时,就在川陕道上修筑了栈道。《战国策·秦策》:"栈道千里,通于蜀汉。"就说的是这种桥型。 桥

中国古代桥梁的圣地——泰顺

浙江南部山区的泰顺县,有"九山半田半溪水"之说。在 1700 多平方公里的范围内,千米以上的山峰有 179 座,并有着茂密的森林。大小溪流 1500 条,纵横交错,河汊陡峻,桥梁众多。据《泰顺交通志》载:"泰顺共有桥梁 958 座,总长 16829 延米"。从原始形式的步矴到木质、石质的梁桥、拱桥,及至建筑精致的廊桥,种类丰富,形式多样。仅创建于宋代虹桥衍变的廊桥就有 200 多座,这些古桥遗迹被誉称为桥梁的"侏罗纪公园",茅以升先生称它为"古桥博物馆"。

现在要观瞻步矴(又称矴、步渡、碇步、堤梁桥),要到特有的公园里方能看到,而在泰顺至今还在使用着。这是一种巧妙的建筑,平时山里的溪水流量不大,而一旦山洪暴发水流又异常凶猛,河道变化无常,步矴建造简单,坚固耐用,而且不受河床变化的影响,故以此为宜。在泰顺,尚存 245 条步矴,短者 10 多齿,长的 200 多齿。其中 100~200 齿的就有 12 条。泰顺最早的步矴是唐代建造的百丈镇的仁石步矴,其后,宋、元、明、清都有建造。

在众多步矴中,最具代表性的是仕水阳溪东村的步矴。它建于清嘉庆年间,造型美观,气势恢弘,有 223 齿,长 133 米,齿面平整,每齿由高低两级砌成,高的可供挑担者或涨水时使用,低的可以相向而行。更巧妙的是,它的高齿用的是白色花岗岩,低齿用的是青石。采用两种色质,不仅外形美观,而且在夜晚可借助月色星光行走,设计得十分精巧。建造工艺有三种:一是将石矴下埋 150 厘米,水上为 80 厘米,这种比例很符合建筑科学原理;第二种是在矴石的上游放一块三角状的分水石,以固矴石;第三种是睡木沉基法,是将"井"字形的松木置于水中,将石矴放在井字之中,以起到固矴的作用。

我国的木桥,从独木桥发展为多孔木桥、木伸臂梁桥、木八字撑梁桥、木拱桥,虹桥是当时木桥发展的巅峰。我国在 1030～1040 年间建造了虹桥,西方最早出现的是 1333 年瑞士的罗伊斯木拱桥。我国在 900 多年前创建的木拱桥,是木结构桥梁的独具匠心之作,在世界桥梁史上首屈一指。泰顺的木拱桥萌芽于唐、宋时期,成熟于明代中期,是在本地区不断改良而成的。其建筑风格随着岁月的推移,从多柱式渐渐向少柱式变化,直至发展到完全不采用桥柱的飞虹式。

泰顺有着深厚的历史文化积淀,科甲蝉联,文风蔚然。因此,《清明上河图》上出现过的、一度被认为失传的虹桥今日尚能在泰顺发现,也就不足为怪。泰顺山林木材丰富,工匠们可以就地取材建造大量的拱式木桥,于是虹桥式的木拱桥得以保存,流传至今,成为了珍贵的文物。

目前在泰顺保存完好,时代久远,特色鲜明,具有代表性的桥有:

姐妹桥 是指泗溪的溪东桥和北涧桥,亦称"上下桥"。两桥均为双重檐式,屋面为重檐阁楼,屋脊正栋上饰有鳌鱼吐水,中间为火球,意谓避邪防火之意。据史载:溪东桥建于明隆庆四年(1570),清乾隆十年(1745)重建;北涧桥始建于清康熙十三年(1674),嘉庆八年(1803)重建。可以说,这两座桥是木桥发展的颠峰之作,在布局、借景上充分体现了中国传统建筑的空间观念和环境观念。这两座桥有这样的传说:俩师兄弟出师后各建一桥,最终连师傅也分不清是哪个徒弟所建。

虹桥结构的基本单元是六根杆件,纵向四根,横向两根,平面呈"井"字形。由于桥是受压的,利用受压产生的摩擦力,构件之间就会越压越紧。这种结构,不用钉铆,只要用相同规格的杆件,别压穿插搭接而成,整体为拱形结构。这种桥采用廊桥的形式,非但不是负担,反而增加了稳定性。同时,廊桥的形式更为优美,还是人们休息、交流、交易的场所。在山洪暴发时,水位高涨,当地乡民便从家中抬出一些厚重的东西压在桥面上,以求安稳。可见,廊桥在群众的生活中有着多么重要的作用。

仙居桥 这是一座木拱廊桥,据《泰顺县志》记:"仙居桥在城东十五里,明知县郭显宗建,成化十九年(1483)六月洪水冲坏,宏治四年(1491)知县范勉重建,嘉靖三十九年(1560)崩圮,知县区益重建,清康熙十二年(1673)正月里人复造之。"现在桥仍存在,在众多撑臂八字木拱桥中是跨径最大的,经实测,桥全长41.4米,拱跨达35米,桥宽5.3米,高12.7米,列泰顺第一位。

薛宅桥 位于三魁镇锦溪上的屋式木拱桥,长51米,桥面较宽。初建于明正德七年(1512),后屡屡重修。相传此桥初建时三次未竣,最后一次修建时又逢暴雨,两边用粗绳拉着桥梁准备合龙的村民正在无奈之际,突然听到山上一声震天动地的虎啸,桥梁在不经意中合龙了,于是就形成了这座桥奇陡的坡面。桥下双溪回澜,瀑布悬垂,百年古屋栉比,千年香樟荫护,其景致着实令人流连忘返。

三条桥 位于洲岭、垟溪两乡交界的横溪上,长32米,宽9.55米,高9.55米,单孔跨径21.26米,有单檐桥屋11间,古朴拙雅,是泰顺历史最久的木拱廊桥,约建于唐贞观年间。最早用三条巨木跨溪为桥,故名。现距桥的上游10余米处的两岸巨石上,尚存旧桥址的柱孔。有专家认为这应是早期虹桥的雏形,并认为浙闽大地上叠梁拱桥的历史比《清明上河图》中的虹桥更为悠久。 桥

中国古代桥梁博物馆——绍兴

绍兴是我国历史名城之一,有着悠久深厚的文化传统与底蕴,同时,它又是举世闻名的水乡水城和桥市。有诗云:"垂虹玉带门前事,万古名桥出越州"。

绍兴的水,如网如织。据《明嘉靖山会水系图》记载,当时有2000公里的河流和十几个较大的湖泊以及形态多样,动静不一的溪、潭、池、汇、泾、浦等。

绍兴的桥,如珠玑般遍撒在河网之上,宛若星辰,形状多变。它们多为石桥,也有木桥。其状有平桥、拱桥、廊桥、闸桥、立交桥、纤道桥,还有平桥与拱桥的组合桥等。拱桥又衍变为半圆拱、马蹄拱、五边拱、七边拱等。若以文字形状来分,有一字形、丁字形、丫字形、八字形、H形等。有的小桥仅有几步

长,有的长达1~2公里。有的气势恢弘,有的玲珑剔透,有的古朴典雅,称得上是建筑艺术的精粹。它们轻盈枕水,千姿百态,以全、多、奇、美而著称于世。在绍兴看桥,是一种特殊的审美享受,妙不可言。

绍兴的历史很长,历经春秋战国和汉、晋、隋、唐、宋、元、明、清各代,留下了许多古桥。

绍兴的古桥到底有多少?历代多有兴废,因此众说不一。有说城乡共有5000座,有说3000座。据宋《嘉泰会稽志》记载,当时著名的桥梁有210座;明代万历《绍兴府志》记载,城区有桥64座;清乾隆《绍兴府志》记载,有桥551座;清光绪癸巳(1893)所绘《绍兴府地衢图》载,当时绍兴城区的面积为74平方公里,有桥229座。现在绍兴地区仍有清朝以前古桥604座,城区内仍有桥229座。密度很大,为全国之最,故被誉为中国"万桥市"。历代多有诗词赞颂,南宋王野在《云门寺》中云:"石桥千古在,流水自淙淙。芳草去来路,白云高下峰。"近代作家周作人十分热爱家乡,在《河与桥》中称"城中多水路,河小船如刃,曲折行屋后,舍橹但用篙,约行二三里,桥影错相交,既出水城门,风景变一朝。"诗人说出了绍兴千桥百街,舟车如织的桥乡风情。绍兴的桥:结构精巧,选材精良,造型美观,比例适当,主次分明,韵律优美,犹如一件件大小不同的艺术品。

在绍兴城中闹市区有一座700多年的寿星桥,以桥型为八字而得名为"八字桥'。这座石拱桥,建筑构思巧妙,它以一拱桥、两平桥,三向四面落坡,跨越3条街道和3条河流,起到了立交桥功能。分看是三座桥,合看是一座桥。有古诗曰:"二水合流当户过,一山分影入楼来。"

还有一种桥,其绰号褒贬迥异。有称它是大龙桥,有称它是"老鼠尾巴桥"。这种桥有一孔或数孔圆洞,连缀着几孔十几孔的平梁桥,拱桥与平桥的高度和跨度均不一样。就像现在城市的街道,分为快车道、慢车道、人行道一样。有桅大船走拱桥,一般大、中、小船分别依次走梁桥。这样就可以使河道通畅,避免碰撞。这是帆船时代绍兴工匠巧妙安排。其中,最典型的是"泗龙桥"和"太平桥"。泗龙桥为3孔石拱和20孔石梁组成的百米长桥,全用红石砌成。拱桥的中孔为6.1米,两边各为5.4米,状似西方哥特式教堂中的飞扶壁,梁桥跨度一般为3米,最大为5米,似长龙摇曳。桥南有一翘角尖顶的石亭和近8米的石板路,在青山绿水映衬下,刚柔相济,生机勃发,尽显石桥之美。

在绍兴,观赏景致最好的桥是广宁桥。桥全长60米,高5米,宽5米,跨径6.1米,拱下有纤道。两端各有石阶20级。由于桥身高、桥洞大,洞口像一面大圆镜,可以照见市中心的梁天监三年(504)建造的大善塔。有民谣说:"大善塔,塔顶尖,尖如笔,画尽稽山鉴湖水;广宁桥,桥洞圆,圆如镜,照见山会和两县。"明朱亢宗曾作诗曰:"河梁风月故时秋,不见先生浅杖游;万叠远青悉对起,一川涨绿泪争流。"

通常的桥是横跨于江河之上,而绍兴有一种桥是与河道平行的,那就是世上罕见的纤道桥。在昌安门外铜盆湖上,有一座建于唐元和十年(815)的长桥,有1285孔,长2570米,每孔跨径2米。现在仍存有115孔,386.2米。每孔桥在石碛上置三块条石,连续延长。行船中,遇逆水逆风时,船工背着纤缆牵拉船舫,这是在无机械动力,以人力摇橹划桨行船时代的特殊建筑。它宛若长虹卧波,被人称为"白玉长堤"。

水乡的淡雅灵秀,造就了水乡或灵巧、或厚重、或俏丽多彩的古桥风格,点缀了绍兴的青山绿水;同时,也孕育了和吸引着诸多的文人墨客。绍兴自古名人辈出,有晋代大书法家王羲之,唐代大诗人贺知章,南宋大诗人陆游,明代书画家徐渭,直至近代的鉴湖女侠秋瑾,当代的大文豪鲁迅等。毛泽东曾以一首七绝概括绍兴的英风古韵:"鉴湖越台名士乡,忧忡为国痛断肠。剑南歌接秋风吟,一倒氤氲入诗囊。"

绍兴的桥也常因与名人才子有关而名声大振。如"题扇桥",因王羲之曾在此桥为一卖扇子的老妪在扇上题字,使其扇子很快卖出而得名。传说,在王羲之死前,他的那枝用鼠须做成的神笔也从宅内飞出,落到一座小桥上,从此,这座桥就叫做"笔架桥"。刚性的桥骨,柔曲空灵的桥姿,是刚与柔、实与虚、凝重与飘逸的奇妙统一。沈园附近还有春波桥,是因为陆游与爱妻唐琬被迫离异的悲怆故事,因"伤心桥下春波绿"诗句而取名,也被称为"伤心桥"。

绍兴有关桥的典故、传说、民谣很多。"舍子桥"说的就是在某年战乱时,一妇人怀抱3岁的侄子牵着10岁的儿子狂奔,不幸摔倒在桥上,妇人起来后,不顾自己的儿子,只抱着侄子继续奔跑。兵丁迫近后,她苦苦哀求,才幸免于难,从此这座桥就叫"舍子桥"。

绍兴的桥名也十分有趣,有鲤鱼桥、学堂桥、和尚桥、落马桥、千秋桥和万寿桥等,名目繁多,美不胜收。绍兴人还把城内的桥名用方言谐音从一到十排列,它们是:大木桥、凰仪桥、三脚桥、螺蛳桥、鲤鱼桥、福禄桥、七方桥、八字桥、酒务桥、日辉桥。还把桥名结成顺口溜:"大郎小郎车水莲花浇;北海谢公拜王鲤鱼钓。"

绍兴的众多石桥对当地的风土民俗的形成也有一定的影响。过去绍兴人迎亲时,花轿必须先过桥,再杀鹅,然后拜堂成亲。花轿过桥还要有一定的路线,以讨个彩头吉利。城东北要经过"万安"、"福禄"、"宝佑"桥;城西北要经过"万安"、"谢公"、"鲤鱼"桥;城南要经过"五福"、"大庆"、"观音"、"金斗'等桥。

绍兴城郊有一个东浦镇,所谓"垂虹玉带门前事,千古名桥出东浦",说的就是这里,这里的古桥也多用绍兴特产的青石建成的,旧时流传着有趣的民谣说:"磕头跪拜上大桥,上下乘船马院桥,东浦老酒越南桥,吹吹打打薛家桥,说东道西大木桥,卖鱼买肉走洞桥,哭哭啼啼过庙桥,欢天喜地跨新桥。"这首民谣也是当地人民生活的真实写照。譬如旧时县官老爷视察东浦,过的是"大桥",所以百姓要磕头跪拜;人死出殡送葬走的是"庙桥",所以哭哭啼啼;至于结婚办喜事则是欢天喜地跨"新桥",新娘子乘花轿上门,一定得跨一跨"新桥"。

在绍兴,信步桥上放眼,古屋闾巷尽收眼底,桥中见桥,桥外有桥,桥桥相望,桥洞连成一串美妙的景象。可谓桥借水而秀,宅有桥而美,令人叫绝。绍兴饮誉"桥乡"、"桥都"、"古桥博物馆"的美称名副其实。 桥

灞桥烟树　旋毁旋修

建于古都西安东北 10 公里处灞河上的灞陵古桥,是中国人民建桥史的瑰宝。这座古桥,记载了千百年的政治、军事的轶事,遍传着诗篇文采的华章。

西安灞桥始建于汉代,但却历经磨难,长期陷入屡建屡毁的困境。然而,历代有为之士总是不怕困难,不畏艰险,以更严谨的科学精神和惊人的胆识,旋毁旋建,使灞桥没有从灞河上长久地消失过。

从汉代建造的石梁桥到解放以后最近一次改建,中间经历了近十次的以新替旧的重建改建过程。西汉时先由石梁桥改为木梁桥,王莽时木桥被栖居桥下的贫民失火烧毁,又重修了一次。重修后改名为"长存桥",以寓意"统一长存之道"。以后隋、唐、宋、元、明、清各朝都有过被毁重建的记载。20 世纪90 年代初,还从河中挖出过唐时固桥的巨型铁牛。仅在清朝康乾年间,就毁过五次修过五次。清初,灞桥被砂土壅塞而倾毁,康熙六年(1667),改用舟渡和桥渡结合的方法过河,冬春搭浮桥,夏秋用渡船,但这十分不便。又过了33年,一座永久性的桥梁又出现在灞水之上。然而,大自然似乎有意要考验一下

人类的意志,这座桥只用了3年又被毁坏了。乾隆二十九年(1765),新造了石墩木面桥。这座桥水上有24孔,河滩干地上有12孔,还在河岸筑起石堤和土堤用来防洪。但4年之后,遇上一场特大洪水,桥又被冲坍,只残存了五座石墩。4年后再修,不久又被毁坏,只得再用康熙初年舟渡和桥渡结合的办法暂时维持了几年。道光十三年(1833),陕西官绅征集全省桥匠民工重建灞桥,历时9个月,汲取了以往灞桥建成和被毁的经验教训,参考了其他桥梁建成百年仍安然无恙的优点,结合灞水具体情况,精心组织设计施工,终于建成了长近400米,桥宽约7米,共67跨,每跨长6米左右的多跨桩基础石制排架墩简支木梁桥,这座桥一直使用到1957年。在多次洪水的冲击下,历时120余年而未毁,并坚固如初,岿然不动。

1957年,大桥改建,仍使用原有桩基,在原石柱上建造了混凝土实体墩,加大了桥下净空,以增大通水量;上部桥跨结构改用钢筋混凝土板,使桥的宽度增大,而重量反而减轻。现在我们见到的灞桥是64孔,长389米,车行道宽7米,两侧人行道各宽1.5米,是文物桥与交通桥相结合的典型。

灞桥在我国古代极负盛名,尤其是在汉唐时,其地位犹如宋金以后的北京卢沟桥。据《西安府志》记载,在灞桥两岸"筑堤五里,栽柳万株,游人肩摩毂击,为长安之壮观。"古灞桥身姿雄伟,加之四周景色秀丽,春夏是翠柳低垂,水花飞溅;冬季则雪霁风寒,沙明石露,故有"灞柳风雪"之称,是西安十二景之一。西安碑林中就有清代灞桥风景的石刻,清乾隆年间编成的《关中胜迹图志》中也载有灞桥风景画。

古时灞桥又名销魂桥。五代《开元遗事》记载:"灞桥来迎去送,至此黯然,故人呼销魂桥。"《西安府志》记载:"霸陵桥边多古柳,春风披拂,飞絮如雪,赠别攀条,黯然神往。"六朝《三铺黄图》说:"跨水作桥,都人送客至此,折柳为别。"历史上"折柳道别"的习俗即由灞桥而生,代代相传,而且颇有影响。还由于古代的交通不便,亲友一别,不知何日再能相见,因此临别之时,自是离情伤神,古灞桥因此成了历代诗人墨客抒情寄怀的地方,诗作颇多。唐代诗人王之涣的《送别》诗:"杨柳东风树,青青夹御河;近来攀折苦,应为别离多。"王维的《渭城曲》诗:"渭城朝雨浥轻尘,客舍青青柳色新;劝君更尽一杯酒,西出阳关无故人。"唐代大诗人李白的《忆秦娥》词就有"秦楼月,年年柳色,灞陵伤别"及"春风知别苦,不遣柳条青"之句。宋代词家柳永有词云:"参差烟树灞陵桥,风物尽前朝。衰杨古柳,几经攀折,憔悴楚宫腰。"明朝葛一龙的诗就更悲了,诗言:"桥上飞花桥下水,断肠人是过桥人。"

现在的新灞桥，基本保留着昔日的风貌。桥墩、长堤上的杨柳依旧，灞桥两岸北有灞桥镇，南有柳巷村，仍保存着唐代遗风，使人们很容易想起古代灞桥折柳送别的情景来。再加上古桥换上新装，显得更加壮丽。今天灞桥景色，轻风拂柳，雪花飘舞，更加明媚瑰丽。

壮哉！虎门大桥

在广东省虎门鸦片战争的古战场威远炮台边，有一座宏伟的铁索桥，它就是壮观的虎门大桥。这是一座具有世界一流水平的现代化特大型桥，全长15.76公里，主跨为888米的钢梁悬索桥，一跨过江，跨径居当时世界第15位；大桥辅航道桥为270米连续钢构桥，居当时世界第一位；主跨净空高60米，桥下可通航10万吨级巨轮，桥面设6车道。1997年6月1日正式通车，比预计时间提前8个月，赶在了香港回归庆典之前。它把香港、深圳至珠海的陆路交通缩短了120公里。

虎门，曾是英帝国主义发动侵华鸦片战争的地方，也是虎门销烟的历史见证地。1877年，康有为途经虎门时曾赋《过虎门》诗一首："粤海重关二虎尊，万龙轰斗事何存。至今遗垒余残石，白浪如山过虎门。"

现在，站在虎门大桥古战场的炮台边，不禁使人想起销烟的壮举，抗英的烽火，三元里人民杀敌的英武，林则徐、关天培等民族英雄的魂魄。

大桥建设之初，由谁来承建就有争议。有人出于投资经营的考虑，说什么中国尚未建造过如此大跨径的桥，建议向国外招标承建，意向是请英国的公司。这一消息传出后，一片哗然！中国桥梁界十分自信地认为，我们完全有能力建造这座大桥，并创造一流的水平。广东省委、省政府断然决定把虎门大桥工程从广深珠高速公路中划出来，交由省交通厅总承包，独立核算，自负盈亏，在设计上采取一跨过江的888米悬索桥和270米连续刚构辅桥。

邓小平同志在南巡时说："一个国家，一个民族，没有自己的名牌是要受欺负的。"大桥的设计者和建设者们认为，别人所以对我们持怀疑态度，原因之一是我们手上没有一张"世界级"的大桥名牌。今天，虎门大桥由我们来建造，我们就要创造一个世界名牌，创造一个世界一流，要维护中国桥梁界的荣誉，一是要有奋斗精神，一是要有科学创新。大桥承包总经理郑玉书在大会上的誓言是:"生死存亡,背水一战!"经过细致筹划,工程初期一下子就拉上去几千名建设者,投入了2个亿的设备,大桥的主跨、副跨、引道、东西塔、锚和副跨两个主墩6个大项一起上马。从此总经理和许多职工就没有了节假日,连续三个春节都是在工地上过的。工地上曾出现这样的情景,每逢重大节日,公司派车接送的不是职工,而是他们的家属,工地变成了临时村落,简陋的工棚一片欢声笑语,有的家属戏言:我们爱上了一个不回家的人。

建设者们在高温80℃钢箱梁里工作,他们说是洗"桑拿";到150米高的塔顶上作业,他们说一天过四季;调整股索时,为了在相对稳定的时段进行,连续三个月日夜颠倒,白天休息,深夜干活,他们戏称是"调整人体生物钟"……两条主缆各有110股钢索组成,每股钢索长1630余米,重35吨。中国的造桥者研究出拽拉器和紧缆机,由3天架设一股到每天架设4~5股,而国外的公司通常是每天1~2股。绝大多数钢索是我国自己制造,质量相同,成本却只有进口产品的70%。两条主缆索、锚体的灌注等技术质量都超过了世界标准。

虎门大桥在科研和技术攻关上硕果累累,期间有4个设计院、9所院校、7个科研所、41名专业科技人员参与了勘测、设计和技术攻关工作。李国豪、曾威等数十名国内知名的桥梁专家汇集到大桥工地,为大桥建设出谋划策。大桥所采用的新工艺、新技术,有18项达到了国际或国内先进水平。外国专家说:世界建桥技术将转移到中国,令人钦佩。李国豪院士说:(虎门大桥)在中国造桥史上是个创举。🌉

大渡桥横铁索寒

泸定桥在中国革命历史上有着壮烈辉煌的一页。1935年5月29日,中国工农红军十八勇士以令人难以置信的勇敢与智慧,强渡大渡河、飞夺泸定桥,在危机时刻挽救了红军。毛泽东在长征诗中"大渡桥横铁索寒"的名句,说的正是这一惊心动魄的战斗场面。因此,它是我国首批全国重点文物保护单位。

泸定桥在建造之前,附近有三个渡口,是内地与藏、彝等兄弟民族地区的交通要道,地形十分险要。清康熙时,巡抚能泰在奏折中说:"泸河三渡口,高崖夹峙,一水中流。雷奔矢激,不可施舟楫,行人援索悬渡,险莫甚焉"。那时,只能冒着生命危险靠攀越藤索、竹索,或用"羊皮筏子"的皮船渡河,艰险至极。康熙皇帝在1701年平定了几个少数民族土司的动乱之后,决定建造铁索桥。

泸定桥建筑在四川省泸定县城西的大渡河上,河东是二郎山,河西是梅子山,两山对峙,悬崖陡峭,真是"泸定桥边万重山,高峰入云千里长"。康熙四十四年(1705)始建,翌年竣工。全桥长123.42米,跨径100米,宽3米,高10余米。桥面以9根铁索连接两岸,上铺木板,以通人畜。桥面两侧,各有两根铁链上下排列作为扶手。两岸以锚锭固定铁索,成为了"铁索空中挂,人在水上行"的景观。桥建成后,康熙皇帝为桥树立了"御制泸定桥石碑",内容是记述建桥经过,并亲自题了桥名。当时桥头的"铁牛"、"蜈蚣"至今仍在泸定县收藏。

1935年5月,中国工农红军到达了大渡河边安顺,蒋介石得意忘形,妄图以前后夹击合围之势,让红军重蹈80多年前太平天国石达开部队全军覆灭于安顺场的覆辙,面对如此严峻的态势,在以毛泽东为首的中共中央军事委员会指挥若定。安顺场处的大渡河宽300米,深10余米,水流湍急,漩涡礁石凶险。泅渡不可能,架桥不成功,在安顺场虽然找到了一条船,每次最多只能渡过40人,往返一次要1个小时。刘伯承计算了一下,若要全军过河得一个多月。毛泽东了解到这一情况后,决定部分红军沿大渡河两岸分别上溯泸定,火速夺下泸定桥。毛泽东特别强调:"这是一个战略性措施,只有夺取泸定桥,我军大部队才能过大渡河,避免石达开的命运,才能到川西与四方面军会合。"以王开湘为团长、杨成武为政委的红四团,在"坚决完成任务,拿下泸定桥"的口号声中,以一昼夜240里的速度急行军,于5月29日晨6时,赶在蒋介石增援部队前面到达了泸定桥,并占领了西桥头和西岸一带的房屋。当时守桥的敌军早已将桥上原来所设的木板拆烧干净,仅剩下寒森森的铁索横亘在汹涌奔腾的河水之上。敌人的两个团不停地向我军射击。敌人以为红军无论如何也过不去泸定桥,很骄傲地叫嚷:"你们飞过来啊!缴枪给你们!"我们的战士大声地回答:"只要你的桥,不要你的烂枪!"

关于飞夺泸定桥的激战情况,军事科学院研究员陈伯江有这样一段描述:"红四团夺取泸定桥的总攻在29日下午4时开始。王开湘和杨成武站在桥头指挥战斗。他们将全团的司号员集中起来吹冲锋号;又命令所有的武器一齐向对岸敌人开火,一时间军号声、枪炮声、喊杀声震撼山谷。22位突击英雄手持冲锋枪或短枪,背挂马刀,腰缠12颗手榴弹,在廖大珠连长率领下,冒着密集的枪弹,攀着栏杆,踏着铁索向对岸冲去。跟着他们前进的是王有才率领的三连。他们除携带武器外,每人扛一块木板,边铺桥,边冲锋。"面对英勇的红军突击队员,敌团长狗急跳墙,命令放火烧掉桥亭,还在桥头放上柴禾、浇上煤油点起大火,企图烧断铁索。我军战士冒着滚滚浓烟和熊熊大火冲杀过去。衣服、帽子、眉毛、头发烧着了,全不在乎,还是猛冲。经过两小时的激战,终于在黄昏时分夺取了泸定桥和泸定城,消灭了敌人近两个团,与另一岸上溯的部队会师。部队立刻给毛主席打电报说:"我们两路夺得泸定桥,桥是好的。"

后半夜,刘伯承总参谋长与一军团聂荣臻政委从右路来到泸定桥,点着马灯,从桥东头走到桥西头,他们注视着每根铁索,扶住栏杆,俯视桥下怒吼的急流,仰望四周的绝壁,刘伯承同志感慨地说:"泸定桥!泸定桥!你真是多么险要的地方呀!现在我们过来了!我们胜利了!"

第三天,毛泽东、周恩来、朱德率领着中央机关过了泸定桥。4个月后,毛泽东写下了著名诗篇《长征》,以"金沙水拍云崖暖,大渡桥横铁索寒"的诗联描写了这一激烈悲壮的场面。当年,黄镇同志曾画了红军过泸定桥的水墨画,现存中国历史博物馆中。

新中国成立后,泸定桥修建了大渡河纪念碑,在花岗石上塑起了一座红军像。1950年修建康藏公路时,在铁索桥旁新建了一座长130米、宽4.5米的钢索吊桥,在东岸两座索塔横梁上悬挂着刘伯承题写着"大渡河桥"四个刚劲有力的大字。朱德元帅的题联是:"万里长征,犹忆泸关险;三军远戍,严防帝国侵。"1979年10月聂荣臻为大渡河纪念馆题诗:"安顺急抢渡,大渡勇夺桥,两军夹江上,泸定决分晓。"1980年杨成武为泸定县纪念馆题诗道:"无边风雨夜,天堑大渡横,火把照征程,飞兵夺泸定。"

1971年,四川省交通厅又在钢索吊桥的上游修建了一座单孔双曲拱桥,长110米,宽7米。这座桥通行能力大,造型也美观。如今在泸定城关的大渡河上,几百米内并排着有三座桥,大渡河的天险已成为了永远的过去。据有关资料称:泸定县在1951年前只有泸定桥一座,到2004年时已有13座了。

国魂激荡的卢沟桥

闻名中外的卢沟桥,在建筑艺术、景观上、史迹上都有无与伦比之处,有人说它在北京的名桥中挂头牌。其原因一是"岁数大":它建成于金明昌三年

(1192)，已有 800 多年的历史；二是风景美：早在金代就已是"燕京八景"之一，名曰"卢沟晓月"；三是工艺精：望柱上形态各异的石狮子，很难数清；四是地理位置重要：它位于天安门西南 15 公里处，宛平城西门外，跨永定河上。全桥总长 266.5 米，桥面总宽为 9.3 米，共有 11 跨，是出入京都的南北交通要津，也是军事要地；五是最令中国人民魂魄激荡：1937 年 7 月 7 日，日本帝国主义者在卢沟桥发动了"七七事变"，中国人民从此开始了八年的抗日战争，这是中国人民永远抹不掉的历史记忆。

日本侵略军蓄意挑起全面的侵华战争由来已久，1937 年 7 月 7 日夜间，驻丰台日军诡称演习中"失踪"了一名士兵，要求进入宛平城搜查，遭拒绝后，即向城西卢沟桥发起攻击。驻守在卢沟桥头和宛平县城的我二十九军将士英勇反击。7 月 8 日，中共中央发布《中国共产党为日军进攻卢沟桥通电》，向全国人民指出："平津危急！华北危急！中华民族危急！只有全民族实行抗战，才能是我们的出路"！号召"全国同胞，政府，与军队团结起来，筑成民族统一战线的坚固长城，抵抗日寇侵掠"！卢沟桥一声炮响，中华民族神圣的反侵略战争全面开始。

战斗打响之后，卢沟桥军民顽强抗敌，出现了许多英勇杀敌、可歌可泣的英雄事迹。最先向侵略者反击的前线指挥员是 29 军 37 师 110 旅 219 团第三营营长金振中。卢沟桥北面的平汉铁路桥和回龙庙是战略要地，从 7 月 7 日到 7 月 28 日，双方争夺十分激烈。7 日至 12 日的三四天里，它三度失于敌手，而以金振中营为主力的我军官兵，在何基沣旅长的指挥下，又三次从日寇手中夺回。该营是一个加强营，配有轻重机枪和迫击炮，富有爱国热情，士气高昂，全营 1400 多名官兵，同仇敌忾，"气势猛鸷，独冠三军"，高喊着"宁为战死鬼，不作亡国奴"的誓言，与敌人进行了殊死拼杀，几乎俘获直接指挥挑起"七七事变"战火的日本侵略军大队长一木清直。

当敌人绕过宛平城，夺占铁路桥时，我军 219 团的全体战士，迅猛抽出背上的大刀与敌人短兵相接，血战一个小时。其中一个连的守军，最后只剩下 4 人，其余全部壮烈牺牲，日军伤亡约 300 人。

在铁路桥东北面回龙庙，中共地下党员沈忠铭排长带领全排战士，面对数倍于己的敌人，顽强抗敌，血刃肉搏，杀伤敌人无数，最后全排为国捐躯。

为收复卢沟桥，驻守城西的一个排，在当地军民支持下，冒着风雨手持大刀和手榴弹，乘夜突袭敌人，在昏暗中冲过卢沟桥，冲进日本军营，挥刀砍杀，敌人成排地倒下。有一名年仅 19 岁的班长，他一个人就连续砍杀了 13 个敌人,最后壮烈牺牲。一场激战后,歼灭日军百余人,并生擒了日军军官一人。当时有一首《卢沟桥歌》:"卢沟桥!卢沟桥!男儿坟墓在此桥!……飞机坦克来勿怕,大刀挥起敌人跑!……快快拼起民族命,最后胜利是吾曹!……立功报国在此桥!"这充分表达了抗日战士决一死战悲壮的誓言和勇敢精神。

历史虽已过去,但卢沟桥、宛平城仍遗留着许多当年日本帝国主义者发动侵略战争的罪证:被日军炮火炸毁的宛平城墙的断垣残壁,大枣山上还有日军建造的碉堡等。石桥东头还有一个长三丈、宽一丈五、深二丈的"万人坑",那是日本侵略军攻占宛平城后残杀我军民的地方,这里记录了侵略者犯下的滔天罪行。

卢沟桥上,宛平城边,中华民族的优秀儿女,为保卫自己的祖国英勇战斗,许多人献出了自己的生命。在卢沟桥旁的大枣山上,矗立着抗日烈士赵登禹将军的陵墓。卢沟桥先烈和八年抗战期间为国牺牲的中华儿女,都将受到中国人民的永远纪念。在20世纪80年代,国务院批准修复宛平城,在卢沟桥畔建起了中国人民抗日战争纪念馆和抗日英雄群雕园,约有雕像千余尊。在"卢沟桥事变"发生66周年之际,又在雕塑园内开始摆放1500个石鼓,每个鼓上都用石刻记录着一次侵华日军的暴行。卢沟桥,作为中华民族不屈不挠的象征将永远载入史册。 ⑥

董存瑞舍身炸桥堡

1948年5月25日,随着隆化城的一声巨响,董存瑞手托炸药包炸毁敌人桥型碉堡的英雄事迹,迅速传遍了全中国。他是英雄军队的骄傲,也是共产党员、人民群众学习的楷模,他忘我牺牲的精神鼓舞和教育了几代人,成为了永不熄灭的光辉榜样。

隆化县城当时是热河省会承德的拱卫,敌人用了一年多的时间在这里修筑了很多工事,据统计,小小的隆化城周围就修了40多个半永久性碉堡。这些碉堡有子母堡、连环堡、暗堡,还有桥型堡等。这些碉堡群,堡堡相连,堡堡相援,各碉堡群之间都有火力联系,构成了交叉火力网,有些特殊构筑的碉堡还被称为"模范工事"。同时,在碉堡群周围又设置了鹿砦、铁丝网、陷阱、梅花桩、外壕等,为此,国民党军队颇有点自鸣得意,在防守上很是有恃无恐。

被董存瑞炸掉的桥型碉堡，就是一个特殊的防御工事。它架设在隆化中学东北角的干河上，桥与河床同宽，为8.9米，桥高2.4米，宽约2米。全桥由三根大梁支撑，其上并排置放着圆形横木托着一个砖木结构的桥型碉堡，碉堡上面布有射击孔和六零炮眼，射击孔平时是用砖头封堵着，好像是桥的栏板。桥两边各有一个青砖结构的炮楼，直径约2米，以交通壕与隆化中学的核心工事相通。

董存瑞，1929年出身于察哈尔省（今河北省）怀来县南山堡一个贫苦农民家庭。7岁时只上过几天学，13岁时因掩护过抗日干部当上了儿童团长，被称为南山堡的"王二小"。年少的董存瑞聪明、勇敢、好胜，曾参与割电线、贴标语、捉汉奸等战斗。1945年春董存瑞参加了当地抗日自卫队，当年7月参加了八路军。1946年4月的一次战斗中，他机智地夺下敌人的一挺机枪而荣立一等功，还被授予勇敢奖章。1947年初在一次阻击战中，在班长牺牲、副班长负重伤的情况下，他挺身而出自任班长，胜利地完成了阻击任务，又立大功一次。到他牺牲前，共荣立大功三次、小功四次，荣获勇敢奖章3枚、毛泽东奖章1枚。1947年3月，在平北整训中，他加入了中国共产党。那时我军没有飞机，更缺少坦克，打攻坚战主要靠有限的炮兵和步兵的爆破。董存瑞在攻打隆化前的练兵中，成为师、团"董存瑞练兵模范班"，本人也成为"模范爆破手"。在战前比武中，董存瑞夺得了"爆破元帅"的称誉。

1948年5月25日凌晨，三颗信号弹腾空而起，接着便是震耳欲聋的炮声，攻打隆化的战斗打响了。董存瑞所在的六连担任主攻，很快攻克了一个个碉堡群。董存瑞带领的爆破组连续炸毁了敌人4个炮楼、5个碉堡。顺利扫清隆化中学外围工事后，六连向隆化中学发起冲锋。突然敌人的机枪从隆化中学东北角横跨在干河上的桥堡中疯狂扫射过来。先前派出的爆破组的战友在中途一个个倒下。这时，董存瑞再次请战，在战友的掩护下冲到桥底。此时他的左腿受了重伤，暗堡的底部离干涸的河床还有一人多高，两旁没沟、没凌、陡滑，哪儿也没有安炸药的地方。如果把炸药放在河床上，又炸不着暗堡，河床上也没有任何东西来支撑起炸药包。此时，我军的冲锋号已经吹响，敌人暗堡上隐蔽枪眼的砖头一块块被捅开，一起喷出火光，这时我军的进攻部队潮涌般地冲了上来，拖延一分钟就会有更多的战友牺牲。这时，董存瑞毅然用身体当支架，左手托起炸药包，右手拉燃导火索，随着一声天崩地裂的巨响，敌人的桥型暗堡被炸得粉碎，红旗插上隆化城。董存瑞用鲜血和生命为部队开辟了胜利的道路，牺牲时年仅19岁。

董存瑞光荣牺牲之后,被授予纵队战斗英雄,所在的班为"董存瑞班",隆化中学改名为存瑞中学,分别在隆化和南山堡建立了烈士陵园和纪念馆。1950年9月,全国战斗英雄、劳动模范代表会议决定追认为全国战斗英雄。1957年5月29日,朱德委员长为董存瑞烈士纪念碑写了"舍身为国,永垂不朽"的光辉题词。 桥

功勋卓著的鸭绿江桥

在中国的界河桥中,尚没有哪一座桥像鸭绿江桥那样通过那么多的军队和军用物资,并遭受过那么多次严重的轰炸。鸭绿江下桥遭毁残留部分的"断桥",见证着美帝国主义者侵略的历史,畅通的鸭绿江上桥记录着大桥辉煌的功绩。

位于我国的丹东与朝鲜新义州之间的鸭绿江桥,曾有两座桥,以居于江水的上、下游,分为"上桥"和"下桥"。

鸭绿江下桥,于1909年5月始建,1911年10月竣工,由当时的日本驻朝鲜总督府铁道局建造,是一座铁路和人行两用下承式开合式钢桁架桥,也是鸭绿江上诸多桥梁中的第一座桥。桥长944.24米,宽11米,其中两侧步道各3米,共12孔,从中方数第四孔为开闭梁,以四号墩为轴,可旋转90°,便于过往船只航行。1950年11月至1951年2月,由于美军飞机多次疯狂轰炸,大桥被毁,仅残存中方一侧的四孔,保留至今,习惯称为"断桥",为市级文物保护单位,1993年6月动工修整,命名为"鸭绿江端桥",成为丹东市一处开放的景点。

鸭绿江桥上桥于1939年始建,1943年竣工,桥长940米,共12孔,为公路、铁路两用桥,由当时的日本汽车株式会社和日本建筑株式会社联合建造,按300年一遇洪水概率设计。从1954年7月起,按中方570米,朝方370米划界管理。至此,历史赋予了它全新的历史使命。它作为中朝经贸第一口岸的重要通道,在丹东市的对外开放、经济发展中发挥了更加突出的作用,为构建东北亚经济圈奠定坚实的基础。1990年10月24日,中朝两国政府协议决定,将该桥命名为"中朝友谊桥"。2003年8月7日,鸭绿江大桥在维修养护期间,中国政府经与朝方协商后第一次允许游客徒步过桥。

20 世纪 50 年代初期,朝鲜爆发内战,美国纠集一些国家,以联合国的名义派兵入侵朝鲜,迅速推进到鸭绿江边,应朝鲜政府的请求,党中央和毛主席迅速做出了英明抉择:"抗美援朝,保家卫国"。彭德怀元帅临危受命,带着党中央和人民的重托,与装备精良的美帝国主义进行了一场殊死的搏斗,最终取得了伟大的胜利。

这座大铁桥在抗美援朝战争中发挥了重要的作用,被人称作是一条后方支援前线的交通大动脉。当年总共有近 300 万部队和 60 万民工出国参加了抗美援朝战争,很大一部分是从鸭绿江桥通过的。历史告诉我们:1950 年 8 月 27 日,美国空军首先对鸭绿江大桥进行扫射,1950 年 11 月 8 日,美国空军首次派出百余架 B—29 型轰炸机,对鸭绿江桥狂轰滥炸,桥被拦腰炸断,朝方一侧钢梁落入江中。1950 年 11 月 14 日,美军又派出轰炸机 34 架,对鸭绿江桥再次施行轰炸,朝方三座桥墩被炸塌,至此,大桥瘫痪,仅剩中方一侧残存的四联。在鸭绿江上第一座大桥被炸断的同时,与其相邻近百米的第二座大桥也受到严重创伤,当时,安东铁路分局职工和驻军部队,冒着敌机不断轰炸与扫射的危险,全力以赴抢修大桥,使鸭绿江大桥成为炸不断的钢铁运输线。

据交通部权威人士称:在抗美援朝战争中,美军为切断中朝军队的后方补给,对朝鲜北部的桥梁进行了数千次猛烈轰炸,其中仅 1952 年 1 月,即炸坏桥梁 200 余座。中朝军民为保卫和抢修桥梁英勇奋战,做到了随炸随修,三年中共计修复和新建铁路和公路桥 4300 余座(次)。战胜了敌人的封锁和破坏,使道路和桥梁成了炸不断的钢铁运输线,出色地完成了交通运输保障任务,并在桥梁和交通线上空击落敌机 2390 余架,为夺取战争的胜利建立了不朽功勋。美军第八集团军军长范佛里特也不得不承认"虽然联军的空军和海军尽了一切力量,企图切断共军的供应,然而共产党仍然以令人难以置信的顽强毅力,把物资运到了前线,创造了惊人的奇迹"。🌉

冯玉祥修建泰山大桥

在泰山脚下的苍松翠柏之中,掩映着一座肃穆的陵墓,这就是抗日爱国将领冯玉祥将军之墓。在陵墓的前面墓道上有一座花岗岩砌成的大石桥,横跨于西溪之上,这就是闻名遐迩的"大众桥",是冯玉祥将军于 1935 年捐资修建的。

冯玉祥(1882～1948)出生行武。任过北洋陆军检阅使,曾讨伐张勋复辟、推翻曹锟政府、驱逐清逊帝溥仪出宫、还率部参加过北伐战争。"九一八事变"后,他反对蒋介石的"不抵抗"政策,在中国共产党的支持下组织了察哈尔民众抗日同盟军,收复了察北四县,蒋介石反诬其为破坏国策,派重兵威逼,冯玉祥被迫辞职,隐居泰山,修桥的故事就发生在他隐居泰山时。

1933年8月,冯玉祥将军因自己抗日救国主张不能为国民党当局所接受,到泰山过起了隐居读书的生活。他寓居于泰山南麓的五贤祠。在此期间,他聘请共产党人和进步学者为师,攻读史书,研究科学,演习绘画,探索真理,并时刻不忘宣传抗日。他在普照寺旁的洗心亭上,刻下了东北三省的面积和人口数,并刻上:"你忘了没有,东三省被日本人占了去!有硬骨的人应当去拼命夺回来!"在这期间他还开凿了朝阳泉、大众泉,组织了理论研究会和科学馆,兴办了普照寺小学,为民众做了许多好事。

他在读书余暇,常去五贤祠以西的小五庄养鸡、种菜、修剪果树。从五贤祠到小五庄,须途经泰山西溪。过这条溪,晴天还好,行人踏着那排在河床中的几十块大石头涉水而过。遇到雨季,山洪暴发,河水陡涨,路就完全断了。1935年春季的一天,冯玉祥将军途经西溪,因几天连续下雨,河床中几十块大石头这时完全淹没在水中。冯将军挽起裤脚,拄着手杖,小心翼翼地踏在没入水中的石头,向前挪动。突然,他一个趔趄摔到水中,警卫赶忙把他搀扶起来,他不仅全身湿透,左膝盖也摔伤了。出生于贫苦家庭的他凝视着溪水说:"我们空身的人过河都摔倒了,那些挑柴过河的老百姓就可想而知了。赶上发洪水,不就得出人命了吗?我想好了,不让我抗日,为老百姓修座桥总可以吧!"

这年六月,石桥正式动工建造,冯玉祥将军每天都要到施工现场指挥和督促。而且,他精打细算,防止了工头偷工减料贪污钱款。这座桥只用了三个月的时间就建造完成。石桥修好之后,冯玉祥将军看到桥的栏杆太矮,小孩子容易攀栏而出造成危险,他对施工人员说:"咱们建桥是给老百姓造福,不是造灾,快把栏杆加高。"我们现在看到的大众桥栏杆是上下两截,原因就在于此。

冯玉祥将军在桥修好之后,还挥笔在桥上写下了"大众桥"三个刚健有力的隶书大字。后来,冯玉祥将军又写了《创建大众桥记》一文。在文章的最后,他满怀感慨地写道:"这不过是我们一点点克服自然的工作罢了。认真说,对于我们劳苦大众的整个生活,究竟能改善了多少?我们知道,要获得完全美满平等的生活，除了不断地克服自然而外，更有待于我们对社会的奋斗！"这些铿锵有力的话语，足见冯玉祥将军博大的胸怀和他与民同心的高尚情操。1942年，在冯玉祥将军60大寿时，朱德、彭德怀联名贺联是："南山峨峨，生者百岁；天风浪浪，饮之太和。"叶剑英的贺联是："真体内充，返虚入浑；生气远出，与古为新。"邓颖超赠送的寿联十分有趣："写诗写文章，亦庄亦谐如口出；反帝反封建，不屈不挠见襟期。"这些贺联，对冯玉祥将军给予了高度的评价。

1948年7月，冯玉祥先生应中国共产党之邀回国参加新政治协商会议的筹备工作，9月1日因所搭轮船失火遇难。1953年10月15日，其骨灰安葬在泰山脚下的大众桥的东头。这里依山傍水，古木参天，陵墓坐东朝西，肃穆庄严。登上墓台，只见用泰山白色花岗岩筑成的墓壁上，镌刻着郭沫若题写的"冯玉祥先生之墓"七个大字，正中镶嵌着冯玉祥的铜铸头像。下面的一块黑色大理石上，刻着他于1940年亲笔写的白话诗《我》：

平民生，平民活；不讲美，不要阔；只求为民，只求为国。

奋斗不懈，守诚守拙；此志不移，誓死抗倭！尽心尽力，我写我说。

咬紧牙关，我便是我；努力努力，一点不错！

这成了冯玉祥最为恰当、贴切的自撰墓志铭。

溪口憩水桥逸事

蒋介石的家乡是浙江省奉化市溪口镇。溪口是九曲剡溪之口，这里依山临水，风景秀丽，一泓剡溪碧蓝见底，依街潺潺东流，逶迤于青翠的四明山脉之中；这里气候宜人，万木葱茏，四季成景。它还是一个千年古镇，史迹众多，名胜荟萃，早在汉代这里就被称为是"海上蓬莱，陆上天台"。在"溪口十景"之中有一景名为"碧潭观鱼"，观鱼处是在一座拱形小桥之上，这座小桥叫"憩水桥"，是蒋介石亲自督建的，它还有一段有趣的故事。

蒋介石（1887～1975）出身行伍，早年就学日本时加入了同盟会，参与过护国战争，担任过黄埔军校校长。1926年制造了"中山舰事件"和"清理党务案"，排斥共产党人。1927年发动了"四一二"反革命政变，实行清党，血腥屠杀共产党人，使国共两党关系破裂；抗战初期实行"不抵抗"政策，继续反共内战；抗战胜利后，一边与共产党和谈，一边准备并发动了内战，直到1949年内

53

战失败后逃往台湾,任台湾当局"总统",一心想着"反攻大陆",统治全中国,终成泡影,1975年病逝。接着其长子蒋经国(1910～1988)继任"总统",直到1988年病逝。

有人说:溪口的每一块鹅卵石都涂满了政治色彩。古镇溪口的命运曾与蒋介石共沉浮。民国时期,溪口道上车水马龙,尤其蒋介石回乡时,更是热闹非凡。自1949年4月,蒋介石去台湾后,溪口一时沉寂起来。几十年后,古镇重又焕发了光彩,两岸来往频繁,特别是当地政府修复了蒋氏墓宅等,蒋经国非常感激,可惜他不久便病老归西,不能见到今日景色。

在溪口镇武山南端高处,有一座金碧辉煌的宫殿式建筑,名叫"文昌阁",别名"奎阁",也是"溪口十景"之一,称作"奎阁凌宵",这里曾是蒋介石与宋美龄的别墅。"奎阁"原建于清雍正九年(1731),至民国时期已破败不堪。1924年,蒋介石由广东回乡扫墓,见楹栋欹斜,遂请乃兄介卿组织重建,至第二年造成飞檐翘角的两层楼阁,建筑面积500平方米,后即成其为别墅。张学良被软禁时,也曾在此落脚。1939年12月12日,6架侵华日机轰炸溪口,把文昌阁夷为平地,直至蒋介石离开大陆。1987年,由人民政府拨款按原样重建,雕梁画栋,风姿依旧。那"憩水桥"便在文昌阁的山下。由文昌阁向西,沿山势盘曲的水泥阶梯而下,便看到一座观赏性的水泥小桥,这就是"憩水桥"。

该桥建于1929年,起初是由蒋介石的堂弟荣泥法师所建,是一个紧贴水面的平板直桥,蒋介石嫌其呆板、单调,与整个风景不协调,又令上海孙裕生营造厂设计师葛宝顺重新设计,改建成一座小巧玲珑的单孔拱桥。桥长4.8米,宽1.6米,高2.4米。桥上设有四根望柱和花式栏板,桥面两端各有6级台阶,供游人行走。憩水桥架设于蟹钳形两块岩石之间,突出于剡溪之上,清澈的剡溪水流到此处变得更加宁静碧澄,水中摇曳着小桥的倒影,游鱼历历在目,形成一幅具有动感的赏心悦目的风景画,被人称为"碧潭"。旁边山崖上依势设有许多石凳,供休息和垂钓之用,名曰"钓鱼台"。这里,上有古树名木垂荫,下有碧波微澜,游人至此,可在树下稍息片刻,亦可怡情桥上,摄影留念,抑或临池垂钓,都给人以清幽、舒畅、愉悦之感。早年,蒋介石与宋美龄夫妇回乡,常在此观鱼、垂钓、摄影。

憩水桥是溪口十景之一,称作"碧潭观鱼"。文人学士到此多有诗咏。其中有一首诗云:"闲情镜潭寄,为爱游鱼戏;笑道老渔翁,渔山也有利"。🌉

银锭桥与行刺载沣

在北京什刹海与后海之间,有一座小小的单孔石拱桥,因呈倒元宝形而名为银锭桥。桥虽小,却见证了辛亥革命前夕一桩惊人的历史事件:1910年3月,同盟会成员汪精卫、喻培伦等曾在这里预谋刺杀清末的摄政王载沣。有诗为证:"慷慨歌燕市,从容作楚囚;引刀诚一快,不负少年头。"这是汪精卫在谋炸摄政王失败后,被捕入狱时所写的一首诗。

汪精卫(1883～1944),1903年公费赴日本留学,逐渐萌发了反清思想。1905年参与组建同盟会,被举为评议会议长,一度主编《民报》,宣传革命主张,产生了积极的影响。抗日战争爆发后,成为汉奸。

喻培伦(1886～1911),1905年留学日本,1908年参加同盟会。曾专力制造炸弹,亲自做试验,被人称为"炸弹大王",先后在汉口、北京谋刺两江总督端方和摄政王载沣,均未成功。

1910年2月,汪精卫、喻培伦、黄复生、陈璧君(汪精卫妻)、黎仲实等组成的暗杀团,携带着炸药等装置从日本被派往北京,他们先在琉璃厂火神庙夹道开了一个守真照相馆作为秘密活动场所,又在宣武门鸿泰永铁铺订制了一个弹壳,实际是一个壶状的大铁罐,内可装50磅炸药。他们商议"擒贼先擒王",决定先炸摄政王载沣。摄政王所住的醇王府在什刹海北沿,经过两次侦察发现,载沣每天上朝必经银锭桥。这座小桥北有一条阴沟,正好埋设炸弹,再用电线发火引爆。于是他们决定:喻、黄挖土坑埋炸弹,汪精卫、黎仲实接应,陈璧君守候在附近租好的一间房内待事毕后撤退。

1910年3月31日深夜,寒气逼人,喻培伦、黄复生在银锭桥畔挖土埋设炸弹,不料惊动了附近的几条狗,突然吠声四起,两人只好撤走。次日晚,他们带了一些窝窝头,一面喂狗一面挖坑,然后埋下了炸药罐,由于目测不准,喻发现电线短了一截,只好次晚再来埋设。

第二天半夜,待喻、黄二人拿着引线来到桥旁土坑时,忽然发现桥下有人,大吃一惊,遂躲在一颗大树后边观察动静,原来是一个便溺的人。待那个人走后,两人再去探看时,炸药罐已被人取走。

原来那天清晨,一居民经过桥边时见有一新起的土堆,挖开一看是一只大铁壶,便向附近警局作了报告,几名巡警立即将铁壶带走。

行刺既已暴露,若再行动,只能重来。于是,经过商议,由喻培伦去东京重购炸药,陈璧君、黎仲实先去东京再到南洋筹款。汪、黄暂留北京。

清政府得报后,立刻请来英国和日本的驻华使馆专家前来鉴定。英专家起开螺丝钉一看,失声大叫:"呀!这是 TNT,威力很大!"日本专家说:"内部装置很精巧,不是北京所能制造。"英专家看到,螺丝钉是新车出来的,铁壶是在本地打造的,为侦破此案提供了重要线索。

清政府得到炸弹事件报告后,如临大敌。老百姓更是大肆渲染,满城风雨。于是,清政府派出了大批巡警暗探,一方面到处巡查京城的铁工场,一方面在酒肆茶楼暗访。果然混在茶客中两秘探在骡马市街一个茶馆中听得两茶客议论,那铁罐是鸿泰永铁铺王老板为两个青年革命党人制造的。于是,由王老板找到照相馆,由照相馆找到汪精卫与黄复生,随将二人逮捕,并被判终身监禁,直到 1911 年辛亥革命成功后,他们才得以获释。

银锭桥畔发生的这一传奇性的历史事件后,两个主要人物的人生轨迹和归宿是截然不同的。

汪精卫在辛亥革命成功后,曾被袁世凯收买,袁死后又投奔孙中山,在国民党中官至副总裁。抗日战争爆发后,他公开投降了日本帝国主义,于 1940年 3 月在南京成立了伪国民政府,任主席。他和他老婆陈璧君一起,成为了臭名昭著的大汉奸。

喻培伦 1911 年参加广州起义,他奋勇当先,用一筐炸弹开路,所向披靡,先炸开督署后墙,又进攻督练公所,终因寡不敌众,被俘牺牲,时年 26 岁。1912 年,孙中山领导的中华民国临时政府追赠为"大将军"。革命先辈吴玉章称赞他是"值得我们特别纪念的英雄人物"。　桥

中国人在日本造的桥

中国对日本的文化影响较深,诸如文字、宗教、戏剧、建筑等。中日两国之间的文化交流源远流长,其中中国的造桥技术,至少在明代以前就传到了日本,有的桥就是中国人设计建造的,成为日中友好桥梁。

据日本《桥梁》杂志介绍,在谏早市长崎县境内的中川岛上,有一个由 20座桥梁组成的古石桥群,各类石桥,比肩而立,尽显神韵。在这举世无双的石

桥群中,竟有一半是由当时居住在长崎唐人街的中国侨民捐资兴建的,其中最有名的是眼镜桥。

眼镜桥长 46 米,宽 5.5 米,距水面高 7 米,是一座两孔半圆石拱桥。两个拱圈倒映水中,酷似眼镜,因而得名。这座桥建于 1634 年,是由明朝中国的高僧如定法师设计并筹资建造。桥型优美,结构牢固,日本史书称该桥是"日本最古老、最有名的石拱桥之一"。眼镜桥历经三百多年的风吹雨蚀,依然完好无损,该桥现为日本国家重点保护文物。1957 年,谏早市暴发了一次特大洪水,许多现代化钢筋混凝土桥梁尽数冲毁,惟独眼镜桥安然无恙。为此,谏早市土地开发公司一位掌管桥梁事务的官员百思不得其解,他说:"眼镜桥精巧的构造,使我大吃一惊,钢筋混凝土桥被冲垮了,然而古代的石桥却平安无事,这是一次了不得的冲击。"于是,日本政府把眼镜桥作为国家重点文物,移置于长崎公园,永久保存。

还有一座桥特别值得一提,就是建造在日本本州南部的岩国市的"锦带桥"。这座桥建成于 1672 年,由我国清代初年东渡日本的高僧独立禅师设计并指导建造。独立禅师俗名戴笠,法名独立性易,在旅居日本期间,他为促进中日文化交流做出了积极贡献。锦带桥是仿照我国杭州西湖苏堤拱桥的样式设计的,建造在锦川河上,是一座大弯度木结构拱桥。拱桥由木梁组合而成,桥拱支撑在坚固的石墩上,桥上的人行道沿着拱型曲线弯曲,桥拱的陡峭部分则用横板做成踏步,便于人们徒步行走。锦带桥的桥型优美典雅,具有中国古典园林桥梁的艺术风格。它跨越在风光绮丽的锦川河上,如长虹卧波,似锦带飘舞,是岩国市颇负盛名的风景点。

1972 年,中日两国实现了邦交正常化,恰逢锦带桥建成三百周年,日本岩国市各界人士举办了纪念活动,表彰中国高僧对日本文化所做出的贡献,并捐资在锦带桥畔树立了一座纪念碑,以纪念建造这座"日中友好桥"的独立禅师。中国佛教协会会长、中日友好协会副会长赵朴初居士为锦带桥纪念碑的落成题写了一首词,寄赠给日本友人,词中写道:"锦川春似苏堤晓,独立禅师锦带桥,新碑岩国树今朝。望迢迢,天际彩云飘。"

眼镜桥、锦带桥是中日两国人民文化交流、友好往来的见证,希望中日两国人民间的传统友谊,通过友谊的桥梁发扬光大。 🌉

上海的外白渡桥

在我国建桥史上,有不少外国人建造的桥梁,上海苏州河上的外白渡桥就是一例。这座桥曾叫过"威尔斯桥"、"花园桥"、"外摆渡桥"、"外'白'渡桥"等。桥名告诉人们的是历史的往事。

上海在未开口岸以前,吴淞江(即苏州河)上没有桥梁,市民过河全靠船只摆渡。在吴淞江出口处的渡口,当地居民叫它是"外摆渡"。第一次鸦片战争之后,上海被列为通商口岸,吴淞江两岸被辟为英美租借,渡口便开始繁忙起来,于是,便有了造桥的建议。1853 年,英国商人威尔斯成立了一个"苏州河桥梁建筑公司",出资 1200 元,在外摆渡口处营建木桥。1856 年该桥建成,桥长 140 米,中间设吊桥,船至开启,船过闭合,取名"威尔斯桥"。因其是建在外摆渡口,所以上海人叫它为"外摆渡桥"。

桥的建成使那些从停泊在吴淞口的大海轮可以把商情报告、报纸、信件等,迅速简捷地送到外滩各个洋行,免除了过去人马上船下船的麻烦,节省了许多时间,有利于商业竞争;同时,木桥建成后也可促进苏州河北岸的美租借的开发,这本来是一件好事。可是英国商人威尔斯却声称,建造此桥得到了清朝上海道台的特许,获得了专利 25 年,规定中国人过桥每人每次过桥收制钱一文,车轿加倍,名为"过桥税"。到 1863 年,这种"过桥税"又增加了一倍。这个威尔斯在 15 年的时间里,牟取了建桥费近 20 倍的暴利。威尔斯看到建桥有利可图,便计划另建一座钢桥。不知是技术方面原因还是钢材不过关,桥还未架起来,两边的桥座就塌入江中,威尔斯的发财梦终于成为了泡影。

威尔斯的横征暴敛,激起了上海人民的不满与反抗,他们向英国领事馆和工部局提出抗议。当时,上海舆论又盛传外国人过桥不纳费,《申报》为此发表文章,要求桥主对内对外一律平等,并表示如果不取消对华人的课税歧视,即增设义渡,号召华人乘船而不走桥。果然有人在威尔斯桥旁设立了义渡,免费为来往的行人乘船过江。人民齐心协力,迫使工部局在威尔斯桥西数十步处,另建了一座浮桥,于 1872 年 9 月建成开放,并明文规定,来往过桥者,无论华人洋人,均不收费。不久工部局又以高价收购了威尔斯桥,亦免费开放,人们从桥上过往的日渐增多。

在上海的方言中,"摆"与"白"同音。"白"字是不付代价、无偿得到的意思。由于外摆渡桥免费"白渡",因此,人们便称这座桥为"外白渡桥"。久而久之,"外摆渡桥"的称谓也被人忘却。这便是"外白渡桥"桥名的由来。

1906 年,在工部局主任梅恩倡导下,经过多方努力,筹集资金,将浮桥拆除,改建为钢桁架桥。桥长 104 米,宽 22.2 米,下分两个桥孔,中间一个桥墩是设在苏州河的主航道上,桥面设三条汽车道,两旁设人行道,于 1907 年完工通车。

桥建成后,当时的工部局命名这座桥为"公园桥",由于外滩公园曾挂过"华人与狗不得入内"的牌子污辱中国人民,使人们对这种公园深恶痛绝,对这种桥名也是义愤填膺,决不接受,仍称为"外摆渡桥"。更由于此桥也不收过桥费,干脆也称为"外白渡桥"。这一桥名是广大人民与帝国主义展开英勇斗争并最终取得胜利的历史记录,因此一直沿用至今。

解放后曾对这座桥进行过维修,在原有的架构上加固了 8 根小立柱,拆换了人行道外的小纵梁;并把人行道内纵梁外移 20 厘米,还把原来的木桥面改为钢筋混凝土桥面,加固了横梁,调换了风架等。还应提到的是,"外白渡桥"造型是不够美观,色彩也太黑,但钢架质量还是应该肯定的,其钢铁质感对现代的大城市还是可容的。因此,在南浦大桥建成以前,人们还是把它作为上海城市的标志,常以此桥为背景摄影留念,游人也可登上桥面,欣赏迷人的外滩和繁华的黄浦江。🌉

园中园里"知鱼桥"

在北京颐和园东北角有一座"园中园",叫谐趣园。它小巧玲珑,结构精致,亭、台、楼、阁、殿、堂、廊、榭、桥梁浑然一体。在不过十亩的园子里,却有百间游廊、五处轩堂、七座亭榭、五座桥梁。

谐趣园原名叫惠山园,初建于乾隆十六年(1751),是仿照无锡惠山寄畅园修建的。嘉庆十六年(1811)曾重修,1860 年毁于英法联军,于光绪十九年(1893)重建,改为谐趣园。

"谐趣"一语,出自乾隆《惠山园八景诗序》"一亭一径,足谐奇趣"。即取"以物之静趣,谐寸田之中和"之意。"寸田"即心田,此处是指心情、心境。"中和",在此处是指心境平和、怡然自若的意思。"谐趣园"的意境,就是人的心绪与变化,同景物互相谐调,情与景融为一体。所以,谐趣园中的建筑,都以能给人心境如水、自然畅快的意韵来构思,知鱼桥更是毫不例外地体现这一整体的境界。

谐趣园,其景以水为盛,水多桥也多,小小园中就有五座桥,这是谐趣园的一大特色。在这些桥中,以"知鱼桥"最为有名,它在谐趣园的东南一隅,是一座平板石桥,桥长25米,宽2米,高1.8米,由8个石墩支撑桥体,桥面由21块长条青石板组成,两侧设有18个方头望柱和17块镂空栏板,桥栏尽头配有抱鼓。桥体精巧大方,赏心悦目。为便于观鱼,桥面很低,紧贴水面,栏杆也不高,仅0.9米。

知鱼桥面对"涵远堂",这是谐趣园的正殿,是恩泽遍及四海的意思;背依"淡碧堂",意谓恬静、畅适、幽美的绿色之境;还有,三棵高大的垂柳和两棵巍峨的古松掩映,可谓是"园中园,画中画"。在桥的东端,有一座精致的石牌坊,高约4米,上部是双重飞檐吻兽,约占整个牌坊高度的一半,与直板桥协调和谐,避免了呆板和压抑。牌坊上有一石额,长1.7米,宽0.29米,横额上写着"知鱼桥",由乾隆皇帝丹书,凹刻填朱,十分醒目。石额下镌有乾隆咏"濠上问答"诗数首,如:"屧步石桥上,轻儵出水游。濠梁真识乐,竿浅不须投。子嗤我多辩,烟波匪外求。琳池春雨足,菁藻任潜浮。""林泉咫尺足清娱,拔刺文鳞动绿蒲。当日惠庄评论处,至今知者是鲗隅。"(鲗隅为鱼,南方少数民族语言)等等。

牌坊两侧的方形柱上各有一幅楹联,亦为乾隆所作。其一为:"月光潋滟金为色;风濑玲琮石有声。"显然,这里写的是知鱼桥的近景,在明亮的月光下,看着知鱼桥下潋滟的湖水,微微的涟漪,金光闪闪地波动,水天互映,心旷神怡;接着听到微风从水面轻轻吹过,由此引起水波激荡着岸边的石头,发出"玲琮"响声,一派宁静之感。

其二为:"回翔凫雁心含喜;新茁蘋蒲意总闲。"意思是说:看着凫雁在水面上来回地飞翔,心里充满喜悦;欣赏着新长出来的蘋蒲水草感到格外的悠闲。飞翔的水鸟把人们的视线引向天空,自然是遐想无际,心境愉悦。新长出来的各种水草,充满了绿色的生机和静穆,使人产生一种"人间岁月闲难得"的感觉。

两副楹联,丰富了知鱼桥美妙的意境和遐想的延伸,紧扣了建园的宗旨和韵味。

"知鱼桥"的取名是有典故的,它来源于《庄子·秋水篇》。说的是庄子和他的好友惠施在濠水边散步,走在一座桥上。庄子看到鱼儿在水里优哉游哉地游着,就对惠施说:"你看,水里的鱼儿从容自在地游来游去,该多么的快乐呀!"惠施不以为然地问道:"你不是鱼,你怎么知道鱼儿是快乐的呢?"庄子立刻机敏地回敬道:"你又不是我,你怎么知道我不知道鱼儿很快乐呢?"惠施回答说:"我确实不是你,当然不知道你怎么会对鱼有什么感觉;可你也不是鱼,你怎么知道鱼快乐与不快乐?"接着,庄子振振有词地解释道:"让我把道理说透彻了吧。刚才你问我怎么知道鱼是快乐的,可见你已经认为我是知道鱼快乐的。至于我为什么会知道鱼快乐,那是因为我从濠水中看见它们自由自在地游动,所以认为鱼是快乐的。"能言善辩的惠施也无言以对了。后来多用来比喻心领神会、自得其乐的境地。

类似颐和园里的知鱼桥建筑还有北京北海公园的濠濮间,圆明园的知鱼亭,承德避暑山庄的濠濮间想等。 桥

张良进履的圯桥

建立了西汉王朝的汉高祖刘邦曾对群臣说过:我之所以有今天,得力于三个人。运筹帷幄之中,决胜千里之外,吾不如张良;镇守国家,安抚百姓,不断供给军粮,吾不如萧何;率百万之众,战必胜,攻必克,吾不如韩信。三位皆人杰,吾能用之,此吾所以取天下者也。

刘邦取天下,得重的第一人是张良。张良字子房,是汉初的大臣,曾有过一段圯桥进履的故事。圯桥位于江苏省徐州市睢宁县古邳镇。古时是单孔石桥,现为三门闸桥。圯桥的具体位置郦道元在《水经注》中有确切说明:"沂水于下邳北西流,分为二水,一水于城北西南入泗;一水经城东屈从县南,亦注于泗,谓之小沂水。水上有桥,徐、泗间以为圯,昔张子房迎黄石公于圯上,即此处也。"显然,圯桥便在下邳城东小沂水上。

圯桥因秦汉之间张良进履而闻名于世。张良的祖父与父亲都曾为战国时期韩国的宰相,秦灭韩后,张良立志报仇,他倾其家产,结交力士,制一百二十斤重的大铁锥,在秦始皇东游路经博浪沙(今河南原阳东南)时,对其狙击行刺,但这惊天动地的一击,并未成功,击到副车上。秦始皇震怒了,布下天罗地网,"大索天下十日"。元·陈孚咏《博浪沙》道:"一击车中胆气豪,祖龙社稷已

61

惊摇；如何十二金人外，犹有人间铁未销。"这是说秦始皇怕民众造反，下令尽收天下兵器，铸成十二金人放于咸阳，尽管如此，仍然有张良这样的勇士以铁锥对其狙击。

张良历经艰险，逃脱一难，从此，隐姓埋名，逃亡到了下邳（即睢宁县北）。他一方面读简，一方面图谋未来。一日他走在圯桥上观赏风光，听到一个男人沙哑苍凉的歌声："沧浪之水清兮，可以濯吾缨。沧浪之水浊兮，可以濯吾足。"并看到一老者坐在桥的栏杆上，晃晃悠悠地把鞋甩到了桥下，适逢张良赶到，老者毫不客气地说"给我把鞋捡起来！"张良想到刚才的歌声不凡，又想到"为长者折枝"句，便下桥去捡起了鞋子，并恭恭敬敬地送过去，老者又说"给我穿上吧。"张良虽然很不情愿，但想到"老吾老，以及人之老"这句话，也就给老者把鞋穿好。老者点点头对张良说："孺子可教矣，后五日平明，与我会此。"五日后太阳出来的时候，张良来到桥上，老者已先期到达，不高兴地说："怎么来晚了？有志者，五日后再来。"又过了五天，鸡刚啼明，张良来到了桥上，岂料又晚了一步。老者说"怎么又来迟了？回去吧，五日后再来！"第三次，张良半夜里就赶到了桥上，老者来到后，露出了笑容，诚恳地说道："如此心诚，怎不感动！"遂拿出怀揣之书简赠给张良，说："熟读精思，可为王者师矣！十三年后我们在济北再见，谷城山下的黄石便是我。"说罢飘然而去。清代陈恭尹《读秦记》诗曰："谤声易弭怨难除，秦法虽严也甚疏；夜半桥边呼孺子，人间犹有未烧书。"这也是讽刺秦始皇虽曾焚书坑儒也是枉然的，仍然有兵书流传于世。

张良所得之书名为《太公兵法》，他手不释卷，孜孜以读，深得真谛。他凭借这部兵书，在辅佐刘邦时运筹帷幄，多解难题，屡建奇功，成为"汉初三杰"之一，与萧何、韩信齐名，进封留侯。张良不但具备超人的智谋，而且还有非凡的气度和豁达的胸襟，功成名就之后"不伐己功，不矜其能"，多次表示"今以三寸之舌，为帝者师，封万户侯，此布衣之极，于良足矣！"对名利权位，相当超脱，避免了刘邦的猜忌，得以善终其位，与韩信被诛三族的悲惨结局，形成鲜明的对照。这恐怕与熟读《太公兵法》也有一定关系吧。

张良守信，13 年后过济北，果然在谷城山下见到一块黄石，见石如见师，视为珍宝，死后与黄石同葬。据说，那位传兵法、寓黄石的老者世称黄石公。他的真名为魏辙，原为秦庄公重臣，因不满秦始皇暴政，归隐于下邳黄石洞。总结政治、军事经验，著成《索书》二千三百三十六言，赠给张良的《太公兵法》即为此书。

古往今来，文人雅士过下邳必登圯桥揽胜怀古，留下了不少名篇佳作。唐朝大诗人李白写道:"子房未虎啸,破产不为家。沧海得壮士,锥秦博浪沙。报韩虽不成,天地皆震动。潜匿游下邳,岂曰非智勇。我来圯桥上,怀古钦英风。惟见碧流水,曾无黄石公。叹息此人去,萧条徐泗空。"诗中寄托了对张良的深深敬意。唐监察御史梁肃在《圯桥表铭》中云:"凡志不定则事不成,谋不从则业不广。留侯不遭黄石无以定其志,高祖不获留侯无以广其业",这篇铭文的石碑竖立在圯桥之畔,直到明清时还在。明杨辅嘉靖年间编写的《邳州志》还记载着梁肃的碑文。清时邳州圯桥经过几次搬迁,几毁几建的历史说明人们对这一胜迹的珍爱。表达了对黄石公和张留侯的敬仰之情。🌉

韩信受辱胯下桥

许多人都看过这样一出京剧,叫做"萧何月下追韩信",是著名京剧表演艺术家、艺名叫麒麟童的周信芳先生(1895～1975)的代表作。在剧中,萧何把韩信称作"擎天柱"、"保乾坤"式的人物。

萧何、韩信这两个人与张良同为"汉初三杰",是建立了西汉王朝的汉高祖刘邦的重臣,刘邦曾对群臣说过:"率百万之众,战必胜,攻必取,吾不如韩信。……吾能用之,此吾所以取天下者也。"韩信这样一个杰出的人物,在少年时曾受胯下之辱,而受辱之地,被人称为胯下桥。

胯下桥位于江苏省淮安市,是一座石板桥,桥上建有牌坊,上悬"胯下桥"三字匾额。淮安是淮阴侯韩信的故里。韩信初属项羽,未得重用,之后由楚归汉,刘邦亦嫌其出身微浅,也未重用,因而出走,萧何亲自追回,极力保举,此时刘邦才拜韩信为大将军。韩信果然谋略高远,楚汉相争时,献策刘邦攻关中、破赵取燕齐。并受命率兵与项羽决战,以十面埋伏,四面楚歌,击败项羽于垓下,取得了大汉一统江山的丰功伟绩,是为一世之雄。后来因有人告他谋反,被诱入宫中斩杀。韩信的雄才大略,与其少年时所受胯下之辱不无关系。

韩信少年时代,家境贫寒,衣食不周,以钓鱼维持生活,但仍刻苦攻读诗书,勤奋演习武艺。河边有一漂絮的老妪见他面带饥色仍能坚持学文习武,有心助他成才,同情之余便将带来的饭菜分给他吃,一连数十日,日日如此,韩信深为感激,对漂母恳切言道:"小子受恩不浅,日后一旦发迹,一定涌泉相报。"漂母正色道:"我今周济于你,岂图日后回报。你是个堂堂的男子汉,应当立志于修身、齐家、治国、平天下。"韩信听了既感又愧,从此更加勤奋地习文演武了。为纪念这位贤德的女性,淮安人民建了一座漂母祠,世代祭祀。今漂母祠已修葺一新,供人凭吊。

韩信胸怀大志,不计小事,从不与市井无赖厮混。一日在石板桥上行走,忽见一个在屠宰市的小混混儿举手叉足,挡住去路,并指着他的鼻子说:"就你这样的人,也配佩剑?听着,要么拿剑把我捅了,要不然就从我的胯裆底下钻过去。"说时就摆开了打斗的架势。韩信见来者不善,深知"小不忍则乱大谋",便忍气吞声,趴下身子,从来人的两胯之间爬了过去。那个无赖得意洋洋,笑得前仰后合。韩信所受胯下之辱就发生在石板桥上,人们便将这座桥命名为"胯下桥"。千百年来,许多骚人墨客前来访古寻真,留下了不少优美诗篇,清人吴法孔在《过胯下桥》中写道:"逼迫屠夫乐,扶持漂母欢。桥头体面少,垓下战功多。十处埋刘旅,四方扬楚歌。英雄胜项羽,豪杰并箫何。忍辱爬裆下,今朝唱不完。" 桥

邯郸的学步桥

这是一座以古代寓言故事命名的桥,在河北省邯郸市内,南北横跨沁河之上。桥名典故十分有趣,见于《庄子·秋水》篇,文中说:"子独不闻寿陵余子之学行于邯郸与?未得国能,又失其故行矣,直匍匐而归矣。"意思说,春秋战国时期邯郸人步履优美,燕国的寿陵有几个少年,相约到赵国的国都邯郸学习行走步态。可是学得很不好,不但没能学到赵人的优美姿势,反而把自己原来的走路能力也失去了,他们后来简直是爬着回去的。其内在含意是讽刺那些一味模仿别人,而忘记了自己固有的长处的人,这就叫做"邯郸学步"。

这个故事告诉人们,要学人家的长处,就要认真地下功夫学,要学习本质和精髓,不要只学皮毛,否则就会闹出笑话。唐代大诗人李白(701~762)在《古风》诗三十五中写道:"丑女来效颦,还家惊四邻。寿陵失本步,笑杀邯郸人。"邯郸人建桥纪念,怕也是这个意思。

这个故事流传了二千多年,一直警示着人们要端正学习态度。所以说这个故事,至今仍有积极的现实意义。

邯郸是中国历史文化名城,早在7300年前就形成了人类活动的主要区

域,创造了具有丰富内涵的"磁山文化"。春秋战国时期,邯郸是赵国的都城,赵武灵王就是在邯郸创立了伟业。邯郸人不光走路姿势美,而且文化底蕴深厚,人们熟悉的"胡服骑射"、"完璧归赵"、"负荆请罪"、"将相和"、"毛遂自荐"以及"黄粱美梦"等脍炙人口的成语典故近 300 多条,都出自于邯郸。

关于学步桥,据文献记载,原为木桥,明万历四十五年(1617)改成石拱桥,并以"邯郸学步"的典故,取名为学步桥。这是一座连拱式 7 孔石拱桥,全长 35 米,宽 8.3 米,通高 4 米,大孔 3 个,跨径 6.2 米,小拱 4 个,每孔跨径 1.5 米,桥面宽 7.84 米。桥面两侧有石栏,栏板长 1.7 米,高 0.8 米,栏板上浮雕着栩栩如生的人物、走兽、花卉。桥的柱头上雕着瑞兽,形态各异,制作精巧。可惜,到 20 世纪 70 年代,桥已损坏坍塌,雕饰也失去了原有的风采。

1987 年,政府筹资进行了重修,围绕着学步桥建起了带状公园,植花种树,环境优美。对学步桥则按原来的结构形式和规模,进行了彻底改建。改建后的学步桥,总长 32.68 米,桥面宽 8 米,全桥造型美观,线条流畅,结构独特,工艺精湛。其独特之处是:通常情况下,多孔石拱桥,一般是等跨、或者是主孔跨径较大,两侧跨径渐次缩小,有的是在大拱的两肩上设置小拱。学步桥却与众不同是大拱、小拱相间安排,每个拱都直接横跨在墩台之上,这种布局在我国石拱桥中实不多见。

学步桥的另一特点是在雕饰上下功夫,以突出文化氛围。桥上设有望柱 36 根,栏板 34 块,上面均雕刻着内容丰富的图案。在望柱上雕有石狮、石猴、石鼓、仙桃、莲花、罗汉果、葫芦等,不似一般桥上只有一两种石兽。栏板内外两侧,都有以春秋战国故事为主的浮雕,除前面提到的成语故事外,还有《相如回车》、《南辕北辙》、《毛遂自荐》、《窃符救赵》、《触龙说谏》、《苏秦游说》、《纸上谈兵》、《赵王鼓瑟》等。另外还有一些是当地景观和民间流传的故事。这些雕刻构图生动,形象有趣,有着浓厚的民族风格和较高的观赏价值。

还有一组直扣主题、突现邯郸学步故事的雕塑,置于桥头处,线条优美逼真,显示着艺术的魅力。台座上一位赵国青年,风度翩翩,迈着优美的步伐向前行走,后面跟着的便是一个寿陵学步少年。学习者伸头弓腰,扬臂踢腿,走不成形,难堪窘迫。其旁另一位邯郸人见状,却是不屑地讥笑。

三国揽胜话桥迹

在三国的古迹中,有许多与重要人物、重要事件、重要战争有关的桥梁,一直为人们所称道。刘备、关羽、张飞、赵云、诸葛亮、周瑜等都在这些桥梁上留下了引人入胜的故事。有的桥尚存,已是引人注目的景观;有的桥已废,只存碑石,成为人们凭吊的遗迹。

万古英风灞陵桥 位于许昌市西南的石梁河上的灞陵桥,相传这里是小说《三国演义》中关羽辞离曹操挑袍处。关羽,字云长,三国时蜀汉大将,东汉末亡命涿郡,从刘备起兵。建安五年(200),刘备为曹操所败,关羽被迫暂时归附曹操,极受优礼,封汉寿亭侯。得知刘备下落后,履前言,封金挂印,辞曹而去。关羽行至灞陵桥上,曹操引数骑飞奔赶来,赠金作盘缠,关羽辞却不受;曹操又赠以锦袍,关羽恐其中有诈,立马桥头用刀尖挑过锦袍,欠身谢过曹操便策马而去。后人感念其义气卓众,称其为关公。北宋著名文学家苏轼,在游览三国胜迹许昌灞陵桥后,题诗一首。诗曰:

野水回堤侵柳条,道旁残碣记前朝;

长髯勒马横刀处,万古英风灞陵桥。

汉时的灞陵桥,由于战乱和水毁,已是多次重修。至明时,是一座三孔青石板桥,长约十丈,桥上有石雕蟠龙栏杆,桥的两端置有三块石碑。桥西石碑书有"汉寿亭侯挑袍处";桥东南头一块石碑是明代书法家滕之湖以楷书书写着"辞曹书";另一块石碑上绘有关羽勒马"挑袍图",据说是唐代大画家吴道子所绘。历代题咏许昌灞陵桥的对联很多,其中有一副对联写道:

亦知吾故主尚存乎?从今后走遍天涯,再休言万钟千驷;

曾许汝立功乃去尔,倘他日相逢歧路,岂敢忘杯酒绨袍。

上联是关羽的决心与誓言,下联是曹操的许诺和要求。后来曹操兵败赤壁,据守华容道的关羽顾念旧情,网开一面,放走了曹操。

"文革"期间,灞陵桥遭到了严重的破坏,只留下了残碑断碣。"挑袍图"石刻有幸被保存下来,现存于"春秋楼"。改革开放后,灞陵桥得以重修,是一座单孔拱桥,全长 57 米,为原桥长的 1.7 倍,跨度为 28 米,桥面宽 6 米,重现了灞陵桥风姿。

关羽无奈失梅桥 与关羽有关的另一座桥叫"拾回桥",原名"失悔桥",位于湖北荆门拾回镇。当年,刘备与孔明先后率军入川,仅留关羽镇守荆州,他不听孔明"联吴抗曹"的忠告,反与东吴矛盾激化,东吴趁其抗曹时夜袭荆州,他火速撤军救危,途中又被暴涨的河水所阻,他无可奈何地叹道:"若知今日失荆州,悔没在此架座桥。"他不后悔未听军师之言,却悔少架一座桥,"失悔桥"因此得名。关羽不仅失了荆州,而且败走麦城。他深感愧对刘备的重托,悲呼:"苍天,生我何用!"后来人们把麦城改为"何用"。因"失悔"、"何用"有人忌讳,就取其谐音,把"何用"改为"河溶"(即今之当阳市河溶镇),把"失悔桥"改为"拾回桥"(即今天的荆门拾回桥镇)。后几经演变,人们取其谐音,称为"实惠桥"。

威风盖世当阳桥 小说《三国演义》中有一段脍炙人口的故事:在208年,曹操率大军南征,当时刘备的势力尚弱,无法与曹军抗衡,处于十分危险的境地,只好率部匆忙撤退,被曹兵日夜追赶逃到当阳。为救刘备,张飞率20名骑兵奋勇断后,在当阳桥头立马横矛,怒目而视,曹军生畏不敢向前。张飞火起大喝三声:"燕人张翼德在此,谁敢来决死战!"曹军见状掉头就跑,刘备等才得以安全转移。从此留下张飞横矛退曹兵,喝断桥梁水倒流的传说,当阳桥也闻名天下,至今桥头还立有张飞横矛处的碑刻。

这段传奇性的故事,经过戏剧的渲染,更给人们留下了深刻的印象。在京剧《甘露寺》,乔国老那段脍炙人口的"西皮流水"唱段:"他三弟翼德威风有,丈八蛇矛惯取咽喉,当阳桥前一声吼,喝断了桥梁水倒流"。

当阳桥,原名长坂桥,位于今湖北省当阳市城北的河谷上。据有关资料记载,三国时期这里曾有一座木桥,历代多有毁修。新中国成立时,这里仍有一座长10余米的木桥。20世纪50年代兴修水利,木桥被拆除,河谷里建起了一座高约3米的拦水堤坝,堤坝上修建了公路。从此,旧时的当阳桥已不复存在,只有在附近的三岔路口处立着的那座高约4米的石碑上有清雍正九年书刻的"张翼德横矛处"六个大字。1973年9月,距古代当阳桥不远处的当阳城北的沮河上,建起一座钢筋混凝土公路大桥,全桥共22孔,总长504米,桥面宽9.6米。在桥两端的栏杆上,镶嵌着八块青石板浮雕,构图为古代"当阳八景",其中就有"长坂雄风"。

太子桥 在当阳还有一座"太子桥"。有勇无谋的张飞见曹兵已退,为防止曹兵过桥追赶,下令拆了当阳桥。曹操退兵也并非真正害怕张飞,而是怕中埋伏。张飞拆桥消除了曹操的疑虑,放心追杀刘备。刘备抛妻别子弃百姓而逃。赵云为救太子阿斗大战长坂坡,终于在玉阳桥附近处救出阿斗。刘备为收买军心,将阿斗掷之于地说:"为汝这孺子,几损我一员大将。"赵云从此对刘备更加忠心耿耿。后人将玉阳桥改为太子桥。

三顾茅庐过小虹桥 三国时,刘备为求取人才,曾三次到诸葛亮家中拜见,邀请诸葛亮出来帮助打天下。在诸葛亮的《前出师表》有:"先帝不以臣卑鄙,猥自枉屈,三顾臣于草庐之中,咨臣以当世之事。"《三国演义》第三十七回《刘玄德三顾草庐》一章,有精彩的叙述,并且提到至草庐前先经过一座小桥。

隆中景物清幽而秀丽,诸葛遗迹颇多。绕过题有"古隆中"三字的高大牌坊,就是"躬耕田",在"躬耕田"附近有一座单孔石拱桥,这就是颇负盛名的小虹桥。小虹桥横跨小溪流之上,桥长丈余,桥上有精致的石砌扶栏。过了小虹桥,沿石阶拾级而上,穿过"三顾堂",便到了"诸葛草庐"。当年刘备到隆中三顾茅庐,就是从这座小桥上经过。杜甫《蜀相》诗:"三顾频繁天下计,两朝开济老臣心。"李商隐有诗云:"得主劳三顾,惊人肯再鸣。"明代王越的一首题咏隆中小虹桥的诗:"碧水溪流若掌平,一泓放出水云清;有时跃马思玄德,曾向小虹桥上行。" 桥

青浦古桥典故多

上海西郊的青浦区是一个典型的水乡、桥乡,面积不算很大,位于长江三角洲太湖平原东侧,地处江浙交界,为水陆要冲。古时的青浦地区是太湖泄水东归大海的通道,由于海水倒灌回流,境内河流纵横,湖荡密布。青浦历史悠久,大部分地区于6000年前已经成陆。境内的青龙镇建于唐代,宋时繁兴,明嘉靖二十一年(1542)建青浦县。青浦有山有水,在青浦677.8平方公里的土地上,留下了5000多座桥梁。

青浦区朱家角镇面积只有2平方公里,有记载的桥梁就有36座。然而,比起青浦的金泽镇,其拥有桥梁数量却又要稍逊一筹了。金泽古镇繁盛于宋代,号称金乡。《江南通志》有"稿人获泽如金"之说,因名金泽,尤以古桥特多而闻名遐迩。古人曾这样描述:"桥梁尤多于他镇,古称四十二虹桥"。在0.4平方公里的镇区内竟有历代建造的桥梁42座,密度大得惊人,称得上是江南水乡古桥王国。如今镇上还保存着宋、元、明、清时期8座典型的桥梁。

青浦的桥还有许多故事。如华新镇李浦桥,跨于李浦桥村的李浦河上,相

传,此桥建于清乾隆年间。不久,此地以桥兴市,渐成气候,这李浦桥建成以后,桥两堍也渐有乡民聚居,遂形成了一个村落,且村以桥而得名。

在青浦至今还流传着许多动人的传说,其中有许多都与桥有关。据《青浦县志》记载:"1946 年 11 月 29 日深夜,国民党军警突然包围李浦村,中共青东特派员赵万年不幸被捕,在狱中坚贞不屈,被敌人杀害。由于被捕时搜出党的机密文件,青浦县地下党组织遭到了极为严重的破坏,这就是有名的'李浦桥事件'"。如此看来,像李浦桥这样有名的桥梁建筑,不仅是历史的"断片",而且更是历史风云的"见证"。而白鹤镇的塘湾桥,记载了小刀会女英雄周秀英在桥上英勇杀敌的故事,就是这么一座并不起眼的石桥,却被当地人民称之为"英雄桥",并流传着这样一首民谣:"女中英雄周秀英,大红裤子小紧身,手提大刀百廿斤,塘湾桥上杀四门"。此桥现被列为青少年革命传统教育基地。赵屯镇有座响板桥,此桥看似普普通通,但这"响板"桥名却有一则优美的民间故事。相传,有石匠正在建桥,忽闻乐曲悠扬,顿生灵感,便别出心裁地设计了桥的"构造":倘行人在桥上通过,石板相互撞击,此时就会发出悦耳的声音。乃至桥成以后行人一踏上桥,就如在演奏美妙的乐曲一般。从此,这座桥便被冠名为"响板桥",村子也因此桥得名,被人唤作"响板桥村"。这座"响板桥",至今完好,还在有声有色地诠释着建桥的佳话。

还有一则"抛枣定基"的传说,说的是放生桥为何建造 5 孔的原因。放生桥横跨在朱家角古镇河宽流急的漕港上,当初,造桥住持性潮"勘定桥基时彷徨不定,有丐五笑对寺僧说:'师拟测定桥之基邪?要择有芦生之地最为吉利'。五丐即抛枣核五枚于河,不久,芦苇五竿挺然出水。僧大悟,因定基于此,建成 5 孔石拱桥。"乞丐抛枣定基,或许是古人在造桥定基前试探河底土壤的一种简单直观的方法。

放生桥气势宏大,为上海地区现存最大的古石桥,被列为上海市文物保护单位。此桥还神奇地长着 5 棵惹人喜爱的百年石榴树,桥梁专家唐寰澄先生在考察了这座桥的造型结构后,不禁作了一首《西江月·放生桥》:"隋宛凌空鳌背,曲江过窦凤舸,两般只见李家图,此地还能信步。一似簪花仕女,五间映月临波,九峰三泖淀山湖,长为乡梓福渡。"

有关青浦境内古桥概况,从一些现存的古桥楹联、诗词亦可知其一二;有些古桥碑记,如同尘封的古桥"档案",反映了它们的建造年代、成因和修建过程。如《熊祖诒重建大生桥碑记》中的一段文字说:大盈塘上的大生桥"越今年久,桥身欹侧,岌岌可危,亟待修募。光绪甲申,知县执政五六年间,政通民和,因思重新建桥。但召石工测定，工繁费钜。知县奋然倡捐，动议一出，四方从之，款既成，工亦随之而竣"，由于"专款专用"，无滥无苛，收入与抵出数适当，群情称洽。这段文字，不仅说明为什么要重建大桥，而且还披露了集资造桥的具体过程。"碑记"告诉了人们当地当时的乡俗民风。至于青浦古桥的造型、结构、建材也是丰富多彩的，有全圆形的艾祁桥，有双曲石拱青龙桥，有薄墩薄拱九峰桥，有"江南奇高"的杜村石板桥，有砖、木、石组合结构的迎祥桥等等，这些桥在我国桥梁史上也有一定地位。还有许多古桥不仅仍在使用，且具有一定的文物和旅游观赏价值，全区列为区县级以上的文物保护单位的古桥就有 22 座，这在全国区县也是少见的。

青浦是上海的后花园，是上海的旅游古城，这些历史悠久、富有特色、韵味十足的古桥梁，是不可多得的旅游资源，为青浦增光了添彩。（谢天祥） 桥

古桥名集趣

同古代桥梁相比，现代桥梁的取名要简单得多。现代跨水大型桥梁，多以地名、江名为桥定名，有的还要加上序号。比如：南京长江大桥，郑州黄河大桥，汕头海湾大桥，武汉长江大桥、二桥、三桥……。古代桥梁的取名就不一样了。比如："湖来直涌千寻雪，日落斜横百丈虹"的洛阳桥，它不在河南洛阳，而是在福建泉州，传说唐宣宗在游乐洋江时，览山川之胜概，有"类我洛阳"之语，遂将江名改为洛阳江，所建的桥也就叫"洛阳桥"了；而"津桥春水浸红霞，烟柳风丝拂岸斜"的天津桥，并不在天津，而是在河南洛阳，是唐代仅次于长安的东都，因洛水穿城而过，有"天汉之象"，依此而得名。在湖北武当山也有一座天津桥，是取"天生一水"之意。这些桥名，若"按图索骥"，就大相径庭了。

源于"金口玉牙"、皇权"钦定"的还有陕西省西安市的灞桥，它得名于战国时的"五霸"之一的秦穆公。据北魏郦道元《水经注》记载："霸水，古曰滋水，秦穆公更名，以显霸功，水上有桥，谓之霸桥。"就是说，秦穆公为显扬自己的霸业，把滋水改为"霸水"，把桥名取为"霸桥"。后来将"霸"字加了个"氵"旁，才成为"灞桥"。古人于此桥送别黯然神伤，遂又名"销魂桥"。因灞桥多次水毁，汉王莽时，又失火烧圮，为怕再废，遂改名为"长存桥"，后来人们还是沿用"灞桥"一名。

在四川成都有两座千古留名的桥梁，遥遥相对。北者曰"驷马桥"，南者名"万里桥"。"驷马桥"因司马相如而得名，相如出蜀赴长安求官，曾说："不乘驷马高车，不复过此桥。"后来果然如愿，高官而归。因此，称此桥为"驷马桥"，以纪念这位文采飞扬的蜀中文人。

"万里桥"所纪念的人是大名鼎鼎的诸葛亮。蜀相诸葛亮送费祎使吴，亲送之至此桥，说道："万里之行，始于此桥。"成都人崇敬这位"鞠躬尽瘁，死而后已"的先贤，就以"万里桥"为名；同时，也为费祎使吴留下了一段佳话。唐杜甫《野望》诗云："西山白雪三城戍，南浦清江万里桥"。唐代才女薛涛就住在万里桥旁，时有人诗赠之云："万里桥边女校书（指薛涛），枇杷花下闭门居"。

可惜，这座历史名桥在 20 世纪 90 年代因要建新桥被拆掉了，更糟的是在另一个地方依样重建了一座"万里桥"，把真古董毁掉，以假古董冒充。对此，成都民众十分痛惜，学者更是叹息不已。在广西兴安县古灵渠上，也有一座万里桥，它由从唐朝都城长安算起，至此桥恰好相距万里，因此得名。

在以数字命名的桥中，以"万"字头为最大，皆取其吉祥的含意，诸如，万安桥、万宁桥、万年桥、万寿桥等。次为千秋桥，位于江苏镇江，上为万岁楼，下为千秋桥。湖南浏阳有一座百子桥，意谓"百子献寿"。百位以内数字命名的桥，最大的是二十四桥，最小的是一宿桥。一宿桥位于福建松溪县，宋益王经此，曾住过一宿，因名。

从二到十的数字桥，每个数字都有五六座。如云南建水县的双龙桥，是云南古桥中规模最大和艺术价值最高的一座桥，2003 年国家邮政局发行的《中国古桥——拱桥》中，就有双龙桥。余如二圣、三义、四仙、五节、六龙、七星、八桂、九曲、十老等，不能尽数。

有的桥则以天干、地支来命名。位于江苏镇江城南 3 里处的"丁卯桥"，源于晋元帝之子司马裒镇守广陵，运粮出京口，因水干涸，奏请造桥，是在丁卯日动工兴建，遂名"丁卯桥"。唐朝太和进士许浑，筑别墅于桥侧，被人称谓许丁卯，其诗集为《丁卯集》，名句"山雨欲来风满楼"，就收在他的集子中。一个桥名竟成为一个人的别称和书名。

有的桥原本有名，但诗人嫌其用意不当，为其改名，并赋诗明意，遂为世人所认可，就用新名了。"情尽桥"被改为"折柳桥"即是一例。据《唐诗纪事》记载：唐代雍陶在宣宗八年（854）出任简州刺史，简州的治所在阳安（今四川简阳西北），一天送客人至城外的"情尽桥"，向左右人问起为什么叫这个桥名？左右回答："送迎之地，到此为止，所以桥名情尽"。雍陶听后，觉得并不贴切，遂提笔于桥柱上题了"折柳桥"三个字,并写下七言绝句《题情尽桥》诗:"从来只有情难尽,何事名为'情尽桥'?自此改名为'折柳',任它离恨一条条。"

具有幽默意味的是,还有因为一句开玩笑的话,就把一座桥名给改了,并被使用的桥。据《襄阳耆旧传》记载:"猪兰桥",原名"荻兰桥"。桥的左右长满了蒿荻,有一人在桥东面养了很多猪。襄阳太守说:"这儿有猪屎味,可改名'猪兰桥'。"就是这一句玩笑话,想不到老百姓就用上了"猪兰桥"这个名字,真够滑稽。 桥

润扬长江大桥轶闻

历史文化名城扬州与隔江而居的镇江,本来就有多个著名的经典桥梁,形成了"品牌"景观。2005年5月1日,又增加了一座中国桥梁工程品牌的润扬长江大桥。滚滚大江,长虹卧波,气势恢弘,名桥名城,交相辉映,不仅树起了"交通建设项目典范"的丰碑,也为两市乃至长三角地区的经济与文化的繁荣谱写出新的篇章。其建设规模之大、建设标准之高、投资之巨、技术含量之高,为我国桥梁建设史上所罕见。

华章一曲 桥名就是一曲流传千古的乐章。凡建在长江上的大桥,其桥名绝大多数都是取地名、加上"长江"二字、再加上"大桥"二字构成。一座城市有多座大桥时,在长江后面再加上序号。诸如:武汉长江大桥(二桥、三桥)、南京长江大桥(二桥、三桥),以及重庆、万县、宜昌、铜陵、九江、江阴长江大桥等。而这座大桥也建在长江之上,却叫"润扬长江大桥",何也?原来,它是有一段故事的。这座大桥是建在镇江与扬州之间的,那么该如何取名呢?若取镇江长江大桥或扬州长江大桥,两市都觉不适,若各取一个字,"镇扬"、"扬镇"又失美雅平和。面对这一争议,人们不禁要敬佩江泽民总书记的学识与才华了。镇江古称"润州",迄今一个区仍称"润州区",于是他挥笔写下了"润扬长江大桥"八个大字,真是:"御风跨过江南岸,润州携柳会扬州。"江泽民还在大桥开工时,挥锹填下了第一锹土为工程奠基。大桥建成时,扬州市68岁的书法家刘观鑫向大桥建设者献上了一副对联:"金猴辞岁圆百年梦,宁启铁路通四海;银鸡报晓造千秋福,润扬大桥达五洲。"大桥建设者冯亦同,无比自豪地写诗道:"让空中飞鸟、天上日月/阅读伟岸,阅读磅礴/阅读坚定,阅读安详……"

扬州市委书记季建业兴奋地说：过去"隔江千里远"，而今"桥通若比邻"。扬州正成为人居的天堂，投资的福地。镇江市委书记史和平更是兴致渤渤地说：做好"显山、露水、透绿、现蓝的文章，倾力打造山水镇江、生态镇江、人文镇江、园林镇江"。

长梦一圆 建设润扬长江大桥，是镇江与扬州人祖祖辈辈朝思暮想的一个梦。一江阻隔，两市的交通都是"丁"字形，成为了经济文化发展的瓶颈，两岸人民切望把"丁"字形变成"十"字形，以圆交通畅达之梦。

在润扬长江大桥正式开工之前，身为扬州人的江泽民同志，满含深情地说，我上小学时候，看到老百姓过江很困难，就想，如果这里能建一座桥，那该有多好呀，那真是为老百姓造福呀！

对此，感受颇深的还有镇江人李岚清同志。他在大桥模型前回忆说，我们在童年时代，就有这样一个梦：什么时候能够有一座桥过去就好了。我离开镇江到上海去念书，从来没到过江北。那时候要摆渡，很难过去。一直到20世纪80年代初才到过扬州。

普通百姓的企盼更为热切，其中世业洲的群众最为强烈。世业洲是一个江心孤岛，居民约1.5万人，以种地和捕鱼为业，他们世代靠小船同外界来往，有时船倾人亡。当他们听说大桥要从世业洲的头顶上飞过去的时候，他们纷纷给省政府写信，甚至还拦住了前来视察工作的交通部领导的车，强烈要求大桥能通到他们的家门口。

这是一道难题！岛上大小车辆与拖拉机充其量也就是100辆。若岛上与大桥接通，需要增加两亿多元的投资，这是一个不小的数字；当然，能与大桥连接，岛上的资源将会得到充分开发。交通部和江苏省政府经过研究，决定修改设计，为世业洲增加一座互通式立交桥。这无疑打开了通往外面世界的大门，为世业洲的发展插上了翅膀。大桥施工时，他们千方百计地满足工地的需要，就像当年支援解放军渡江时一样，把鱼、蛋、菜送到工地食堂。

历史一鉴 润扬长江大桥的建成，不仅是工程建设的典范，更是民族精神的骄傲。20世纪90年代初，中国开始设计第一座主跨超千米的江阴长江大桥。经过3年的努力，1993年，完全由中国自主设计的江阴大桥正式动工兴建。遗憾的是，在下部结构即将完成时，江苏省因缺少资金，决定接受英国政府9000万英镑的贷款，由英国公司总承包上部结构的施工。虽然江阴长江大桥上部结构的施工仍由中国公司分包完成，英国方面只承担了部分钢梁部件的制作，并派少数工程师负责施工管理和监理，但他们通过在国外刊物上的宣传,在英国和美国分别申报并获得了大奖。

这是一个没有必要回避、掩盖的历史事实。江苏省吸取了江阴大桥的教训,决定完全自主建设跨度更大的润扬长江大桥。决心把润扬长江大桥建设成为创意新、品质高,具有世界一流水平的现代化大桥。

这时,又有一家外国公司为了商业的利益,直接找到国务院和交通部领导,要求介入润扬长江大桥的设计咨询业务,同时推荐采用他们研制的一种新型材料。经了解,这家公司并不具备权威部门认定的资质和资信,那种"新材料"也从未在同类工程中使用过,相关部门便没有接受他们的要求。于是,这家公司的负责人就在一次会议上,对润扬长江大桥提出了许多指责,说"这个悬索桥方案有似儿童瞎搞,越改越不合理,真是贻笑大方",说这座桥是"为当地争丑,不是争光",说大桥是一个"丑碑"。对于这些严重损害了江苏省交通规划设计院及有关部门的声誉,损害了中国专家和工程技术人员的尊严的言论,有关单位给了严正驳斥,并由江苏省新华律师事务所向这家公司发出《法律意见书》。而建成后的大桥是一座身姿伟岸、气势恢弘,赏心悦目的丰碑,事实给了他们最有力的反击。

巨龙之魂 中国工程院院士、同济大学工程学院顾问院长项海帆,在谈到中国桥梁建设时就极力主张:"不必刻意争高、争长、争大,意在争品质、争创意、争特色。"没有创新的大桥,其实就是别人作品的"克隆"。润扬长江大桥的建设者们,处处以自强不息的民族精神,极力在创新上下功夫,追求卓越,创一流的品牌,在中国桥梁建设史上创造了八个第一。在关键性技术上有多项突破,首次使用了六、七项新技术、新材料、新工艺。这些都凝聚着建设者的智慧、血汗、胆识,他们是大桥的脊梁。可以名垂史册、动人心魄的事迹不可胜数。只要观览一斑,就可见其辉煌。

被誉为"神州第一锚"的是南汊悬索桥的北锚碇,它是整个工程的重中之重。是"中国第一,世界罕见"的巨型锚碇。它就是巨大的钢筋混凝土结构将大桥主缆稳稳地固定于悬索桥索塔之上的锚碇,这个锚碇需承受主缆约 6.8 万吨的拉力。承担这样大的拉力,锚碇不仅要有相当的重量,同时要扎根于岩石之中。这里距长江江岸只有 70 米,水下表层为 15 米"豆腐脑"般的淤泥、下卧粉细砂和裂隙花岗岩、与江水贯通,水文地质状况复杂。要在这里明挖一个特大的基坑,是何等的不易。其长 69 米、宽 50 米、深 52 米,大体上相当于 17 层楼高、9 个半篮球场大。任何施工措施都会对大堤产生影响,任何处理不当都会危及大堤安全。

　　这是一个"带案招标"的项目。所谓"带案招标",就是把解决难题的措施、责任由施工单位来负责。中港二航局润扬长江大桥项目部承担了这一重任和难题。项目部经理林鸣是江苏省"五一劳动奖章"获得者,他决心"让北塔稳如泰山,北锚坚如磐石。"在近百名专家论证指导下,他和工程技术人员精心组织信息化施工,在施工环境内埋设近两千个传感器,对现场数据信息进行分析处理,施工过程中基坑内的一切细微变化就始终处在受控状态,这样,施工者就掌握了工程的主动权。

　　科技创新保障了施工,也保障了安全。但是,毕竟是在充满危险的基坑里作业,当基坑挖到 48 米深时,江水如头顶悬河,在水土挤压达 30 多万吨的巨大压力下,如果墙壁漏水坑垮,就会像"包饺子"一样吞埋掉施工人员和设备,后果不堪设想。此时下到基坑底施工,每个人都面临着生与死的考验,有人感到了恐惧。林鸣看出了大家的顾虑,他拿了个小凳子就坐到了坑底。他这一"坐"所产生的安全系数,比任何科学测算都更让人安心。仅仅用了六个月,嵌岩深 3 米、墙厚仅 1.2 米的地下连续墙北锚碇基础工程就胜利完工了。它像一道世界上罕见的钢筋混凝土"地下长城",屹立在神州大地,而林鸣等大桥的建设者们才是中华民族的真正精神长城。🌉

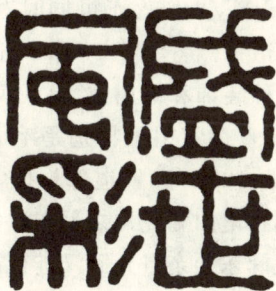

盛世风采　刘铁锋刻

三、事件与桥

天堑变通途的前前后后

武汉长江大桥是我国万里长江上第一座现代化的公路铁路两用桥。值得提及的是,毛泽东亲自审定了桥址、周恩来亲自批准设计方案、毛泽东多次视察大桥建设工地并在桥下游泳,写下了著名诗篇《水调歌头·游泳》。

武汉长江大桥于 1955 年 9 月 1 日开工兴建,1957 年 10 月 13 日建成通车。原设计使用年限为 100 年,2000 年,据权威部门测定:在使用了 40 多年后,它完全可以再服役 100 年。这座大桥倾注了设计、施工、维护人员的心血,更令人怀念的是当年建桥时毛泽东给予的倾心关注。

武汉长江大桥横跨于武昌蛇山与汉阳龟山之间,与著名的黄鹤楼交相辉映。全桥总长 1670 米,正桥长 1156 米,北岸引桥长 303 米,南岸引桥长 211 米。下层为铁路桥,宽 14.5 米,两列火车可同时对开。上层为公路桥,宽 18 米,可并行 4 辆汽车。人行道每侧各为 2.25 米。桥的两端修建了具有民族风格的桥头堡,附属建筑和各种装饰和谐精致,是武汉市的标志性景点。

武汉长江大桥的建设一直在党中央特别是毛泽东主席的关怀下进行的,据有关报道和亲历者的回忆:1950 年,铁道部根据中央指示开始了对大桥的勘测、钻探和初步设计,桥址选在龟山和蛇山之间,这一方案报到中央人民政府之后,铁道部很快得到通知,毛泽东要亲自到武汉进行视察。

1953 年 2 月 18 日,武汉当天晴空万里,艳阳高照,雪后的武汉三镇更是风光旖旎,景色明媚。15 时许,毛泽东和中南局的领导同志徒步盘山,登上了黄鹤楼,扶栏眺望,兴致很高。此时,筹建大桥的有关同志向毛泽东汇报了筹备情况和选址方案,他表示同意。在毛泽东视察之后,周恩来主持的一次政务院会议批准了初步设计、工程概算和竣工期限。

大桥开工 8 个月后,毛泽东又一次来到大桥工地视察,时间是 1956 年 5

月 31 日的清晨。当时的大桥工程局局长彭敏向毛泽东请示："是岸上看还是水上看？"毛泽东答复道："水上看。"于是，由"武康号"轮船担任了这一光荣的任务。毛泽东乘船经汉阳晴川阁向上游航行，从 2、3 号桥墩间穿过，抵达鹦鹉洲附近的江面后，轮船又折返下行，从 3、4 号桥墩间穿出。此时，毛泽东看到大桥的水中桥墩已全部建成，钢梁从汉阳向江中延伸。毛泽东很关心大桥的质量和施工安全问题，对一些很具体的问题也询问得很细致。比如，岩石和水下混凝土抗压强度；潜水员如何在水里下沉，水里怎样进行烧割和电焊等。彭敏一一作了回答。

在这次视察之后的四天内，毛泽东连续三次畅游了长江，时年 63 岁。第一次是 6 月 1 日，从武昌蛇山一带下水，游到汉口谌家矶，游程 13 公里，历时 2 小时 4 分。在水中他不断地变换姿势，时而仰游稍息，双手交叉，头枕波涛，仰望碧空；时而立正踩水，环顾四周，油然自得；时而侧游，劈波斩浪前进。第二次是 6 月 3 日，从汉阳鹦鹉洲下水回游，经过龟山一带江面，到达武昌八大家附近，游程 14 公里，用了 2 小时。当游到大桥的上游水域时，毛泽东一边踩水，一边观看正在紧张施工的大桥。在靠近桥墩时，他挥臂侧游，从大桥 2、3 号桥墩间穿过。第三次是 6 月 4 日，也是从汉阳游向武昌方向。在这期间他写出了宏伟的诗篇《水调歌头·游泳》，其中著名的诗句是："一桥飞架南北，天堑变通途"。一个"飞"字，传神地说明了大桥雄伟的气势，也暗含着架桥的速度，这是对大桥的雄姿、功效形象地描写。毛泽东从 1956 年到 1966 年 11 年间，曾先后 18 次畅游长江，在奔腾不息的长江上谱写了壮丽史诗。

在大桥即将建成通车的前夕，毛泽东又一次来到了桥上进行视察，时间是 1957 年 9 月 6 日傍晚。在华灯初放的时刻，毛泽东乘轿车缓缓来到了汉阳桥头堡旁，同等候在桥头处的大桥工程局副局长杨在田等人一一握手，由杨在田引导和大家簇拥下健步走向桥面。

毛泽东站在桥面中央，望着浩浩荡荡的万里长江水，俯瞰着夜色中武汉三镇的雄姿，也许正在酝酿着旷古伟大的诗篇。接着转向杨在田详细询问了大桥工程的情况，杨在田汇报说："武汉长江大桥为公路铁路两用桥，全长 1670 米，正桥长 1156 米，有两台 8 墩 9 孔。桥跨结构采用三孔一联的平弦菱形连续钢桁梁 3 联。每孔跨度为 128 米……"。

毛泽东边走、边看、边听、边问，其时问道：修这个桥用了多少钢，多少混凝土？花了多少钱？杨在田答道，一共用了 5 万吨钢，人民币 1.3 亿元。毛泽东说："不算多。"

毛泽东又问道："鹦鹉洲不是在江中间吗？黄鹤楼呢？"时任湖北第一书记的王任重答道："从前在江中间，现在汉阳这边就叫鹦鹉洲了。黄鹤楼因修大桥拆了，现在正计划重修。"毛泽东说："应当修，这是历史古迹。"

之后，毛泽东又一次关切地向杨在田问道："有苏联专家在这里可以修这样的桥，现在如果没有苏联专家可以修了吗？"杨在田回答说："可以修了。"毛泽东又叮嘱地问道："可以修了吗？"杨在田肯定地说："能修，能修。我们已经有了很大提高。"

毛泽东走到桥栏旁边，出神地看着武汉三镇闪烁的万家灯火，在面对汉口方向时说："灯火辉煌，灯火辉煌，好啊！" 桥

红墙南移扩古桥

北京金鳌玉蝀桥的扩建，有一段令人难忘的佳话，既有文物工作者高度负责的精神，更有周恩来总理的英明决策。

周恩来同志任新中国政府总理长达 26 年，直到病逝。他日理万机，千头万绪，却又事必躬亲，令人敬佩。许多事情都是亲自过问、亲自调查、亲自策划，北京的金鳌玉蝀桥的扩建就是其中一例。

金鳌玉蝀桥原名金海桥，又叫御河桥，俗称北海大桥。它在团城脚下，横跨于北海与中海之间。宽 8 米，长 150 米。桥的两端原有明代嘉靖皇帝所建的牌坊，桥西牌坊的匾额是"金鳌"，桥东牌坊的匾额是"玉蝀"，故称"金鳌玉蝀桥"。这座桥为石砌 7 孔拱圈式，中心孔圈面有浮雕兽头，原栏板均为平顶方形覆莲柱头望柱。整个桥身如同一条洁白无瑕的玉带，是我国古老堤障式石拱桥的典型。它不仅为行人车辆提供了交通，也为周围环境添花着锦。

解放后，北京的车辆不断增加，过往频繁，金鳌玉蝀桥桥面过窄，且坡陡弯急，已难以适应交通发展的需要。有的人便提出，中央领导的汽车从中南海出来后在向东行驶必经团城，一旦汽车撞到牌楼或直接撞向团城，后果不堪设想。因此，有人建议拆除团城，把路面拉直，另建新桥；然而，众多的文物工作者及古建筑学家都表示坚决反对，认为团城是金、元、明三代形成的重要古迹，同北海建筑构成一组完美和谐的古建筑群，有着重要的历史价值和很高的艺术价值。两种意见争执不下，此事反映到了中央。

　　这里特别要提到的是时任国家文物局局长的郑振铎先生的贡献。当要拆除团城的消息传到国家文物局后，顿时引起大哗，尤其急坏了郑振铎先生，他立刻请来了梁思成、范文澜、翦伯赞等几位专家学者进行会商。如果既要保留团城，又要使桥面扩宽，唯一的办法是将桥身移向中南海方向，这就涉及到一个国家核心机构的所在地问题。情急之下他想起了在延安时毛泽东对黄炎培先生说过的话："文物的事找郑振铎"，又想到开国后周恩来总理亲自委予他为文物局局长的重任，于是，他立刻给周恩来总理写了一个报告，直陈自己的意见。他的好友沈雁冰是文化部部长，以最快的"特急件"直送总理办公室。梁思成先生还请苏联权威专家参观团城，以期得到支持，但并未奏效。后来他就直接去见总理，当面恳陈保护团城的意见。为防备不测，留下完备的资料，郑振铎局长又让专家罗哲文赶快去北海团城，进行测绘拍照，搜集文献资料，尽快在《文物保护参考》杂志上发表。

　　果然，几天后的一个深夜，郑振铎接到了总理办公室的电话，通知他陪同总理视察团城，同去的还有副局长王冶秋。

　　此时正值北京的盛夏。周恩来同志冒着酷暑来到了团城，他先是环团城走了一圈，然后站立在城墙边，时而眺望北海的琼岛，时而又专注地观察来往的车辆，又不断地向郑振铎等文物工作者询问有关情况，同时，与负责交通建设部门的同志交换意见。最后他把目光移向中南海方向说：团城的一砖、一瓦、一树、一石都不能动！决定把桥面向中南海方向扩展，只是需要把"金鳌"、"玉蝀"两个牌楼拆掉就可以了。

　　这一决定，既保护了文物古迹又方便了交通，实在是一个惊人而又皆大欢喜的决定，人们未曾想到的是会把国家要害部位的红墙南移，不禁对周恩来同志胸有大局兼顾其他的决策，由衷地表示敬佩。拆掉后的两个牌坊，移到了陶然亭公园，可惜在"文革"期间，被"红卫兵"当作"四旧"销毁了，只留给了人们一个记忆。

　　改建后的金鳌玉蝀桥，保持了原桥的风格，桥面拓宽到34米，桥身加长至220米，中间的车行道为27米，两边的人行道为3.5米，由原来的7孔改为9孔。同时，为了保障安全，又把石栏板改成高高的铁栏杆。1972年，周恩来作了关于安全警卫工作"兹事体大"的批示，并根据他的指示再一次把栏杆加高。两次改建后的北海大桥，桥面开阔舒展，桥体宏伟壮观，而桥畔的美丽风光依然如故。　🌉

畹町桥畔的胞波情谊

1956 年 12 月 15 日,云南边陲小镇畹町,迎来了尊贵的客人周恩来总理和缅甸总理吴巴瑞。这天,艳阳高照,风和日丽,傣族、景颇族等各族同胞都穿着节日的盛装,手捧鲜花,打锣敲鼓,恭候在畹町桥头。

下午 4 时,周恩来、贺龙陪同着吴巴瑞总理、外交部长苏昆雀在签订了《中缅议定书》之后,迈着稳健的步子踏上了畹町桥。这时,到处是欢声笑语、鲜花彩旗。傣族同胞以民族的礼仪向贵宾们泼水。领袖和贵宾们与民众交谈,人民向领袖和贵宾们问候,绘出了一幅幅缅中友谊的图画。

畹町桥是有名的"一桥两国"的景点,它是中缅两国的界河桥。对岸是缅甸的九谷,因此也称为畹町—九谷桥,是维系中缅两国人民友谊的一道彩虹。

"畹町"一词,在傣族语言中是"太阳当顶"的意思。畹町镇位于云南德宏傣族景颇族自治州南部,滇缅公路经过这里,是滇缅之间的交通要冲。1932 年设镇,1952 年改为县级镇,1985 年改设畹町市。这座小镇,西面与瑞丽相依,东南面与缅甸毗邻,本地人口仅 1 万人左右,是全国最小的边境袖珍城市,为国家级口岸。

畹町虽小,却也饱经沧桑。20 世纪之初,畹町是一片杂乱荒芜、豺狼出没的地方,无人居住,一条羊肠小道,就是通往境外的"驿道",畹町河边的一间破茅屋,就是商贩们歇脚的"驿站"。那时的畹町桥,其实就是两根并排紧挨的大木头,走在桥上一颠一簸、左右摇晃,提心吊胆。驮马牲口只能从桥下趟水过河。

1938 年,滇缅公路通车后,一座单孔石拱桥代替了原来的两根大木头。当时,我国沿海口岸相继落入日军手中,滇缅公路成为我国唯一的出海国际通道,畹町桥犹如通道的咽喉。

第二次世界大战期间,出国作战的几十万中国远征军从这里通过,盟军援助中国抗战的军用物资也从这里进出,畹町镇成为了军用物资集散地,这里出奇地繁荣起来,变为一座国际重镇。桥上,成千上万辆标识着星条旗、米字旗等不同国籍的军用汽车隆隆行驶。桥旁,各种物资堆积如山,饭馆、货栈、茶铺……鳞次栉比。畹町桥成了战争中唯一的西南边陲交通枢纽。

在抗日战争中,这座普通的石拱桥也遭到了战火的破坏。直到 1946 年,才建起一座钢架梁桥,就是周恩来走过的畹町桥。1979 年,国家对这座钢桥进行了维护加固,全桥长 20 米,宽 5 米,高 9 米。1993 年 4 月,由于两国贸易的需要,此桥改建成为更宽更牢的大吨位、双车道钢筋混凝土桥,气势雄伟,造型美观,它既是中缅两国的重要通道,也是游客经常驻足的地方。每天都有成千上万的两国商人、边民和游人在这里进出,呈现一派和平安宁的繁荣景象。

现在的畹町桥,每天早上 8 时整,桥上的栅栏打开,早已等候在桥栏那边的缅甸边民,推小车的、挑担子的、开摩托的,急匆匆地涌到桥这边。不一会儿,两国边民连篷接摊,友好互市了。市场上,境内的日用百货、食品饮料、农机器械;境外的皮毛土产、蔬菜水果、粮油肉蛋、玉器饰品等琳琅满目,分不清是这边的还是那边的。中国海关对两国互市的边民提供了许多方便,简化了过境手续,减免了小额贸易的税收。这些优惠政策和措施,大大刺激了畹町边境贸易额的上升。

畹町桥头,从早到晚都洋溢着两国边民互致问候的笑脸和亲切的交流话语。周恩来总理为中缅两国奠定的兄弟情谊,将万古长青。 🌉

晋冀鲁豫烈士陵园里的小桥

许多人都知道"朱德的扁担"的故事,却很少有人知道还有一座"朱德桥"。这座桥在河北省邯郸市内的晋冀鲁豫烈士陵园里,位于陵园南侧通向左权将军纪念馆的环馆河上,是一座小型单孔石拱桥。桥长 14 米,宽 3.6 米,高 4.6 米,桥上有四根望柱,栏板上雕有飞云卷花。小桥很普通,但却有一段动人的故事。

朱德(1886~1976),字玉阶,四川仪陇人。是中国共产党和中华人民共和国的主要领导人,中国人民解放军的主要创建人和领导人,为中国人民解放事业和社会主义建设事业,无私地贡献了毕生的精力。

关于朱德桥的这段故事,发生在解放战争时期。1946 年 3 月,晋冀鲁豫边区参议会决议,在邯郸建立烈士陵园。3 月 30 日,邓小平、刘伯承率全体参议员破土奠基,开始了大规模的建设。不久,国民党挑起了内战,并对解放区进行轰炸,就在现在的左权将军纪念馆处炸了一个大坑。同时,在建墓丘时也从这里取土,于是,这里便形成了一个周长 130 米的小湖,湖中间有一小丘,后来便依水就势在小丘上建起了左权将军纪念馆。

　　1947 年春季的一天，朱总司令赴鲁西北指挥作战，路过当时的晋冀鲁豫边区首府——邯郸，在陵园小歇。他认真视察了正在施工的陵园工地，他看到职工们工作积极性很高，心里很高兴，为了鼓励职工们的干劲，回去以后，便给陵园寄来了 200 万元边币（相当于解放初期人民币 200 元）作为奖金。当时，陵园职工的生活虽然很艰苦，但是，谁也不愿意把这笔钱分掉。为了永远不忘朱总司令的亲切关怀，职工们一致同意将此款修建一座石桥，命名为"朱德桥"，以示永久的纪念。

　　1950 年该桥建成后，几十年来一直没有立一个标志。1986 年冬，陵园派人赴京，请陵园第一任主任张芥士和原北京军区副政委张南生（曾为 129 师组织部长）给题写桥名，他们都十分谦让，觉得由自己题写桥名不妥，未予落笔。1987 年春节，原冀南军区政委宋任穷偕夫人钟月林，前去看望张南生夫妇，老战友相见格外亲切。在叙旧中，张南生副政委提出让宋老为陵园题写桥名之事，宋老欣然答应，没几天就写好了。

　　陵园工作人员将题字拿回来后，精心设计了"朱德桥"碑体图样，并动工兴建。整个桥碑分为三节：底座高 11 厘米，象征着朱总司令逝世 11 年了；碑座高 101 厘米，那年正是朱总司令诞辰 101 周年；碑身高 37 厘米，说明这座桥已建成了 37 年。碑的质料为汉白玉和花岗岩构成，庄严肃穆地立于桥的北头。

　　1987 年"八一"建军节，陵园举行了揭碑仪式。在"解放军进行曲"和喜庆的鞭炮声中，覆盖在标志碑上的红绸徐徐揭开，"朱德桥"三个金光闪闪的大字，在灿烂的阳光下显得格外光彩夺目。后来，这里便成了人们参观烈士陵园的一个重要的景观。 🌉

董老诗赞延河桥

　　在《董必武诗选》中，有一首作者于 1959 年 6 月 25 日写的祝贺诗：《延河大桥成题句》。全诗是：

　　秋水盈川没涨痕，步头无渡阻行人。

　　一桥架合东西岸，宝塔山前不问津。

　　这首诗充满了董老对延安这座城市深情地热爱和对人民群众生活的深切

关怀。全诗以流畅的笔触，洋溢的激情，对架桥前后的景况作了对比，歌颂了沧桑岁月带来的变化。

董必武(1886～1975)，湖北黄安(今红安)人，中国共产党创始人之一，在党和政府内一直担任着重要职务，全国解放后曾任中华人民共和国副主席、代主席，全国人大常委会副委员长等职务。董老曾在延安工作过多年，当他在北京得知延河大桥通车的消息后，十分兴奋，挥笔写下了这首鼓舞人心的祝贺诗篇。使正在欢庆大桥建成的人民群众，更增加了热烈喜庆的气氛。

延安曾是中共中央和八路军总部所在地，但延河上却没有一座桥。遇有涨水，即使是中央和总部的一些重要活动也受到影响。毛泽东赴重庆谈判归来，许多人出于对领袖的热爱，是涉水奔向飞机场去欢迎的。1959年，延河上终于架起了一座大桥。

宝塔山下的延河桥，是一座继承和发展了我国古代敞肩式拱桥建筑传统技艺的石拱桥，有着浓郁的民族风格。全桥总长123米，3孔净跨各30米，主拱采用立墙空腹拱的形式，即每个大跨上设有6个小拱，桥身轻秀，承载力强。在建桥过程中，延安人民发扬艰苦奋斗的光荣传统，根据延河不需要通航，河床上又是砂质土壤的特点，采用"土牛拱胎"的施工方法，即在河床上用土堆成拱形，作为砌筑拱圈的胎模，这就大大降低了工程造价。

延河大桥建成后，其建筑艺术受到了各方面的好评，曾任交通部副部长、资深桥梁文化专家的王展意著文赞扬说："延河大桥选址得当，布局合理，造型美观，工艺精湛，与附近的青山绿水、宝塔古城，联芳济美，相映成趣。"宝塔山和延河桥，相谐相辉，已经是延安革命圣地的象征，是城市的标志，更是摄影、绘画的重要景点。此后在延安的延河上建起了多座现代化的大桥，铁路、公路通达顺畅，为人民群众的生产、生活和旅游提供了方便条件。

近年来，在延河的河床上砌上了石块，岸上筑起了水泥护栏和灯柱，柱上是乳白色的圆形电灯，入夜后两岸成为了一条明亮的灯线。在雄伟的宝塔上与壮观的延河大桥上灯饰斑斓，几为辉煌的透明体，相互映照之下格外瑰丽迷人。

中国革命圣地的延安是革命传统教育的课堂，令许多人心驰神往。现存革命纪念地有140多处，如中共中央旧址凤凰山，中共中央军委和八路军总部所在地王家坪，毛泽东、刘少奇、朱德旧居枣园等，还建有延安革命纪念馆。桥

黎城县的渡槽桥

位于太行山麓的山西省黎城县,在抗日战争时期,曾是一代伟人邓小平战斗与工作过的地方。这是一片英雄的土地,著名的黄崖洞保卫战就发生在这里;这也是一片创业的土地,记录着老区人民战天斗地的伟大诗篇。

巍巍太行山,滔滔浊漳水,见证着惊心动魄的历史。在浊漳河上有一座普通的小桥——"小平桥"。它没有赵州桥那样精巧壮观,也没有南京长江大桥那样巍峨恢弘,只是一座用石块垒砌的高不过 4 米,长不过 10 米,宽不过 2 米的普通渡槽桥。只有镶在桥眉上的三个石刻字"小平桥",在阳光的映照下显得苍劲挺拔,耀眼夺目。

小平桥是一座丰碑,彪炳着中国革命的丰功伟绩;小平桥是一条纽带,沟通着党和人民的血肉联系。

1942 年,太行山区连年大旱,灾情严重。日寇和国民党对根据地的军民实行严密地封锁,困难重重。面对严峻的形势,党和人民没有退缩,时任一二九师政委的邓小平同志积极响应毛主席的号召:"组织起来,自己动手,丰衣足食",开展了轰轰烈烈的生产自救、抗日度荒的大生产运动。

然而,黎城地区太贫瘠了,为了尽快地渡过难关,小平同志向边区政府争取拨款 148 万元,小米 26.4 万斤。随后亲自上阵,带领军民破土开渠,日夜奋战。饿了,勒一勒腰带;困了,就地躺一会。一天、两天、一个月、两个月……四个月过去了,两条总长达 47 华里的漳北、潼南渠终于展现在人们眼前,灌溉面积达4000 多亩。浊漳河水顺着渠流到一块块干涸的土地上,灾区人民锣鼓喧天,感谢共产党,感谢邓小平。为了跨渠过槽,就修了这座小桥,并取名"小平桥"。

黎城人民没有停止"大生产运动"的步伐,继续着修渠引水的壮举。全县群众齐上阵,在修渠的人群中,许多人一直坚持在工地,不少人都是像大禹治水一样"三过家门而不入",又修筑了一条长达 102 公里的"勇进渠",使全县百分之八十的耕地变为水浇地,大大改善了全县的耕地状况,大家不再靠天吃饭,黎城变成太行山上的"小江南"。当年,小平同志留下的艰苦奋斗的宝贵的精神财富,一直鼓舞和激励着英雄的老区人民奋斗不息。 桥

抢修黄河第一桥

　　彭德怀(1898～1974),人称"彭老总",是一位"布衣元帅"。许多人都知道他在红军时期、解放战争时期、抗美援朝时期的伟大功绩,但在他的指挥下,奋战七昼夜胜利地抢修好被战争破坏的兰州黄河大铁桥,疏通了我军西进的道路的事情却鲜为人知。

　　兰州大铁桥在九曲十八弯的黄河上,被称为是"黄河天下第一桥",旧名"镇远桥",建于兰州市白塔山下,居河西走廊的要冲,是"丝绸之路"的必经之地,在军事上更是控扼咽喉的险要之处。这座桥原为浮桥,史称:陕西之路可通甘凉者,惟兰州浮桥,敌若据此桥,则河西隔绝,饷援难通。清光绪三十三年(1907),浮桥改为铁桥。

　　彭德怀指挥抢修黄河大铁桥的故事发生在 1948 年 8 月。时任西北野战军司令员的彭德怀,在率领西北大军西进时,于兰州沈家岭、狗娃山与马步芳部队恶战一场,打得匪部丢盔卸甲,溃不成军,弃城西逃。8 月 25 日傍晚,这些匪兵从兰州城内奔向铁桥,企图逃生。步兵、骑兵、车队疯狂地拥挤在一起,在不宽的桥面上乱成"一锅粥"。其时,桥上枪炮声、马嘶声、汽车喇叭声、匪军官兵绝望地叫骂声混成一片,震耳欲聋。早有准备的我军部队,正严阵以待,突然十几支冲锋枪像火龙般一齐射向敌群,故军像割韭菜般纷纷倒下,接着我军的炮弹也呼啸着落在敌人的人群中,敌兵人仰马翻,鬼哭狼嚎,军车起火,浓烟滚滚。有的炮弹正好落在装有军火的汽车上,引起了弹药的爆炸,桥面上成了一片火海。被封堵在桥上的敌军拼命向河里跳,可是,桥也被炸塌了,我军西进的计划受到影响。

　　此时的彭老总,虽然心急如焚,但仍镇定自若。面对这一难题,彭老总找来中共甘肃工作委员会书记罗扬实进行了解,问他在兰州城里有没有能修好这座桥的人,有没有共产党员工程师?罗扬实经过一番思索,推荐了一位名叫任震英的建筑工程师,是中共地下党员。

　　罗扬实风风火火找到任震英后,说明了来意。任震英是学建筑和城市规划的,没修过这样的大铁桥,但修过一般的公路桥,当他得知是彭老总请他去修大铁桥时,二话没说就随罗扬实去见彭老总。经过一番询问和交谈,彭老总当机立断,坚定地说:"那好,由你干吧!"

任震英在接受任务后,首先把一些搞建筑的工程师朋友召集起来,又请他们分头找来了各个工种的技术人员和工匠 200 多人,在人员集中之后,给大家分派了任务。然后,他带人找来了必备的材料、工具和设备等。

彭老总更是亲自督战,先是派了 500 多名士兵配合工匠清理施工现场,又对任震英强调说,一定要以最快的速度把桥修好,人不够让参谋长派,要多少给多少。

任震英和工程技术人员周密安排,相互配合,日夜奋战,修复大桥的工作进度很快,在第五天时步兵就可以通过了。第七天时,炮车、弹药车等重载车辆都能过桥了,保证了部队顺利地西进。

在大铁桥修复之后,彭老总十分高兴,来到桥上紧紧地握着任震英的手,以浓重的湘音说:"你们把桥提前修好了,要得,要得,你们立了一大功噢!"彭总又在当时的省政府院内的澄清阁,亲自主持开了一个庆功大会,对参与修复大桥的工程技术人员进行了表彰。 桥

桑植风雨桥见证革命风雨

贺龙(1896～1969)元帅是湖南桑植人,更是一位传奇式的英雄。在桑植,有一座风雨桥与他的名字联在了一起。

贺龙家乡在湖南省桑植县洪家关,位于县城北 25 华里处,"贺龙桥"架于贺龙故居右前方的玉泉河上,原名为"永安桥",它见证了贺龙元帅和当地人民群众革命的风雨历程与光辉史迹。

桑植县洪家堡原来并没有桥,过往行人只能赤足徒涉,趟水过河,十分不便。贺龙的父亲贺仕道乐善好施,常常修桥铺路,为乡里造福。1916 年时,他倡议在河道阻隔之处修筑一座廊桥,洪家关的乡亲们热烈响应,纷纷捐资献料,架起了一座富有湘西民族特色的瓦屋桥梁,取名"永安桥"。

这是一座石木结构的风雨花桥,桥长 40 米,宽 7 米,高 8 米,石砌桥台桥墩,木结构桥栏桥屋,两侧置有长凳。红梁青瓦,龙爪绕檐,中耸堡亭。8 尊石狮,分置两端桥头及桥墩上,气势壮观,古朴典雅。乡亲们来往过桥,既便利农耕商贸,又能遮风避雨,歇脚聊天。据有关史料称:"道路为梗,公倡首,鸠工用费不资,至后腴亩,以偿其负,形神劳悴"。真实地记载了贺仕道和当地群众修

建此桥的情景。

贺龙元帅在战斗征程中,曾五进五出这座廊桥,主要的有:

1916年桥刚修好不久,在春节过后一个伸手不见五指的夜晚,贺龙带领他的同伴21名青年农民,从这座廊桥出发,手持两把菜刀捣毁了残害百姓的盐局,夺取了枪支,拉起了一支农民武装,经常过往于这座桥上。从此走上了戎马生涯,在旧军队中官至军长。

1927年4月,大革命失败后的危急关头,还未入党的贺龙又跨过这座桥,毅然决然地率所部暂编第二十军,参加了著名的"八一"南昌起义,并担任起义军总指挥。

1928年春,周逸群、贺龙、贺锦斋等中共湘西北特委一行,受中共之命,从上海回到洪家关,在这座桥头召集部属,组建土地革命时期的中共桑植第一届县委和桑植苏维埃政府,并组建了一支3000余人的工农革命武装队伍,拉开了创建湘鄂西革命根据地的序幕。他们为革命立下了不朽的功勋,给廊桥增添了无上的光荣,因此洪家关的人民都称这座桥为"贺龙桥"。

"贺龙桥"在那峥嵘岁月里也蒙受了不少灾难。1929年秋冬时节,贺龙率领中国工农红军第四军到鹤峰、春阳、玉峰等地扩建根据地。桑植县的所谓"剿共"司令陈策勋乘虚而入,在桑植施行白色恐怖,为破"贺家风水",纠集匪众进犯洪家关,挖毁了贺家的祖坟,放火烧了贺老总的故屋和名闻遐迩的"贺龙桥"。他的亲属贺香姑、贺五妹、贺满姑都惨遭杀害。洪家关群众毫不屈服,不久又在原桥墩上搭起了一座便桥,后来又被洪水冲走了。

解放后,桑植县人民政府调拨大米5万斤,依照原样,重新修了这座桥。1952年10月13日动工,1953年元月15日竣工,并根据群众的要求命名为"贺龙桥"。"文化大革命"中,林彪、江青反党集团诬陷贺龙,指使"造反派"、"红卫兵"再一次要挖贺家祖坟、宅基,还要毁掉"贺龙桥"。由于乡亲们据理力争,奋起护卫,才幸免劫难。1983年5月,贺龙女儿贺晓应县人民政府的请求,特请中国书画家协会秘书长谢德萍先生书写了"贺龙桥"匾额悬挂于桥的两端,乡亲们还会绘声绘色地讲起贺龙的故事。

1998年7月21日晚,桑植发生特大洪水,贺龙桥的一个桥墩被洪水冲走。中共桑植县委、县人民政府及所属交通、文物等部门迅速筹集资金、组织人力依照原样,很快予以修复,并在桥的东端立了一块"贺龙桥记"的石碑,以志纪念。现在,"贺龙桥"及其故居都已成为人们瞻仰、凭吊贺龙元帅的地方。故居里还陈设着贺家巾帼英雄起义时用过的三把菜刀。著名的桥梁对联艺术家巫祖才先生,特为"贺龙桥"作联三副。其一为:"斩浪劈波,三把菜刀三贺氏;腾云驾雾,一身鳞甲一龙桥。"上联赞贺氏三位巾帼英雄,下联描绘廊桥。联语巧嵌"贺龙桥",并以数字、复字的手法,增强艺术感染力。其二为:"望军旗,魂牵梦绕,步步徘徊,桥墩桥头寻踪迹;思元帅,心往神驰,声声呼唤,村前村后觅影形。"此联充满了对这位传奇英雄、开国元勋的哀思、敬仰与怀念。情景交融,爱憎分明,悼念不已。其三为:"桑植起兵、南昌举义,进出廊桥,多次登临多载誉;陈家点火、江氏扇风,焚烧拱屋,几经销毁几呈凶。"上联写贺龙几次进出廊桥的光荣历史,下联写陈策勋、江青等人的罪恶行径。 桥

贺龙激战小商桥

贺龙一生中打过无数次大小战役,神勇无比,但从未受过伤。凡与贺龙部队遭遇的敌军,不论是土匪武装还是正规部队,无不闻风丧胆,溃不成军。更神奇的是在一次数百名降军反水时,他竟在枪林弹雨中越墙而走,真是了得!有关贺龙的种种神话,在民间和敌军中广泛流传着。神话是不足信的,但贺龙确实英勇善战,威震四方,北伐途中小商桥大捷便是一例。

在河南省临颍县小激河上有一座小商桥,它与著名的赵州桥在结构和形式上相似,但早于赵州桥 21 年建成。这座单孔敞肩式石拱桥长 20.87 米、宽 6.67 米、主孔跨径 11.6 米。在拱圈和栏板上雕有精美的吉祥物和瑞兽,望柱上是 18 罗汉。这座桥所以和贺龙的名字有联系,是因为有着"戏中戏、故事里的故事"。

1921 年,蒋介石发动"四·一二"反革命政变之后,贺龙反而转向了共产党,4 月 18 日他命令全师继续北伐,北洋军伐头子张作霖派其子张学良率精锐部队南下应战,并勾结土匪武装"红枪会"万余人阻挡。"红枪会"这些亡命之徒自恃"神符护身,刀枪不入",要与贺龙军队拼个死活,当年吴佩孚、孙传芳都退避三舍。但是这次真是小鬼碰上了神仙,被打得尸积如山,血流成河,余者成鸟兽散,边跑边喊:"活龙下界了,来的都是昆仑金刚体,刀枪不入,大炮不穿!"贺龙部队长驱直入,打进驻马店。

这时,张学良的 17 个混成旅,10 余万人集结于漯河一带,准备与贺龙决一死战。贺龙潇洒地对各团指挥官说:"小六子(除其父敢戏呼张学良为小六

子外,也只有贺龙了)要和我在这里决战,我们穿过上蔡,强渡漯河,击溃小商桥、逍遥镇一线的敌人,然后插临颍,攻朱仙镇,拿下开封!"他又说:"看出来了吗?我们现在走的是当年岳飞北伐的路线。精忠报国,在此一举!但是要注意哟,小商桥是杨再兴落马的地方,当心我们不要落马!"故事中的故事就在这里。杨再兴何许人也?

原来,杨再兴是岳飞的部下,抗金将领。他在北伐时,于小商桥处突然杀出,领兵三百骑与十二万金兵拼杀,歼敌两千,杨也落马而亡。尸体焚化后,箭头就有两升,后人为其建祠立碑。不同的是贺龙在此将张学良的先头部队打得落花流水,神惊鬼泣,生俘敌四个团,缴获军械物质堆积如山,更有 24 门野战炮和大量小炮,因此增建了一个炮兵团,接着直捣开封。为此,蒋介石曾以高官、重金、洋房引诱贺龙,均未得逞。

还有一座直接称作"贺龙桥"的便是山西大同市新荣区太平庄(原称破窑沟村)的"贺龙桥"。那是 1946 年秋天,任晋绥军区司令员的贺龙率部驻在了破窑沟村,交通极为不便,在村北有一条山沟,天旱时人们进出村庄要翻沟爬坡;下雨时山洪暴发,十分危险。鉴于这种情况,贺龙司令员便带领官兵修建了一座土木结构的简易桥,方便了村民的交通。贺龙还对村民们说:"你们这个'破窑沟'的村名不好,将来天下太平,乡亲们要过上好日子,你们就叫个'太平庄'怎么样?"从那以后,"破窑沟村"就改名为"太平庄"了,桥也称作"太平桥"。如今"太平庄"已经走上了致富的道路,为了纪念贺龙元帅的关怀,更好地发展农业生产,于 1990 年投资 9.8 万元修了一座单孔石拱桥,桥长 120 米,宽 15 米,桥上"贺龙桥"三个大字在阳光照耀下熠熠生辉。 ⑯

黄桥决战话黄桥

陈毅(1901~1972)元帅是中国人民解放军的创建人和领导人之一。1934年,中央红军主力长征时,他因伤留下来和项英一起领导南方游击战争。1937年,全面抗战开始后,陈毅出山,改编南方游击队为新四军,并任一支队队长,率部挺进江南抗日前线。为了建立苏北抗日民主根据地,打开苏北抗日局面,1940 年 7 月,陈毅率新四军二千余人从苏南挺进苏北,驻扎在泰州之东、姜堰之南的黄桥镇,组织起新四军苏北指挥部,1940 年 10 月成功地指挥了著名的

"黄桥战役",歼灭国民党顽固部队 11000 余人,对打开华中抗战局面起到了重要作用。

黄桥位于江苏省泰兴市黄桥镇,是一座黄褐色月牙形的大石桥,横跨于清水河上。桥长三丈二尺,宽一丈,桥孔呈半个椭圆状,势若一弯新月,不仅便于通达,而且是一个亮丽的景点。传说,在明代中叶,镇上来了一位姓黄的官员,为政清廉,体恤百姓,百姓称其为"黄公"。因见清水河上无桥,百姓行走不便,遂倡议并捐资、募资修桥。桥成,百姓为感念其功德,不顾黄公阻止,在桥额上嵌了一块石匾:"黄公桥"。此事激怒了当地一位吝啬的乡绅,他于是向巡抚状告黄公为自己树碑立传。百姓得知此事,连夜将"黄公桥"上的"公"字去掉,便成了"黄桥",待巡抚派人查看时,已无法治罪。从此"黄桥"之名远近皆闻,所在的街镇也取名"黄桥镇"。几百年后因建街需要填清水河,把桥移至西门,如今西门桥上还有一块刻有"黄桥"的大横石。桥美、故事美、黄桥战役更是美名天下扬。黄桥战役在军事、政治、民心等方面赢得了诸多方面的胜利。

1940 年南通、扬州相继沦陷,人民处在水深火热之中。国民党江苏省政府迁移至兴化,省主席韩德勤兼任苏鲁战区副司令,除直接掌握 10 个保安旅以外,还对苏鲁皖边区游击总指挥李明扬所部、驻姜堰的财政部税警团陈泰运所部和驻东阳的 89 军李守维所部拥有指挥权。然而,他虽有重兵在手,却消极抗日,积极反共,对非嫡系的陈、李部队进行排挤,而对新四军更是图谋歼灭。1940 年 9 月 3 日,悍然向我黄桥驻军发动进攻,新四军奋起反击,于 9 月 6 日在营溪歼其保安第一旅两个团。韩德勤一计不成,又生一计,将陈泰运部调至姜堰东首之曲塘,而把保安第九旅张少华部调进姜堰,并筑碉堡、布电网、挖壕沟,其目的是占据粮食集散地姜堰,断我粮源,卡我脖子。在忍无可忍之际,陈毅、粟裕决定予以还击,夺取姜堰。9 月 13 日,叶飞、王必成、陶勇的一纵、二纵、三纵分别担任主攻与打援任务,战斗打响之后,我部英勇无比,除鹿砦、断电网、炸碉堡、越壕沟,很快就解放了姜堰,歼敌千余人。

陈毅在曲江楼上运筹帷幄,一方面筹集粮草,一方面搞统一战线。除派人经常与李明扬、陈泰运保持联系外,还两次赴海安,登门拜访苏北爱国民主人士韩紫石。紫石老先生先后任安徽巡抚、江苏省长、代理督军等职,他见陈毅胸怀豁达、气度不凡、团结抗日、出于真诚,便欣然同意发函各方举行苏北各界代表和平会议。函发之后,李、陈等均复信响应。唯独韩德勤乘机要挟,声言:"新四军如有合作诚意,应先退出姜堰,再言其他。"陈毅、粟裕等为了取得各方同情与支持,决定让出姜堰。9 月 27 日,八县代表会议在姜堰曲江楼召开,陈毅慷慨陈词,要求抗日有份,抗日有地,声明:可以让出姜堰,只要对抗日有好处,还可以作出更大的让步。一席话义正词严,掷地有声,与会代表无不为之动容。9月30日,新四军履行前言,撤出姜堰,奔赴黄桥。岂知,韩德勤得寸进尺,于10月3日,驱使26个团三万多人再次向黄桥根据地发动进攻。我军将士认识到,这一仗是关系到苏北根据地生死存亡的一战,是关系到苏北抗日局面能否打开的一战,是关系到党中央关于开辟苏北、发展华中的战略任务能否实现的一战。全体将士斗志昂扬,英勇奋战,在陈毅、粟裕指挥下,集中兵力,分割包围,各个歼灭,终于取得了震惊江淮大地的黄桥大捷。国民党89军军长李守维落水溺死,独立六旅旅长翁达负伤自毙,韩德勤夹着尾巴逃回兴化。新四军乘胜东进,与八路军第五纵队会师于东台县的白旗镇,从而打开了苏、鲁、皖边区团结抗日的大好局面。黄桥大捷在党史军史上写下了光辉一页,也使黄桥古迹增光添彩。

与此相映成趣的是陈毅修改桥名的故事。1959年10月,陈毅同志回到阔别了36年的的家乡,正值当时的公社建起了一座双孔石拱桥。这座桥全长28米、宽7米、高8米,每孔跨径7米,半圆拱,石栏杆。家乡的群众得知陈毅元帅回到了家乡,欢欣雀跃,为了纪念这一美好的日子,感谢陈毅同志对家乡的关怀,人们纷纷建议把这座石桥取名为"将军桥"或"元帅桥"。

陈毅知道后,坚决不同意。他说:"我们共产党不兴这一套,党纪不允许。我陈毅算老几嘛!真正值得歌颂的是劳动人民,是劳动者的双手创造了世界,我们还要用艰苦的劳动去建设共产主义哩!我也给桥取个名字吧,叫'劳动桥'好不好?"乡亲们听了陈毅同志的一席话都觉得有理,一致表示赞同陈毅同志的意见,于是这座桥便取名"劳动桥"。陈毅改桥名一事,已成为家乡人传颂的佳话。现在这座桥保存完好,"劳动桥"三个字也清晰可见。这座桥所在的镇也取名为"劳动镇"。 桥

叶挺将军与汀泗桥、贺胜桥大捷

湖北省咸宁市境内的汀泗桥、贺胜桥,记载着叶挺的辉煌战绩,叶挺被誉称为"北伐名将",所属部队也被誉称为"铁军"。

叶挺(1896~1946)是中国人民解放军的创建人和领导人之一。早年曾任

孙中山大元帅府警卫团营长，陈炯明叛变时他守卫总统府前院，先掩护孙中山脱险，并以一支"花机关枪"（即冲锋枪）向叛军扫射，使已怀孕的孙夫人宋庆龄得以突出重围。北伐时，他率领独立团作为先遣队，一路摧垒拔城，屡建奇功，于湖北汀泗桥、贺胜桥击溃吴佩孚主力。

汀泗桥位于湖北省咸宁市汀泗镇老街中，跨越汀泗河，相传为赤岗乡村民丁四捐修。丁四贫寒鳏居，以编织草履为生，因怜老弱妇孺苦于涉水，捐终身积蓄造桥。百姓在桥成之日竖碑，以颂其德。此桥始建于宋淳祐七年（1247），三孔不等跨半圆拱石拱桥，长 35.5 米，宽 5.5 米，高 6.53 米，棱形桥墩，八字形桥台，设有桥栏。明嘉靖二十六年（1547）重修，仍为石结构三孔，长 31.2 米，宽 5.5 米，高 6.53 米，中孔净跨 9.2 米，两侧孔净跨 7.2 米。半圆拱矢，棱形桥墩，八字桥台。1994 年 6 月遇特大山洪，全桥崩溃，次年在原址按原桥形重修。汀泗桥因叶挺率北伐军独立团大捷而闻名中外。

1926 年 8 月 26 日，北伐军开始攻打汀泗桥，它是武汉三镇的南大门，三面环水，一面依山，形势险要，易守难攻。吴佩孚在这里布置兵力 2 万余人，据险死守待援。北伐军必须在敌援军到来之前拿下汀泗桥，以打开武汉的门户。在北伐军发起进攻后，敌军据险向北伐军猛烈扫射，部队伤亡严重。在此紧急情况下，司令部抽调作为预备队的叶挺独立团前去增援。独立团进入阵地后，从右翼山高处往下猛冲，敌军不支，仓惶溃逃。叶部于 27 日占领了汀泗桥，并缴获大批武器和车辆。独立团乘胜追击，又神速拿下了咸宁。吴佩孚被迫往贺胜桥撤退。独立团和另两个团就向贺胜桥发起进击，独立团勇猛冲入敌阵，向纵深推进，然而另两个团未能跟上，使叶部遭到围攻。在此危急情况下，叶挺身先士卒，不断冲击敌阵，胜利占领贺胜桥，打开了通往武汉的最后一道大门。北伐军终于在 10 月 10 日攻下了武汉。

这里所说的贺胜桥，原桥位于咸宁市老街北端，跨贺胜河。史载"宋末兵起，里人王晔聚众与贼战，得胜相贺，因此名桥"。民国二年（1913）修建粤汉铁路，改建成铁路桥，并在附近另建单孔石拱人行桥，仍称贺胜桥。桥长 8 米，宽 3.5 米，高 2.5 米。1970 年改建成板桥，全长 16.9 米。

在叶挺的部队中，有很多是共产党员，表现十分英勇，1924 年加入共产党的高恬波，是一位女性。在进攻汀泗桥的战斗中，冒着枪林弹雨抢救伤员，自己中弹负伤后仍不下火线，官兵称其为救护队的"女将军"。

1927 年，叶挺参与领导了南昌起义和广州起义，担任两次起义的总指挥。失败后，流亡国外 10 年，与党组织失去联系。抗日战争爆发后，叶挺回国出任新四军军长。1937年初冬,到延安向中共中央请示工作。毛主席亲自迎接,并设宴为他接风,在抗日军政大学礼堂举行的欢迎会上,正式宣布叶挺担任新四军军长的任命,毛主席致词说:"我们今天为什么欢迎叶挺将军? 因为他是大革命时代的北伐名将,因为他愿意担任我们的新四军军长,因为他赞成我党的抗日民族统一战线的政策,所以我们欢迎他!"叶挺也热情洋溢、激动地说:"同志们欢迎我,实不敢当。革命好比爬山,许多同志不怕山高,不怕路难,一直向上走。我有一段是爬到半山腰又折回去了,现在跟了上来……。"

叶挺在受命领导新四军的三年多时间里,新四军与日伪军打仗大小 4000 余次,击毙、击伤、俘虏敌人 10 万余。毛泽东高度评价说:"军长叶挺,领导抗战,卓著勋劳"。 🌉

"文革"期间建成的南京长江大桥

南京长江大桥是我国自行设计和施工的一座公铁两用桥,于 1960 年 1 月开工,1968 年 12 月建成通车。在这期间,正是中国处于一个特殊困难的时期。大桥建设的初期,中苏关系破裂,又遇三年自然灾害,中国人民是勒紧了裤腰带把它作为"争气桥"进行建设的。接着,1966 年又发生了"文化大革命",全国大动乱,生产遭破坏,人民生活受影响。南京长江大桥工地也因为不同观点的群众组织的造反派打派仗,有不少年轻工人不上班,老工人是干着急,"支左"的解放军也无能为力。工程干干停停,直到 1968 年初还有几个桥墩尚没完工。

南京长江大桥能够建成通车,是许世友将军在关键时刻起了关键作用。

许世友将军(1905~1985)是一位富有传奇色彩的英雄,不仅战功显赫,而且,在抓建设、抓生产上也是"军人风骨,贯彻始终"。南京长江大桥后期的建设,是他又一重大贡献。

"文革"中,造反派蜂起,江苏大乱。许世友将军愤然曰:"上头举旗帜,下头捅刀子。该抓的就抓,该杀的就杀。谁再造反,先杀头,后报告。"性情刚烈、正义凛然的许世友将军态度十分坚决明朗。1986 年 3 月 20 日,中央批准身为南京军区司令员的许世友担任江苏省革委会主任的职务,于是他就"上马管军,下马管民",上任伊始,决心恢复大桥施工。据其秘书李文卿所著《近看许世友》一书中记述:"原定公路桥1969年7月1日、铁路桥1968年末建成通车,许司令说不行,太慢了,要指挥部重新讨论工程进度和竣工时期。指挥部提出1969年春节全部完成,许司令不同意,说得'只争朝夕',1968年10月1日一定要通车,向国庆19周年献礼,向党中央毛主席报喜。经过折中,确定1968年9月底完成铁路桥,年末完成公路桥。"

许世友将军以军人的气魄,像指挥作战一样,狠抓大桥的施工,并表示"要人给人,要钱给钱,要机械给机械。"

他首先是调兵遣将,委任大桥工程总指挥。他先把已经担任了上海铁路管委会主任的原军区工程兵副主任柴树林调来担任工程指挥部总指挥,并调来两个工程团的兵力加入大桥施工;距国庆节还有五个月时,大桥总工程师王超柱提出,为抢在梅雨季节到来之前完成一期工程,仍需增加人力,许司令当场拍板,把威名远扬的英雄部队"临汾旅"和所配装备一起调来工地,加强施工力量。

接着,他亲自做不同观点的两派群众组织的工作。这是一件十分缠人的事情,犹如理乱麻、解疙瘩。但是将军以军人的风度,高屋建瓴、大刀阔斧的气魄,要求他们要顾全大局,团结起来,军民同心协力,以战争年代打硬仗、打恶仗的劲头,保质保量地把大桥建设好。

他身先士卒,为人表率,在施工紧张时刻,几乎每天都在大桥工地上巡视。他既当指挥员,又当战斗员,现场解决问题。那种与群众的倾和力,使工程进度直线上升。一次,他看到工人们抬沙子很叫劲,他也忍不住去试一试,一位部队干部怕他闪了腰,想去帮一把。许司令说"还要你扶!"只见他"腾"的一下,把一个200多斤重的沙袋抱了起来,还走了好几步,在场的人无不惊异,接着是一片欢呼和鼓掌声。这件事情,很快传遍了整个工地,时年将军已是64岁的人了。

许将军的举动感染了每一位建桥工人,工地上立刻一片热火朝天,日夜不停地施工,仅土石方就提前两个月完成了4.7万立方米。在全体建设者努力下,终于在1968年9月30日建成了铁路桥,1968年12月29日建成公路桥并举行了通车典礼。

在典礼上,许世友经过总部的批准,调集了80辆国产轻型坦克和60多辆各型汽车,于9月26日上午,浩浩荡荡地通过了大桥,当许司令看到坦克的履带在路面上压出的是一道白印时,他满意地笑了。不言而喻,身经百战的将军,不仅考虑到民用而且想到了未来的战争。

大桥建成后全国震动,世界瞩目。南京5万多军民举行了隆重的通车典礼,中央新闻纪录制片厂拍摄了新闻纪录片在全中国放映,新华社也发了专稿,其中一段写道:"雄伟壮丽的南京长江大桥的建成,是世界桥梁史上的一个伟大奇迹。大桥铁路桥全长6700多米,公路桥全长4500多米。江中正桥下层铺设双轨,南来北往的列车可以同时对开;上层宽阔的公路桥面,可以并列行驶四辆大卡车。正桥两端,矗立着四座巨大的工农兵的雕像。两岸公路引桥接近市区的部分由二十二孔富有民族特色的双曲拱桥组成,看去像一条美丽的彩练,使宏伟的南京长江大桥显得更加绚丽多姿。清晨,喷薄而出的红日映照着大桥巨大的桥身,如同横卧云空的钢铁长虹。入夜,大桥上万盏灯火齐放光明,绵延几十里,犹如银河飘落在宽阔的江面上,把祖国的大好河山装扮得分外妖娆。"

南京长江大桥的建成是建设者的一座丰碑,更铭记着许世友将军的功绩。🌉

汕头海湾大桥的开工与落成

我国第一座现代化大跨度悬索桥汕头海湾大桥,于1991年12月17日开工,时任总书记的江泽民出席了开工典礼。他亲自挥锹为大桥奠基石培土,接着在交通部副部长王展意陪同下按下了开工钻机的电钮,立刻拉开了建设大桥的序幕。江泽民同志还提笔挥毫写下了"汕头海湾大桥"六个大字。1995年12月28日,大桥正式通车,江泽民总书记又出席了通车典礼,在3名建桥工人剪彩后,他乘车通过大桥,成为大桥迎来的第一批客人。欣喜若狂的汕头人民和大桥的建设者们,面对这一切情景感到无比的骄傲与自豪,并成为他们永远的记忆和激励。

汕头海湾大桥建筑在汕头市游览风景区妈屿岛海域处,面对台湾海峡,从海湾南岸广澳岛跨过海面到达北岸。全桥长2500米,主桥为三跨双铰预应力混凝土加劲箱梁悬索桥,主跨为452米、两边各跨为154米,在当时同类桥型中列世界之首。南、北两岸配套有引道通过互通立交与地方道路相连接。南北引桥采用双柱式桥墩,预应力钢筋混凝土T型梁结构。北引桥在副航道处设两孔50米T型刚构,采用三段预制拼装而成。

全桥按一级汽车专用公路标准设计,荷载标准为汽车—超20、挂车—

120,按 8 度地震烈度设防,可抗 12 级以上台风。桥面为双向 6 车道,并设有先进的电脑监控设备管理。桥下主航道净空高 46 米,可供 5 万吨级船舶进出港口;副航道净空高 18 米,可通过千吨级以下船舶。大桥总投资是 7.5 亿元。

汕头海湾大桥的建成,把深圳、珠海、汕头、厦门四个经济特区和香港、澳门联系起来,为东南沿海经济的发展增加了更为有力的翅膀,为汕头成为现代化国际港口城市起到了重要作用。

汕头海湾大桥是由铁道部大桥工程局设计和施工的。工地指挥部指挥长柳汉桥说起大桥的建设来激情澎湃,他说,我们接受任务后,有四大困难:一是造价低,我们建的是世界上最便宜的桥;二是技术难度大,中国过去没有建过这种悬索桥;三是地理条件差,汕头海湾地处台风口,是在"风口浪尖"上进行施工;四是工期紧,有效工期只有 3 年多一点。有关人士在研究考察了这些情况之后,认为按期交工是异想天开。建设者们则说:不异想,怎么天开!

大桥的建设者们肩负着江泽民同志的重托,以对潮汕人民高度负责的精神,扎营荒野,风餐露宿,日夜奋战。在台风袭来时,他们顶风而上,抱成团保护机械设备;在台风过后,他们迅速收拾好被台风摧残的场地,咬牙再干。他们没有星期天,忘了节假日,没有高奖金,在海风兼烈日的条件下施工;许多人长期与家人分离,在天涯海角处辛劳,使这座桥在当时获得了好几个第一:主跨径长度,在世界同类桥型中最长;主桥部分的混凝土加劲箱梁结构之轻巧,属世界首创;架设猫道及悬索主缆最快;抗震抗风能力超世界水平。该桥建成后荣获铁道部科技进步奖、国家建设部建筑工程"鲁班奖"、国家优质工程金质奖。

在风和日丽,白云袅袅,海浪纹细,海鸥翻飞,绿岛环抱着的蔚蓝色的海湾处,只见:柱塔高耸、钢索悬挂、箱梁凌空、线型流畅、刚柔并济、雄伟壮观的大桥如长虹、似蛟龙、横空出世,蔚为大观。与滨海城市欣欣向荣、工业港区的勃勃生机交相辉映,平添了海滨之美,盛扬着粤东门户之誉。 桥

漂亮的南京长江二桥

1968 年,第一座由中国人自己勘察、设计、施工的南京长江大桥建成通车,成为中国人民的骄傲;32 年后,毗邻一桥 11 公里处又建起一座现代化的长江大桥,正如在大桥通车时交通部贺电中所说,"在我国桥梁建设史上树起

一座新的丰碑"。江泽民同志于 2000 年 10 月 19 日健步走上即将建成的南京长江二桥视察时，他边走、边看、边听，最后动情地大声说："这么大的工程，做得多漂亮啊！"此前，2000 年 4 月 17 日，朱镕基同志在大桥工地视察时，一连问了工程建设质量、进度、管理和投资控制等 10 多个专业性、技术性问题。当得到满意的回答后，他对大桥建设者们说："我要嘉奖你们！"

南京长江二桥是国家"九五"重点建设项目，1997 年 10 月 6 日开工，2001年 3 月 26 日建成通车，历时 3 年 5 个多月。大桥建设规模为双向六车道高速公路大桥，全长 21.197 公里，是由两桥一路组成，即南汊桥、北汊桥和南岸、八卦洲及北岸三段引线组成。其中南汊桥为钢箱梁斜拉桥，桥长 2938 米，双塔双索面，塔高 195.41 米。主跨为 628 米，建成时在同类桥梁中居"中国第一，世界第三"。北汊桥为预应力混凝土连续梁桥，桥长 2172 米，主跨为 3×165米，这一跨径在全国同类桥梁中也居领先地位。全线除南引桥、北引桥、引线桥外，还设有四个互通立交，4 座特大桥，6 座大桥。桥下可容 5000 吨级海轮双向通航。大桥建设者精心施工，科学管理，提前 7 个月完成全部工程。工程质量被专家组誉为"国内领先，世界一流"。

南京长江二桥建设规模宏伟，技术含量密集，施工难度巨大。建设者以对国家、对人民、对历史高度负责的精神，在施工中严格质量管理，在质量标准上比交通部部颁标准提高了五个百分点。坚持科学精神，克服了一个个大自然带来的困难。在技术上攻克了多项施工难点，取得了 10 多项达到国际先进水平的桥梁技术成果。突出的有四点：

一是深水基础工程。在 1000 多米宽的江面上安装两个墩子，每个墩子都由 21 根直径 3 米的水下灌注桩组成，南面灌注桩每根长 83 米，北面灌注桩每根长 102 米，每根桩进入岩石后钻进 58 米，这是我国最大的深水基础工程，施工难度可想而知。

二是两座 195.41 米的索塔。塔的垂直度和塔柱预应力压浆技术是施工质量的关键。为保证精确度，采用了高精度的 GPS 全球定位系统和 20 世纪80 年代国外最先进的真空吸浆技术，结果南塔垂直度误差为 1/9000，北塔垂直度误差为 1/13500，索塔高度误差仅为 1 厘米，取得了令人瞠目的成绩。

三是钢箱梁吊装。93 节钢箱梁每节重 263 吨，当时我国尚没有这样大功率的吊机来完成这个任务。建设单位花了 520 万港币从法国租赁来液压千斤顶，用了 210 天将每节价值 300 万元人民币的 93 节钢箱梁吊装成功。还有全桥 108567 米焊接缝探伤合格率为 100%，合拢段误差为 1 毫米。

四是环氧沥青的铺装。这是世界性的难题,当时国内还没有成功的先例。为此决定引进美国的环氧沥青及施工工艺和设备。单是疲劳实验,在高温、常温、低温状态下就分别进行了 1200 次。施工时,美国、加拿大、韩国等国家的桥梁专家专程前来考察,美国专家的评价是,如果满分是 10 分的话,要给 12 分。他们还特地给南京长江二桥工地送来写有"世界一流"赞语的锦旗。

南京长江二桥建设,取得了一批科研成果。其中,"南京长江二桥钢箱梁桥面铺装工程技术与实施方案研究"达到国际领先水平;"钢箱梁制造关键技术研究"、"斜拉桥抗风振、地震措施研究"、"长距离分散性负荷供配电关键技术研究"等九项科研成果达到国际先进水平;"高精度 GPS 定位技术在特大桥梁施工中的应用"达到国内领先水平。

验收期间,国家计委特派出一个 8 名专家组成的稽查组,对大桥进行了全面检查,稽查组的书面评语是:南京长江二桥工程质量优良,各项技术质量指标优于交通部颁发的标准,造型美观,配套环境优美,其整体技术质量、建设管理达到国内领先、国际先进水平,钢桥面环氧沥青混凝土铺装达到世界领先水平。

正是,"漂亮"二字有着多么丰富的内容。 🌉

南京长江三桥建设者的荣誉

金秋是收获的季节,有着独特造型的一座斜拉桥——南京长江三桥在历时 26 个月的施工后,于 2005 年金秋的 10 月 7 日正式建成通车。10 月 13 日上午 9 时许,胡锦涛总书记在参加了全国第十届运动会开幕式后视察了南京长江三桥。他认真听取了南京长江三桥建设指挥部副指挥长娄学全的汇报,详细询问了"南京长江三桥的深水基础是哪家企业施工的"、"金属焊接变形的原因是什么"、"钢塔的拼接场地在哪里"等几个非常专业的问题,尤其是"金属焊接变形"问题属于南京长江三桥建设中的攻坚难题,在听到娄学全回答这些难题都是在我们自主创新的基础上得到解决时,总书记露出了满意的笑容,并赞扬他们:"在我国桥梁建设史上又写下了一个新的篇章。"

南京长江三桥位于南京长江大桥上游约 19 公里处的大胜关,距长江入海口 350 公里,2003 年 8 月 29 日开工建设,2005 年 10 月 7 日正式通车。作为上海至成都国道主干线的重要组成部分,大桥的建成通车为沪蓉干线早日全线贯通奠定了基础,也完成了南京市"富民强市,率先基本实现现代化"的先导工程。

南京长江三桥是一座特大型的双塔双索面五跨钢塔钢箱梁斜拉桥。总线长 15.6 千米,其中跨江大桥长 4.744 千米,主跨为 648 米,在已建成的斜拉桥中位居中国第一、世界第三。全线按六车道高速公路标准设计,设计时速为 100 千米,设计荷载为汽车—超 20,挂车—120。全线共设有刘村互通、天后村互通(预留)、高旺互通和张店互通立交。

它是一座世界上首次采用"人"字形弧线型钢塔斜拉桥。塔高 215 米,相当于 70 层普通楼房的高度;加上 43 米水深,再加上 67 米水下灌注工程,仅桥塔加基础就是 325 米。那顶天立地的"人"字形曲线设计铸成的全钢塔身,被誉为是"中国第一钢塔",在世界上都是首次采用,钢结构材质也属于全国首创。

它也是一座中国桥梁建筑史上深水基础工程的大桥。其南墩施工在水流速度每秒 2.5 米、水深 43 米的河槽里进行。采用长 84 米、宽 29 米、总高 22 米的哑铃形钢套箱加钻孔灌注桩基础形式,是建成当时长江上最深、技术含量最大的水下基础工程。

作为景观效应,南京长江三桥的"全动态、全变色"照明系统也独具特色。其夜景照明犹如一个大型舞台,一年四季根据不同季节的特点随机变幻灯光色彩。"冬季求暖"可以采用红色、黄色、橘红色等颜色;"夏季希凉"采用绿色、蓝色等颜色,完全由监控室的电脑控制。这样的灯光效果彻底改变了桥梁只有单色的传统。

南京长江三桥在多项关键技术与机制的创新,代表了我国公路基础设施建设的新理念、新水平。主桥交工验收结束,获得了 98 分,这是国内同类型桥梁验收最高分。南京长江三桥的建设,是中国桥梁从钢—混结构桥塔向钢塔时代转变的里程碑,是我国从桥梁大国迈向桥梁强国的标志。交通部总工程师凤懋润对南京长江三桥的评价是,其科技创新具有前瞻意识、风险意识、成效意识。 🌉

詹天佑与滦河铁路大桥

詹天佑(1861～1919),祖籍江西婺源人,生于广东南海,是中国近代杰出的铁路工程师和爱国者,被誉为"中国铁路之父"和中国现代科学技术的先驱。

1872年,12岁的詹天佑作为清政府选派的幼童出洋留学者之一赴美学习,1881年毕业于耶鲁大学。回国后当过教师、军人和工程师,开过船、架过桥、修过路、当过官。有人说他干什么都能干好,因为他有一颗想把西方所学报效祖国的心。令人家喻户晓的事情是他主持修建京张铁路(北京至张家口)的伟大业绩;令人鲜为人知的是,他是修建我国第一座铁路桥——滦河大桥的工程师。这是在他回国7年后,担任中国铁路公司工程师时发生的事情。

1890年3月,由北洋大臣李鸿章奏请慈禧太后核准,自古冶向东修筑关东铁路。按照设计要求,铁路跨过滦河时,要修一座铁桥。于是,英国总工程师金达聘请英国人喀克斯承包修建。喀克斯在打桩钻探时正值夏秋季节,恰遇河水暴涨,水流湍急,工程无法进行。当时号称具有世界一流施工水平的英国人,不得不请日本人帮忙。日本人面对这一复杂情况,也无能为力,虽打下几根木桩,但很快就被河水冲走了,也遭到了失败。在《滦州志》上有这样一段记载:"当日修筑桥墩,屡筑屡坍。缘于河面宽水流急,河底淤沙极深,夏时山水瀑涨,势甚猛悍,施工最难。"金达眼看交工期限已近,在万般无奈的情况下,才授意喀克斯求助于中国工程师。于是傲慢的英国人只得聘请詹天佑主持修建滦河大桥。

詹天佑以科学的态度认真进行了实地测量勘察分析,对外国工程师用过的打桩方法仔细进行了研究,在掌握了滦河地质地貌和水文情况后,作出了大胆决定,另选桥址,改变桥位设计,把桥墩建在横山东麓和武山西麓脚下的岩石床上。为避免重蹈外国人在施工中失败的覆辙,他没有走过去的老路,在桥梁下部施工中大胆采用"压气沉箱法"打桩。这种施工工艺在中国铁路史上是第一次尝试。它是由我国潜水员潜入河底深处,以传统的工艺配合必要的机器进行施工。

詹天佑把科学精神贯穿在施工的全部过程中。他身穿工作服,同施工人员一起进行现场作业,解决在施工中遇到的难题。他依靠中国人自己的力量,顺利地完成了桥梁下部的施工,并按期完成了滦河大桥的全部工程。据《滦州志》记载:"桥墩基础用压气沉箱法,深度21.3米。当时采用此种基础甚少,本路亦属创举。两端桥台为深井基础,基础材料全部用水泥混凝土,沉箱圈中以片石填筑,墩身则全部用块石垒砌。所用白灰、石料就地取材。当时水泥材料我国尚未生产,必须购进英国材料,价值昂贵,故不能全部采用混凝土建筑"。詹天佑在建造铁桥上的成功,充分显示了中国工程技术人员的聪明才智,为中国人争了气。

滦河大桥，自1891年开工，至1893年竣工通车，工程费用耗银为78.24万两。桥长670.56米，共有17孔。有9米的上承钢梁2孔，60米下承花梁5孔和30米上承梁10孔。桥面净宽3.7米至4.1米，是我国铁路建设史上第一座大铁桥。

詹天佑在他的一生中，曾主持修建过新易铁路、京张铁路、汉粤川等铁路，并参与过其他许多铁路工程设计和施工。昔日，他已经设计出了武汉长江大桥的图纸，是三孔单层铁梁桥，桥中间为火车道，两侧为电车道和人行道，只因缺乏资金未能实现。

詹天佑因其成功地主持修建了第一条由中国人自主建成的京张铁路而闻名于世。京张铁路山势险峻、地质复杂，关沟地段山高谷深，工程十分艰险。詹天佑亲自勘察设计，反复比较，选出最佳线路方案。全线共筑有4座隧道、20多座大小桥梁，为节约资金未采用铁桥，多用石拱桥。为解决火车穿越八达岭的问题，在青龙桥一带采用了"之"形盘山线，由两台机车牵引，上山时一推一拉，下山时全程制动。这一切，大大节省了工程量和资金。1922年，由汉粤川铁路同人以及中华工程师学会与京绥铁路同人塑造了一尊詹天佑铜像，矗立于青龙桥车站。1987年国家又在居庸关修建了詹天佑纪念馆。

茅以升与钱塘江大桥

1937年9月，一座雄伟的现代化的两层铁路、公路大桥飞架在钱塘江上，这就是我国历史上第一座自己设计并建造的现代化大铁桥——钱塘江大桥，由我国著名的科学家茅以升先生设计并主持施工。然而，这座在中国桥梁史上闪光的大桥，只存在了89天就由茅以升先生协助炸毁了。

这座大桥于1935年4月开始建设，1937年10月全部竣工。全桥长1453米，上层为双车道公路，车道宽6.1米，两侧人行道各宽1.52米；下层为单线铁路。正桥18孔，跨径66米；桥下距水面有10米空间，可以畅通轮船。在铁路和公路桥之间，有10.7米高的M形钢架，承托公路桥面，既分承了运载的重力，又凝聚了桥身的承应力；立体几何结构，巧妙地美化了这条千米"苍龙"。桥身联接北岸青山巨塔和南岸广袤平原，江、山、水、塔、桥和水网绿畴，和谐地构成一幅雄伟壮丽的立体图画。钱塘江大桥的建成，粉碎了非洋人不能建造铁桥的神话,是中国建桥史上的一个里程碑,记载着我国桥梁专家的功绩。

茅以升(1896～1989),儿时一叶扁舟辞别故乡镇江到南京求学。10 岁那年的端午节,秦淮河赛龙舟,观看的人群挤塌了文德桥,溺死多人。在南京思益学堂读书的茅以升闻之,心中萌生了建桥之志。

1911 年,16 岁的茅以升考入唐山路矿学堂预科。是年秋,辛亥革命席卷全国,不少同学投笔从戎,使得血气方刚的茅以升在教室里再也坐不住了。1912 年秋,孙中山先生亲临唐山路矿学堂,在讲演中谆谆告诫同学们,中国革命的成功,决不是仅仅需要一支武装大军,而是同时需要武装和建设两支大军。从此,茅以升暗下决心,当一个中国的桥梁专家! 大学 4 年,他成绩名列全校榜首,一年攻下美国康乃尔大学硕士学位,接着到匹兹堡桥梁公司实习,同时,又在梅隆工学院上夜大学,获得博士学位。1919 年 12 月,他满载着知识和荣誉回到了祖国。

在黑暗的旧中国,有几座现代化的大桥是中国人自己建造的? 郑州黄河大桥是比利时人造的,济南黄河大桥是德国人造的,哈尔滨松花江大桥是俄国人造的,蚌埠淮河大桥是英国人造的,沈阳的浑河大桥是日本人造的,云南河口人字桥是法国人造的。难道中国人真的不能自己造现代化的桥梁吗? 机遇终于来了,他回国 13 年后,毅然辞去北洋大学教授的职务,应邀南下杭州担起钱塘江大桥工程处处长和钱塘江大桥工程委员会主任的重任。在此之前,中国政府铁道部顾问、美国桥梁专家华德尔曾搞过一个设计,是一个公、铁、人行道同层并行的联合桥。形象佝偻、设计无奇、桥面宽、桥墩大、稳定性差,投资需要 758 万银元;而茅以升经过一年多的勘察、设计、筹备,设计出了一个双层联合桥,外形美观,桥基稳固,投资只需 510 万银元(折合当时美金 163 万)。

那么,钱塘江大桥是怎样建起的呢? 早年,杭州人若说起某件事绝对办不成时,就说:除非钱塘江上架起一座大桥。何故有此说法呢?

钱塘江自古就是一条凶险之江。上游时有山洪暴发,下游常有海浪涌入,若遇台风过境,浊浪排空,更是势不可挡;倘提及高达 5 至 7 米的钱塘江大潮,更令人生畏,这是其一;再是,历史上有这样的传说,钱塘江无底,当然它不会是无底的,但是,江底石层上有极细的流沙,深达 40 余米,在上面打桩十分困难。有的外国工程师妄言:能在钱塘江上造大桥的中国工程师还没出世呢! 然而,血气方刚的茅以升却矢志不移,一定要造出由中国人自己设计建造的现代化大桥。

然而事情并非一帆风顺,茅以升遇到的第一个难题就是打桩。要把长长的木桩打进厚达40多米的泥沙层，站在江底岩石上才算成功。他首先设计了打桩船的打桩部分，不幸打桩船遇杭州湾狂风巨浪，触礁沉没；他又赶制了第二艘打桩船，仍然定位不准，辛苦一天，只打成一根桩，整个设计要打1400根桩，这样要打到何时才能完成。沉了一艘船，进度又很慢，来自各方面的压力很大。其时，深明大义的茅母，风尘仆仆地赶到杭州，以唐僧取经遭遇九九八十一难终获成功为例对他进行教育，极大地鼓舞了他的斗志。

茅以升特制了江上测量仪器，解决了木桩定位问题，再用射水法打桩。即把钱塘江的水抽到高处，通过水龙带将江底泥沙层冲出一个洞，然后往洞里打桩。用"射水法"打桩，一昼夜可打桩30根，工效大为提高。

浮运沉箱是关键的基础工程。长18米、宽11米、高6米的钢筋混凝土沉箱，像一个无顶的大房子，重达600吨。要把这样的庞然大物从岸上运到江里，然后准确地放在木桩上，难度极大。有一个沉箱，在四个月内就先后数次被冲到下游的闸口电厂和上游的之江大学等处。后来根据一位工人的建议，把每个3吨重的6个铁锚改为每个10吨重，在海水涨潮时放沉箱入水，落潮时赶快就位，结果十分顺利，一举成功，600吨重的箱子稳稳地坐立在木桩上。他充分发挥80多名工程技术人员和900名工人的智慧，攻克了80多个难题。在总工程师罗英协助下，还打破先做水下基础，再做桥墩，最后架钢梁的传统造桥程序，采用上下并进，一气呵成的方法，即基础、桥墩、钢梁一起施工，并使全部工程做到了半机械化，大大提高了效率。经过两年半的艰苦奋战，大桥于1937年9月建成通车。

1937年7月7日，卢沟桥事变爆发。茅以升有一种连他自己也不愿意正视的预感。他下令在大桥南2号桥墩上，留下一个长方形大洞。1937年8月13日，淞沪会战爆发，3个月后，上海陷落，杭州危在旦夕。11月16日，茅以升接到南京政府的炸桥命令后，深明大义的茅以升沉重地点了头，"造桥是爱国，炸桥也是爱国！"一语未竟，热泪夺眶而出。原来在桥下预留的大洞，就是防备这一天。茅以升把致命点——标出，并亲自看着把100多根引线接好。11月17日，公路桥开通，茅以升后来回忆说："所有这天过桥的10万人，人人都要在炸药上面走过，火车也同样风驰电掣而过。开桥的第一天，桥里就先有了炸药，这在古今中外的桥梁史上，要算是空前的了！"

1937年12月23日，炸桥的命令终于下达，当晚茅以升在书桌前写下了8个大字："抗战必胜，此桥必复"。这一愿望终于在1953年得以实现。🌉

李国豪与黄浦江上的桥

在上海 700 多年的历史中,有许多人都梦想在黄浦江上造桥。由于种种原因,最终是"纸上谈兵"、"南柯一梦"。直到改革开放的春风吹来,这一梦想才变为现实。

1982 年 7 月,时任同济大学名誉校长的李国豪,受上海市科委的委托,进行上海南浦大桥的可行性研究。

李国豪 1913 年出生于广东省梅县,几十年来一直在孜孜不倦地从事桥梁学科理论研究,是我国著名的土木工程学家、桥梁结构力学专家和工程教育家和中科院院士。他创造性地解决了大跨度桥梁结构中的空间和非线性分析方法以及稳定和振动中的许多难题,对桥梁结构理论的发展做出了突出的贡献。

1936 年,李国豪以优异成绩在上海国立同济大学土木系毕业后,由德国洪堡奖学金资助到德国达姆施塔特工业大学攻读博士学位,结合当时拟在汉堡修建的一座主跨 800 米的公路铁路两用悬索桥开始博士论文研究工作,并完成了《悬索桥按二阶理论实用计算方法》博士论文,先后获得工学博士和特许任教的博士学位。年仅 26 岁的李国豪建立的悬索桥变位理论的实用计算方法,大大简化了过去的繁琐程序。他的开拓和创新轰动了德国桥梁工程界,赢得"悬索桥李"的美称。这种按变位理论的实用计算方法,至今仍被桥梁工程界引用,并写进了教材中。

解放以后,李国豪把自己杰出的智慧和心血溶进武汉、南京长江大桥,在"十年动乱"的逆境中,写成了 11 万字的《桥梁扭转理论——桁梁桥的扭转、稳定和振动》一书,填补了我国和世界的桥梁理论的又一个空白,解决了武汉长江大桥通车时的晃振问题。

1982 年,国际桥梁与结构工程协会推荐李国豪为世界十位著名桥梁结构专家之一。同年,他的《桥梁实用空间分析理论及应用》科研成果获上海市重大科研成果一等奖。这一有重大突破的成果,广泛应用于九江大桥、广西西江大桥,天津永和斜拉桥以及上海松江泖港大桥,都取得了成功。那么,南浦大桥应该怎样构思呢?

李国豪带领同济大学桥梁系的专家,从众多设计蓝图中,确定了"叠合梁斜拉桥方案"。这种桥是当今桥界的"新潮",当时全世界只有两座,这种桥型可以发挥钢和混凝土两种材料的长处，造价适中，施工便捷，符合我国国情。因此设计方案很快地获得通过。

可是，好事总是多磨。在设计和建造南浦大桥上，外国人想卡我们。德国专家提出：黄浦江大桥要由他们设计，否则他们不提供资料；日本一财团提出可免费为上海设计大桥，并提供贷款，条件是建桥工程必须由他们承包。他们的要价之高，足可以造两座南浦大桥，他们这种傲慢和贪婪，使担任南浦大桥专家顾问组组长的李国豪非常气愤。他多次向上海市领导呼吁：南浦大桥的设计完全可以由中国人自己来做，建造黄浦江大桥不仅是一千多万上海人民的宿愿，也是我国桥梁工程界的梦想。我们在学校里也一直用建造黄浦江大桥来激励桥梁系专业的学生。老科学家的民族责任感感人肺腑。

1987年9月27日，时任上海市市长的江泽民同志批示，由中国人进行设计。这一决策深得人心，体现了党和政府对中国专家的信赖，同时也给李国豪等专家们巨大的精神力量。

南浦大桥建设成功了，杨浦大桥也接着建设成功了。这两座世纪之桥犹如两条光彩夺目的"金项链"，佩戴在上海"母亲河"的颈项上，以优美的造型、独特的风格、刚劲挺拔的雄姿成为上海市的新景观。

李国豪不仅是我国著名的科学家，也是杰出的教育家和社会活动家。半个多世纪以来，作为博士生导师的李教授为国家培养了一大批高级科技人才，桃李满天下，为桥梁工程、工程力学、地震与防护工程，以及地下建筑工程等学科的建设与发展作出了卓越的贡献，深受广大教师、科技人员和青年学生的爱戴与崇敬。（丁润龄）桥

天堑通途　米正阳刻

四、传说与桥

接龙桥的传说与劫难

在湘西与鄂西南交界处,取"龙"字的桥名到处都有,诸如回龙桥、飞龙桥、洗龙桥、独龙桥、卧龙桥等,这些桥名多是以桥的形状来命名的。而湖北省来凤县的"接龙桥"的来历就大为不同了,充满了传奇的色彩和悲壮的故事。

接龙桥位于来凤县城南一里处的拦河上,是一座双跨石拱桥。全桥长32.3米,宽6米,大孔跨径15米,小孔跨径10米。虽然桥体并不算很大,但是由于它与当地的风水和传奇人物贺龙的名字连在了一起,使它在鄂湘川黔接壤地区的各县闻名遐迩。

这一地区云山万重,沟壑纵横,边远路遥,生活穷困。居住在这里的汉族和土家族等少数民族兄弟,自古受着封建朝廷和地方豪强的压迫与剥削,过着"辣椒当盐,棕片当棉"的凄惨日子。他们时时刻刻都祈望着上天降福下来,过上富足的生活。

传说,在清代嘉庆年间的一天,一位风水先生来到了这里,他对土家族人说:"拦河南岸的玉龙山如神龙腾跃,北岸的翔凤山如凤凰起舞,这里是一方'龙凤呈祥'的风水宝地啊,可惜被拦河水拦腰截断,因此,这里的人还得受苦受穷。"四邻八乡的土家族人们听了风水先生的话后,恭敬地向他求教良方。他说:"如果能修一座石桥,把龙脉接通,就会年年风调雨顺,丰衣足食。"土家人听了这番话,纷纷捐钱捐粮,于嘉庆十三年(1808)在拦河上修起了一座石拱桥,并精雕了一条飞龙,还刻上"接龙桥"三个大字。这座桥造型舒展,古朴苍穹,坚固耐用,宛如一条巨龙横卧在拦河之上,土家人欣喜不已,十分珍重。按风水先生的说法,龙脉是接通了,然而冥冥之中的神龙并没有给土家人带来企望的好日子,仍然是在贫困中生活着。

1936 年,贺龙同志领导的工农红军在湘西一带闹革命,转战于来凤、龙山等地。敌人为了阻击红军,在来凤县布了重兵。一天,敌三十八独立旅旅长走上石拱桥。忽见"接龙桥"三个大字,不禁一惊,顿觉芒针刺身,感到兆头不对,便下令砸掉桥上雕刻的石龙,并把"接龙桥"改为"截龙桥"。然而,敌人砸龙、改名,及其重兵、碉堡、机枪并没有阻挡住红军胜利的步伐,在广大人民支持下,当年 6 月,红军终于打到了来凤县,群众欢呼迎接,为"接龙桥"正名,从此"接龙桥"被赋予了新的意思,成为了当地人民群众迎接红军和贺老总的重地,也是鼓舞人们奋斗不息、企盼贺老总早日归来的精神支柱。

接龙桥又一次遭劫,是在"十年动乱"时期。那时黑白混淆,人妖颠倒,就是贺老总这样的我军创建者、开国的元勋,也被加上了种种"莫须有"的罪名。一代传奇盖世英雄含冤而死,"接龙桥"也遭牵连,蒙受灾难,那"接龙桥"三个字也被凿掉了。直到"拨乱反正"之后,贺龙同志才得到平反昭雪,"接龙桥"也获得了新生。1984 年 4 月,来凤人民怀着对革命先烈的敬仰心情,重新整修了接龙桥,又雕刻上了"接龙桥"红彤彤的三个大字。这座桥也成为了革命纪念的文物,受到严格的保护。现在,土家人世代渴望的"龙凤呈祥"的愿望和美好幸福的生活,逐步得以现实,奋力奔向小康。 🌉

赵州桥的传说

中外驰名的赵州大石桥,距今已有 1400 多年的历史。它比欧洲同类桥型约早 700 多年。由于它是世界上第一座敞肩式石拱桥,因而在建桥史上享有很高的声誉。

大桥自从建成后一直使用到 1955 年,现已作为历史文物加以保护。这座桥,除了在望柱、栏扳等处作了许多精美雕刻外,还有几处奇特的雕刻。其中在桥面上有一组驴蹄坑,另一处有一条车道沟。而在桥下面拱顶偏东处,还有一个清晰的大手印。

在河北一带的民间,早已广泛流传着赵州桥的种种传说和歌谣,一出歌舞剧《小放牛》最为知名。其中唱道:"赵州桥什么人修?玉石栏杆什么人留?什么人骑驴桥上走?什么人推车压了一道沟?"回答是:"赵州桥鲁班爷修,玉石栏杆圣人留,张果老骑驴桥上走,柴王爷推车压了一道沟。"由此,引出了一连串的神话故事,现在只说一个版本。

在河北赵县有两座名桥:一座在城南 2.5 千米处,横跨洨河之上,名为安济桥。因赵县古称赵州,故名赵州桥,当地人称大石桥。另一座在城西的清水河上,名为永通桥,因桥小于安济桥,当地人就称作小石桥。据史载,安济桥与永通桥分别为隋代李春和金代明昌年间赵人衮钱所建,但民间传说是鲁班兄妹所建。故事说,鲁班修大石桥,妹妹鲁姜修小石桥。两人展开了竞赛,互不相让,谁也不服谁,且约定一夜完工。但妹妹的本领到底不如哥哥,小桥处处仿照着大桥的样子去修,眼看天色将明,妹妹就要输给哥哥。恰在这时有一位神仙从天上路过,那神仙本来就对鲁班有成见,认为他太狂妄,乘此机会想教训教训他。于是就帮着鲁姜提前把桥修好了,而且,有的地方比大石桥修得还要精美,鲁班也不得不甘拜下风。

大石桥修好之后,由于造型奇特,犹如长虹卧涧,南来北往的人无不夸赞,周围的百姓都来庆贺参观,此时的鲁班很是得意,夸下海口:"我造的桥称得上是天下第一,举世无双"。从而惊动了天上的神仙,也引起了张果老等神仙的不满。于是,他们便混在人群中,对鲁班进行奚落说:"这座桥,不用说走车啦,就是人走也会把它压塌!"鲁班有把握地对他们说:"诸位尽管从桥上走,如果压塌了,我就拜你们为师傅!"于是,张果老首先骑着驴踏上了桥,结果,大桥纹丝不动,只留下了那么几个驴蹄坑。柴王一看这种情况动了气,推起独轮车便往桥上走,并用法力将两座大山放到了车上,待走到大桥中间时他有意偏在一边,于是压得大桥直晃荡。鲁班见状不妙,知道遇到了强手,便纵身跳下大桥,伸出一张擎天大手,遂将大桥托住,大桥立刻又平稳如初。结果,桥面上留下了一条深深的车道沟,而在桥下面则留下鲁班的一个大手印。

其实,这只不过是一种附会,是人们对鲁班有意识的神化。因为,鲁班原是战国时期鲁国人,姓公输,被木瓦匠奉为祖师爷;而修赵州桥的是隋朝的李春,他们不是同一个时代的人,因此鲁班与赵州桥没有直接的关系。而虚无飘渺的神仙更不能来到人间来逗趣,这是不言而喻的事情。那么,这些奇怪的痕迹又是什么意思呢?经过一些人士的研究,其谜底终于有了一种说法,原来,这是一组特殊的符号。驴蹄坑是表示牲畜拉车过桥,走到此处是吃力的地方,赶车的把式应加鞭催畜;车道沟,是表示重载车行车的安全线,车应该从桥的中间位置行走,不要靠边;而桥下的拱肋处的大手印,则表示在修桥或重载加固时的支撑点。建筑者的原意是否是这样的呢?不妨进一步研究,使其更为确切。

由此，我们可以看出，民间所以会出现这种传说，反映了人们对大桥设计和主持建造者李春的一种崇拜。当然，这种崇拜对于李春来说是受之无愧的，因为他不愧是鲁班的后人，他建造的敞肩式石拱桥和单孔 37.02 米的跨径，都是世界上的首创，为中华民族建桥史谱写了光辉灿烂的篇章。　桥

洛阳桥与蔡襄的传说

在福建省泉州市与惠安县交界处的洛阳江的入海口处，横跨着一座梁式大石桥，这就是中外闻名的洛阳桥，又名万安桥。它所以被称为万安桥，是因为它坐落于古万安渡的地方。这万安渡并不"万安"，在暴风狂潮袭击下，经常发生船沉人亡事件，人们认为这一现象是"水怪"捣乱，故望而生畏。当地官府和百姓经过千难万险终于建成了洛阳桥，但人们却以为是借助神力，有许多传说以及神话故事和戏剧，充满了神奇和浪漫的色彩。

先说这条江，原来叫乐洋江，后来，为什么又叫洛阳江呢？相传唐宣宗曾游于此，览山川之胜概，有"类我洛阳"之语，因此命江名改为洛阳江，桥则以江为名。再说，许多传说与蔡襄联在了一起，其中重要的原因是，蔡襄曾前后两任泉州太守，又是福建仙游人，官至端明殿学士。性忠鲠，工诗文，明史事，其书法与苏轼、米芾、黄庭坚并称为宋代书法四大家。

"蔡学士过渡" 传说，一天傍晚，当最后一艘渡船离岸时，岸边又来了一位孕妇和一个小男孩，要求上船。艄公看妇孺可怜，回船以渡，但却遭到了许多乘客的埋怨。孰料，天黑以后，暴风雨骤至，更引起大家的不满，说这小娘子一上船，天就翻了脸。正在江水翻腾，暴雨大作，众人惊慌失措之际，忽听半空中有人喝道："蔡学士在此，众水妖不得无礼！"喊声过后，顷刻雨停云散，果然是风平浪静，皓月当空。大家转危为安后，都想感谢这位蔡学士，但艄公问来问去，船上竟无一人姓蔡，只是后来上船的孕妇卢氏，其婆家是仙游蔡姓，此刻她正要赶回婆家分娩。同来的小男孩是她路遇的孤儿，从小丧母，父亲又葬身渡口，卢氏可怜他年小，一路携其同行、同宿，小孩感同生母。大家知道卢氏情况后都很感动，特别是那些口出怨言的船客，深感自愧，只有艄公特别高兴，并代表大家向卢氏致谢道喜。卢氏暗想，将来孩子果能成器，定要他在此修座大

桥,方便行人。后来卢氏果真生了一个男孩,取名为"襄",以寓助民行善之意。

蔡襄(1012~1067)自幼勤奋好学,18岁即中进士,颇受皇帝的器重,他虽身伴君王,却一心想着还乡完成慈母夙愿,可是宋仁宗一再挽留。一天蔡襄陪仁宗游园,见蕉叶上有许多蚂蚁爬行,便心生一计,乘皇帝入室更衣之际,即蘸蜜糖在蕉叶上写了一行大字,随后隐在假山后面。仁宗回来,不见蔡襄,只见蕉叶上蚂蚁麇集,细看成字,甚感诧异,不觉念道:"蔡襄,蔡襄,做官回乡。"话音刚落,蔡襄现身伏地三呼万岁,并说:"臣蔡襄在此领旨,叩谢陛下圣恩!"仁宗一愣,恍然大悟,曰:"朕上当矣!不过这也是贤卿一片孝心,到任后,倘有兴革,卿自裁可也!"

"醋"字的奥秘 蔡襄领旨出任泉州太守,走马上任后,就尊母命商议建造洛阳桥的事宜。消息不胫而走,四方能工巧匠纷纷前来献计献策,有数千人赶来做工。一天,一位叫义波的和尚,愿为建桥筹款化缘。原来,这个和尚就是当年随蔡母同渡的那个小男孩。此后,他为建造洛阳桥奔波终身,当地人为他修了"真身庵"以作纪念。

洛阳桥修建开工后,由于风大浪急,桥基无法建起,蔡襄为此坐卧不安。有一天,吕洞宾托梦对蔡襄说:"此事无需过虑,我给东海龙王写封信,让他停潮一天,就可以把桥基砌起来了。"蔡襄听后大喜,从梦中醒来,只见桌上果然放着一封信,上书"面呈东海龙王"。于是他在堂上问道:"谁下得海?"差役夏德海连忙叩见说:"小人便是夏德海,不知大人有何吩咐?"蔡襄一听大喜,便道:"你既下得海?那就把这封信面呈东海龙王吧!"原来这夏德海是他的名字,并不谙水性,下不了海,但上命难违,只好硬着头皮去了。夏德海领命回到家中,把下海投书之事告诉了妻子,其妻不禁失声痛哭,但也无可奈何,只得给夏德海置酒饯行。夏德海喝得酩酊大醉,昏昏沉沉来到海边,瘫倒在海滩上,被巡夜的虾兵蟹将发现,将其捉入龙宫,把信交给龙王。东海龙王与吕洞宾交情颇深,便让夏德海带回一信。

黎明时分,夏德海从昏睡中醒来,看见有一封信,上写:"面呈蔡襄收",急忙将信交给蔡襄。蔡襄将信打开,只见信中只有一个"醋"字。他琢磨了好一会方恍然大悟,立刻下令二十一日酉时开始抢修桥基。原来"醋"字可拆为廿一日、酉。到了那天,果然海潮退落,水底裸露,桥工们昼夜施工,终于完成了桥基工程。

"美女"聚银 正当大桥即将竣工之时,所筹钱粮已经用完。蔡襄让乡绅们出资捐献,这些守财奴们却一毛不拔。南海观音得知此事后,驾着祥云来到渡口，变成一位绝色美女，艳丽非凡，坐在江边的彩船之上，言道："为助建桥筹银，往来王孙公子，不论贤愚、老少，任其抛掷金银，若能击在身上，情愿为其妻妾。"果然一些王孙公子、纨绔子弟、好色之徒，呼群结队而来，他们让家人抬着金银财宝来到江边，抛掷的金银像雪片一样飞在船上，可没有一人打在美女身上。三天过后，金银满船，足够建桥尚缺的费用。正当人们疑惑之时，美女飘然而去，只见空中飘落一纸，上写着："聚众掷来百万金，造桥资助蔡官人；众人不识吾是谁，南海菩萨观世音。"由于有了观音菩萨的帮助，工程浩大的洛阳桥便顺利建成。

洛阳桥的建成，不但沟通了福建南北，而且对当时繁荣海外交通，发展国际贸易，起了极大的作用。洛阳桥建成后的第二年，蔡襄写了《万安桥记》，但没有把自己的名字刻上。 桥

王羲之与题扇桥

在绍兴城内蕺山街东边小河上，有一座普通的小石拱桥，平凡古朴，桥上的石板也已经斑驳。然而，桥西侧的一块石碑会告诉你，这就是大名鼎鼎、流韵千古的王羲之"题扇桥"。

绍兴是一座古老的文化名城，古称会稽，已有两千多年的历史。这里水多、桥多、景多、名人多，故事也多。在绍兴城区内，小河弯弯，小桥圆圆，其势"环如半月，长若垂虹"，古朴淳厚。在绍兴的名人中，古代有哲学家王充、书法家王羲之父子、政治家谢安叔侄，诗人贺知章、陆游，画家王冕、徐谓、任伯年；近代名人则有徐锡麟、陶成章、秋瑾、蔡元培、鲁迅、马寅初、竺可桢、范文澜等。毛泽东曾以一首七绝诗概括绍兴的英风古韵："鉴河越台名士乡，忧忡为国痛断肠，剑南歌接秋风吟，一倒氤氲入诗囊。"王羲之与题扇桥的故事，是绍兴历史上名人中的一篇华章。

王羲之，字逸少，东晋书法家。原籍今山东临沂人，官至右军将军，后定居绍兴。据《晋书》卷八十《王羲之本传》，言其"尤善隶书，为古今之冠。论者称其笔势飘若浮云，矫若惊龙。"唐太宗李世民评论其书法艺术时说："详察古今，研精篆素，尽善尽美，其唯王逸少乎。"王羲之为我国古代书圣，他的字在当时就为世人所珍重，字值千金，许多人以能得到他的字为荣耀，所以传出了很

111

多翰墨如宝的趣闻轶事,其中就有题扇赠老妪之事。这是有历史记载的,又经过千百年来被人演绎,遂成为了一个优美动人的故事。

一天,王羲之路过一座石桥,看到一位老太太在卖六角竹扇子,天气很热,老太太叫卖得满头大汗却没有人买。王羲之顿生怜悯之心,他问清了扇子是30文钱一把之后,就向桥头店家借来笔墨,在扇子上分别用行草、楷、篆、隶题了几个字。老太太最初有点不高兴,说道,好好的扇子给涂得黑乎乎地干什么?王羲之告诉她说,你就说这是王右军的字,而且要卖100文一把,少了别卖给他。王羲之走后,老太太对买扇子的人一说,果然很快就被抢光了。又传说,在王羲之再次路过该桥时,那位老太太拿着笔墨,又让王羲之给题字,王羲之笑而不答,把笔一抛,躲进一条弄里。后来人们把这座小石桥取名为"题扇桥",笔落下的那条弄被称为"笔飞弄",王羲之躲进的那条弄被称为"躲婆弄",一直沿用至今。

现在的题扇桥据《绍兴县志余辑》记载为"道光八年戊子(1828)仲夏重建",是一座单孔石拱桥。造型古朴,桥身苍老,古意盎然,但桥顶处《题扇桥》三个字仍清晰可见。全桥桥长20米,桥面宽4米,东置石阶17级,西置石阶19级,桥面、栏板与望柱及拱圈几乎是同一圆心的圆弧,为绍兴石拱桥中所少见。在桥侧立有大石碑一块,上写"晋王右军题扇处"。桥上有旗杆插座一个,桥南沿河有社戏戏台等建筑,现在均已不存在了,唯在原戏台遗址新设置石雕桌凳供游人憩息小坐。尽管如此,题扇桥、笔飞弄、躲婆弄等仍然是绍兴一景。 ⊕

水浒桥及其传说

《水浒传》中的水泊梁山在山东,而现实生活中的水浒桥却在福建。从桥型上看,是遮风挡雨、避雷防晒的"风雨桥";从民俗上看,是善男信女供奉的"风水桥"。每逢节祀,四面八方虔诚的百姓就赶来朝拜,一时间桥内桥外香烟袅袅,似乎是梁山好汉久别重逢,好不热闹。

那么,这座桥何以称作"水浒桥"呢?这是因为这座桥上有108根柱子,象征着梁山好汉一百单八将。水浒桥位于闽东柘荣县东源乡东源村,始建于元朝至元元年(1264),明嘉靖到乾隆年间,曾三度重修,至今还有东源乡民二次捐赠银两修桥的石碑。桥长约56米,高8米,宽9.9米,用杉、松、乌桕木作柱,左右各 3 行,每行 18 根建成的桥,上部是瓦顶石墙。

关于水浒桥的来历,民间传说很多。据介绍:当年福宁府有个官员,乘轿来到千米高山的鸳鸯头官道上,俯视柘荣城关,但见地势开阔,气象非凡,便下轿步行细看。待行至青岚面时,发现溪门里地界的大垭、里垭两个山口相套,山风煞气,直冲东源、城关。官员看后,感到这里风水不祥,便上轿而去。为此,东源乡里民心浮动,恐慌不安。为了免遭灾疫,乡民们捐资修建了水浒桥。以桥柱 108 根,象征 36 天罡星,72 位地煞星,其中一根松木为天伤星行者武松,乌桕木为地煞星黑旋风李逵。借 108 位梁山好汉镇守山河,斩妖风压煞气,保佑百姓平安。

解放后,村里的供销点就设在这桥南不远处,十里八乡的社员购买日常生活用品都要经过此桥。那段时间,桥上人群熙熙攘攘、摩肩接踵,一派热闹景象。后来,桥南修了路,拖拉机来往穿梭运送农用物资和生活用品。接着,桥北又修起了沥青路,有了豪华中巴取代了载客的柴油三轮车,这一带富裕了起来。再后来,这里建起了乡政府、税务所、图书馆以及与港商合资的时装工厂等。乡里生产大发展、生活大改善、税收连年递增,一片繁荣景象。

水浒桥的来历虽为传说,但足见梁山农民起义军的将领们在人民群众心目中的崇高地位。这里山清水秀,绿树掩映,溪水潺潺,水浒桥的桥型古朴别致,桥与景相映相谐,充分体现了劳动人民的聪明才智。近年,富裕起来的乡民们还自发筹资对水浒桥进行了修葺,使这一文物得以保存,成为了城乡居民休闲的好去处。 桥

苏东坡捐带建桥

著名的"唐宋八大家"之一的苏轼(1037~1101),别号东坡居士,嘉祐进士。曾任翰林学士,出知杭州、颖州,官至礼部尚书,在散文、诗词、书画等方面,都有很高的造诣。他对桥有着特殊的爱好,曾亲自主持过造桥工程,写过咏桥诗 30 多首,他还把自己的玉带捐献出来造桥,被称为"玉带桥",至今已有900 多年的历史,仍然完好。

苏东坡因主张改革等政治原因,屡遭贬谪。晚年辞官,应同第好友蒋之奇的邀请,在江苏宜兴蜀山定居。这里古称阳羡,山清水秀,洞幽林深,是一个景

色秀美的鱼米之乡。

苏东坡与许多文人一样,钟情于山水,尤喜游览。有一年清明过后,春色芳菲,满眼翠绿,苏轼从龙池山澄光寺动身,拟到"宜兴三奇"的张公洞、灵谷洞、善卷洞一游。这三个洞各有所奇,有的洞中有洞,上下联洞,扑朔迷离;有的石笋、石花、石柱、石幔等千姿百态,瑰丽多彩;有的飞瀑直泄,洞中成河,可以划船。其弟苏辙就有咏张公洞的诗,诗云:"乱山深处白云堆,地坼中空洞府开;茧瓮天合含宇宙,瑶台无路接蓬莱。"这景致是苏轼久已向往的地方。还有一个原因,就是他听说"祝陵有酒清若空"。那清冽甘甜的美酒,使他早有品尝之意,待经过祝陵村时,自然是要喝它几盅。同时,祝陵村传说又是祝英台的家乡,更增加了他的兴味。

当他行走到中午时分,感到有些饥渴,此地距祝陵村也已不远,正好前去打尖,以了品尝祝陵酒的心愿。岂知被一条小河挡住了去路,向两头望去,连座桥的影子都没有,一时犯了难,踌躇不前。

正在这时,在河湾处忽然传来了一阵清脆的山歌声音。苏轼顺着歌声望去,在不远处看到一叶小舟,上有两个青年农夫正在罱河泥。这时苏轼不禁心中暗喜:好啊,有船就有办法过河了! 他马上向远处呼唤:"船上两位小哥儿们,劳驾摆个渡吧!"

船上两人听到有人呼唤,回头一看,只见岸边柳荫下站着一位神态庄重、气势不凡的老者,俩人商量了一番,撑着小船向他划过来,靠向岸边。这时一青年说道:"老先生要摆渡过河,这有何难,只是我兄弟俩有一事打扰,不知可否?"

苏轼听了这番话,十分客气地说:"两位有何见教,不妨明示。"

青年说道:"那就失礼了。我二人欲请先生联一对句,联好后,就给先生摆渡。"

苏轼心想,我以为是什么大事情呢,原来是对对子,想我苏轼曾是朝廷翰林院学士,这吟诗联句的事嘛,有何难哉! 于是说道:"请教上联。"二人说道:河罱罱泥,泥鳅钻出泥罱眼。苏轼听了之后,觉得出句在内容上充满了田园风味,十分有趣;在联语上用了顶针格,修辞上用了迭字、复辞,看似平常,却是刁钻。要想对仗工整,一时间难觅佳句。他在河边踱来踱去,又把上联反复吟了好几遍,硬是对不出来。此时,他是又饥又渴,又气又急,后悔不该来此游山玩水。

这时的苏轼,颇为难堪,对又对不上来,走又走不了,正当他无计可施之际,只见一个十来岁的男童,手牵一条大牯牛,来到附近一个水车前,套好水牛,吆喝一声,大牯牛就围着水车转起来。当大牯牛走完一圈,转过水龙头的时候,一股清水就从水车的车斗内哗哗地流了出来。苏轼一看,触动了灵感,立刻吟道:水车车水,水牛盘过水车头。

两个青年农民听到所对的下联后,无话可说,将他摆渡过了河。

苏轼过河之后来到祝陵村,进了一家酒店,他一边品尝着"祝陵酒"的美味,一边回忆着刚才经过的情景,不胜感慨道:"小河里险些翻了大船!"他思量了一番,这通衢大道,怎么可以没有一座桥呢?喝完了酒,他马上请来村坊父老,解下皇帝赐给他的玉带,建议大家捐款造桥。众乡亲见苏学士率先出资做好事,于是,纷纷捐款筹建。没有多久,一座花岗岩拱桥建了起来,取名"玉带桥"。横跨在祝陵河上的"玉带桥",历经多年的风雨,至今依然完好。苏东坡捐带造桥的故事,成为了当地千年佳话。 🌉

功名之桥多佳话

婚姻美满和仕途顺达是许多人的企盼。汉民族就常把结婚称为"小登科",而把赶考得中状元,称作"大登科"。这两件人生最大的快事,被人们称作"洞房花烛夜,金榜题名时"。为此,许多人不仅孜孜以求,而且还通过桥梁来表达自己的意愿,或借助桥梁的喻意加以实现。在中国,桥梁文化的积淀有数千年的历史,桥梁不仅是单纯的交通设施,还有了各方面的特征和隐喻,因而在全国各地出现了许多状元桥、解元桥等与功名、仕途、事业相关的桥梁。

状元桥 在浙江舟山的定海,有一座"状元桥"。据传说这座桥始建于南宋淳熙十六年(1189),是当时的县令王阮所建。这位县令十分重视人才,桥建成之后在桥边镌刻了十个大字:"人从桥上过,状元此时生",所以这座桥就被叫做"状元桥"。奇就奇在这里,没有建造这座桥之前,定海从未有过赶考登科者;自从建好这座桥之后,当地文教事业大兴,得中夺魁者不断。在明洪武二十六年(1393),一位叫张信的书生,乡试时中了应天解元。为了祝贺这一大喜事,定海城中又建起了一座"解元桥"。次年,张信又状元及第,于是人们就认为中状元之事与王阮所建的状元桥有关,凡应试的人必过状元桥。20世纪20年代末,定海状元桥进行了重修改建,建成之日,桥的周围张灯结彩,许多人都来祝贺并要从桥上走一走。其中不少人是冲着桥上"人从桥上过,状元此时生"那十个大字来的,也就是图个吉利。而现在,那每年一度拥挤不堪的高考"独木桥"还是人生的一大门坎,考生上去走走,恐怕也会产生一种心理的安慰和满足,给予一点精神鼓励。

在全国各地还有不少状元桥,有的是赶考前踏过的桥,有的是得中状元后修的桥,情况不同。在湖南祁东、四川邛崃都有"状元桥",贵州镇远"祝圣桥"上则建有状元楼。每座桥都有一段故事,都与功名有关。如祁东的状元桥的桥名是当地官府、乡邻为一位新科状元举行庆祝宴会时,有人出了一句上联:"大桥刚合,从此通行,必吟诗作对,有所感,有所为,状元公有何想法?"状元稍加思索后,对了一句下联:"小生新中,尔后为官,当效国为民,不图名,不图利,众父老不须担心!"后世遂命名此桥为"状元桥"。

赶考桥 在云南有一名吃,叫"过桥米线"。也是一个与桥与赶考有关的故事。传说,在蒙自城内有个风景优美的南湖,湖中有一个幽静的湖心亭,是书生们读书的好场所。有一位秀才,一心想考取功名,在亭上发奋苦读,其妻也常迈过一座索桥去给他送饭。秀才往往学而忘食,饿急了才吃点凉饭冷菜,日久体衰。其妻焦虑,就把家中的母鸡杀了用砂锅炖熟送去,待她再去拿砂锅时发现饭没有吃,砂锅外壁却是热的,揭开盖一看还冒热气。原来,锅内浮着一层鸡油可以减少散热,砂锅也有保暖性。从此她就用此法,将蔬菜、肉片放在鸡汤中煮熟,烹调出来的米线果然鲜美。后来秀才考举得中,"过桥米线"也就天下闻名。就是现在,昆明几家专营过桥米线的饭馆,当食客进入餐厅时,也要先过一座室内象征性的桥。

还有一个与赶考有关的桥的故事,叫"报恩桥",在浙江省桐乡境内。说的是有一位书生在赶考途中不幸落水,这时一位年轻的农家媳妇脱衣相助,送他继续上路。她这一义举却被丈夫误解,使她蒙受了不白之冤,以致含冤而死。待那书生赶考得中举人又回到落水处来答谢农妇时,人已不在了,只好修了一座桥,取名"报恩桥"。在我国传统文化中,对于赶考者都是给予勉励和帮助的,同样,用建桥来表示回报,意义也很深远。 🌉

婚恋之桥多浪漫

在我国,有许多婚恋的故事发生在桥上。它们在神话和浪漫色彩的演义下，动人心魄，万古流传。

桥梁是"空中路"、"水上梁"，有沟通两岸的作用，它很自然地被用来象征、比赋、隐喻和引申到男女之间的婚恋上来，比如，在我们日常生活中常说的"牵线搭桥"。同时，男女之间约会的地点也习惯在桥畔，不仅是地标明确，而且是象征着两性间的交流与结合。这些故事，不仅口头上传播，而且有文字记载，并世代相传。

美丽的鹊桥与断桥的故事

鹊桥相会是著名的中国神话爱情故事之一：牛郎与织女夫妻二人被天规相隔在银河两岸，千万只喜鹊为他们的忠贞爱情所感动，相互衔接，架起一座桥梁，于每岁七月七日使夫妻二人渡过银河相会。在韩鄂《岁华纪丽》卷三引《风俗通》中说道："牛郎织女七夕当渡河，使鹊为桥。"唐朝诗人权德舆有《七夕》诗云："今日云軿渡鹊桥，应非脉脉与迢迢。家人竞喜开妆镜，月下穿针拜九霄。"其实，这一故事，早在《诗经·小雅·大东》和汉代的《古诗十九首》中已开始出现。到南朝时，便逐渐形成了完整的故事。其后在民间不断地加以演义，把中国老百姓的想象力表现得淋漓尽致。许多诗人都有诗咏，唐代大诗人杜甫就有《牵牛织女》诗云："牵牛出河西，织女处其东；万古永相望，七夕谁见同？"更因为这个美丽的故事，演化出了在七月七日夜间，妇女们向织女星乞求智巧的风俗。

断桥本是杭州西湖白堤上的一个景观，其实就是一座普通的桥，但它与中国民间故事《白蛇传》联系上之后，便名声大起。传说一条白蛇被店伙计许仙放生后，经过千年修炼，化为人身，有情有义的白蛇白素贞，为了报答前世放生之恩，遂携带小青（青蛇）来到西湖断桥之上，与许仙相识、相爱、成婚。和尚法海以白、青为蛇妖，多次威胁迫害许仙，造成夫妻离别。后来，在断桥上，即将分娩的白娘子和小青再次与许仙相遇，诉说分离之苦，其悲怆之情难以言表。世人皆同情白娘子的遭际，赞美她忠贞的爱情；同时也痛恨法海狠毒，无端破坏别人的婚姻。这一故事成为了后世韵味无穷的美丽诗篇。当代已故联坛十老、书画家魏寅有一副对联云："寻常一拱断桥，却留下千古佳话；倒是半湖残叶，能招来八方联袂游踪。"

悲壮的蓝桥与凄婉的伤心桥

我国从古至今都有情侣相会、相别于桥畔的习俗和故事。唐代诗人刘禹锡有一首《柳枝词》："清江一曲柳千条，二十年前旧板桥；曾与情人桥上别，恨无消息到今朝。"与爱人离别于板桥之痛，二十年后仍然感念不已。关于这类故事,历史上多有记载。

先说蓝桥。在《史记·苏秦传》和多种先秦文献上,蓝桥都有记载。蓝桥位于今陕西省蓝田东南的蓝溪之上,说的是一个叫做尾生的青年,他与女友相约于桥下,女子失信未到,在大水突然冲来时,尾生为了守信,抱着桥柱被淹死。这是一个令人悲怆的故事。从那以后,蓝桥似乎就成了中国文化中一个涉及男女间守约的典范。诸如俗语"蓝桥路",用以指称情人幽会或者联姻之路;也有《蓝桥会》等小剧目,表现男女主人公追求婚姻自由,与封建礼法相抗争的精神。

在绍兴,有一座凄婉的伤心桥。说的是宋朝大诗人陆游与爱妻唐婉婚姻悲剧。陆游初娶表妹唐婉为妻,琴瑟甚和,婆母不容,被迫离婚,唐婉改嫁后忧郁而死。陆游每每路过春波桥时,都感伤不已,于是写下了"伤心桥下春波绿,曾是惊鸿照影来",这被后人吟诵不绝的诗句,留下了一出千古咏叹的婚姻悲剧。

情深意笃的夫妻桥

在我国,有许多座夫妻桥,它们成因不一,悲喜不一。有的是因为夫妻合建,有的是因为两桥对接相连,更多的是婚姻遭到破坏,死后幻化成为夫妻桥。

贵州就有一座夫妻桥,说的是在怀仁县的北面有两座山,一座山边住着勤劳英俊的后生大全,另一座山边住着美丽的姑娘叫玉兰。两人在长年的劳动中逐渐产生了爱慕之情。可是玉兰的父亲却是嫌贫爱富,坚决反对这门亲事。因此,大全气闷而死;不久,玉兰也悲痛而亡。两人分别被埋在山涧的两边。岂知,在沟涯的两边分别长出一颗柏香树,它们都向对岸靠拢,变成了一座树桥。最后,这座树桥又变成了一座大石桥。当地的人们就把这座桥叫做"夫妻桥"。

在云南腾冲的浦川有一座"相会桥"。相传有一对小夫妻,因为家庭琐事吵架斗气,在一座小木桥上分离。18年后,又意外地在桥上相会,从此重修旧好,白头到老,有了大团圆的结局,这座桥便被人们叫做"相会桥"。 桥

灌县夫妻桥

"走遍天下路,难过岷江渡"。这是安澜桥未建成前当地留传的民谣。安澜桥原是我国最古老的竹索桥,在四川灌县(今都江堰市)秦蜀郡太守李冰父子修建的都江堰口,横跨在岷江的内、外二江上。

桥长约 340 米,宽 3 米,高近 13 米,江中设有木、石墩 9 座,8 孔,最大跨度 61 米,桥上铺木板,两侧有护栏。全桥用 24 根 5 寸粗细的竹索构成,其中 10 根作底索,以 6 排木架支撑,上铺木板,两边再压 2 索,余 12 根置桥两旁,作扶栏。这座桥,古名"珠浦桥",宋代重修以后改名"评事桥",明末毁于战火。清嘉庆八年(1803),何先德夫妇筹资重修。人们为感念他们的善举,取名为"夫妻桥"。桥成,免去摆渡危险,取安渡狂澜之意,又名"安澜桥"。这座桥地处交通要冲,沟通了对岸的少数民族与城内汉族的联系,它是民族团结的友谊之桥。它和举世闻名的水利工程都江堰连为一体,更加知名于世。

解放后,人民政府多次拨款整修,改木桩架为混凝土支架,改竹索为钢索,使索桥比过去坚固牢实。1974 年,因都江堰渠改造工程需要,将安澜桥下移 100 米重建。新建的安澜桥为钢索人行桥,全长 261 米,共 5 跨,中间有两个金刚小亭供行人小憩,桥头堡巍峨壮观,我国还专为此桥印发过纪念邮票。

关于何先德夫妇修建这座桥的故事,十分悲怆动人。传说:有一财主叫雷井焌,身材不高,满脸横肉,贪婪财色。他看到隔河两岸人们渡河困难,就想乘机发财。俗话说,隔山容易隔水难。两岸的老百姓面对一里多宽、波涛汹涌的江面,只有叫苦连天。于是,这个财主,就打了一条大船来回摆渡。他让大管家带领两名凶恶的打手在船上收钱,船价很高。谁要敢争执两句,非打即骂,甚至把人推到江里。两岸百姓敢怒不敢言,暗中议论说:"这简直是砸骨吸髓,宰人喝血啊!"但是,由于无法渡河,只得忍气吞声挨"宰"。因此,才有了"走遍天下路,难过岷江渡"这一民谣。

当时,贵州毕节县有个叫何先德的人,在城中禹王宫学馆当私塾先生,对雷井焌敲诈百姓、丧尽天良的恶劣行为非常气愤,决心在江上修一座桥,并得到了妻子热心支持。消息传出去以后,两岸百姓无不拍手赞称,纷纷到禹王宫学馆道谢,并表示有钱出钱,有力出力,一定要把这座桥修起来。雷井焌听到这一消息后,感到不妙,心生恨意,图谋报复。他得知县令属狗,就用了二斤金子打造了一条"金犬",在县衙过生日时前去拜寿。且说这县令名叫程钟虢,是一个靠拍马行贿上台的昏庸之徒,上任之后欺压百姓,鱼肉乡里,贪财夺命。他尤有一好,只要看到哪处的房宅好,便不择手段,强行抢夺,因此,老百姓称他是"抢房官衙"。对雷井焌来行贿,那县令自然是见钱眼开,正中下怀,心领神会。于是,二人密谋了一番,就让人状告何先德"聚众闹事,图谋不轨",把何先生绳捆索绑,押上大堂,打得皮开肉绽。何先生哪里肯服,一张状纸,告到成都藩台。藩台阅状后,又见百姓请愿,何先生才得以无罪释放,但其伤历久方愈。

但是,何先生不改初衷,仍然坚持修桥,在四乡百姓的支持帮助下,历尽千辛万苦,花了一年多的时间,终于修好了一座竹索桥,竣工后百姓无不称快叫好。谁知在一个大雪纷飞的日子,有位进城卖柴的老汉,为了暖暖身子,出门时多喝了些酒,上桥以后左摇右晃,一脚迈空,跌人江心。那豪绅雷井梭认为时机又到,随即买通昏官程钟虢,诬告何先生"害死人命",终于何先生被问成死罪,押在大牢,折磨而死,并下令拆毁索桥。何先生临死之前,对探监的妻子再三嘱咐说:"君子一诺千金,你我夫妻既然立下誓言,就一定要把桥修好,决不能因为我一人含冤而死,让父老乡亲们失望啊!"。

新县令到来以后,在妻子和百姓的申诉下给何先生平反昭雪,其妻又重新组织民众把桥修好,为保安全,加装了索栏。群众为感念何氏夫妇的功德,遂把这座桥叫做"夫妻桥"。天网恢恢,疏而不漏。由于四乡百姓联名上告,那贪赃枉法的官衙程钟虢和作恶多端的豪绅雷井梭终于得到了应得的惩处,并留下了不绝的骂名。在藩台审问程钟虢时,他竟说:"我可没有收雷井梭的'金犬'啊!"这种此地无银三百两的愚辩,给人们留下了喷饭的笑柄。 🕮

七仙女勤劳理丝桥

在湖北省孝感市东北5公里处滚子河上有一座理丝桥,相传是神话故事《天仙配》中七仙女在桥下河畔理丝濯锦的地方。

孝感是楚文化重要的发祥地之一,孝感文化突出的特点就是"孝",而"孝"文化的典型形象是董永卖身葬父,后与七仙女成婚的故事。据有关史料记载,历史上确有董永其人,东汉灵帝中平年间徙居孝感,"家贫,为人佣工以养父。父死不能葬,遂卖身以葬父"。

至于董永与七仙女凄婉动人的婚恋故事,显然是民间意愿和文人们杜撰而成。晋代干宝的《搜神记》记载了这一故事的梗概,后世又加以补充升华,元代杂剧《槐荫记》,就是以这个故事为蓝本。大意是:董永卖身葬父后,在财主家做苦工。玉皇大帝的第七个女儿爱慕董永的人品,向往人间幸福生活,打扮成村姑模样,在董永上工的路上相遇,拜托路旁的老槐树做媒,与董永结为夫妻。他们来到财主家做工,男耕女织,十分恩爱。七仙女心灵手巧,每夜织锦数匹。财主大惊,提出若能织出三百匹绢,即可让董永赎身回家。七仙女日夜奋力劳作,再加上天上其他姐妹的帮助,很快织完了三百匹绢,替董永赎了身,夫妻二人兴高采烈把家还。然而,就在此时,玉帝察觉七仙女私自下凡婚配,十分恼怒,派天兵天将威逼七仙女返回天廷。此时身怀六甲的七仙女与董永泣别,并嘱来年在槐荫树下接子。现代黄梅戏《天仙配》影响较大,其中《路遇》一折与"夫妻双双把家还"一段演出尤多。楚剧《百日缘》、婺剧《槐荫树》以及明代传奇剧本《织锦记》等都属同一题材。尤其在 20 世纪 50 年代黄梅戏《天仙配》搬上银幕之后,更使这一故事家喻户晓,在海内外广为流传。

据有关资料介绍,董永故里的理丝桥始建于元代,该桥的兴建似与元代戏曲《槐荫记》有关。理丝桥横跨滚子河上,是古代黄陂、孝感两县间的重要桥梁,它不仅沟通了该地区的交通,也为董永故里增添了一处名胜景点。

理丝桥建成后屡遭水毁,曾多次修复,据地方志记载,明朝万历元年(1573)和清朝康熙三十二年(1693)曾两度进行大修。理丝桥原桥长约 8 米,宽 4.5 米,系单孔粗石料圆拱桥。由于年久失修,理丝桥发生移位,20 世纪 70 年代初,在距原桥址不远处重新修建了一座理丝桥。全桥长 63 米,单孔双曲拱桥,跨径为 36 米,钢筋混凝土结构,块石重力墩台,美观大方,古韵犹存。

理丝桥记载着"天仙配"中七仙女勤劳朴实的故事,也记载着她为追求婚姻自由和幸福生活顽强斗争的可贵精神。七仙女在婚姻上的态度是重人品、重劳动,绝无嫌贫爱富的思想,因而被歌颂、被弘扬,即使是现在也有着积极的意义。桥

恰似孪生姊妹桥

四川省绵阳市安县晓坝乡茶坪河上有两座桥,它们高矮、宽窄相同,长短尺度基本相等,建筑结构上完全一样。因此,人们通称它们为"姊妹桥";又因为两桥伸臂牵手相握,恰似天作之合,有缘相连,又称"天缘桥";还由于桥面距离水面较高,所以还叫它高桥。总之,人们都在按照自己美好的意愿和想象来称谓这座桥。由于该桥隐于深山翠谷之中,一般情况下很少有外乡人来到这里,故鲜为人知。

姊妹桥始建于元朝末年明朝初年,距今已有 500 多年的历史。因年久失修,清同治十一年(1872)岁次壬申年秋,由当地增生员杨学涟,承领人陈元德、陈宝山等改建。这座桥由长短两座子桥构成,长的一座约 16 米,短的一座约

13 米,桥身高 3.5 米,桥宽 4 米。整座桥系木榫结构的廊桥,全桥由 40 厘米粗的原木并排密集为梁,上面铺设桥板,十分结实,经久耐用。人字房架的桥身,全系穿榫而成,盖上小青瓦,桥的两端建有两叠水的牌楼,向北面的牌楼正面中间雕有双凤朝阳的浮雕图案,两边挑坊上刻有卷草花纹。桥的南端牌楼正中刻有二龙抢宝的图案,桥上金瓜柱有云纹雕花。整座桥造型优美,浑厚古朴。该桥的巧妙之处是利用河心的一块天然磐石作墩,在其两侧各建了一座廊桥。磐石约 880 立方米,成牛角形,两端与河对岸的岩石把两座桥托起,远远望去,犹如河上前后相连的画舫,又好像凌水而立的两座亭榭。

相传,当地有一对孪生姊妹,长大后相继出嫁,但对家乡父老感情很深,舍不得离开乡亲们,立誓要为家乡做一件好事,于是,年年上山种树,待树长大后用来修建大桥。这件事感动了山神,有一天,大姐同丈夫上山栽树时,路过"冒木井",发现井里有一根大木头冒出来,夫妻俩便把木头拉了上来,但拉出来一根又冒出一根,一连拉出 100 根,当他们说到修桥的木头够用了的时候,井里就不再冒木头了。过了几天,妹妹夫妇俩下山时路过"木弯岩"时,也看到一个巨岩缝中有一根圆木,他俩便将它抬出来,但抬出一根又出现一根,他们先后抬了 100 根木头,他俩说够修桥的了,岩缝中也没有木头了。他们把木头搬运到河边,根据河中有一巨大的盘石的地形,在盘石两边各修了一座木桥,只是姐姐所修的那座桥稍长一点,妹妹所修的那座桥稍短一点。由于两座桥样式相同,又是姊妹所建,所以老百姓就叫它"姊妹桥"。这一行善美丽的故事,一直在百姓中流传不息,还有人把这座桥编成夫妻恩爱的故事。

中国的古桥,在桥型上千姿百态,在传说上奇思妙想,魅力无穷。姊妹桥因势架桥,就地取材,造型别致,是能工巧匠们智慧和技艺的的结晶,是研究明、清民间艺术和古桥建筑的重要资料。 ⑥

仙人桥神奇的传说

在我国的许多地方都有天然生成的"仙人桥",且都有一段神奇美丽的传说。

仙女渡樵——西陵仙人桥 在长江西陵峡的北岸有一座跨径 5 米,宽仅 1 米余的天然石桥。这里是欣赏西陵峡秀色的最佳点,站在仙人桥上俯视,上下百里的西陵峡的大半尽收眼底,但见云卷细浪,雾绕轻烟,千轮万舟,形如柳叶,使人仿佛置身天上。更有一个美丽的故事,引人赞誉。传说有一樵哥为仙女所爱,但是仙凡阻隔,难成连理,仙女抛下裙带化成仙人桥,引渡樵哥登台而上。宋代诗人田钧有诗云:"仙人桥上白云封,仙人桥下水汹汹;行舟过此停桡问,不见仙人空碧峰!"

仙乐常闻——桂东仙人桥 湘南桂东县普乐乡新庄村白马山上,于海拔1500米两山夹峙处,有一座天生石拱桥,凌空横卧,气势雄险。桥身是一块灰色含砂岩石块,全长28米,宽约2.5米,厚4.5米。桥面光洁如刀削,桥的周围杂树茂密,青藤攀援,下视深百丈,使过桥者心悸。草丛中流淌着泉水,夜静时桥上常闻乐声,相传是八仙聚会时所奏之乐,是钧天之乐,故称为"仙桥天乐"。清代桂东邑痒生黄由恭曾题联云:"天堑可填,一桥架就通南北;地陇不断,两岸连成任往还。"根据已知材料,此桥在湘南地区是海拔最高、跨度最长、地势最险者。由于地势峭峻,路途险陡,它很少为人所知。

铁拐李捅出天峨仙人桥 位于广西壮族自治区天峨县布柳河上的"仙人桥",是一座扇形石拱桥。桥身距水面高度约145米,桥身跨度约177米,50多米厚,40多米宽,300多米长,如一条长虹卧在碧波之上。桥上怪石嶙峋,陡峭险峻;桥下河水清澈,几可见底。桥孔壁上垂挂着钟乳石,如雄鹰,如猛虎,如少女,神态各异;桥的周围藤蔓缠绕,翠竹婆娑,掩映河面,如入仙境。当年八仙之一的铁拐李路过时,看到这里群山环绕,林木葱郁,水丰鱼美,是一个富庶的地方,但百姓生活困难,主要是龙脉被阻,需要贯通,于是他用铁拐在大山底下狠狠捅了一下,就出现了一座桥。其实,"仙人桥"是一种喀斯特地貌现象,在远古时期布柳河水流到此处的洞中,河水受阻流不下去,在这里回旋、冲撞,含有二氧化碳的河水不断地溶蚀四周的硅酸岩,天长日久,溶洞扩大垮塌,便形成了圆形桥孔,出现了这诱人的世界奇观。

人过升天——株洲仙人桥 据县志记载:"仙人桥,非桥也。绝壁千刃,下临峭壑,百泉潺潺,远望隐约桥梁,近视则平地壁也,危险难渡,且荒榛虎豹,探奇之士无由投趾。康熙甲寅,济上人自匡庐来,从而碎之。"因此,就有了"过此桥者,俱可成仙"的传说。有道:"玉宇琼楼在眼前,人方过桥皆成仙。"清人陈圭对此有诗云:"凿翠馋青万仞间,石根忽见碧潺潺;偶逢野老行相语,太息仙人去不还。终古飞龙常跨水,几人驷马许登山;漫披云雾抠衣上,细草幽花满目斑。"据说到目前为止,尚无登临者。

孪生四座——兴安仙人桥 在广西兴安约为1公里的路段中有4座雄奇壮观的天生桥群,它们是地下水精工雕刻而成的地质艺术品。这里的天生桥以其密集度而言,超过了有"亚洲之最"称号的重庆武隆天生三桥。4 座桥的高度分别在 40 米至 80 米之间,跨度在 30 米至 60 米之间。具有"雄、奇、险、秀、幽、奥、旷"的特点。它们是由成串的天然溶洞形成的洞连洞、洞生洞、桥连桥、桥生桥的奇观。

总之,在湘、云、桂、川、黔等复杂地形区域内,这种天生桥多不胜数。其他地方也有一些,诸如泰山三叠石仙人桥、江西会昌仙人桥等。北京市的延庆县有一座长 1 米、宽 50 厘米的小石拱桥,悬于峭壁之上,桥后有一山洞,桥头石缝中长出一株小树,望上去如同盆景一般。

海浪筑成——营口仙人桥　在辽宁熊岳镇东北 2.5 千米处,有一座景色奇丽,地貌独特的石质孤丘,叫望儿山。山的西北坡上,有一座"仙人桥"。桥高约 3.2 米,长 8.5 米,顶厚约 0.6 米。从"桥"上向东南方眺望,望儿山上的"慈母"映入眼帘,发髻、面貌、甚至皱纹都清晰可见,仙人桥与山顶藏式青砖塔遥相呼应。桥一侧石龛内有"仙人棋盘",传说是八仙渡海时路过这里下棋休息处。天然"石桥"并非是仙人所造,实际是因海浪冲击和岩石风化而成的天然拱桥,即海蚀洞沿岩层逐渐扩大,最后两面海水贯通所致。由于地壳运动,该地区缓慢上升,海水退却后,经日久风化,形成此景,其实那"仙人棋盘"也是明清时期人工所凿。

辽宁彰武——黄菠萝树仙人桥　县城西北部大清沟水库,是由河溪汇流而成。在库边溪流之上有一座天生桥,它并不是什么仙人投箸而成,而是一棵巨大的黄菠萝树卧倒水面形成的,十分奇特。站在桥上会听到涓涓流水声,看到周围的珍奇古怪的奇花异草,五彩缤纷,姹紫嫣红。水库使这里"大旱不干,大涝不淹。水清如镜,鱼肉肥鲜。"人们把这风水宝地,说成是仙人桥带来的福气。　🔲

鬼城恐怖的奈何桥

在重庆市丰都县的名山有一座"鬼城"。城里有一座桥,叫奈何桥。电影《刘三姐》里有这样一个情节,当刘三姐与阿牛抛绣球结亲后,唱道:"连就连唉!咱们二人结百年。哪个九十七岁死,奈何桥上等三年"。说的就是这座桥。

在我国各地葬俗中,有这样一个传说:凡有人死后,他的灵魂是要下阴曹地府的,而且要过一座十分恐怖的"奈何桥"。在奈何桥头有牛头马面履行着职守,还有许多恶狗守候;桥下血水横流,毒蛇出没。若是善男信女就可以顺利地通过;若是为非作歹者,就会被打下奈何桥受到惩罚。有的地方对惩戒的对象列举得很细,诸如:假学究误人子弟;为人奸宄;不孝父母;贪色夺人妻女;为富不仁;坑蒙拐骗;杀人越货;毒害蛇蛙虫蚁等,甚至连亵渎神明、持不洁之物从神佛面前经过者、引人行邪、卖假人参、口舌伤人等也在其内。在湖南民谣中有《奈何桥歌》:"奈何桥、奈何桥,三寸宽来万丈高;有福之人桥上过,无福之人水上漂。"

毫无疑问,有关丰都城和奈何桥的一些传说全是鬼话。世界上根本就没有鬼,所谓"鬼",都是封建统治者为了愚弄百姓臆造出来的妖魔。

丰都县被称为"鬼城"始于晋代。在晋人葛洪的《神仙传》中,就记载了阴长生、王方平二人修炼成仙的故事。后来,经过国内外多部神话小说的描写、传播,在民间逐步形象化、具体化。封建统治者为宣扬循回轮转、纲常伦理、道德规范,便在平都山上丰都县城大动土木,修神龛、造殿宇,筑起与鬼有关的景点寥阳殿、奈何桥、天子殿、灵霄殿、望乡台、报恩殿等几十处,构成了一个完整的"阴曹地府"。

从重庆乘船顺流而下,经涪陵再过百余里,登临丰都码头后,立刻就会看到一个高高的城标,是一个龇牙咧嘴、面目狰狞的鬼头,然后再进入写有"鬼城"两字的城门。沿着蜿蜒平都山山路行至半山腰,就会看到一座雄浑的大殿,叫寥阳殿,这是鬼城的第一站。在大殿前面有三座青石拱桥,桥宽 2 米,长 6 米,它就是有名的"奈何桥",原名叫"通仙桥"。就是说,人死了之后的鬼魂都要经过这里,通过了便可成仙;通不过便被留在鬼城。若被打下桥去,便永世不得翻身,于是,仙桥成了鬼桥,从明代起改为"奈何桥"。为了增加神秘和恐怖感,道士们则利用人们为祈求保佑的心理,让人们多敬香火,常在桥上涂抹桐油、蛋清,使桥面光滑难走,从而多获得一些香火钱。现在的人们自然不信这些,但在导游解说下,很多人都要试上一番。每当游客走到这里时,导游就会鼓动说:凡三步能过去的就能到天堂,过不去就要到地狱,大家可以试一试。有的游客心平气和、稳稳当当,三步过去了,获得一阵掌声;有的急急匆匆、总想一步登天,却滑下来了,也获得一片笑声;有的情侣相携过桥后,相拥而笑,获得了大家一片祝贺声。过奈何桥,使旅游者玩了一把鬼城的游戏。

奈何桥书有两副对联:一副是:"积德行善,奈何桥易过;贪心造孽,尖刀山难逃。"另一副是:"三步跨过奈何桥,知尔是善是恶;一气走通金银道,赐汝发福发财。"

在三峡水库蓄水后,建在平地的古丰都城被淹没了,将被丰都新县城所代替,而建在山上的闫罗店及奈何桥等依然存在。 桥

"人"字桥故事多

这是一座外国人在中国建的钢桥,其中有不少有趣的故事。

1910年滇越铁路通车,起止点是云南昆明到越南海防。在云南境内,从昆明到河口,长度为469公里。铁路沿南溪河与南盘江而行,在崇山峻岭中,默默地运行了一个世纪。这原是法国为侵略中国而强行修筑的一米窄轨铁路,1907年3月,铁路修到距昆明120公里的南溪河源头时,遇到了一个几乎无法逾越的障碍,这是两个相距67米的悬崖,山顶距河谷300米,铁路要通过这一悬崖,唯一的办法是架桥。

相传,当时为了越过这两个山头,架设了一个60米长的钢桥。法国铁路公司费了很多的周折,最后是在没有办法的情况下,在法国的《巴黎时报》上登了一个征集方案的消息。广告登出去以后,应征者廖廖,就是应征来的方案也不理想。最后,受到启发的方案,是从裁剪中获得的。一天,设计者在裁剪布料的时候,不小心将剪刀碰落在地上,由此她产生了一个联想:"这座桥上面是钢架,下面可以像剪刀一样。"法国工程师就这样把桥身托了起来。

这个传说今天已无法考证,但是法国工程师的确把这座桥设计成了"人"字形。工程师在两个悬崖上各安了一个球形的支座,将分成两半的桥体镶在支座里,慢慢向峡谷中央放下合龙,整个过程不允许有丝毫的误差。

这个非凡的操作于1908年7月16日上午8时开始,持续到正午12时。桥体合龙后再由工人用绳子拴住身体悬空,然后,一锤一锤用铆钉把它们铆合,这实在是在跳"死亡之舞"。据说那天工人们每打一锤,法国公司给的工钱是半个大洋。可惜当年的劳工早已不在人世了,也是一个无法证实的事实。

桥体合龙后,上面铺架钢轨,"人"字桥就这样诞生了。

"人"字桥大约由一万个钢件拼凑而成,每个钢件长度在1.2～1.5米之间,重不过100公斤,全部在法国打造而成,据说做成这样的重量是为了便于工人们在陡峭的山间上运输。

仅有的历史资料，只能告诉人们人字桥的设计者名叫鲍尔·波丁，是一个法国人。老人们回忆说，当年参加施工的还有一个意大利女工程师。当桥建成后她再也舍不得离开如此完美的工程，就在桥下的峡谷中搭了一个小房子住下，天天看着闪着蓝色光点的钢桥，听着谷底的流水声和火车通过时撞击铁轨的声音，直到病故。

有人把"人"字桥列为世界名桥，然而它一直隐藏在云南深山中，这座桥和它背后的故事也鲜为人知。 桥

万寿桥畔长寿多

电影《刘三姐》中有这样一个镜头，刘三姐撑着船从一座小桥下穿过，边划水边唱道："山里开花山外香，桥底有水桥面凉……"，这座小石拱桥，叫"万寿桥"。在乘船游漓江时，旅游者会看到这座桥。它位于广西灵川县大圩镇小马河注入漓江处，距桂林水路33公里。

桂林山水，世界闻名。到桂林旅游你会被那"江作青罗带，山如碧玉簪"的景色所迷醉。游船漫游在山水画廊般的漓江上，你会看到神奇的象山、穿山、斗鸡山、净瓶山、画马山等，真是"山青、水秀、洞奇、石美"。当游船路过大圩镇时，导游不再说山道水了，而是活灵活现地向游客介绍一番万寿桥的典故与传说。并饶有兴趣地念出一首顺口溜："天天桥上走，健康又长寿，活到九十九，还能桥上走"。

这座桥始建于明代万历年间，原为木质桥。因上游多产巨木，伐木者借水放排，一次因排多水涨，将桥撞毁。后改建为三孔石拱桥，几十年后又遭到毁坏。据桥头石碑上的记载：现存的桥是光绪二十五年（1899），乡里集银2098两，重修而成。

这是一座单孔石拱桥。桥高9米，宽6米，长22米，跨径8米，拱圈厚60厘米。栏板厚实，无雕饰，桥型简洁朴雅。桥两端各有22级台阶。

走在林木掩映的桥上，听着潺潺河水的歌唱，眺望奇异秀丽的漓江，精神好不舒爽！更有趣的是桥的西北侧有一石雕的护桥神，它虽然瞪眼吐舌，却全无凶相，立在桥侧意谓驱邪镇妖，逢凶化吉，保佑行人平安过桥。住在万寿桥两端的千余名居民，果然长寿者颇多。据20世纪90年代的统计，百岁以上的

老人 6 人,90 岁以上的 9 人,80 岁以上者 30 余人。

当地老百姓有许多神奇的传说,其中之一是:寿星佬站在小马河畔,在观赏秀丽的漓江山水时走了神,拂尘一挥便成了一座小桥。既是寿星佬所赐成桥,人们便叫它是"万寿桥",故常有人来桥边祈寿。也有青年男女在桥上企求双双长命百岁,和睦终身。旅游者即使婚前未有此幸遇,也愿意留下倩影,以取吉利。 ⊛

春满人间　关庆端刻

五、奇异的桥

栈道——特殊梁桥 绝壁史诗

我们的祖先创造了许多奇迹,栈道就是其中之一。它是在深山峡谷中的悬崖陡壁边缘上开凿的人工通道,是木梁桥的一种特殊形式。它是在飞禽走兽难以栖身的绝壁之上,硬是用一锤一凿在坚硬的石头上凿出孔洞,把粗壮的木桩打进孔内,然后在露出悬崖的木梁上铺上木板,以供人员和车马行走。工程之巨,施工之险,道路之奇,令人难以想象。

栈道是中国交通史上的奇观,是中国古代劳动人民非凡的智慧、勇气和毅力的集中体现。据专家考证,栈道是早于万里长城的大规模土木建筑工程。著名桥梁专家茅以升称,栈道是仅次于万里长城和大运河的中国古代第三大建筑奇迹。

栈道,也称栈桥、阁道,有的是上下有道,故称上道为复道。这种特殊的交通桥梁,早在公元前 11 世纪,巴蜀人民参加武王伐纣的战争时,即在川陕道上修筑了栈道。战国时,秦取巴蜀,又在这条道路线上大量修凿栈道。据《水经注》记载,秦惠文王更元九年(前 316)攻蜀时,"栈褒斜,置道于秦。自是险阻不关,山谷不闭。张仪蹑踵乘便,纵兵大破之"。《史记》和《战国策》都有秦昭王时"栈道千里,通于蜀汉"的记载,秦汉时期更是大量地建设栈道。汉武帝时又兴修了通往西南夷的僰道栈道桥,东汉时修建了三门栈道及其以东至今新安、济源的黄河栈道等栈道桥。当时仅褒斜道就长达 500 余里。

有这样一个典故,叫做"明修栈道,暗度陈仓"。陈仓是古县名,于今陕西宝鸡之东,是古代汉中、关中两地区之间必经之地。这里所言的栈道,是指从陈仓西南行出散关沿故道水谷道至今凤县折东南入褒谷,出抵汉中的一段栈道。在楚汉相争时,从鸿门宴上逃得一命的刘邦,为消除项羽的戒心,表明自己无意回到关中与项羽争霸,将汉中通往关中的栈道全部烧毁。后来,刘邦从汉中出兵攻打项羽时,听取张良和韩信的计策,表面上派兵修复栈道,迷惑对方。此时,项羽的大将章邯嘲笑刘邦早知如此何必当初,知道栈道修复需要很长时间,便不对刘邦设防。岂知刘邦大将韩信却暗中绕道奔袭陈仓,迅速攻破三秦,取得大捷。

春秋秦汉时期修筑的栈道多集中在陕西、四川、重庆、湖北交界一带,在长江三峡、大宁河小三峡、黄河三门等险处都筑有栈道。在秦岭巴山修筑的一条条蜿蜒于崇山峻岭之间的栈道,把八百里秦川与四川盆地连接起来,使先后在长安建都的周、秦、汉、唐等朝代获得殷实富足的基地,大批钱粮赋税沿栈道源源不断地运往长安。

据四川《昭化县志》记载:"白水岸(今白河),有栈桥故迹十余所,皆石凿圆孔,以立横梁。其孔深二三尺,广一二尺,每孔相距不及一丈。粗石栈更凿平穴,布受木板。"这种栈桥,因绝壁天悬,下无支柱,人们描绘为"千梁无柱"。今四川宝兴河(宝兴县到硗碛)的峡谷中,尚残存有古栈道的遗迹。栈道还有另外三两种不同的结构:一种是以横梁一头插入壁孔内,一头由一根立柱支撑。这种结构即《水经注》所载的"其阁一头入山腹,其一头立柱于水中。"横梁上面铺设木板,成为栈桥。这是一种单臂木梁桥,这种结构也有称其为"半山桥"。另一种是没有壁孔,只有底孔。底孔三五个为一排,组成排架,柱子立于底孔内。横梁完全由立柱承托,上铺木板,这是一种多跨的木梁桥。

最困难的是石栈道,建于元代的重庆市土家族自治县境内的马鹿山之巅的大寨坎蜀道,十分凶险。危崖百丈、峭壁千仞、险梯曲折。巍巍石寨凌空依附断崖绝壁,下临深涧峡谷,崖壁上凿石为道,绝对可以"一寨锁关",是由川入鄂的必经要道,自古便有"羊肠飞寨"、"蜀中第二剑阁"之称。

大寨坎石梯栈道长约 6 公里,从上到下共有石梯 9000 余阶。一峰突兀、三面临崖、一面临水。大寨坎下临奔流湍急的南宾河(长江支流),一条羊肠小道盘山直上寨顶,其余三面无路可攀,都是刀削斧劈般的悬崖。栈道沿途有多处绝境,关隘重重,险象环生,是集石寨、兵卡、栈道、关隘、石梯、石刻为一体的一座丰富的文物宝库。大寨坎是巴蜀名胜古迹中保存最为完整的古战场,相传,太平天国将领石达开入川时,就攻打过大寨坎,今存"马蹄印"遗迹。民国十九年(1930),"神兵"攻打过大寨坎,炸毁了两扇特大的石寨门。许多战争痕迹,记录着这里悲壮而英勇的故事。

古栈道尚有许多未解之谜,比如它究竟起于何时? 有的栈道人在上面不能直立,只能爬行,它的确切用途是什么? 还有的栈道是双排孔,如果说上面一排是为了搭棚,两排之间距离不能使人直立,上排何用? 还有的地方上面的坡可以通行,却硬要在崖壁上开栈道,不是很古怪吗? 在铁器尚未出现,火药还未发明,更谈不上开山技术与设备的古代,人们是如何"飞梁架绝岭,栈道接危峦",将天堑变为通途的?

为解开这些千古之谜,陕西省汉中地区有关部门多次组织专家学者进行研究论证,取得了令人可喜的研究成果。

考古工作者的研究证明,古栈道的形成经历了自然发现、自然踩踏和人工修凿3个阶段。最初那些自然踩踏的小道并不是栈道,把原始小道开辟为官驿大道是古代社会政治、经济、文化发展到一定历史阶段的产物。

春秋时期,占据渭河流域的秦人为巩固基地并拓宽疆域,克服了秦岭险阻,在深山峡谷的悬崖峭壁上凿石为洞,插木为梁,铺上木板,把原始小道修成了能供千军万马行进的通道,这便是最早记载的栈道。

据专家研究,当时栈道路面最宽达6米,最窄处仅有90厘米,一般为2米。为了安全,栈道多设置栏杆相护,有的栈道为防流水和滚石并让行人躲避日晒雨淋,还加盖成阁。通过多年对史料的研究和实地勘察发现,古人在修凿中,依据不同的地形创造了"平梁立柱式"、"千梁无柱式"、"多层平梁支撑式"、"石积式"、"凹槽式"、"依坡搭架式"等6种主要形制的栈道,并先后开辟出7条古栈道。

在7条古栈道中,褒斜道被历史学家称为"蜀道之始",是最重要的栈道。它南接陕西汉中市褒谷口,北至四川眉县斜谷口,如长蛇一般横贯秦岭,在云中时隐时现,因此,又被称为"连云栈"。它距今约有2500年历史,是中国最早、最艰巨、最大的交通工程之一,号称"中国第一栈道"。褒斜道上的"石门"是世界上最早的人工开凿的穿山通车隧道。据研究人员勘察,"石门"隧道长15.75米,高3.6米,宽4.15米,当时可以使两辆车并行。

隧道中那坚硬平整的岩壁上几乎没有斧凿痕迹,是用火烧水激方法开凿的。即用木柴烧烤岩石,再向灼热的岩面上泼冷水或浇醋喷激,待岩面炸裂后用木楔等工具插入剥离。

古栈道研究者认为,作为沟通中国古代南北政治、经济、文化的大动脉,栈道在祖国版图统一、民族融合、文化传播等方面发挥了巨大作用。

举世无双的交通奇观——盐桥

万丈盐桥以盐为"桥",长达 31 公里,南上昆仑山、北通敦煌,是横穿柴达木瀚海通衢上的一条纽带,跨越在察尔汗盐湖之上,这是古今中外筑路史上没有先例的奇迹。只见它光滑平正,逐渐高出湖面,车行其上,如风驰电掣。看似平坦的水泥路却又不是;像是笔直的沥青路,然而也不是。它没有硬木、坚石、钢筋水泥和沥青,也没有想象中的桩、墩、阶、栏,更没有通常桥下浊浪湍急的河水或缓缓流动的清溪。那么,它是什么材料构成的呢?又是什么样的桥型呢?它是用盐的结晶垫成的路基,用卤水把路面浇平的公路,故曰盐桥。

20 世纪 50 年代初,党和国家领导人十分重视青藏公路的建设,但由于青藏地区地质条件复杂,环境恶劣,于是,采取了先粗通,后改善,再提高的办法,使公路很快就收到效益。1954 年底修通了从格尔木到拉萨的 1200 公里的公路,青藏公路全线通车,大批粮食和各种物资源源不断地运进西藏,解决了西藏驻军后勤供应紧张的状况,对建设新西藏以及平叛斗争和中印边界自卫反击战的胜利都发挥了重要的作用。

青海柴达木盆地以盐类品种多、储量大而驰名。盆地内除有各类大小盐湖 20 多个外,还有大片的盐土沼泽、盐漠、盐滩和盐渍化戈壁与风蚀残丘。察尔汗盐湖东西长 118 公里,南北宽 24~40 公里,总面积达 5800 平方公里,是我国最大的盐湖。它是由于柴达木自第四世纪以来,气候日趋干燥,水分大量蒸发,导致盐分积聚而形成的。干涸的湖面是一层 30 厘米至 1 米多厚坚硬的盐盖,因受气温剧烈变化和风蚀的影响,形成鳞片锯齿状与波浪状的胀裂隆起。盐盖下面是黄绿色的卤水,透过湖水,可见洁净的结晶盐,并分布着无数明暗、大小不相同的盐溶洞、盐溶沟、盐溶塘。因此,在柴达木修筑公路,就得战胜这些盐湖和各类盐渍土。

1954 年 10 月,青藏公路运输总队政委、青藏公路工程管理局局长兼总指挥慕生忠将军,遵照中央军委的指示,带领筑路大军修建从敦煌至格尔木段的公路,他派齐天然率领 400 名筑路员工进入察尔汗盐湖的北岸,筑路者看到的是白茫茫一片,无边无际、寸草不生的盐泽。

　　如何把公路修过盐湖成为一大难题。由于柴达木西部几百公里的范围内缺乏砂石材料，不能用常规的换土方法进行；若要从湖的边缘绕过去，工程量增大，同样极其艰难；如果穿湖而过，就得架设一座长达30多公里的桥梁；当时，国内外文献资料上均没有记载过在盐泽地区筑路的技术。

　　正在人们为筑路工程遇到的难题发愁时，有人将硬盐盖掀起，发现冒出的卤水竟把孔洞填住了，于是他们就在溶洞最少与孔洞最小的区间选择线路。随后工人们冒着风雪，抢锤砸碎盐盖的隆起部分，填平了孔洞。就这样一米一米地向前延伸，经过16天时间，在盐湖上填筑起一段数公里的试验性盐盖路基。他们先让空载卡车缓缓地在上面行驶，证明完全经得起荷载；而后又满载试行，汽车又平安地驶过湖面危险的溶洞区，盐湖上筑路终于获得成功。那察尔汗盐湖上长达31公里的盐路，像桥梁一样飞越在卤水上面，可与沥青路面媲美。驱车盐桥之上，举目眺望，时有海市蜃楼飘浮在远方，犹如进入仙境。

　　公路就这样逐段向南推进，终于在1954年12月22日从敦煌方向来的满载货物的卡车顺利地驶过这段盐路，开进了格尔木，使西藏军民得到了有力的后勤保障。因这段公路全长10400丈，像一座架在盐湖上的浮桥，故称"万丈盐桥"。

　　慕生忠将军指挥修筑青藏公路的情况，有关部门向中央作了汇报，在一次政治局会议上毛泽东主席给予了表扬。他说："慕生忠同志用科学的方法，解决了许多实际问题，把哲学运用到公路工程上。"毛泽东主席给予的表扬，主要指的是两件事情：一件是纳赤河旁并行的公路地质调查，毛泽东连说"科学，科学！"；一件是关于盐桥的修建。当时担任工程师的邓郁清尽管做了许多试验，证明公路可以从盐湖通过，但还是犹豫不决。他向慕生忠汇报说："技术规范规定，公路通过地段的土质中，含盐量超过百分之七，即要考虑改线。"慕生忠说："百分之七不行，十七、七十行不行？百分之百总该行了吧？量变到了一定程度，必然引起质变，否定之否定嘛！"事实证明了慕生忠的判断是正确的。在柴达木早期修建的5千多公里公路中，有近千公里是在盐渍土与岩盐地区修建的。它可维持1000车次/昼夜的交通量，行车时速可达80公里。

　　但是，这种公路也有缺点。雨天行驶汽车容易打滑，需要谨慎驾驶。主要是由于干燥的盐壳、盐盖虽然非常坚硬，但一遇淡水，就很容易发生溶淋而软化。各种盐类路面虽然非常平整，但耐磨性差。在盐湖、盐土地区养路，需要经常补充大量盐料，劳动强度大。为了保持盐路的平整，养路工人要用大锤打碎盐块，将碎盐块铺在路面上，再洒泼盐水，使其重新结晶，才能形成平整的路面。

盐渍土与岩盐路面不能抵挡淡水的作用,加上盐胀等其他病害的影响,它难以适应大交通量的需要。1959年至1961年,国家为了开发冷湖油田,决定将甘肃红柳园至青海冷湖间的公路改建为沥青路面。红冷公路沥青表面处治路面的铺筑,是我国首次尝试在盐渍土地区修筑黑色路面并获得了成功。之后,又于1990年开始了盐桥的整治工程。为防止地下水的浸蚀,整个路面又垫高40厘米。施工中采用了提高结晶凝固度等一些较先进的技术,提高了盐桥的服役期和承载力,好路率提高到90%以上,从而把我国在盐渍土与岩盐特殊工程地质地区铺筑黑色路面的技术,提高到了一个新水平。

随着国家西部大开发战略的实施,进一步提高万丈盐桥的质量成为了当务之急。1995年、2003年国家与地方交通部门都进行了科学规划和实验。2005年将万丈盐桥路基扩宽为12米,从盐盖以上铺设了砂砾隔断层、细砂找平层、水泥稳定砂砾层、沥青混凝土路面层等共10层,厚达119厘米的路基路面。还在路的两侧建造了盐雕等人文景观,成为了旅游的观光通道。 桥

断崖长虹桥楼殿

在两峰对峙的断崖之间距地面70米的高处,一座石拱桥凌空飞架,桥上还建起一座雄伟的大殿。这奇巧险峻的建筑竟出现在1400年前,它比欧洲同类性的拱桥建筑早700年,因而被誉为是我国建筑的一项珍宝。

桥楼殿位于河北省井陉县境内的苍岩山上。井陉县地处冀晋咽喉,为天下九寨之第六寨,太行八陉之第五陉,是闻名于世的韩信背水之战的古战场。这里历史悠久,古迹众多,是燕赵的旅游胜地。

位于井陉县城南30公里处太行山余脉的苍岩山,海拔1273米,周围群山环抱,峰峦叠嶂,山高谷深,怪石嶙峋。生长在岩缝中的柏树形状怪异,虬曲苍翠。山谷中泉水清冽,潺潺有声,更有啁啾的鸟鸣,一派自然诱人的景色。苍岩山自古就有"五岳奇秀揽一山,太行群峰唯苍岩"的赞誉。

苍岩山最壮丽的景色是福庆寺飞架在两悬壁之间的桥殿。远望,青石山路,好像天梯一般,直上直下,挂在悬崖之间,随着风雨似在摇曳;近观,只见青天一线,桥楼凌空,云飞楼动,飘飘渺渺,如临仙境琼阁。

从山下拾级而上,步步登高,越360级,在刀削斧砍的断崖间,猛抬头,陡

见凌空飞架着的桥楼殿雄姿,岿然屹立,任凭白云翻腾,恍若看到了凌霄殿一般。若遇雨天,细雨菲菲,迷茫茫一派雾霭;雨大时击在岩壁上的水柱,四处都是雨声;有时山下是小雨,山上却是暴雨,石壁变成一幕幕水帘。这时,满山都是水气腾腾,那桥楼殿也被雨封雾锁,难见其真容了。

桥楼殿是一种特殊形式的建筑。它是以桥为承载体,在桥上建筑楼阁式的殿宇,使石桥与楼殿融为一体,构造精巧,工程宏伟。在桥上建筑亭台楼阁并不鲜见,但是,在70米高空的拱桥上再建两层殿堂,就是绝无仅有了。若言桥美,当属扬州瘦西湖里的五亭桥,若说诗咏之多当属扬州的二十四桥,若说宏伟当属北京卢沟桥……若说雄险就是桥楼殿了。

桥楼殿建造于隋代,约为公元581～601年之间,是隋阳帝之女南阳公主在隋亡之后出家寄生之地。这座桥在造型上与著名的赵州桥极为相似,也是单孔敞肩式圆弧石拱桥。拱圈以纵向并列砌成,桥长15米,跨径10.7米,宽9米,无横向拉杆,桥的拱脚比拱顶宽0.4米,以增加拱的稳定性。拱肩上对称有两个小孔,拱石至今尚好,桥上还镌刻有怪兽、骏马和人物浮雕。桥上的殿宇是名曰"福庆寺"的主体工程,殿高二层,面宽三间,进深三间,周围绕有回廊,是九脊重檐楼阁式建筑。殿上覆盖着黄绿相间的琉璃瓦,飞檐翘角,雕龙画栋,气宇轩昂。整个桥殿高崇险峻,金碧辉煌,嵯峨壮观。

从桥下仰望,桥殿跨涧,犹如彩虹高挂;有时山谷中云团滚滚,从殿上和桥下或急或缓飘浮而过,使桥殿顿生一种动感,恰似与白云齐飞,故有"千丈虹桥望入微,天光云彩共楼飞"的千古佳句。站在殿前从桥上扶栏俯瞰,涧底树木葱郁,绿茵贴地,行人高不盈尺,难辨来路,真是"路在云山里,桥悬绝壁中"。临风远眺重山峭拔,更显出桥梁的雄奇峻险。

面对这个千古珍奇的建筑,许多游人都会发问,殿楼桥如此宏大高耸,当年是如何建造的呢?据寺中一位80多岁的老道士说,建桥时是用木架顶木架,一直顶至70米高处,相当于拱圈高度时,在木架上放满树枝,抹上胶泥,然后再砌筑桥的拱圈;还有一种说法是,砍柴填涧,一直填到70米的高处,然后再筑拱圈。不论哪种说法更符合实际,都说明当时的工程是浩大的,设计是科学的,技术是精湛的。千余年来,桥上的大殿几经修整,而大桥从未修理过,足以说明建桥者卓越的聪明才智和精工细做的认真态度。

若有幸游览苍岩山,登桥楼,渡虹桥;临绝崖,凭悬栏;听松涛,闻谷音;回峰轩,攀危台;赏画韵,得静谧……实属难得的享受。 🌉

八字桥与十字桥

在我国以数字命名的桥梁中,八字桥和十字桥都有着与众不同的艺术特色,是国宝级的建筑。

具有立交功能的八字桥 在江南水乡绍兴城的东南部,有一座造型奇特的"八字桥"。这是一座"两桥斜对,状如八字"的石梁桥,它不但以古老而著称于世,更以整体构思奇巧,与周围复杂的环境协调,称得上是一座奇桥。

这座桥建造在三条河流的交叉点上,南北流向的是一条主河,东西两侧又各有一条小河汇入主河。东去五云门,北通都泗门,西是进入市中心的要道口,南与东双桥相连接。在这种复杂的环境中,古代匠人巧妙地以八字桥的形式,解决了三街三河复杂的交通问题,达到了架一桥跨三河、通三街,设计和施工完美的统一,使市区和郊区的行人得以跨越纵横交错的河流,且适应了水陆两方面的需要。建桥时不拆房、不改街,成为了我国城市古代桥梁中的特例。

八字桥的正桥架在南北流向的主河上,桥梁为东西走向,是石壁石柱墩式石梁桥。桥墩台面由 9 根石柱并列组成,桥台石柱支在两层大石条上,石柱紧贴在两侧的金刚墙上,且略向岸边后仰,以增加其稳定性。主桥长 27 米,净跨4.5 米,净高 5 米,桥洞宽 3.2 米。桥面由条石铺成,微微拱起。桥两侧均有石制栏板、望柱,其上雕刻有莲花与云纹。

八字桥的踏跺与一般桥梁不同。其东侧沿主河岸向南、北两个方向落坡,各长为 12.4 米和 17.4 米,桥东南落坡下设有纤道,供背纤人通行;西侧向南、向西两个方向落波,各长为 14 米和 17 米;沿主河岸向南落坡的东、西两条踏跺又各筑有桥洞,跨越两条小河。自桥南向北望去,这两条踏跺活像一个"八"字,故名"八字桥"。

八字桥是浙江省重点文物保护单位,始建年代尚不确切。在桥下西侧的第五根石墩柱上刻有"时宝祐丙辰仲冬吉日建"字样,即为公元 1256 年,距今已有700 多年的历史。但在古书《嘉泰会稽志》中记载有"八字桥,在府城东南,两桥相对而斜,状如八字,故得名。"这证明早在南宋嘉泰年间(1201～1204)就已建有这座桥了。至于桥柱上刻有"宝祐丙辰",据考证是重修的时间。

罕见的十字形桥梁——鱼沼飞梁 十字形的桥梁"鱼沼飞梁",位于山西太原市西南 25 公里处吕梁山悬瓮峰麓,晋水源头晋祠内的圣母殿前。

晋祠因水得名,晋祠中的水是祠中的一大盛景。有水必有桥,"鱼沼飞梁"便是其中之一。古人对沼与池的区别是:圆形者为池,方形者称沼。为了把泉水和其他建筑巧妙地结合起来,就把圣母殿前的这一泉水打凿扩大,形成方形,故称"沼"。又因池中多鱼,就称为"鱼沼"。"鱼沼"是晋水三泉之一,"鱼沼飞梁"就是在方形水池上建造的一座十字形的桥梁。

鱼沼中立有34根八角形石柱,用抗酸性的铁青砂石做成,柱子顶上用斗拱与横梁支撑住松木板梁,梁上由松木板、灰土、灰色方砖等组成桥面。桥面呈标准的十字形,正桥为东西向,长19.6米,宽5米,高出地面1.3米,两端分别与献殿和圣母殿相连接;南北向的翼桥长19.5米,宽3.3米,两端下斜与地面相平。正桥和翼桥在鱼沼中央十字相交,形成一个6.5米见方的平台。从整体上看,东西桥面隆起,就像鸟的身躯,南北向的桥面舒展下斜,就像鸟的两翼,整个桥梁的造型犹如展翅欲飞的大鸟。古人说:"飞梁石磴,陵跨水道";又说:"架虚为桥,若飞也",因此,被称为"飞梁"。

在桥面的四周有汉白玉勾栏围护可以凭依,望柱和栏板的装饰典雅大方。东端望柱上,分别刻有"鱼沼"、"飞梁"大字。桥东月台上还有一对石狮子,神态威猛,形象生动。

"鱼沼飞梁"建于北宋天圣元年(1023),与圣母殿同时建成。"鱼沼飞梁"这个名字非常形象地说明这座桥的建筑特色。过去的桥梁建筑一般为一字形,唯此桥是十字形。我国著名建筑学家梁思成说:"此式石柱桥,在古画中偶见,实物此仅一例,洵属可贵"。 ⑱

白玉长堤路　绍兴纤道桥

"白玉长堤路,乌篷小画船"。这是古人对绍兴纤道桥的赞誉。它构思独特,建筑精巧,造型灵秀,因而备受人们的青睐。

绍兴纤道桥属于特长型石梁桥,它不跨越运河,而是与萧绍运河平行,在长度和桥墩的数量上创造了历史记录,是一种别具一格的带状桥型。这种桥梁在全国其他地区未曾发现,为该地区独有,是中外桥景的一大奇观。

纤道桥,顾名思义是指架设在水面上的、由一座座石桥连接而成的水上通道,主要供纤夫拉纤时使用,也用于风浪大时船只的避风。由于多是官府出资修建,故称官道或官塘,由于桥孔多,俗称百孔官塘桥,又称铁链桥。

位于绍兴运河段的古纤道桥,为唐元和十年(815)浙东观察使孟简整治运河时修建的,西起钱清江,途经湖塘、阮社、柯桥、东湖、皋埠、陶堰、东关等集镇,东至曹娥江,全长 75 千米。初为土堤纤道,很不坚固,"聚雨辄颓"。到了明弘治年间,山阴知县李良改用坚硬平实的大青石铺砌纤道,"自虹桥达钱江,亘五十余里,塘以永固,田不为患"。清康熙年间,山阴庠生余国瑞也捐资倡修,数年竣工。此后又多有修缮,又多有毁废。由于年代久远,有的河段只留下一些残迹。

现在保存完好的绍兴纤道桥主要是指绍兴柯桥阮社向东的一段,在晋代贺循疏凿的西兴运河阮社段南侧,自高桥始至板桥止。它于清同治年间(1862~1874)重修,1983 年绍兴市文管会对其进行了整修,显现了当年的风采。

为世人瞩目的这段古纤道桥长达 386.2 米,共有 115 跨,每跨净跨径 2 米左右;桥面用三根条石拼成,宽 1.5 米;桥墩采用一顺一丁方法干砌,墩厚 1.5 米;墩与墩之间用三根长 3.37~3.51 米、宽 0.49~0.52 米的石梁并列搁置。桥底一般都接近水面,高约 1 米,只有东端第 45 跨较高,跨径 3 米,高 3 米,可以通小船。清代,桥头两端各设茶亭一座,现废。

纤道桥飘浮在水面之上,宛若长虹卧波,似玉堤绵延。时而一面临水一面依岸,时而又两面临水,使路、桥、水、船浑然一体。登桥远眺,只见沿途两岸水网纵横,碧波荡漾,芳草翠绿,树木葱茏,更有千姿百态的桥梁缀在水面,景色十分宜人。清代文史大师李慈铭写过很多咏板桥的诗篇,其中写晚景的一联是:"板桥篾舫几回停,暮色匆匆起晚汀"。

纤道桥被誉为中国古桥博物馆中的珍品,使山明水秀的绍兴地区的奇特景观,是重要的旅游景点。1986 年被国务院批准为全国重点文物保护单位。 ⑩

结构特殊的忠爱桥与飞桥

忠爱桥 位于云南省墨江县城西的布固江上,远远望去,好似一座大跨径单孔拱桥。其实,它既不是拱式桥,也不是梁式桥,而是一种结构特殊的混合桥。

"忠爱桥"始建于清同治十二年(1873),原为铁索桥,桥两岸筑有以块石垒砌的桥台，十几条承重铁索就悬空拉在桥台之上。桥长约为 60 米，宽 4 米，桥上建有 100 多米长的桥廊。后来，有人对这座桥进行了改造，在两端桥台靠近铁索处各安了一排圆木，其状犹如两个人的胳膊相对平伸；其下又有由圆木组成的斜桩一排，下头斜插于桥台中部的坑槽内，上头支于伸臂状圆木的前端，这样，两端桥台便各有一个狭长三角形构造物相向伸向江中心，它们各占全桥跨径的三分之一左右。桥中间空当处，另以大木与两端构造物相连接。

应当说，这是一次相当成功的改造。改造后，铁索悬空长度缩短，从而大大减小了铁索下垂度。同时，由于三分之二的铁索有了比较坚固的依托，又一举解决了索桥易于晃动的弊端。特别是斜桩的利用，更是一个非常成功的创举。这样一来，不仅使原桥应力结构得到了改善，解决了跨径大、木材短的困难，而且使桥面荷载能力得到了很大的提高。这实际上是拱桥原理的移植和应用。因此，当时有人把它赞誉为"滇南第一桥"，后来又有人把它刻成匾额悬挂于一侧的桥坊上。像这样结构特殊的混合桥，不仅在滇南是第一，就是在其他地方也没有听说过或见过。

飞桥 20 世纪初，在今四川省南部的木里藏族自治县的理塘河上，曾有一座极为稀奇的桥梁。全桥皆为木造，少量块石只用于铺垫和压重。但从其结构来看，它既非一般木结构梁桥，又非斜撑式拱桥，而是古代人称之为"飞桥"的一种。

这种桥的式样和建造方法大体是这样：首先，在选定的河岸台地上，面水纵铺较短圆木一排，在其上前后两端再横放圆木两支。再其上，则依河岸坡度加长圆木长度。靠河一侧上下对齐，另一端则使其紧贴涯岸。上下两层之间的横向圆木数目按照等距逐层增加。其次，待纵横圆木垒至第 15 层时，上铺块石，既当垫层，又作压重物。垫层之上，靠河一端横放一圆木，并将很短的纵向圆木前端垫起，后端着地，使之上翘。之后，纵向圆木逐层加长，并继续纵横相加。其后，形成一个三角形垫层。接着，每铺一层纵向圆木就向河心悬出一段，犹如现代汽车之钢板弹簧。这座桥共有八层悬臂，总长约在 10 米左右。

最后，再在相当于桥台的纵横相加的圆木垛上铺砌块石，填平由于纵向圆木前端上翘而形成的斜坡。待两岸伸向河心的悬臂工程完毕后，中间再用大木相连，上铺桥板，安装桥栏，从而使整个大桥连成一体。

这种桥型虽然少见，但其历史却相当悠久。据敦煌藏书《沙州都督府图经》记载："吐谷浑于河上作桥，谓之河厉，长一百五十步，两岸垒石做基阶，节节相次,大材纵横更镇压,两边俱来,相去三丈,并大材,以板横次之。施钩栏,甚严饰。"这段描述可以说与本桥形状、构造完全相同。这里所说"吐谷浑"是我国南北朝时期的少数民族之一,居于今甘肃省西部一带。由此可知,此种桥型在很早以前即已有之。

这种桥型特点大体有三:一是全部构造均为圆木,少量块石只做铺垫和压重之用。这在当时易于筹办。二是全桥不用桥墩,桥下净空较大,不易发生水毁。三是每节悬臂相对较短,可使荷载相对增大。特别是将圆木一端翘起的做法,更使桥面受力状况得到改善。 桥

独具风采的桥上桥

山外有山,楼上有楼,这不新鲜。但桥上有桥就不多见了。这里所说的"桥上桥",当然不是立交桥上的桥上桥,也不是像武汉、南京长江大桥铁路桥上面的公路桥,更不是溶洞中天生的桥上桥,而是古今合璧的"桥上桥"。这种桥在全国并不多见。

一座是河南省鹤壁县南唐宋村的石拱桥。它是上下两座同一桥型叠合在一起的"桥上桥"。老桥跨径 3 米,桥面宽 4.5 米,长 20 米,拱圈外沿由 7 块粗石砌成,显得十分墩实坚固。在河床逐渐抬高,桥位降低,已不便人们正常过河时,1963 年在老桥的顶上又建了一座型制略小的半圆石拱桥,跨径 2.2 米,外拱圈由 13 块粗条石砌成。经数十年的使用,拱脚老桥、新桥均完好无损。两桥叠合后,就像体操中的叠罗汉一般,十分有趣。这座桥也被人们称作"父托子桥"或"父子桥"、"父爱桥"等。因为这里曾发生过一段动人的故事,在当地乡里中流传:一次,父子二人相携过河,父亲将 8 岁的儿子托在肩膀上淌水而过,岂知大水突然袭来,父亲紧紧抓住儿子的身体,并高高举起,父子二人几经挣扎,才从漩涡中冲出来。当父亲把儿子刚刚推上岸之后,一个浪头袭来,把父亲卷走了。为此,儿子下定决心在此处建一座桥,待儿子长大后,就建起了这座桥的底桥,人们便叫它为"敬父桥"、"托子桥"。……又过了若干年,才在"父桥"上面建起了"子桥"。这当然是一种附会的传说,但也说明桥对人们来说是多么重要。

还有一座"桥上桥",在山西省保德县与河曲县沿黄河岸的交界处,历来是

两县的交通要冲。因临近天桥村,古名为"天桥"。这座桥的底层桥为古代建筑,始建于金代贞元三年(1155),为郡僧法利(又称才公)募建,是山西省保存完好的最古老的桥梁。上层桥为现代建筑,建于1973年,是当地公路部门建筑,两层皆是拱桥。

底层古桥全长25米,单孔跨径15米,宽10米。桥顶距谷底25米,为高基拱桥。主拱为一圈一伏,伏石悬出形成拱眉,表面雕饰着花卉卷草图案;拱顶南北两侧各有一个疏水石雕螭,全桥造型古朴壮观。这座桥的位置,地势比较险峻,三面环山,一面临水,上有深谷下为黄河,可以想象,在800多年前修建这座桥是何等艰难。因此,当地人民对桥的创建人"才公"十分尊敬,认为他是神仙化身和鲁班再世,故又将这座桥称作"鲁班桥"。

这座桥因其纵坡过大,难以适应现代化的交通需要。于是,在1973年,建筑部门为了保留珍贵的古桥,同时疏通瓶颈,便别出心裁,采取了在桥上架桥的办法。他们以古桥为桥基,新建了一座单孔跨径20米,高3.3米,总长39米的石拱桥,使古桥又展新姿,并成为一个新的景点。新桥和古桥相叠而立,上下两个拱圈相套而竖,犹如双龙腾跃、双虹映天。桥上车水马龙,桥下惊涛拍岸,成为了当地八景之一,名曰:"峡口天桥"。

还有一种"桥上桥",相互并不连体,而是逐级向上的。底层桥被水淹没之后,又在高处建了一座;第二座桥行将淹没时,又建了一座,共有3层。它们位于三峡库区的湖北省秭归县归州镇火炉子沟,从下往上数,第一座桥为石拱桥,建于20世纪50年代末,是在修筑该县第一条公路时建造的第一座公路桥。70年代末葛洲坝工程蓄水,又建造了第二座石拱桥,取代第一座桥。2003年,三峡工程蓄水,第二座桥行将淹没时,于是建造了第三座桥。主跨为100米,是钢筋混凝土拱桥。该桥的建成,不仅保证了该县与209、318国道的交通畅通,而且在技术上为三峡库区复建桥梁积累了经验。 🌉

翻转、倒拐、折弯桥

在桥梁的百花园中,有的桥需要细观慢品,方能领略其妙,赏到其韵,品到其味。

水乡仅存的"翻转桥" 在苏州众多的桥梁中,有一座与众不同的、别致的古石桥,名叫"光福寺桥"亦称作"翻转桥",它位于太湖风景区内的光福镇铜观音寺门前的光福河上。

光福寺桥初看并无独特之处,需细观方悟。原来,古桥北块石阶正与铜观音寺前的石阶对照连接,相映成趣。桥和寺中间的通道,形成了一座翻转桥桥面,于是初看是桥连寺,细看则为正桥接反桥,反桥连古寺。翻转桥的形态十分逼真,一经说穿,目睹者无不为设计者独具匠心的构思和安排拍案叫绝,古代称之谓"隔河照墙翻转桥"。

光福寺桥始建于宋代,几经战火,历次重修,仍完好地保持了宋代古桥的基本风貌。现存的光福寺桥为明代重建,全桥以武康石为料,桥长 18.7 米,跨径 4.5 米,桥宽 37 米,桥的两旁有狮头图案。此桥还有一个特点,用一块小石头在桥南石栏杆上轻轻敲击,这时,贴耳于桥北块石栏杆上倾听,便能听到清晰的响声,故光福寺桥又叫响石桥。

光福寺始建于梁代天监年间,宋时一农民在寺旁取土时挖出一尊铜观音,送与光福寺,成为当时轰动吴越的特大新闻,引得佛教徒如潮般前来敬香,从此,光福寺名闻遐迩并改称铜观音寺。光福寺、"翻转桥"、还有名扬四海的光福"香、雪、海"梅花,使光福寺的风光更加名扬四海。

蜀道奇观"倒拐桥" 在四川雅安天全县境内有座当地老乡引以为荣的桥梁奇观"倒拐桥",即两河口大桥。两河口是天全河与荥经河的交汇处。两河口桥是川藏公路由邛崃经芦山、天全至荥经与川云西路相连的重要公路桥梁。一个弯道将天全河桥与荥经河桥紧紧地连接起来,恰似一座长桥拦腰折弯。两座桥的桥面同一标高,设计水位均为 737.5 米,桥面宽 6 米,两旁人行道宽各为 0.75 米。天全河桥长 92.6 米,荥经河桥长 131.7 米。别具一格的"倒拐桥",与两河口青山绿水相映成趣,曾数次被选为拍摄电影和电视的外景,当地老乡引以为自豪,常向过往游人炫耀。

现存古代最长的"折弯石拱桥" 江西省永丰县城南恩江河上的恩江桥,是我国现存最长的折弯石拱桥。恩江在这里原有一个宽 50 步的沙洲,将恩江分为大小两江,古时先在大江上建成一座恩江桥,又称济川桥;小江上建成一座小江桥,又称平政桥。清乾隆四十六年(1781)一场洪水,把沙洲冲决,两江合一,两桥通行中断。之后,平政桥改建,与济川桥联为一体,取名恩江桥。由于原来两桥的中轴线不在同一直线上,以致形成折弯。恩江桥不仅是一座大型古石拱桥,而且是举世罕见的折弯桥。

恩江桥始建于元代至元元年(1335),屡经兴毁,现桥系清康熙与咸丰年间所建。桥体为条石拱圈,22孔,跨径为10.8米至13.8米,全长360米,宽4~5米,高8米,建国后用作公路桥,1959年曾进行整修。

据永丰县志记载,济川桥原为石墩木面桥,元、明、清三代先后兴毁11次之多,于清康熙元年(1662)建成石拱桥。平政桥亦屡修屡毁,行人需舟渡过江,行旅不便。清咸丰年间,一老翁与其子历时8年建成靠近南岸的石拱桥,与济川桥联接,始成今日的折弯恩江桥。1988年,在其下游新建了一座通汽车大桥,恩江桥从此作为历史文物予以保留。

安马弯桥   一般公路上的桥梁大都是直的,可是在桂西东兰县长乐乡至县城30多公里的路段上,却有安马桥等4座弯弯的钢筋混凝土桥。这里的公路桥为什么不建成直线的而建成弯的呢?这是由于红水河沿岸地形地貌决定的。这段公路沿着红水河边的山岭修筑,在几条小河与红水河交汇处必须架桥跨越。如果架直线桥,过河后公路要顺着山势作90°转弯,因此公路勘测设计部门就将桥面设计成平面弧形,这样车辆过河时转弯半径较大,不用急转弯,既便于车辆交会,也有利于行车安全。这些看似平常但却给山区公路交通带来便利和安全的弯桥,凝结着路桥建设者们的心血和智慧,也是他们从实际出发,不拘一格的设计杰作。   桥

少数民族巧筑无钉桥

在我国的木质无钉桥中,很多是建造在少数民族地区,是我国绚丽的桥梁宫殿中璀璨的明珠。

土家族建造的无钉桥   在四川省酉阳县函沟有一座奇特罕见的古代木拱桥,这座桥全部是以木质材料建造而成,它没有使用一颗铁钉、螺钉和木钉。这座木桥是由土家族能工巧匠建造的,建成于清同治十年(1871)。全桥长32米,宽4米,高28米。桥上建有9间小青瓦房,桥内以一根大木头当坐凳,桥的两侧全系木质栏杆装饰。该桥从桥下的木拱到桥上的柱梁、地板、栏杆全部都是公母榫搭配固定而成,它历经130多年的风吹、雨淋、日晒和行人、牲畜通过的负载,却依然完整无损,是桥梁建筑史上难得的古代文物,已引起了古建筑学家和桥梁专家的注意和研究。

侗族筑出的普济桥   在湖南省通道侗族自治县境内有一座极具研究价值

的木拱桥,专家称它为"桥梁化石",当地人取名叫普济桥。普济桥位于通道县城西南 22 千米的坪坦乡坪坦村寨,横亘于坪坦河上,为单孔伸臂梁式廊桥。全长 31.4 米,桥面宽 3.8 米。该桥由 11 廊间连接成一体,木质四柱三间排架结构。经桥梁专家考察,普济桥没有一个铁钉,桥的两岸各一个半空心石墩,伸臂梁插在石墩内,以大卵石弹压,然后叠梁再压卵石,直至两岸伸臂梁合龙。全桥设计精巧,工艺精湛,经过 100 多年的风雨洗刷,依然保存完好。

顶峰之作程阳桥 广西三江程阳桥,建于 1916 年,桥长 64.4 米,宽 3.4 米,高 10.6 米,是一座石墩木梁伸臂桥,共有四孔,跨径 14.2 米。建造者在两个桥头各建一座三重翘角屋檐、歇山式桥屋一间;在 5 座桥墩上各建一座四重翘角飞檐桥亭,桥亭之间有长廊相连。这座风雨桥的桥屋全部采用榫卯结构,不用一颗铁钉;桥屋只用桐油髹漆而不施色,尽显杉木本色。外面黑色的瓦片,在线角处用白色的石灰砌筑,使屋脊、亭尖和屋檐的线条更为分明,表达着以素朴为美,以黑色为尊的审美情趣。整座桥的亭、廊起伏有致,同中有异,重檐叠叠,有强烈的韵律感;桥栏排排,有明快的节奏感;桥墩和桥上建筑对称平衡,有愉悦的审美感,显示了山林大师侗家人的高超手艺。

畲族参与建造的蜈蚣桥 浙南泰顺泗溪镇虹桥式的蜈蚣桥——溪东桥,系清乾隆年间建造。其基本组合单元是六根杆件,纵向四根,横向两根,平面成"井"字形。由于桥是受压的,利用腾空而起受压产生的摩擦力,构件之间就会越压越紧。这种结构,不用钉卯,只需用相同规格的杆件别压穿插,搭接而成。从力学上分析,上端的纵梁压在横梁上,横梁又压在相对一根纵梁上,上下两根纵梁夹住一根横梁,摩擦力使得横梁不能滑动,结构简单而奇妙。这种结构整体为拱形结构,就每一个杆件而言,又是最简单的简支梁,承受两种集中荷载。"蜈蚣桥"都采用廊桥这种形式,以增加其稳定性。泰顺居住着许多畲族兄弟,他们参与建造了许多廊桥。 桥

古桥音响之妙

在我国的古桥中,有一个奇妙的现象:有的能奏出美妙的音乐,有的能发出悦耳的声响,成为引人入胜的景观,展示着中华民族的智慧和精湛技艺。

能奏乐的五音桥 在河北省遵化马兰峪的清东陵,埋葬着清代五位皇帝。

其中顺治（福临）的孝陵神道上，有一座七孔石拱桥，长106米、宽9米，桥上两侧装嵌着130块石栏板。奇妙的是，当你敲击栏板时，就会发出丁丁冬冬的音乐声，十分悦耳。栏板的大小相同，形状也一样，发出的声音却迥然不同，有的清脆铿锵，有的浑厚低沉，能奏出优美的曲调。经有心人耐心地寻找，从北端第三块栏板敲起，恰似我国古代音阶的"宫、商、角、征、羽"，故人们又称这座桥为"五音桥"。一侧的栏板能发出五个音阶，已经令人惊叹；相对的另一侧，也能发出同样的音阶，真令人叫绝！"五音桥"确实奇妙，有关专家对这座桥作了考察研究，初步认为其奥秘可能在石料的成分上。据化验，石料为含百分之五十的铁质方解石，当地人称之为"响音石"。然而，遵化地区用此石料建造的桥有许多座，但音阶音质远不如这座桥清晰。所以，七孔桥能奏乐之谜，尚待进一步探讨。

神奇的龙吟桥　建于明代的四川泸县大田场九曲河上的龙脑桥，整个桥梁就像是架在威武雄壮的龙的背脊上。全桥共雕有四条龙，刀法精湛，造型精美，体态传神，虽背负着一座桥梁，但显得神态自若，轻松愉快。这四条龙口中各衔一"宝"，约为30公斤的一个石球，用手可以拨动，风起时能发出"隆隆"的声响。它们的鼻孔也可以吹响，吹出人们想象中龙的叫声，低沉婉转，似箫如笛，而且可以用气量的大小、强弱使声音有所变化。

吉祥平安的鹤鸣桥　湖南通道侗族自治县坪坦有一座桥，是建于清朝光绪年间的亭廊桥。在刮风时，能发出"嘟—嘟—"的响声，原因何在呢？原来，这"嘟—嘟—"的响声是发生在桥中间亭阁的顶部。其构造是有·个用红土烧成的大葫芦，葫芦上面立着一只象征吉祥幸福的千年鹤，展翅欲飞，栩栩如生。鹤口有一个可以活动的哨塞，每当风起，就发出"嘟—嘟—"的响声，数里以外都能听到。回龙桥本身就是风雨桥，人们在桥的廊亭里可以遮阳歇凉、挡风避雨。当山风骤然吹来时，常常预示着有大雨，人们就应奔向桥亭里避雨，那响声也是告诉你桥的位置。

门铃般的及各桥　在江苏吴江黎里镇有一座城隍庙，四面环水。庙前有一座三孔石板梁桥，长10.4米，宽1.86米。原名叫秋桥，是进出庙门的唯一通道，由于它能发出"及各—及各"的响声，人们便叫它"及各桥"，久而久之，原名倒鲜为人知了。据传说，建桥时庙里的老和尚要石匠将桥面每块石板的对角处略略垫高一点，使人走在桥上，就会发出"及各—及各"的响声。僧人听到了这响声，知道有香客来了，早作相迎的准备。夜间听到"及各"声则可防窃贼进庙偷盗。 🌉

取意喜庆吉利的桥名

架桥修路本来就是做善事。桥成善事毕,自然是天隆余庆,地接长春,取一个吉祥的名字,以谓祈福、求安、招喜。这样的桥名,在我国可谓是不胜枚举。如:"飞虹千丈横江垂"的万安桥(俗称洛阳桥),"天下无桥长此桥"的福建晋江安平桥,"架石飞梁尽一虹"的安济桥(赵州桥),有"重领联阁怡神巧"的永济桥(程阳风雨桥),记载着叶挺北伐大捷的贺胜桥,为庆祝清朝皇帝征伐获胜而修的得胜桥等。在江南水乡同里小镇一地,就有太平桥、吉利桥、长庆桥三座,凡有喜庆之事或为了求吉利都要走三桥。这些都是名气较大的桥梁,还有许多名气一般、藏于乡里的桥,也值得一提。

太平桥 全国称为"太平桥"的桥很多,各有特色。位于绍兴柯桥镇萧绍运河上的太平桥,是以石拱桥与高、低梁桥合成的桥型代表作。始建于明天启二年(1622),之后多次重修,现存的桥建于咸丰八年(1858),拱桥顶部有清晰的"太平桥"三个大字。太平桥是由净跨10米的半圆形单孔石拱桥与九孔净跨3~4米高低不同的石梁桥连接而成。全桥长50米,拱桥高10米,宽3.4米,建于主航道上,桥下有纤道。拱桥北端是九跨的石梁桥,紧靠拱桥的三跨最高,又依次降低;另六跨为低平梁桥,跨度也最小。太平桥的梁桥长度与拱桥长度近似"黄金分割",拱桥高度与梁桥的平均高度又成反向"黄金分割",充分表现了造桥者丰富的想象和科学的智慧。在使用上,高低大小不同的船型各行其道,以使航道通畅。这种桥也称龙桥,拱桥为龙头,平桥为龙身龙尾。

在江西龙南县,有一座建于清嘉庆年间的太平桥,造型十分奇特。该桥为三墩两孔,全长50米,面宽4米,通高17米,拱宽12米。在两拱的拱顶又建了一座四面通透的凉亭,迎水的两面也是拱形,宽8.4米,高8米,这就是成为了4拱重叠,正面远看成品字形。凉亭翘角重檐,具有很高的实用性和观赏性。

长寿桥 位于湖北省竹山县得胜镇倒西水河上,在建筑风格上独具特色。全桥长32.3米,宽6.4米,高9米,是一孔净跨15米的石拱桥,用糯米加石灰粘砌而成。此桥建于清嘉庆十年(1805),历经洪水冲刷,均安然无恙,已列为当地文物保护单位。桥的正身由大小不同型号的石块组成,共计365块,象征一年四季 365 天;桥出口拱顶处刻有一条石龙,栩栩如生,朝向北斗。桥为东西走向,东头石块上刻有太阳图案,西头石块上刻有月亮图案,以预示此桥能享天地之灵,日月之光。说来也巧,桥成之日,"溪水陡发,将填桥眼的木、石自然冲走,不劳人力,其事非偶然也"(《乡贤志》),因此取名"长寿桥"。桥中有一碑文,刻了六条禁令,诸如禁桥柱羁畜,禁桥栏磨斧,禁积粪堆灰等,"若违禁罚钱一串,酒一席,戏一本"。至今碑文清晰可见。

百顺桥　位于湖北省鹤峰县与五峰县交界处,横跨于南渡江的上游,为清代一土司田舜年所建。这是由清朝统一国家中一个政治事件而修的一座桥。土司田舜年曾受吴三桂之敕命和封爵,清康熙二十九年(1690)田舜年进京谢罪,交出吴三桂所颁发之印章,表示降顺清朝,被钦准承袭容美等处宣慰使,加太子太傅,赐蟒玉正一品服饰。田舜年回家后,觉得百事称心如意,于是就修了这座"百顺桥"。清乾隆五十三(1788)被洪水冲毁,1969 年,由鹤峰民管站拨款在其原址上重建了一座石拱桥,全桥长 47 米,宽 4.5 米,净跨 17 米。这座桥因有一个吉利的名字,被当地群众所珍重。

万年桥　位于江西省南城县东北 6 里武岗山麓的万年桥,跨盱江,是古拱桥最长的联拱石桥。明成化年间,邑人雷显忠祖孙设义渡,世称雷家舟。崇祯十年巡道吴撰瑞倡捐建桥,竣工于清顺治四年(1634),跨两朝历时 14 年。桥全长 411 米,共 23 孔,宽 6 米,高 10 米,是明清两代最大的桥梁工程之一,也是东部地区最长的一座石拱桥,方家称其为"二千年桥梁史之缩图。"

据记载,当时建此桥工程十分浩大,集民工数万,左拦黎河洪浪,右锁盱江波涛,埋石沉江,挡洪引水。其中第十八墩是武岗深潭,急流漩涡,舟楫难渡,建一墩,便历时数年,吞噬了不少民工性命。当时造桥全凭手工操作,千千万万的石块全靠双手一块块凿出。那时石料一是从上游的广昌水运而来,一是从伏牛潮音洞开凿而来,有"打出潮音洞,修起万年桥"的说法。桥两侧有石栏杆,石刻精美。桥建成后,多次被洪水冲毁,清代曾多次维修,有的一次就历时 5 年。抗日战争期间,遭日寇炸毁数墩。1949 年,蒋军溃逃时,在桥上埋下几吨炸药,又炸毁了工程最艰巨的第十八墩等处。建国后,于 1952 年开始全面恢复原貌,并铺上混凝土路面,嵌上混凝土栏杆。

另一座万年桥位于山东省益都县北门外,跨阳水,为七孔石拱桥,旧名南阳桥,俗称北大桥。北宋仁宗时,夏英公竦守青州,牢城废卒有智思,叠巨石固岸,取大木数十相贯,架为飞梁无柱,历五十余年不坏。明万历二十二年(1594)重建,名万年桥。后改建为七孔石拱桥,全桥皆以巨石砌成,长

65.3米,宽8米,桥墩迎水面雕有镇水兽,白石栏杆,栏版浮雕人物故事,柱端刻有宝瓶及狮子,意谓时时平安。 桥

"豆腐桥"与"酒桶桥"

听这桥名就够人想一阵子了。有的可以顾名思义,有的大相径庭。已知称作"豆腐桥"的有两座:

其一是在贵州省黔南布依族苗族自治州福泉古城东南5公里处,山峻崖危、岸高涧深。绝壁半山腰有一石砌的桥梁凌空飞架其间,沟通了两山之间的交往。

石桥巧借两山石壁作墩,上载危岩,下临深渊,给人以凌空欲飞、蔚为壮观之感。上桥细看却令人胆战心惊。只见架桥之石,如一块豆腐镶嵌,相邻交错的石块间有的地方缝隙很大,竟无灰浆填抹加固,看去摇摇欲坠,大有行上即垮之危,险峻异常,胆小者断不敢贸然上桥而行。然而这看似摇曳欲塌的石桥,却已历数百年风袭雨蚀,饱经沧桑,仍然是稳如盘石,固若金汤,没有丝毫倾斜坍塌之险,至今依然横跨在犀江上。它就是自古以险奇惊人的贵州福泉名胜"豆腐桥"。

据《平越直隶州志》记载,福泉"豆腐桥"又名为葛镜桥,为明朝万历年间里人葛镜所建,屡为水毁,三建乃成,距今已有600多年历史。"豆腐桥"建于绝壁深涧之处,其设计极其巧妙大胆,用材极为妥帖精当,桥的外观和承载力可谓独具匠心、巧夺天工,令人称奇叫绝。

"豆腐桥"不是神仙所造,它是劳动人民智慧的结晶和适应自然的实证。多少年来,它以险奇之景引来了众多游人观赏,成为贵州的一处名胜古迹。

还有一座"豆腐桥",位于杭州上城,是相距不远的三座桥的总称,传说是秦桧所造。岳飞的结拜兄弟大将王佐,断臂说降陆文龙,被封为安乐王之后,从前线回临安(今杭州),听到一首民谣:"安乐王,安乐王,为你安乐大家忙。"王佐不解其意,经了解后才知道是为给他建造安乐王府,运送材料,把河上唯一渡口占用了,老百姓无法过渡。于是,王佐立即吩咐用建造王府的材料,先建造一座桥,用剩下的材料再造王府。老百姓知道后,非常高兴。后来大家就把这座桥取名为"安乐桥",同时又编了一首民谣:"安乐王,好心肠,造座大桥

通四方。"不想这首歌谣传到秦桧耳朵里,使他甚为妒忌,心想你王佐造一座桥,大家就这么大吹大擂,我如果在你的安乐桥边再造几座更好的桥,大家当然更是讴歌我秦相爷了。于是他下令在安乐桥旁边又造了3座新桥,并为了炫耀他比王佐更富有,就将这3座桥分别取名为"斗富一桥"、"斗富二桥"和"斗富三桥"。本来在同一条河上的同一地点有一座桥就够了,再造3座桥等于是浪费,老百姓都恨秦桧,谁也不去走他所造的桥,并且诙谐地将"斗富桥"叫成"豆腐桥",一直叫到现在。

"豆腐桥"是因架桥的石头形状和对秦桧的贬斥而得名,而酒桶桥则是以真实的酒桶建成的桥。这座奇桥曾架在桂西南边城龙州的滑石滩,它是靠数百只中空的酒桶托浮而成,建于1904年。那酒桶是西方人贮酒之物,昔日的龙州是广西最热闹的边境集市。但盛产八角、榄果、菠萝的南岸一带却被左江一水阻隔,靠船只往来渡人运货十分不便,雨天河水暴涨则更危险。因此,在龙州督边的郑孝胥,几经实地考察后认为,这里可以架设桥梁,便与广西提督苏元春带头捐资建桥。开始时拟架铁桥,后因经费不足改为浮桥。经考察,从越南购买酒桶托浮成桥最为适宜。因为当时越南已被法国占领,木酒桶很多,于是,便从越南购买酒桶来架桥。

浮桥于1904年夏天动工,旧历11月建成。全桥长为40余丈,两旁木栏高5尺。桥上夜晚燃灯照明,恰似一条卧波之龙。桥成之日,郑孝胥亲笔题写了"利民桥"三个字于南岸的石壁上,他还率领所属部队列队过桥以示庆贺。边民们谓之曰:"自古无此军无此桥也!"

"洋为中用"的利民浮桥建成后,不仅解决了当地边民的舟楫之苦,还为龙州添了一大胜景,边民们工余饭后"登桥徙倚北岸,峭石嶙峋作势",而"西望双溪合流处,远山丛列,与水光相映照",心旷神怡。有人作"题龙州利民桥"诗,赞曰:"绕州常听浪淙淙,一日桥成接要冲。布阵试驰饮江马,倾城来看卧江龙。不愁野渡生春水,最爱东流数晚峰。怪底垂虹频入梦,连宵归来酒边浓。"

纸做的桥上过吉普

在纸做的桥上通过1吨多重的吉普车,这么离谱的事您听说过吗?这让很多人一听就摇头的"幻想",被清华大学机械系10名大二学生变成了现实。

2 分钟之内,一辆重达 1.2 吨的北京吉普车稳稳当当地开过了 6 米长、2 米宽、完全用报纸做成的一座纸桥。这一具有魔幻般的惊险演示和竞赛,发生在 2003 年 10 月 13 日北京亦庄的北京经开国际汽车汇展中心广场上。

参加比赛的共有两个队,分别是清华大学学生队和中国发明专利技术信息网网友队。比赛的规则是,纸桥用的材料只能是 6 吨重的旧报纸和白乳胶,两队在 12 天的时间内各搭建一座长 6 米、宽 2 米的纸桥。纸桥要能承载一辆吉普车顺利通过,而且看谁用的材料最少。

清华大学机械系学生张学粮是纸桥的设计者之一,在事后兴奋地说:"吉普车过纸桥"的设想源于中央电视台"异想天开"栏目提出的"不可能完成的任务",纸桥只能用 6 吨重的报纸和乳胶来完成。"我们设想了很多方案,最终决定将报纸打成纸浆,去卷纸厂卷成钢管一样的纸筒,然后用 18 根 8 米长的纸管横三竖一地铺上四层做桥面,再将 60 多个 2 米高的纸筒分别做成 3 个桥墩。"我们做的纸桥承重能力非常强,虽然只用了 2 吨报纸,但理论上能过一辆 1.5 吨的卡车,纸桥变形程度也不会超过 1 厘米。

另一个参加这场比赛的是来自国内的 4 位网友组成的网友队,他们设计的纸桥就更加"悬",是一座没有桥墩的悬索桥。这座桥是用报纸拧成直径 2 厘米、6 米长的纸绳,每 9 根纸绳拧成一股形成像"天津麻花儿"状的粗绳,一共用了 25 条"麻花儿绳",然后用纸环把这些"麻花儿绳"锁定在一起,再铺上两层 1.5 厘米厚由 100 多层报纸糊成的纸板做成的"桥面",连成了一座纸索桥。

比赛开始后,清华大学学生队所制作的"能过卡车"的纸桥,果然不负众望,尽管 1.2 吨重的吉普车在桥上磨磨蹭蹭地待了半天,可纸桥竟纹丝不动,连铺在桥面最上层的环状纸管都没变形。

网友队的纸索桥就没有那么幸运了,吉普车刚刚开上桥,车重拉动桥两侧的桥架对移,车头"腾"地一下扎了下去,2 米高的桥面顿时下陷了 1 米有余,司机再猛一加油,前轮冲向对面的引桥,而车体的后半部深深地陷了下去,吉普车被卡在了桥面的下陷部分,汽车无法开过去了,功亏一篑。

有趣的是,在参加比赛的两辆吉普车的车身两侧,都写着四个红色大字"异想天开",耐人寻味! 桥

奇石筑成的桥

石笋桥　在怪石林立,拔地擎天,千峰竞秀的乃古石林群里,有一座用石林石为材料筑成的奇桥,被称为"石笋桥"。

石林是云南省一大奇观,位于昆明市东南 100 公里处,分为大、小石林和乃古石林。大石林因有龙云所题"石林"二字闻名,小石林因有阿诗玛的石像吸引游人,而乃古石林却因一座小桥平添了几许秀色。

这是一座拱桥,长 3 米、宽 2 米,镶嵌在碧波粼粼的小河上。它以石笋砌成圆弧拱,与一般石拱桥不同的是拱圈处不是相同大小的条石,而是不同形状的石笋拼砌而成,在拱圈下面不是规范平滑的弧拱,而是有许多不同形状的自然造型,向溪水眺望的小松鼠、活泼可爱的小白兔、或是垂吊的丝瓜、萝卜等;由石笋砌成的栏杆更是千姿百态,有的似剑击苍空、有的像淑女远眺、有的如象鼻喷水,有的恰如犀牛望月……几乎是一个小小的石林群,引来许多游人拍照留念。

火山石桥　在黑龙江省五大连池市的公园里,有一座用火山石堆叠的一座小桥,恐怕在全国也是绝无仅有。这座小桥成"人"字形,是为公园内流过的小溪架设的。桥面宽约 1.5 米,桥的长度从中央延伸每边约为 6 米,桥高不足 1 米。桥栏以黑色的火山熔岩石砌成,几乎每块火山石都是没有凌角的象形石,有的像豕、有的像羊、有的像仙人球等。

五大连池是我国著名的火山风光观赏区,200 多年前的一次火山喷发,熔岩流堵塞了白河的河道,形成了五个串珠般的湖泊,故名五大连池。这里,14 座锥体火山,耸立在五池碧水周围,山环水抱,交相辉映。火山喷发出的黑色熔岩绵延 64 平方公里,如巨龙匍匐前进,如波涛汹涌奔腾,蔚为壮观。公园内小溪上的小石桥就是用这种石头筑成的。小溪其实是地下的矿泉水汇聚而成,那矿泉水有着很高的药用价值,以小溪为界,当地人有这样几句顺口溜:"南泉睡觉,北泉利尿,二龙眼清脑,翻花泉最好"。

随形石桥　在云南大理坝子遍地见石头,这石头也是一宝,人们就地取材,用石头砌房子、造桥梁。有民谣说:"大理白族石匠手真巧,石头砌墙不会倒"。用石头建造的拱桥、梁桥结构坚固,造型美观,其中,在苍山之麓,洱海之滨,位于风景名胜观音堂东侧伸臂石梁桥观音堂桥,更是与众不同。桥长 20.5

米,宽 7 米,高 4 米,两墩 3 孔,每孔跨径 3.5 米,负载能力 13 吨。桥台桥墩与拱桥无二,但在桥下抬头往桥梁上看,让人赞叹。只见那桥墩上重叠交错着数十根石条,每个墩上就是一个石条堆砌的倒金字塔。梁也是用大石条压缝衔接,整座桥就像是用积木搭砌的工艺品。欣赏它简直是一种艺术享受。 🌉

珠玑遍地天生桥

　　天生桥是地壳运动所形成的拱形或梁形的岩石,也叫自然桥。天生桥除了人工桥梁所具备的交通便利外,还具有天造地设的雄浑壮观、鬼斧神工之奇妙,巧夺天工、发人遐想的趣味。在我国的西南与东南部地区,到处都有天生桥的踪迹。这些千姿百态的天生桥,有的如飞鹰游龙,栩栩如生;有的如明星皓月,光亮晶莹;有的如胭脂碧玉,五彩斑斓;有的还流传着美丽的神话故事,兴味盎然;更有硕大无比、堪称世界之最者,以其神奇绝妙的特色,吸引着众多学者与游人。一些名流雅士留下了许多雄健石刻和优美诗篇,为天生桥增添了无限的韵味。郭沫若先生就曾为大理洱海天生桥题诗一首:"天生桥下水如雷,洱海西流不复回。水力自然成电力,人威毕竟助天威。两山成阙差寻丈,一将当关万敌摧。汉相传曾擒孟获,阜头在昔有遗碑。"雄宏伟岸的气势跃然纸上。

大禹劈成　关公垒就——湘鄂边界关公桥

　　关公桥位于湘鄂边界浥水河北岸关公岭半山腰处,桥面长近 30 米,宽 3.5 米,高 20 米,距离山脚 300 米有余。这是一座巨大的石壁,壁宽 20 余米。壁缝涌出清泉,汇入洞中石桥。这座天生桥正看似城门,高大巍峨;侧视如新月,清秀妩媚;远眺如飞鹰,展翅翱翔;近观若游龙,势欲腾空;换一个角度,又像孔雀开屏。山色多姿,水响有声,雄奇壮丽。其拱壁大部平滑,间有刀削斧砍的痕迹。传说是大禹治水时砍劈而成,至今斧印刀痕仍依稀可见。桥面大部平整,但有碗口大小、半寸深的马蹄印,传说三国时期,关羽千里走单骑,行至此处受阻,遂抛掷砂石于深涧,垒起一座高高的石拱桥,关羽扬鞭乘赤兔马飞驶而过。此后,人们就称此山为关公岭,称此桥为关公桥。

五峰胜迹　三楚奇观——五峰天星桥

　　这座桥位于湖北省五峰土家族自治县城郊青岩冲,是一座天然单孔石拱桥,长21米,宽3.2米,拱高25米,跨径8米。此桥上近云天,下临幽谷,若玉带缠绕,似彩虹悬空。桥孔透光明亮,宛如月悬山中、星浮水面,故有"天星桥"之称。凡有行人车马通过此桥,就会丁冬作响,好似古筝弹奏。桥下溪水潺潺,声若弹琴鼓瑟,加上鸟语松涛,俨然是一支大自然的交响曲。

历代文人雅士来此赏景后,留下了许多诗篇。明代举人孙可敏有五言诗曰:"五峰留胜迹,三楚出奇观。两岸长虹艳,一轮明月圆。万花争色彩,百鸟共鸣和,七月牛郎笑,千秋织女欢。"清人贾其伍有七言诗曰:"朗月一轮浮水面,明星几座挂山中。青藤绕臂争六合,绿树参天上九重。汩汩山泉弹有节,潺潺溪水奏从容。人行古道诗情盎,马奋天桥画意浓。"清咸丰初年,长禾知县李焕春在《游天星桥记》中写道:"……人行其上,初不觉其为桥也,浓荫覆地,黛色参天,山溪之水自洞中流出,声如琴瑟,若置身于山水画中。……"

仙女引领　樵哥登仙——宜昌仙人桥

这座仙人桥位于湖北省宜昌市长江北岸,是一条长15米、宽1米的天然石梁,它把两座山峰连接起来。山上苍松翠柏,四季常青。立于桥头仰望,只见白云缭绕,紫气千重,好像是人间仙境。1984年,在桥中登仙台上塑造了一尊"仙女登天"石像,那仙女足踏彩云,手持玉带,衣裙掀动,势欲飞天。何以塑造"仙女登天"?因为这里有一个美丽的神话故事,传说,山间樵哥勤劳善良,经常越洞绕山去对岸帮助困难的老人,成年累月,日渐疲惫,行将病倒。巫山神女见状,驾祥云而来,摘下玉带,抛向山洞,顷刻化作一座长桥,方便了樵哥善施,被帮助的人生活也都好了起来。神女因倾慕樵哥人品,便带着他走上桥去,升入天庭。那座石桥却留在了人间,人们便称此桥为"仙人桥"。宋田钧有诗曰:"仙人桥上白云封,仙人桥下水汹汹。行舟过此停桡问,不见仙人空碧峰。"

光穿一洞　水流四门——秀山自生桥

这座桥位于四川省秀山土家自治县县城东北30公里处的川河盖山。山上有一道长约有百米的石梁凌空飞架,两端与山崖整体联合,如白龙腾飞,雄姿勃勃。桥下有一硕大穿洞,自成拱形,光线透过孔洞,似明镜高悬,这就是被称为"亮洞"的自生桥。在与"亮洞"相距4公里处,有4道数十米高的天然石门,相距各为数米。被称为"川河奇观",一位旅行家赞道:如此壮景,世界罕见。相传亮洞天桥乃神笔马良为解民间越百米万丈深渊之苦,挥起大笔画出一条曲线,遂变成石拱大桥。那石门是三国时关羽入川,途经川河盖,见水流被大山阻挡,泛滥成灾,于是舞动青龙偃月刀,砍出四道门洞,让洪水流入大江。如今门洞大开,迎接四方游人。

嫦娥奔月 织女过桥——彭水天生桥

这座桥位于四川省彭水苗族土家族自治县城南 33 公里处的鹿角乡龙门峡。龙门峡古名鹿角,以天生石门为中心,方圆 2 华里。石门生于一道平如斧削的险峻石壁中,形似半月,高、宽各 20 米,厚 11.6 米。门首古榕横空,浓荫蔽日。石门右方重峦叠嶂,门左方 50 米,壁间行体阴刻"龙门峡"三个大字,为清朝彭水县令朱尔捷所书。关于石门的开凿有一段传说:远古时,美女嫦娥常常远望月宫中伐桂的吴刚,见他勤劳坚韧,身强力壮,便萌生了爱慕之心。她朝思暮想飞上天去与吴刚终身相伴。虽然偷来了能够升天的果子,可是由于山崖隔断,不能成行,乃泣不成声,泪流成河。吴刚发现她的一片痴情,顾不得天规天条,私自下界,三斧两斧凿开了石门。嫦娥见了,连忙吞食了升天果,飞过石门,冉冉升空,到了广寒宫与吴刚圆了好梦。关于龙门峡"天生桥"还有一说,就是牛郎织女的鹊桥。

石琴响雪 玉机织花——万州市天生桥

这座桥位于重庆市万州的万安桥北首,一条石梁与两岸山石连成一体,月牙一般地钩挂在石涧之中,好像一张倒竖的琴。上面细纹道道,犹如根根琴弦。溪流飞奔而来,击岸拍石,扬起朵朵"雪花",发出铮铮声响,悠扬悦耳,故称为"石琴响雪"。桥下悬挂水帘,若丝若缕,很像一架白玉织机,遂称"玉机织花"。据传说,那石琴是当地的土地爷爷移来的卓文君那张古琴;那玉机,是土地娘娘搬来的花木兰用过的织布机。他们二人一个弹琴,一个织布,各得其所,但总不能并肩携手,鸾凤和鸣。于是他们就施展佛法,将一琴一机合二为一,既可弹琴又可织布,从此心心相印,如愿以偿,久而久之那张琴就变成了一座象形绘声的石桥,这就是"石琴响雪"的来历。明末清初,石柱宣抚使、巾帼英雄秦良玉的一首五言排律最能反映天生桥的美景,她写道:"万县奇观美,四川风景华。石琴弹瑞雪,玉杼织香花。指指悠扬曲,丝丝锦秀霞。文君泉下笑,花姐天宫夸。世界无边好,中华第一佳。游人咸至此,旅客亦寻他。"

世界上最大的天生桥

关于世界上最大、最长的天生桥的说法有两种:一是美国犹他州雷恩博拱桥,全长 84.73 米、宽 6.7 米,被称为世界上最大的天生桥;一是同一州的兰茨开普拱桥,全长88.7米、高出谷底30.5米,被称为世界最长的天生桥。这两座桥虽然都已记入了《吉尼斯世界纪录》,但是,都远远比不上我国的高屯天生桥。只是由于高屯天生桥深藏在山峦深谷之中,交通不便,所以不大为人所知。

高屯天生石拱桥位于贵州省黎平县高屯镇东南2公里处,桥身为一巨大石岩,成"S"状,斜卧在群山环抱之中,横跨于清水江支流亮江上游的黄团江上。1987年,黎平县建设局对这座桥进行了实地勘察,测得:桥身长350米,桥面最宽处为138米,最窄处为98米,高出水面33.64米;桥拱厚40米,跨度最大处为118.92米,最小处88.5米,桥体入水处为38.8米,出水处为33.64米。从以上数据可以看出,美国的两座天生桥,无论跨度和高度,都远远比不上高屯天生桥。高屯天生桥实属世界天生桥之首。

该桥气势非凡,平地突起,拱形对称,石壁光滑,如鬼斧神工砍劈而成。桥内顶部生有石柱、石笋、钟乳、暗洞,百态千姿,目不暇接;桥上绿树参天,青藤垂地,杂有黄花绿草,郁郁葱葱,生机盎然。桥上有路可常年通行。桥孔进水面较出水面略大,与河岸呈两个反向喇叭状,势欲抱云揽月。桥下水砂石呈三级梯坎结构状,河床宽60余米,水流滚滚,波澜壮阔。非汛期河道露出大面积沙滩,白沙翠鸟点缀其间,另有一番情趣。桥墩一侧排列着多孔溶洞,可由溶洞进入桥身,洞中有景,上下相连,别有洞天。洞厅宽阔,通风良好,干燥清新,可容纳2000余人。溯江而上,是一个柳暗花明的桃园世界;顺流而下,曲折蜿蜒,豁然开朗,一派田园风光。"桥头堡"像一巨龙昂首屹立,守卫天桥。游人环绕天桥上下,赏石桥雄姿,观桥上花柳,听桥下水声,沐桥头和风,领略大自然的奥秘,陶醉人间仙境之中。

高屯天生桥已成为一个自然景观旅游区。其周围15公里之内,喀斯特地貌特征十分丰富,河流时急时缓,时隐时现,逶迤曲折,围绕着仙人岩、桂花台、江心岛、鸬鹚架、十二湾等景点游览,令人十分惬意。在这里,山水秀丽,花草芳菲,空气清醒,令人陶醉。有《天石桥》诗赞曰:

人凿难施鬼斧穷,天心穿出地玲珑;

两山壁立龟梁架,巧妙争夺造化工。

还有一联吟道:

自然球无偶,悦目彩虹,谈景观、壮观、美观,秀丽应推高屯镇;

天生世夺魁,赏心明镜,论长度、高度、厚度,雄奇当载吉尼斯。

"石梁飞瀑"天生桥

　　"石梁飞瀑"位于浙江省天台县天台北山最佳风景区。一块天然巨石横空突兀,衔接在两山之间,因其形状颇似屋梁,故名"石梁"。它与山崖连成整体,构成了一座天然石梁桥,其势如蛟龙出水,彩虹悬空,雄姿伟岸。更有一帘瀑布穿过石梁飞挂其间,直泻而下,纷纷扬扬,飘飘洒洒,银丝千缕,珍珠万斛,名曰"飞瀑"。石梁横亘,飞瀑倒悬,就形成了著名的"石梁飞瀑"景观。再看那"石梁",其背如龟,身如龙,因此又有"龟背龙身"之称。而那"飞瀑",既有庐山香炉峰瀑布"飞流直下三千尺,疑是银河落九天"的雄浑浩荡,又有雁荡山中折瀑"珠帘掩翠楼"的娇秀绮丽,"石梁"与"飞瀑"交相辉映,蔚为壮观。"石梁飞瀑"是如何形成的呢?原来金溪和大兴坑溪两股激流自东西两面山中如两龙争壑,滚滚而来,合力冲击中间崖石,年年月月,朝朝暮暮,日久天长,终将崖石凿穿,使上端花岗岩形成长6米、宽3米,上狭下宽的梁式天生桥。溪水悬流而下,形成落差达28米的瀑布,白龙俯冲般地直泻深潭,声震山谷,响彻云霄。石梁为横,飞瀑为纵,横的雄奇,纵的壮丽,一横一纵,十字交叉,苍茫怪特,素练千寻,是为大观,成为名闻遐迩的旅游胜地。古今骚人墨客争相观赏,留下了许多墨宝和诗篇。

　　石梁腹部有当年的台州郡守刘璈题词"前度又来",系取唐朝诗人刘禹锡"前度刘郎今又来"的诗意。石梁下方有清代曹伦选篆书"万山关键",右侧有郡守陈璂所题"神龙掉尾",左侧有宋朝大书法家米芾所书"第一奇观"。碧潭岩壁上又有康有为手迹"石梁飞瀑"等等。书法多格,石刻精工,亦使这一景观增色不少。

　　在众多石刻中以米芾亲书的"第一奇观"最为醒目。这是他游历名山大川、饱览众多名胜,经过比较、推敲之后作出的评价。"奇观"本来就不同寻常,有其独特之处,又冠以"第一",评价就更高了。再加上笔墨飘洒俊逸、神采飞扬,使"石梁飞瀑"景观更为添彩,引来一批又一批中外游客。人们在这里拓制了无数墨片,拍摄了许多照片,或赠送亲友,或世代珍藏,成为了宝贵的书品。据县志记载,清初文士汪隆游览"奇观"以后,为其巧夺天工的神韵所倾倒,情不自禁地吟诗道:"灵斧谁将石壁开,瑶虹垂处讶奔雷;明珠万斛从天落,素练千寻动地来。"

诗文生动形象、声色俱佳、雅俗共赏，描绘出一幅人间仙境的景象。面对此景，笔者特撰一联："横空一块玉，天下奇观，米氏开怀挥大笔；泻地万斛珠，人间壮景，汪公颔首谱新篇。" 桥

胭脂河上天生桥

"两岩胭脂，一桥彩霞"。这是对胭脂河天生桥的赞誉。

从南京的中华门出发，驱车向东南方向行走 50 公里，便进入了溧水县境内。在县城西 3 公里处山丘上有一条胭脂河，河上有一座天生桥，桥因河而生，河因桥而名，因此，胭脂河又叫天生桥河。

胭脂河是在高出地面 25～30 米的岩石上开凿的，全长 15 华里，是明太祖朱元璋为解决吴越（指江浙）漕运，沟通秦淮河与石臼湖开凿的一条人工运河，距今已有 600 多年的历史。

胭脂河两岸绿草如茵，野花缀锦，粉红色的河床随山就势蜿蜒在山腰间，天生桥更是纯朴自然地镶嵌在河的两岸，一派天然美景。然而，这条河的河床为什么是粉红色的？天生桥又是如何生成的？当地人会饶有兴趣地向你介绍一番。

明洪武二十六年（1393）八月，朱元璋诏令崇山侯李新曰："自畿甸近地凿河流以通于浙，卑输者不劳，商旅获便。"李新奉旨督工匠数万人，计划从石臼湖北岸洪兰埠至秦淮河沙河口开凿一条运粮河道。然而在实施过程中遇到了麻烦，因山腰全是坚硬麻石，锹铲镐不能入，运河难以开凿，工程极其艰巨。后来听取能工巧匠的建议，吸取古今各地开山破石的经验，采用"烧焚炼石、破块成河"的办法来施工。即先用铁钎在岩石上凿出一条沟槽，然后将麻类物质塞进沟里，浇上桐油，点火燃烧，岩石烧红后，浇上冷水，利用热胀冷缩的原理使岩石裂开，再把石块搬走。其时，工地上但见烟火弥漫，铮铮有声，石块层层剥落，历时近两年，硬是在山丘地带开出了一条河，其河床呈绛红颜色，酷似女人抹腮涂唇的胭脂。即所谓"焚石凿河，石皆赤，故名胭脂河"。桥周围沉霞凝脂，吞云吐雾，五彩斑斓，气象万千，如登珊瑚宫，似入玛瑙殿堂。

"桥因势而成，故名天生"。天生桥是在开凿过程中，有识工匠为了便利两岸交通，造福人民，把一块巨大的石头巧妙地留在了河道两岸，将巨石下面的碎石搬走，疏浚之后，河道贯通，石桥遂成。

这座天生的石梁桥,长 34 米,宽 9.5 米,高 30 米。由于桥底与桥面的距离很高,可谓是上近九霄天际,下临万丈深渊,雄伟壮丽,令人叹为观止。这座 9 米厚的独石桥,承受力很强,可通汽车、拖拉机。

胭脂河的开凿方法是比较独特的,留石为桥的构思也很巧妙,在国内外桥梁史上甚为少见,是我国劳动人民智慧的结晶。当时由于过于劳累和常遭鞭打而死去的工匠颇多,因此附近有埋葬工匠尸体的"万人坑"。至于河床上的胭脂色,历经 600 年不减,可能是河床石含有某种矿物质所致。然而,奇异的历史、鲜艳的名字,增添了许多亦真亦幻的色彩,诱人前去游览。解放后,胭脂河三次修浚,焕然一新,成为金陵四十景之一。附近居民以安居天生桥畔为荣,每见游客便滔滔不绝地讲述起当年焚石之巧、工程之大、交通之便、风景之佳的故事,且世代相传,成为佳话。今人巫祖才先生有对联赞曰:

激流曲线牵,焚膏剥石,侯宰功成枯万骨;

高拱悬崖跨,因势凿洞,景观名就秀千年。

焚石妙开河,流苏浙、通秦淮,胜景缀金陵,抹抹胭脂涂峭壁;

劈山巧凿洞,开前明、修当代,天桥饰溧水,高高斗拱画悬崖。 桥

奇异的树根桥

大自然是十分神奇的,有的树竟能自己生长成"桥",方便行人通行,妙不可言。

在我国广东省顺德容奇镇有一条小河,河边长着一棵郁郁葱葱的大榕树。有人说,这棵大榕树有灵气,通人性。原来,在这棵树的底部长出三条粗大的树根,径直跨向河的对岸,牢牢地缠绕在对岸的石头上,人们便在这三条粗大的树根上铺设木板作为桥面,成为一座全木质的桥。更有趣的是,这棵大榕树的下部又长出了一条 4 米多长的树根,跨过对岸,还比桥面高出 70 多厘米,形成了桥的栏杆。过桥的人扶着栏杆从桥上走过,感到既稳当又安全。对此,人们无不称奇,惊叹大自然的神奇杰作;也有人故意把它神化,更引来众多的游人前来参观,以走一走这座桥为愉快、吉祥之事。

榕树的巨根还能够加固桥梁,这也是一个有趣的现象。在四川原綦江县

正自乡红星村,有一座木梁石板桥,木梁年久变朽,逐渐成为了一座危桥,人们走在桥上感到很不安全,岂知一棵榕树对它进行了加固。在桥头有一棵大榕树长出了两条根,顺着桥梁延伸过去,插入对岸的桥头堡石缝中。这两条根越长越大,终于取代了日益腐朽的木梁,独自承担起几吨重的石板。而且,不偏不倚,使两岸的行人日日夜夜安全通过,这真是大自然的神工造化。

树能造桥,人也护桥。在湖南省新宁县洞头乡六合村的小溪旁,生长着一棵约有千年的"牛筋树"。千百年来,这棵树的两条大根并列地向着小溪对岸延伸,逐渐形成了一座宽约 2 米,长约 10 米的"树根桥"。当地群众为了保护这座桥,在桥上铺了尺余厚的泥土和沙石,使桥面变得更为平坦,也使树根免受磨损;同时,还在树根梁的下面中间部位筑了一个石墩,增加了桥的承载力,以至可以通行拖拉机。这棵 20 多米高的"牛筋树"虽历经沧桑,一直枝繁叶茂,树根还在继续生长。

原始的独木桥,就是河边的树木被飓风或洪水刮倒后搭在了对岸,人们踏着树干过河,逐渐知道了悬木成桥的道理,后来,便有意识地去制造桥梁。而天然的树根桥,却为人们造出了自然的交通设施,其巧妙之处,也会启发人们的思维,更使人感受到大自然的灵气和赐予。

在桂西山区东兰县城北面的九曲江上,也有一座与树根有关的桥。这座建于清代的石拱桥,共有 3 孔,桥长 20 多米,宽约 2 米。桥面距水面约 4 米,曾是城东与城西的主要通道。在宽阔的公路桥建成后,就很少有人走这座石桥了。有人说这座桥是"奇桥",它之所以"奇",是因为从中间孔的拱圈处石缝里倒着长出一棵茶杯粗的小叶榕树,虽然小桥能供给榕树的水分和养料微乎其微,但这树却长得生机勃勃,其茂盛的枝叶及发达的根须倒挂着贴近水面,在河水中映出一幅美丽的画图。天热时,小孩在桥下游水,常用小手抓着树枝爬到桥面底部,然后松开手"冬"地一声"跌"到水里,倒也十分好玩。 🌉

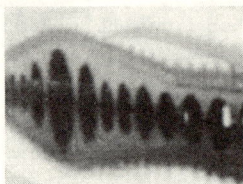

六、景观与桥

因桥成景不胜数

在繁华似锦的建筑艺术苑中,桥梁是一丛鲜艳夺目的奇葩。它是精美的工艺品,是浓郁的风俗画,是讴歌劳动的赞美诗,它有着很高的审美价值,常常是一城一地的重要景观或突出标志。在各地诸多的"十景"、"八景"、"六景"……中,桥景占有相当数量。如燕京八景中的"卢沟晓月"、北京十六景中的"银锭观山"、扬州北郊二十景中的"虹桥揽胜"、钱塘十景中的"六桥烟柳"、潮州八景中的"湘桥春涨"、峨嵋山十景中的"双桥清音"、关中八景中的"灞柳风雪"、台北八景中的"铁桥西照"、香港新八景中的"飞桥夜瞰"、青岛十景之首的栈桥等。而在建国后架设的一些桥梁也成为当地景观,并为当地人民引以为之骄傲和自豪。例如:万里长江第一桥的武汉长江大桥;完全靠自力修起的南京长江大桥,上海黄浦江上、珠江上建起的世界一流的斜拉桥、悬索桥等,质量越来越精,体量越来越大,桥型越来越美,无不是雄伟壮观的美景。而在重庆市的长江、嘉陵江上就有 24 座现代化大型桥梁,各种桥型目不暇接,蔚为大观,2005 年又建起了仿古栈道,形成了城市独有的景观。北京的立交桥规模宏大,形式多样,数量也多,在世界上也是首屈一指。有人说:"假如在景观中没了桥,就少了十分之五的真,十分之六的善,十分之七的美。"

以上是说的多是一些大型桥梁,而在泽国桥乡的小镇,河街水港交织如网,那些精巧的小桥,更是因"水"制宜,星罗棋布,争奇斗妍,构成了群桥景观。它们或三五成群,在一条河流上成串出现,如银线穿珠;或错落有致,几条河上的桥梁相互衬托,各显神采;或个性突出,纵横相连,似现代的立交桥。"东西南北桥相望,水道脉分梓鳞次"。真是水美桥美,令人叹为观止。这种群桥争妍的市镇在江浙一带随处可见,像苏州、绍兴以及周庄、同里、角直等。在与周庄毗邻处有一小镇叫锦溪,其老镇区仅有 1 平方公里,却有古桥 26 座。这些桥,如虹、如月、似弓,桥上的碑记、桥联、纹饰,都镌刻得相当精致。建于明代的太平桥,昔日桥畔桃李芳菲,两岸绿波掩映,是古镇的游览胜地之一。明代诗人王大津有诗赞曰:"空谷无人响石泉,隔溪苑屋见炊烟;东江故遣飞花出,知是桃源别有天"。太平桥两侧各有一副对联:"数叠渔歌传鹊桥,一弯溪水达龙口";"东迎薛淀金波远,西接澄湖玉浪平"。有趣的是镇中人出行、婚嫁都有过太平、锦溪、永福三座桥的习俗,以求吉利。这真是妙不可言的桥梁文化与胜景。

还有一些建筑在溪流、深山、寺庙的桥,更是别有一番情趣。苏州邓尉间的虎山桥就架在幽静冷寂、溯清朴雅、濯缨如画的翠谷山溪水之上。这个石拱桥体量不大,优美的桥形和清静的环境让人有世外桃源之感。明代王鏊记此桥的一首诗,读来十分醉人。诗曰:"湖上仙山翠巘重,画栏面面对芙蓉,人家斜日东西崦,野土浮岚远近钟。我欲濯缨来此处,谁能筑室傍前峰?放舟又过溪桥去,恐有桃源此际逢。"是桥把这里变得更为清静幽雅了。

为了审美的需要或者是特定的需求,人们有时会在桥上或两边增加一些建筑物,使桥梁建筑更为高雅美丽。四川乐山大佛景区现代仿古桥——濠上大桥,就是一座造型独特和附加建筑十分优美的景观桥。这座桥是由原乐山市佛教协会会长、已故著名高僧遍能法师在1993年7月募资修建的。"濠水大桥"取名自《庄子·秋水》,意谓鱼乐水,人乐桥,同为畅游。该桥在设计上博采历代中式古桥之长,显得古朴、典雅、大气。桥全长98米,宽5.9米,由"三拱、四亭、二廊"组成。桥身及桥面均采用仿古赤砂岩色,整个大桥平弧相间,廊亭相连,与周围景区的古建筑及水光山色浑然一体,堪称仿古建筑的典范之作,令游人赞叹不已。

2001年7月,北京完成了广安大街的改扩建工程,在8公里的路面上共有10座行人过街天桥,全部采用钢筋梁结构,外观轻巧,造型流畅。其中4座桥在桥基与桥身上作了特别的装饰,使人感到一种浓浓的文化品味。其一是"音乐桥",在桥身上镶嵌着长长的五线谱,它的曲调是国歌的第一句。因为音乐是感性的,所以音符的颜色采用具有跳跃性的红色和橘黄色;其二是"指南针桥",一个横放的指南针与桥身平行,光彩夺目的针尖端端正正地指向南方;其三是"数学桥",雕刻镶嵌的是"万有引力公式"、"相对论公式"、"函数公式",科学是理性的,因此数学符号的颜色是深蓝色的;其四是"时空桥",在桥基的两侧雕有人类几千年来重大科学发明的浮雕:以古代巴比伦的楔形文字所雕刻的"汉谟拉比法典"等。在这4座桥中,两座桥表现中国文化,另两座表现西

方文化。利用人行过街天桥做城市雕塑，这在世界还是首创。 🌉

桥美园林秀

园林桥在我国桥梁建筑艺术中占有重要的地位，它独具特色、独树一帜。任何一座园林，可以说是无山不壮，无水不秀，而无桥就会不美。有人说：桥近水非水，傍陆而非陆，架空而非空，是水、陆、空之间的交叉点。它巧妙地利用水面，以分割景区，设置景点，便利交通，使园林景观形成堤、岛、桥、亭完整的体系。桥与其他景点相谐相辉于园林中，桥外观桥、桥为景，桥内观景、景入胜。

在我国的园林中，最辉煌的是古典园林。中国封建社会发展到清朝康乾年间，已经达到了鼎盛时期。在这个时期，全国营造园林的风气盛极一时，中国古典园林的造园艺术，不论是皇家园林还是私家园林和寺观坛庙园林，都达到了很高的艺术水准，在世界园林史上占有重要的地位。同样，在古典园林建筑中，桥梁建筑艺术也是十分精湛，桥形千姿百态。在耗资巨大的皇家园林北京颐和园中，共建有桥梁30多座，工艺高超，桥形多变，有拱桥、平桥、曲桥、亭桥等，其中，横跨于八方亭与南湖岛之间的十七孔桥，在古今中外园林桥梁建筑中，能与其相比的实属少见，其景色正如桥上对联形容的那样："软风新柳"、"细雨轻航"、"波回兰桨"、"虹卧石梁"，令人陶醉。

在园林桥中，像颐和园的十七孔桥、玉带桥、绣漪桥以及北海大桥（即金鳌玉蝀桥）都够得上是大型桥梁；但园林桥多为小型桥梁，这是由于园林中水面都不是很大，因此这些桥梁多数是体量小，构筑巧，装饰精，离水近，使游人仿佛有在水上飘摇漫步之感。在造型上更是花样繁多，而且尽显曲线美的拱桥多。它们造型玲珑剔透，秀雅美观，容易形成景观。在拱形的变化上，有圆形拱、半圆拱、尖拱、弧拱、五边形拱、多边形拱等，最成功的莫过于"杭州十景"西湖苏堤六桥和苏州网师园的引静桥。人们都知道北京香山有一个"眼镜湖"，但很少有人知道在北京野生动物园内有一座"眼镜桥"。这是一座双孔拱桥，两拱成圆形镜框状，漂动的湖水宛如两个镜片；两拱相距较远，恰似鼻架；桥的栏板长长地延伸出去，很像是眼镜腿。这种巧妙活泼的构思，观赏者感到兴味盎然，尤其是孩子们见到之后无不欢呼雀跃。

162

　　曲桥在园林桥中运用得也很广泛,三曲、五曲、九曲等都有,以曲折来延长路线和增大距离和空间感,桥上观景也因距离和视觉的变换而生趣,又因其简洁低平,更可临水赏景,近水得月。曲桥大的如杭州西湖小瀛洲的九曲桥,上海城隍庙的九曲桥。在私家园林中曲桥更是随处可见,如苏州狮子林的十曲桥,留园、拙政园的曲桥等。

　　亭桥或廊桥之美,更是独秀于园林中。它不仅有很强的实用性,而且有很美的观赏性。除了通行、避雨、遮阳、休息外,其巧妙精美的建筑都是游人必赏的景点。著名的大型亭桥扬州瘦西湖的五亭桥,以高跨繁复为美。五个亭子组合主次分明,桥与亭的结合相谐相辉。其他著名的亭桥,如北京颐和园的西堤六桥中的4座桥,承德避暑山庄的水心榭,杭州西湖的曲荷亭桥等都很杰出。在廊桥中最为著名的小型廊桥是苏州拙政园的"小飞虹"廊桥,广东番禺荫山房的浣红桥。大型廊桥最著名者要算桂林七星岩风景区的花桥了。

　　风趣别致的"步矴"在园林里小的溪、涧、浅滩上也常出现。北京香山饭店的庭院中,以天然石块作散置的步矴,随意自然;广州现代的一些园林中,采用仿木桩形的混凝土作步矴,在自然美中有人工美的感受;桂林芦笛岩前的莲叶形步矴,贴近水面,自然布局,观赏垂钓都很自如,别出心裁。园林桥的变化是没有穷尽的,它可直可曲,可高可低,可大可小,小巧别致者居多。

　　中国古典园林中的桥,无论是长弧短曲,还是高跨低丫;无论是曲拱平梁,还是单孔多孔;无论是繁复华丽,还是简朴古拙,往往是能以其独特的立体造型美和水体及周围景观构成的和谐美,使园林更为亮丽;而桥堍处一些小品也为桥景增加了许多亮点,诸如假山、亭榭、瑞兽、牌坊等,都给人以丰富的美感、多彩的韵味。

　　园林中绚丽多彩的桥梁,是园林美的重要的组成部分。流水是长线、曲线,湖池、陆洲是块面。线与面相交,构成了对比美。桥则在线与面之间起着媒介作用,丰富了园林多样统一的造型,构筑了诗情画意般的美景。🌉

园林桥中佼佼者——十七孔桥

　　北京颐和园内的十七孔桥,是我国园林桥中最长的一座石拱桥,也是园林桥中最美的桥梁之一。据说,当时造桥的工匠们有感于北京卢沟桥和苏州宝带桥的美，将两者的优点糅和在一起架起了这座名桥。它不像卢沟桥那么平坦，而是桥面微微隆起，呈现出一条柔和的曲线。乾隆皇帝对桥的一个题额是："修蝀凌波"，意谓长虹飞凌于碧波之上；另一题额为："灵鼍偃月"，意谓如水中神兽卧如半月。它是清代皇家官式石拱桥的典型代表之一，是造园艺术的传神之笔。

在颐和园里，万寿山宏伟壮观，昆明湖硕大秀丽，构成了取意"颐养冲和"的著名皇家名园。它以四时更新的秀色，宛自天成的典雅，雍容华贵的气派呈现在游人面前。颐和园的美，不仅在于自然的山水，而且更在于点缀在山水之间千姿百态的人工建筑，在于自然景色与艺术性建筑两者完美的结合，十七孔桥就是这种结合的典范。

十七孔桥建于清乾隆二十年(1755)，跨越在碧波荡漾的昆明湖东堤八角重檐廓如亭与翠珠般南湖岛之间。全桥长150米，宽8米，共有17孔，跨度8.5米至4.8米不等。拱石厚40厘米，墩厚2.5米，桥拱圈为半圆形。桥面铺设长方形青白石板，汉白玉护栏，望柱上雕刻着形神各异的瑞兽。这座巨大的石桥，不仅沟通了从东堤到南湖岛的水上交通，而且还丰富了景物景深。昆明湖的水面约占整个颐和园面积的四分之三，在这宽阔的水面上，横亘了一座十七孔长桥，把水面分割开来，增加了景观的层次，不致产生一览无余的空旷感。

大路上的桥，人来人往，来去匆匆，似乎很少有人会停留下来仔细欣赏。园林中的桥就大不一样了，它不通车马，除了走人行船，延长游览路线外，很重要的一个作用就是点缀风景。在桥影倒映水面时，更具诗情画意，即"画桥依约垂杨外，映带残阳一抹红"；"波光柳色碧溟蒙，曲渚斜桥画舸通"，为园林平添了许多情趣。

十七孔桥在结构上也很巧妙，它的桥洞随着平坦的弧形桥面向两岸下降而依次缩小，并且每一个桥洞的造型都是相同的，这种相对性的重复和对称，绽现出一种韵律感，使桥的立面构图更加鲜明生动，并富有活力。

十七孔桥虽然桥洞的高度和跨径都从中间向两边递减，但桥墩的厚度却没有变化，桥拱的有序变化与桥墩的始终如一，使它在造型上独树一帜，一反园林桥梁不宜采用联拱厚墩的做法，成为世人交口称赞的精美之作。

这座石桥为什么要建成十七孔？还有一个有趣的说法，就是为了取阳极之数"九"。我国古代，把二、四、六等偶数称为阴数，把一、三、五等奇数称为阳数。"九"是阳数中最大的一个数，故称为"阳极"。十七孔桥从中间一孔向两边数去或从两边数到中间，恰好都是"九"，这和天坛圜丘坛用"九"的倍数组成完整的图案是一个道理,这里是寓十七孔桥的宏大之极。

十七孔桥的装饰艺术也很有特色。在栏板的望柱上雕刻着精美生动的石狮和异兽,栩栩如生。据中华人民共和国交通部主编的《桥谱》记载:卢沟桥的大小石狮为484个,而十七孔桥是544个,比卢沟桥多60个。在桥头不远处还有一尊姿态雄健的乌光锃亮的大铜牛,用以镇压水患,称为"金牛"。牛背上铸有80字的篆体铭文《金牛铭》。铜牛引颈翘首,双耳竖起,气势轩昂。牛角挺立而微微弯曲,两只大眼警惕地注视着湖面,牛头侧面看向大桥,似乎正在凝神谛听着浪花拍岸的声音。从东堤上看,这铜牛、长桥和廓如亭组成了一幅十分美丽的园林图画。这样的布置,扩大了十七孔桥在景观审美中的辐射面,提高了桥梁的美学价值,是造园艺术巧妙之作。

乾隆皇帝题有两副对联,一副是:

虹卧石梁,岸引长风吹不断;波回兰桨,影翻明月照还空。

大意是:石桥犹如长虹卧波,从岸边不断吹来轻柔的微风;兰桨的回旋激荡,在金色涟漪中的月影更为迷人。

另一副对联是:

烟景学潇湘,细雨轻航暮屿;晴光总明圣,软风新柳春堤。

大意是:湖光烟景犹如潇湘八景,细雨中一叶轻舟在暮色苍茫的岛屿间驶荡;这里的山色晴岚亦如是杭州西湖,春风吹拂着堤边新柳,令人神爽。

花桥秀美　各有所奇

在我国取名"花桥"的桥梁已知的有4座,共同的特点是十分秀美,但也各有奇妙之处。

花桥原来是浮桥　"花桥烟雨"是"桂林山水甲天下"的一大景观,为奇山秀水增色添彩。这座桥在七星岩公园进口处,每当春夏季节,在桥头两岸,山花烂漫,杜鹃盛开,绿竹摇曳,繁花似锦,全桥如掩映于花海之中,故取名为"花桥"。尤其在雨后初晴时,花露晶莹,轻烟薄雾,缭绕其间,桥景更为迷人,故名"花桥烟雨"。宋代方信孺有诗赞道:"雨脚初收鱼尾霞,满溪流水半溪花"。

花桥初建于宋代,原为木桥,后改建为石桥。在五个朝代,800余年,屡遭山洪冲毁,前后重修十余次,现为石拱桥。全桥11孔,水中4孔,其半圆形桥孔与水中的倒影,犹如四轮明月,飘渺绮丽。桥上建有风雨亭,琉璃瓦盖,泛金溢彩,檐牙高啄,玲珑剔透。另有旱桥 7 孔,既是引桥,又有利于排泄山洪,也使桥梁坡度减缓。由于采用了联拱薄墩,不仅节省了用料,还增大了排水量,充分说明当时的造桥技术已达到很高的水平,体现了我国古代劳动人民的聪明才智。

1965 年花桥大修,人们惊异地发现,这是一座"浮桥"。当人们把桥墩脚挖开时,只见墩脚 80 厘米厚的石基之下,竟是两排纵横平铺的大圆松木,每排 24 根,松木之间没有铆钉固定,更无绳索相连,是一个 2.4 米宽的木筏。正是这个巨大的"木筏",支撑了桥墩的基础,托起巨大的石桥;而"木筏"则"浮"于河底的淤泥之上。人们这才恍然大悟,花桥原来是一座"浮桥"。修复后的花桥,虽然改为混凝土结构,仍使桥浮于淤泥之中。

现在,每逢重大节日之夜,花桥和小东江两岸的建筑物上挂满串串彩灯,五彩缤纷,倒映江中,桥上桥下,灯火辉煌,如万朵山花怒放。这时的花桥,就好像是天上的琼楼玉宇落到人间,意趣盎然。

花桥之上的"桥梁节" 这是一个独特的节日,名曰"桥梁节",与元宵节同日。广东省吴川县梅录镇,每年在农历正月十五日都要举办"逛花桥"节,热闹非凡。节前,人们先把梅录镇与上隔海村之间的一座拱桥,披红挂绿,张灯结彩,花朵垂吊,书画点缀,装上各式泥塑,名曰"花桥"。元宵之夜,游者如潮,通宵达旦,盛况空前。

据说这种风俗已经有 600 多年的历史,而且还有一个美丽的传说:有一年,人们正在兴致勃勃地闹元宵时,忽然大雨倾盆,江水猛涨,渡船冲走,眼看上隔海村要被吞没。正在这时,忽见天上一位仙女飘然而来,衣袖一扬,就见梅江之上出现了一座桥梁,将上隔海村与梅录镇连在一起了,人们便从这座桥上撤离,脱离了险境。为了纪念"仙女"的救民之恩,以后每逢元宵节这天,人们就在江上架起一座便桥,给它披红挂彩,插花摆景,供人们游玩、观赏,当地人称之为"逛花桥"。

解放前,花桥分为"男桥"和"女桥",逛桥时各自观赏;后来才发展为男女同游的"鸳鸯桥"。有的人还要在桥上采撷挂着的纸花,摘白花得子,采红花生女。同时还有人跑到桥下去洗手,意思是把一年的辛苦和不如意都洗掉,在新的一年中交好运,万事吉祥。这种方式表达了水乡人民对桥梁的热爱,对美好生活的向往。解放后,这里架起了一座大型的钢筋水泥混凝土桥,元宵节"逛花桥"的风俗也更加兴盛。

花桥之畔雇工场　苏州的花桥，坐落在苏州闹市区的临顿河上，是一座古朴庄重的小石桥，从前是丝织工人待雇的场所。

早在唐代白居易就有吟花桥的诗："扬州驿里梦苏州，梦到花桥水阁头"，那时花桥就很有名。历史上一度繁荣，建有文昌阁、轩辕楼、魁星阁等，在文人雅士中影响颇为深广，可惜这些建筑如今已无痕迹。

明清时期，中国资本主义萌芽，贩丝、贩绸兴起，通商境内外，利润颇丰。苏州民营丝织业得到发展，促使大批农民涌进城市务工，许多农工聚集桥头等待顾用，素缎工多聚于白砚桥，花缎工则聚集在花桥桥畔，形成了一个劳务市场。

岳武穆留诗的花桥　这座花桥在安徽婺源县境内，桥上有花亭，庄重别致。宋岳飞武穆曾于桥上留题：

上下街连五里遥，青帘酒肆接花桥；

十年征战风光别，满地芊芊草色桥。

后来这座桥被焚毁，张彦仪兄弟奉母命重修，易名为义方桥。明代万历乙亥年间，桥亭遭毁，张彦仪之孙应庚再建。 桥

银锭桥"三绝"

北京什刹海的前海与后海，像一个硕长的葫芦，在其蜂腰部有一座汉白玉小石拱桥，长 12 米、宽 7 米、高 8 米、跨径 5 米，有镂空云花栏板 5 块、翠瓶卷花望柱 6 根，因桥形似元宝，取名"银锭桥"。

这座桥始建于明代，已有 500 多年的历史，现在的桥是 1984 年重建的。在桥身正面镌刻着由故宫博物院副院长单士元老先生题写的"银锭桥"三个楷体大字，字体工整浑厚，满着绿色，与周围的碧水、高杨、翠柳相融。桥下水波粼粼，金光闪闪，桥畔杨柳夹岸，葱茏流翠；桥周围古宅相拥，胡同密集，古韵悠然；隐于浓荫中的王府、寺庙的屋顶飞檐依稀可见；桥的近处还有宋庆龄、郭沫若等多处名人故居，一派清雅幽静的氛围，素有"西湖春，秦淮夏，洞庭秋"之誉。别看银锭桥的桥体不大，却是什刹海景区的点睛之笔，有"三绝"著称。即：眺望西山，观赏荷花，品尝烤肉。今人孙小楠吟诗道："一池雨荷清莲子，两岸弱柳细扶风；慢解西山重峦影，阡陌小巷总关情。"正是，"桥不在大，'三绝'闻名"。

"三绝"之首是眺望西山　人们站在北京城内的任何一块平地上，都看不到郊外的西山；唯独站在与地面等高的银锭桥上，却可引颈西望，领略西山浮烟晴翠的绰约丰姿。这是因为宽阔硕长的后海，形成了一个扇面形的视角，又兼过去在新街口一带没有高大建筑，西山便呈现在人们的视野里。"银锭观山"是旧燕京16景之一，明代史籍已有明确记载，《燕都游览志》描绘："城中水际看西山第一绝胜处也。桥东西皆水，荷芰菇蒲，不掩沦漪之色，不似净业湖之逼且障也"。

当年，乾隆皇帝非常喜欢西山之美，他曾作诗曰："银屏重叠湛虚明，朗朗峰头对帝京，万壑精光迎晓日，千林琼屑映朝晴。"特别是在雨过天晴的夏日，碧空如洗，放眼西眺，但见西山郁郁葱葱，层峦叠嶂，令人心旷神怡。

"三绝"之雅是观赏荷花　清代竹枝诗吟道："地安门外赏荷时，数里红莲映碧池，好是天香楼上坐，酒阑人醉雨丝丝。"在什刹海，每当赤日炎炎的盛夏，正是那"出淤泥而不染，濯清涟而不妖"的"花中君子"竞相吐艳之时。晴日，红荷映霞，灼灼似火，"翠盖红幢耀日辉"；雨天，粉荷银珠，盈盈欲坠，"露滴胭脂色未浓"；风过，莲蓬摇曳，清香飘溢，"莲花池畔暑风凉"。其赏心悦目，实难以言喻。

远山、近水、荷花，成为了京都第一佳山水。生长在什刹海边的明代文人李东阳吟诗道："城中第一佳山水，世上几多闲岁华。何日梦魂忘此地，旧时风景属谁家。林亭路僻多生草，浦树秋深尚带花。犹有可人招不得，诗成须更向渠夸。"李东阳身后140年，这里又诞生了一位杰出的文学家名叫纳兰性德，是康熙年间内阁大学士明珠之子，工书善诗。每值荷花盛开之际，总喜欢和友人曹寅、朱尊彝等漫步堤岸。他笔下的："藕风轻，莲露冷，断虹收。正红窗，初上帘钩。田田翠盖，趁斜阳，鱼浪香浮……"，就是一幅美不胜收的天然图画。近代大文学家老舍先生，也十分钟爱这一地区，并且这里成为他许多小说故事的发生地。

"三绝"之美是品尝烤肉　"客旅京华，问道季家何处？香浮什刹，引来银锭桥边。"这副对联告诉我们，距银锭桥数十步处，便是百年老字号烤肉季。现在的店名是由著名清朝皇族书法家溥杰先生书写；店前门柱上由肖劳先生书丹方璧先生撰写的楹联一副："画楼醉看粼粼水，炙味飘香清清烟"；1997年春，又由雍正皇帝第九代孙书法家爱新觉罗·启骧写了一个匾额"湖滨第一楼"，悬在门楣上；店内还有黄苗子书写的匾额。1999年费孝通先生又亲书一联，悬在桥畔，联云："银锭桥观山一景，烤肉季烤肉一绝。"这些书法作品，使"烤肉季"这家餐馆的文化品位更高，名闻遐迩。

烤肉，最早由蒙古族传入北京，初始就在露天烧烤，野味十足，不腥不腻。在炙条下燃烧着松木，炙条上翻烤着鲜嫩的羊肉，松烟的香味与羊肉的香味混在一起，四处飘散，使你的食欲大增。一手执壶抿酒，一手执箸啖肉，一边观赏桥畔的荷花，体味"炙味香飘清清烟"的美韵和意境。后来这种烤肉移到店内，冬夏皆宜，更增加了许多雅兴乐趣。这里不仅接待过老舍、梅兰芳、马连良、侯宝林等文化名人，还接待过美国前总统老布什等外国贵宾。这里不仅可以品尝烤肉，临窗览景，还可品味民情、民风、美景、美文。诗人卞之琳有诗写道："你站在桥上看风景，看风景的人在楼上看你。明月装饰了你的窗子，你装饰了别人的梦"。来北京的游客，倘若只品尝了烤鸭、涮羊肉，未曾品味烤肉，也是一件憾事。 桥

断桥不断　长桥不长

"杭州之有西湖，如人之有眼睛"。一说到秀丽的杭州，人们首先想到的便是西湖。而杭州人常对外地游客风趣地说：西湖有三奇，叫做"断桥不断，长桥不长，孤山不孤"。你知道这是什么意思吗？然后就会饶有兴趣地讲起其中的缘由来。这也成了游客寻景探幽的一大乐趣。

断桥，因《白蛇传》中白娘子与许仙"断桥相会"神奇、美丽的爱情故事而闻名天下。奇怪的是，断桥实际并不断。"分明一片连桥子，何日何年断得来？"当然也不是魂断情绝的意思。

踏上西湖白堤，首先看到的第一座拱桥，就是有名的断桥。它初建成于唐代，是一座石级独孔环洞桥，高约 4 米，桥中央置有桥亭，装有木栅门，晨启暮闭。现在的桥是 1921 年改建成的。

据考证，断桥之名始于唐朝。唐代诗人张祜咏孤山诗中有"断桥荒藓涩，空院落花深"之句。在唐、宋时又称宝祐桥，元时又称段家桥，钱思复有"阿姨住近段家桥，山如峨眉柳如腰"；张翥有"段桥春色绿如柔"等。还因桥小，也有称短桥的，且因西湖南面有一座"长桥"，有长岂能无短，于是就把这座西湖北面的桥称作短桥。段、短、断一音之转，便成了"断桥"，这是一种说法。还有一种说法是，此桥是外湖与里湖的分水点，从孤山通过来的白堤，至此而断，因称"断桥"，明人王瀛有诗道："断识断名元不断，跨河有路入孤山"。流传较为广

泛的一种说法是，当时断桥顶端曾有木质跨桥亭，冬季下雪后，整个白堤似一条长长的白练，由于桥上有亭，桥面上没有雪，桥亭上的雪先融，远远望去，好似桥断了一般，故称断桥。这就是西湖十景之一的"断桥残雪"。在这里有一副对联，将风光美景囊括无遗。联云："断桥桥不断；残雪雪不残。"此外，明末清初文学家张岱还提出一种见解。他在《西湖寻梦》一文中说到，"断桥残雪"并非指雪景，而是指月景。"白堤阔二丈，遍植桃柳，一如苏堤。岁月既多，树皆合抱。行其下者，枝叶扶苏，漏下月光，碎如残雪。意向言断桥残雪，或言月影也。"凡此种种，不论孰是孰非，都给游者增加了不少情趣。

说到长桥不长的缘故，它是西湖由大变小的见证。在今西湖南面有一座平板通水桥，长不足5米，却名为"长桥"。此桥旁边还有一座亭子，据传，梁山伯送祝英台的十里长亭就在这里。这个千古流传的动人的爱情故事，是这样说的：梁山伯送祝英台过桥后，祝英台依恋不舍，又从桥上送梁山伯从桥这边返回来，接着梁山伯又把祝英台再次送过桥去，如此往返18次之多，短桥也变成"长桥"了。

其实，长桥原有1000米左右，是名副其实的长桥，由长变短是沧海桑田的结果。宋代以前，西湖的面积要比现在大得多，水面辽阔。现在的花港观鱼等处均是湖面，花家山、丁家山都是湖中小岛。西湖东南诸山流下来的河水，分三个渠道从长桥下流出。长桥以内皆为汪洋，湖水直至玉皇山下。当时桥下分三门，用巨石砌成，水口甚阔，桥下筑有水闸，桥上筑有亭子。随着西湖不断缩小，长桥就从一个千米大桥逐步缩小到现在的5米的小桥。正如明代陈赞的诗中所言："前朝叠石架为梁，影落清波几夕阳；世事如今虽已改，桥名依旧尚称长"。

至于孤山不孤，是因为宋时在筑白堤与苏堤时，用淤泥又筑了三岛，相伴孤山，遂为孤山不孤。　🌉

园林"六桥"有几多？

在中国园林桥中称"六桥"的有好几处，最负盛名的是杭州西湖的苏堤"六桥"和北京颐和园的西堤"六桥"。另外，还有西湖杨公堤"六桥"，广东惠州西湖"六桥"等。

开"六桥"之称先河者,是杭州西湖的"苏堤六桥"。它有一段苏东坡勤政爱民、重视环境保护的故事。北宋大诗人苏东坡,第一次到杭州任通判时,西湖已有十分之二、三被淤塞。过了16年,他来杭州任太守时,西湖又少了一半。如此下去,再过几十年,西湖将荡然无存。为此,他决心给西湖清淤。他以西湖为皇帝祝福放生等巧妙的理由得到皇帝批准,还得到了一万七千贯钱;又亲自发起募捐,写字作画,进行义卖,以拯救西湖。从夏到秋,苏东坡动用了20万民工为西湖清淤,把西湖中挖出来的葑草和淤泥,修了一条自南到北横贯湖面2.8公里长的堤,成为一条重要的交通道路。又在堤上筑了6座通水桥,皆为半圆拱。明人杜启称:"上为悬虹之势,中穹两垂,影饮河流;下为偃月之形,洞空轮廓,帆樯径度"。面对6座桥,苏东坡自己也不免纵歌高唱:"六桥横绝天汉上,北山始与南屏通;忽惊二十五万丈,老葑席卷苍烟空"。后来,人们为纪念他的功绩,便称为此堤"苏公堤"。堤沿遍植花木,三步一柳、五步一桃,一年四季,晨昏晴雨,充满了诗情画意。尤其是春日,晨曦微露,杨柳千缕,滴翠如烟,波光粼粼,小鸟啁啾,景色迷人,这便是"西湖十景"之首的"苏堤春晓"。那建在堤上的6座桥,在红桃绿柳掩映下,其旖旎风光更是美不胜收,便被雅称为"六桥烟柳",有民谣与诗歌吟道:"西湖景致六条桥,一株杨柳一株桃";"画桥六曲绕湖头,最爱晴烟柳上浮"等。

苏堤六桥从南而北为:第一座桥是"映波桥",可望花港别墅山庄倒影于湖面的楼台亭廊。第二座桥是"锁澜桥",迎面是千顷一碧的三潭印月。第三座桥是"望山桥",南望身披彩霞两峰对峙的玉皇山与凤凰山,北眺山色变幻不定的众山群峰。第四座桥是"压堤桥",是眺望西湖全景的好地方,苏堤的景碑就在"压堤桥"桥堍碑亭中。第五座桥是"东浦桥",能欣赏平湖日出。第六座桥是"跨虹桥",恰似满弓。左为外湖,可赏孤山、湖心亭,右为岳湖和蜿蜒的群山。在这一特殊的位置,逢雨后、月夜,天上和湖中会出现两道彩虹和两弯月亮。那桥如弓,月如弓,双双倒影;那拱成弧,虹成弧,云水岚光浸湖中,犹如仙境。有诗云:"南北高峰高插天,两峰相对不相连;晓来新雨湖中过,一道矫虹锁二尖。"

古人云:"一切景语皆情语"。苏堤像一条锦绣缎带,六桥如同精美的玉佩,轻轻地束在西子湖的腰身上,真是情人幽会的美妙境地,"压堤桥"几为情人桥。有诗云:"茅家埠头芳草平,第四压堤桥影横;桥外飞花似郎意,桥边凉水似侬情。"

北京颐和园内也有"六桥",叫做"西堤六桥",它是仿效杭州的"苏堤六桥"

建造的,但它有了发展,有了创造,有了个性。颐和园是皇家园林,不仅要通水、通航、通路,而且要造景、观景、休息,故在桥上建亭筑阁,甚是雄伟壮观,富有诗意。"西堤六桥"从南向北是:"柳桥"、"练桥"、"镜桥"、"玉带桥"、"豳风桥"和"界湖桥"。

"柳桥"。其名取之于唐朝大诗人杜甫的"柳桥晴有絮"的诗句,在一团柳树中掩映着一座彩绘的亭桥,每到春季,风剪柳枝,娥黄初绽,柳桥画亭隐现于蒙蒙烟柳之中,深深浅浅,风韵无穷。二是"练桥"。其名是根据南朝诗人谢朓的"余霞散成绮,澄江静如练"诗意取名。古人常把河水比喻为练,当玉泉山流来的水经过练桥时,恰如一匹帛练清澈明净。三是"镜桥"。其名称则是由于东临昆明湖而来,西濒小西湖,根据此桥所处的环境特点,乾隆皇帝撷唐朝大诗人李白的诗句"两水夹明镜,双桥落彩虹"意境取名。乾隆皇帝也有诗咏:"若道湖光宛是镜,阿谁不是镜中人"。四是"豳风桥"。在清漪园时名"桑苎桥",音近"丧主"。而咸丰皇帝名"奕詝","詝"与"苎"同音,不太吉利。故慈禧把这座桥更名为"豳风桥"。这几座桥的桥型与亭式各不一样,一桥一式,互不雷同。桥洞有单孔、三孔,桥拱有圆拱、瓣拱、方拱,桥亭有八角、四方、长方,亭顶有攒尖、歇山、卷棚等多个式样,表现出设计者的智巧。五是"玉带桥"。在"六桥"中它和"界湖桥"都是没有桥上建筑的。"玉带桥"高拱石砌,桥体洁白,桥栏秀丽,线条流畅柔和造型匀称,桥面宛如玉带,拱形倒影落入湖中,形成了一轮圆月,荡漾在碧澄的湖水上,是颐和园一个优美的景观。这座桥还具有很强的实用功能,桥身高耸,约高出水面 10 余米,它是皇室人员乘船游览由昆明湖通向玉泉山唯一的水上通道。因此,不仅桥形独秀,装饰亦美;而且通航顺畅。至于"界湖桥",意谓昆明湖与后湖之间的桥。一道长堤 6 座桥,将宽阔的昆明湖割去一角,则造成了湖外有湖、景中有景的观赏线。颐和园的"西堤六桥"是造园艺术和造桥艺术巧妙结合的典范。

位于杭州西湖上的"杨公堤"上也有"六桥",称作"杨堤六桥"。明代杭州郡守杨孟瑛,看到西湖周边多被富豪侵占,景色日衰,欲恢复昔日的繁华。他前后准备了 5 年,上奏朝廷,下谕百姓,终于以 152 天时间清淤,拆除占地,从栖霞岭绕丁家山直至南山,另筑了一堤,与苏堤并驾齐驱。堤上亦建有六桥,由北向南桥名是:"环壁桥"、"流金桥"、"卧龙桥"、"隐秀桥"、"景行桥"、"浚源桥",人称湖里"六桥"。两堤桥景遥遥相对,环湖并峙,极其壮丽,与"苏堤六桥"合称"西湖十二桥"。且里六桥、外六桥,隔株杨柳隔株桃,诗人用"西湖竹枝词"唱道:"十二桥头日半曛,酒垆花岸共氤氲;七香车内多游女,个个搴帷过岳坟。"可惜后来里湖淤浅,扩田建房,"杨公堤"逐渐废没,今日称作西山路,已无昔日袅袅杨柳,而是粗壮的法国梧桐了。

还有一处是广东惠州西湖的"六桥"。这座公园是由 6 个湖与岛连贯而成,湖间以堤、桥相携,水秀山明,桥美堤绿。这 6 座桥的名称是:"西新桥"、"拱北桥"、"烟霞桥"、"迎仙桥(三眼桥)"、"明圣桥"、"大通桥(园通桥)",其景色可与杭州西湖相媲美。 🌉

水上风情画　甘肃灞陵桥

灞陵桥位于甘肃省渭源县城关南门外的清源河上,是一座单跨木结构的拱形廊桥。因仿效"灞桥送友"和"灞桥折柳"之意,取名"灞陵桥"。这座古桥有着显著的民族风格,结构独特,色彩绚丽,成为名闻遐迩的景观。

据有关史料和桥头残碑上的记载:灞陵桥始建于 600 年前的明洪武年间(1368～1398),清同治时统领梅开泰又重建,"既济行人,复通车马"。因以前所建皆系平桥,桥台用木笼装石,不甚坚固,每逢夏秋季节,河水暴涨,屡被冲毁,劳民伤财,交通受阻。至 1919 年,由知县马象乾主持,徐立朝督工,招聘渭源县柯寨能工巧匠何遇江、何遇海兄弟二人,仿照皋兰县卧桥(又名西津桥)式样,建成挑梁木梁桥。使用七八年后,桥身开始倾斜。1932 年,因危及行人安全,何氏兄弟重新设计改建,1934 年 8 月告竣,始成今日的木悬臂拱式廊桥。1952 年因拓建道路,遂成为保留古卧桥旧貌的行人用桥。

灞陵桥因处于山洪经常暴发处,为了适应这一地理水文条件,就采用了单跨叠梁式悬臂结构。桥总长 40.2 米,桥面宽 4.65 米,净跨 27.46 米,桥高 8.5 米,桥上建有屋廊。它的外形、木拱高度都与《清明上河图》中的虹桥相似。虽然灞陵桥的历史不算太久,但它却是采用了古老而有效的建桥技术,不但继承了始于南北朝时代并流行于西北高山峡谷地区的悬臂木桥结构,而且还运用了宋代虹桥叠梁拱的方法,具有较高的研究价值。

灞陵桥上的廊屋共 13 间 64 柱,有台阶通道 3 条。中间宽敞而两边狭窄,并配有栏杆扶手。桥顶覆以灰瓦长廊,与桥两端飞彩挑阁式的廊房浑然一体。两端各 5 间是用悬臂梁结构,由两端桥台上各斜伸出 5 层悬臂梁,每层各用 10 根粗圆木组成,每层逐级向上飞挑 2.11 米。各层悬臂梁之间的近端部用横木支垫,梁的端头又另以横木一根以卯榫把10根圆木联系起来,在紧靠横木之后又用垂直的穿枋把各层相同位置的悬臂梁串联起来,形成组合悬臂梁。中间3间运用另一种手法,即从每根悬臂的空当之间伸出一组9根通长的拱梁,与各悬臂梁形成一定的夹角,使这一组拱梁恰好支垫在各层的横木上,拱梁与中间3间水平拱梁相接处用横木2根支垫在最上层悬臂梁上,而上层悬臂梁又与中间水平拱梁相接,其下也用2根横木支垫在下层中3间水平拱梁上。最上一层悬臂梁和几组拱梁互相交叠,完善地解决了两端悬臂梁最后搭接合龙的问题,构成一组很稳定的拱架结构。

这种结构组合使桥身向上耸起,形成凌空卧波,悬妙陡险的优美造型。桥面之上的长廊,使木结构桥身避免风雨侵袭;在桥的两端成一段反曲线形,使桥的构造更觉轻巧。桥两端还建有出檐深远、屋角起翘、有正脊的桥头屋,使拱形的廊桥有一个完整的造型,组成了一幅很协调的水上建筑风情画。

中国近代书法家于右任曾为该桥题有"大道之行"匾额。20世纪30年代初,爱国将领杨虎成将军为灞陵桥题写了楹联。联语是:

鸟鼠溯灵源,雪浪云涛,东行汇泾渎黄河,函关紫气;

陇秦资利涉,月环虹跨,西望是金城杨柳,玉塞葡萄。

灞陵桥的北面与城区相连,南面是一片开阔的林荫河岸,在这山水相映的环境中,灞陵桥优美的身影给渭源城增添了一道美丽的风景线。解放后,几经维修,更为精巧壮观,吸引着大量游客。 桥

民族风情画 侗族风雨桥

在湘、桂、黔地区,居住着近200万的侗族同胞。这是一个神话般的世界,有迷人的独岩峰、雄伟的鼓楼、壮观的凉亭和那古朴的民居吊脚楼,它们都好像在讲述着古老美丽的传说。而令人难忘的还有绿树环抱、山花掩映中的"风雨桥",也称"回龙桥",或者叫"花桥"。

侗族风雨桥,有建在旱地和水上两种。建在旱地上的风雨桥,亦被称为"寨门",而建在河溪上的风雨桥较多。这些风雨桥一般长30至40米,通高10多米。不论是建在水上或旱地上的,造型大同小异,只不过是在结构的复杂程度与雕塑绘画艺术性的高低上有所不同罢了。

风雨桥在功能上,既是侗族人民过往寨脚或寨边河溪的交通设施,又是侗族居民休息纳凉、遮阳避雨、聚会议事、集市贸易、唱歌娱乐等方面的最佳场所。凡遇民族节日,盛装的侗族男女青年,手持芦笙、琵琶,从村寨汇集到桥上,热情奔放的侗族歌谣和娓娓悠扬的琵琶声响交织在一起,一片欢乐景象。

飞流而架的风雨桥,其佼佼者又被称为"回龙桥",是取"桥如长龙,翼立水上,水至回环,护卫村寨"之意,在侗乡的村前寨头,大道小路,跨越河溪的地方,都会见到绮丽多姿的回龙桥。它既像房子,又像鼓楼,它是由两部分组成,下部是以石为墩的桥梁,上部是木结构的重檐长廊,两端建有桥楼,中间建有鼓楼。这种独特的艺术结构和建筑技巧,使其久负盛名。

在湖南通道侗族自治县的侗寨,随处可见传统的风雨桥,据 21 世纪初的统计,全县境内 10 米以上的风雨桥就有 176 座。这里山清水秀,美丽富饶,又有别致壮观的风雨桥装点,真是"往来人在画图中"。这些桥大多雕梁画栋,立亭塑阁,华丽多彩,因而又被称为是"花桥"。

这个县的坪坦乡的回龙桥,远近闻名,它建于清朝光绪年间,全长 80 米,宽 4 米,桥面上盖有 3 座塔式楼阁。桥上长廊有 20 多间隔亭,隔亭瓦檐的衬板和顶梁上,饰有侗族人民喜爱的花纹图案、神像仕女彩画,很像北京颐和园的长廊。回龙桥除桥墩用青石砌成以外,桥身和塔式建筑全部用杉木接榫而成,不用一钉一铁,却稳如泰山。更有趣的是桥中央亭阁的顶部有一个象征吉祥的千年鹤,每当风起,就发出"嘟嘟嘟"的声音,数里以外都能听到。

在该县众多的花桥中,位居城中的独蓉桥更具有特色。它横亘双江河上,与巍峨的独岩峰遥遥相对。河面是绿水悠悠,两岸是青山隐隐。宛若一个天然公园。有诗赞叹道:南游北客笑相问,错把双江当桂林。

独蓉桥的下部为混凝土结构,上部为木架结构,犹如水上长廊。桥的两端突兀拔起两个华亭,亭上叠亭,檐外飞檐,匠心不凡。廊顶布以精致的黄瓦,亭身覆以古红朱漆。桥侧装有护栏,护栏内侧为长条坐凳。全桥古朴典雅,文采华丽。桥亭上镌有楹联,其中一副是:"独岩参天千峰秀;彩云飞渡万人行。"

每到黄昏,劳顿一日后的乡邻,三三两两,来到桥上,或坐或立,或品茗论事,或下棋消闲,人人自得其乐。只见远山隐隐,村灯闪闪,流水潺潺,清风羽羽,如入仙境。

在美丽如画的贵州侗族聚居区所建的风雨桥,最早的史料记载是清康熙十一年(1672),距今已有 330 多年的历史。风雨桥多以杉木或大青石作桥墩,将大杉圆木分层架在墩上,用 4 根柱子穿枋成排,并将各排串为一体,呈长廊式建筑,在桥面上铺一层木板,桥面两侧安有长方凳供人们休息,凳外边有竹节式等花格栏杆,桥廊上是单檐或重檐人字形的悬山顶,有些则是在悬山顶的两端和中间配有翘角攒尖歇山顶,以青瓦覆盖。桥上雕绘有各种奇花异草、飞禽走兽、古代武士、风土人情等图形,璀璨醒目,给风雨桥增添了秀丽的色彩。如贵州省洞金沟风雨桥就很知名。全桥长40米,高13米,桥上竖有三层桥楼,中间大两头小,中间的桥楼是宫殿式的五层重檐,四角攒尖顶,顶的上面安有宝葫芦,远看桥上像竖有一座壮观的鼓楼;桥的两端是五层重檐的桥楼,一、二层和五层楼是人字形悬山顶,三、四层则为歇山顶,且雕绘有各种各样的图案。它的整个造型相当壮观美丽,彩绘彩塑也非常精致,富有诗情画意。

在翠微的山谷中,飘着一泓清澈的山溪;清澈的山溪上,飞曳着一道道迷人的彩虹,那彩虹就是侗族的风雨桥。这一座座古色古香的风雨桥,是侗族辉煌文化重要的组成部分,是古建筑艺术的瑰宝,它凝聚着侗族先民及其后裔的睿智,闪烁着侗家建筑艺术的风采。 🌉

千姿百态的湘西龙桥

我们中华民族被称为是龙的传人,对龙十分崇拜。相传大禹治水时,曾以鼋为梁;屈原楚辞《离骚》中也有以蛟龙为桥,乘之以渡的描述。在湘西少数民族中,对龙的崇拜尤其突出,许多的桥梁都冠以"龙"名。不论在深山大川,还是在小溪大江;不论是在繁华的集镇,还是在林丘中的村庄,到处都有"龙桥"的踪影。

那么在湘西一带少数民族中为什么会有以龙为桥的习俗呢?

原来,在湘西民间流传着许多有关龙的古老而又美丽的传说。其中之一是,他们的祖先在一次与猛虎的搏斗中,被恶虎追到了沅江边,汹涌的江水挡住了去路。就在这危险的时刻,只见彩云骤至,接着在江中跃起一条蛟龙,其首尾把两岸连接了起来。于是祖先就从龙背上跨过沅江,当猛虎赶到时,龙已跃入江中。从此以后,湘西民众就把跨江越河的桥,一般都取名为"龙桥"。不仅如此,龙还有镇水降妖的作用,以龙为桥名,或在桥上建筑中描绘、雕饰龙形,设龙的神龛,都是表达崇敬的心情和祈求吉祥保平安的意思。

湘西的龙桥,可以说是千姿百态,令人目不暇接。有的雄险挺拔,有的简支搭接,有的精致华美,有的天然生成。构成了一幅幅"龙桥流水人家,山清水秀风光"的景画。细细观赏,不乏杰作。

回龙桥 这是一种风雨桥,是湘西极富民族风情的古建筑之一,是少数民族智慧的结晶。这种桥由于与传说中的小花龙缘分很深,有些风雨桥干脆修成了龙的形状。它多建在交通要道和人口密集的地方,桥长从几十米到上百米不等,宽五六米,由桥身、桥廊和桥亭组成,宛如长龙回旋,故名回龙桥。桥的中间为行车道,两边为人行通道,设有扶栏和木橙。桥的两端多建有鼓楼,在廊亭内外彩绘着栩栩如生的龙形。有的桥上还供奉着龙的神龛。回龙桥既是行人避雨挡风的桥屋,又是民间集市贸易的桥市,也是休息娱乐的场所,在这里经常进行吹芦笙、斗鸡、下棋等活动。其中侗族自治县县城的独蓉回龙桥最为著名。

飞龙桥 取这类桥名的多为天生桥,是由于地壳运动而形成的拱形或梁式的岩桥,除了具备人工桥梁便利交通的功能外,更具有鬼斧神工,突兀雄险的特点,它们深藏在峡谷飞瀑之上,隐匿于白云密林之中,飞跨于悬崖峭壁之间,如蛟龙腾空,故名飞龙桥。在湘西雪峰山和武陵山等风景区里就有这种桥,如黔阳县境内的八面山老龙口飞龙桥,大庸市袁家界的飞龙桥等。

洗龙桥 它是最古老而简易的石头桥。常在溪流浅处,放置一些比较平整的石块,略高于水面,供人们踏石过河。远远望去,蜿蜒起伏,宛若龙在洗澡,故名洗龙桥。其实,这种"桥",就是通常所说的石蹬,也有叫做步矴的,这里所说的洗龙桥,只是在选料上比较随意一点,而且少数民族居民为它们取了一个好听而又很有特色的名字,便使它们显得更有诗意。这种"桥",遍布于怀化、湘西自治州一带的溪流中,溆浦的龙潭河中就有50多座。

独龙桥 这种桥搭建于危峰兀立的峭壁之上,是用一根数丈长的巨木把两岩连接起来,惊险异常,从这种桥上通过是山民意志和胆识的体现。当人们过独龙桥时,会听到山风的呼啸声音,看到绝壁万刃的险景,令人胆颤心惊。所以当外来人敢过独龙桥时,山民们必将他敬奉为勇敢的上宾。湖南怀化地区各县都有,沅陵县乌宿区内就多达几十座。

卧龙桥 人们把几只、十几只或几十只木船并列组合,用铁链子把木船连接起来,再在船上铺上木板和架上扶栏,行人踏着板桥过河,其势如蛟龙横卧于水面,随波怡然起伏,故名曰"卧龙桥"。在人畜过桥时,叮当有声,恰似一曲悠扬的乐曲,为自然风光增添了色彩。这种水上浮桥,遍布于湘西一带的水深而平缓的河面上,如溆浦县城西湖口的卧龙桥等。

湘西一带,可以说是"龙桥"的博物馆,荟萃了各类形式的"龙桥",流传着许多引人入胜的神奇故事。 ⊕

神韵各异的三峡桥

三峡风光旖旎壮丽,令人向往;三峡桥梁千姿百态,神韵各异。三峡的桥,去者已成为记忆,来者续写辉煌。

在距今 1900 多年前东汉建武九年(33),占据奉节一带并在益州(今四川广汉)称帝的公孙述,为抵御汉军的进攻,在西陵峡东口峥嵘突兀、状如虎齿的虎牙山与荆门山之间的江面上,排起了浩浩荡荡的木船,筑成了峡江历史上第一座浮桥,又在桥的周围设置了木桩等障碍物,这是军事家公孙述的伟大杰作。但它在历史上只留下一闪,东汉建武帝征南大将军岑彭一把火烧红了长江的半边天,从此留下了"浮桥无济笑公孙"的感叹。但是,它为后来在长江上建造永久式桥梁提供了宝贵经验。位于当阳庙前的普济寺的普济桥,是宜昌最古老的桥梁之一,建于东晋末年,桥身为石质裸拱,两岸八字墙各长 30 米。过桥半里绿草茵茵,有寺一座,桥与寺遥遥相对。远见香雾缭绕,细听朗朗的诵经声,间或钟磬交鸣,仿佛一片仙境。

雄踞于秭归、巴东两县交界的溪流上的寅兵桥,系清乾隆年间建造。桥型高大雄伟,造型别致,像一颗硕大的桃。建桥时,秭归、巴东两县各建一端,秭归一端采用传统拱圈结构,巴东一端不设拱圈,匠心独运,在古代桥梁中实属罕见,由此可见古代桥梁建筑师的强烈竞争意识。

在当阳长坂坡下的太子桥,原名玉阳桥。据有关资料记载,刘备兵败曹军,混战中弃妻子、百姓而逃。夫人怀抱阿斗,玉阳桥下避难,后遇赵子龙,将阿斗交赵子龙后便投井自殉。随后,玉阳桥更名为太子桥。传说,太子在夫人怀中被憋出了一泡尿,致使太子河水稠粘,傍晚时分绿波荡漾的边缘,常常漾出一圈圈奇异的黄晕。

在三峡区域,还有一些天生桥,如五峰"天星桥"、万县天生桥等,十分迷人有趣。这一区域,曾是一路古桥,一路风景,一路故事,为三峡风光增添了许多情趣。随着三峡库区的蓄水,有的古桥已被淹没,但为了建设三峡大坝,三峡坝区又建起了一座座现代化桥梁。

　　进入三峡的专用公路后，给人的第一个感受就是桥多、桥美。在近 30 公里的公路上，飞架起 39 座桥梁，仪态纷呈，风韵各异，如诗如画，美不胜收。中科院院士、我国著名桥梁专家程庆国说："三峡建成这么集中的桥梁群，可以说是中国人在建设三峡工程中的壮举，用智慧奉献给世界的一座精美的桥梁博物馆。"

　　三峡坝区位于以险为美的西陵峡中部，两岸群峰峥嵘，悬崖峭壁，水流湍急，沟壑相连，通往坝区的专用公路就是从这些层峦叠嶂中，穿山跨沟直入坝区的。在 20 世纪末，三峡坝区的桥梁群中，有亚洲当时跨度最大的悬索桥——西陵长江大桥；有亚洲载重量最大的重载公路桥——覃家沱大桥；还有黄柏河、下牢溪、莲沱 3 座转体桥，它们共同创下我国桥梁建筑史上 5 项第一、6 项国内领先水平。

　　服务于三峡工程配套建筑的西陵长江大桥，是收入《中国桥谱》的全国知名桥梁。它位于秭归县境内，连接长江两岸的施工现场，1996 年建成通车。为适应施工期间要多次改变航道的需要，采取一跨过江的悬索桥，主跨径为 900 米，全长 1118.7 米。是我国首次采用全焊正交异性板钢箱型加劲梁，桥面净宽 18 米。平行钢丝主缆，钢筋混凝土门型桥塔。造型雄伟美观，是三峡库区一景。

　　位于巫峡峡口处的巫峡长江公路大桥，是连接渝东与湖北的重要通道。全桥总长 612.2 米，宽 19 米，净跨为 460 米，引道全长 7.4 公里。是一座钢管混凝土中承式拱桥。桥拱为红色，当船通过巫峡时，游客会惊呼，在陡峭的两岸上，竟然飞出一道彩虹。

　　三峡的桥，在结构形式上有悬索桥，有上承式和中承式钢管混凝土拱桥、预应力混凝土箱形连续梁桥、整体式和分离式空心板梁桥、简支梁桥、桁架桥等多种桥型。在工艺技术应用上，采取了大截面全焊钢箱型、套箍、拱桥半孔整体平面转体和纵向转体、钢纤维混凝土处理、热喷铝长效复合涂层、无粘接工艺等一系列一流的工艺技术。

　　三峡的桥梁群在世界桥梁发展史上也十分罕见，它标志着中国桥梁建设综合技术已走在世界前列，也给三峡库区增加了新的景观。三峡的桥梁群荟萃了我国的造桥工艺，也是一座宏伟的桥梁博物馆。

名山奇绝的桥

但凡名山,都有奇峰怪石,劲松幽洞,飞瀑流泉,古刹道观;还有,各式各样的桥梁,飞虹越涧,连接景点,自成景观。它们凝固着史迹,存藏着有趣的故事。

庐山

"一山飞峙大江边"的江西庐山,是我国著名的旅游风景区。在天然的画景里,有不少奇妙的桥,有的幽静、有的古老、还留下逸闻和神话的离奇。

白鹿洞桥 在庐山东南五老峰下的后屏山,山南有白鹿洞,桥就建在洞的前面,横跨于东西对峙的大石之上。桥下山泉倒挂,桥后树木丛生,白鹿洞桥掩映于林荫之中,秀丽幽深。

在桥的左边就是著名的白鹿洞书院,晚唐诗人李涉和李渤兄弟曾在此隐居读书。当时李渤养有一只颇通人性的白鹿,有时将装钱的布袋系于鹿角,令白鹿自往星子县购物,故后人将此处取名为白鹿洞。后来李渤又在此修建台榭,广植花木,至南唐时正式辟为白鹿洞书院。南宋朱熹加以重修,还同理学家陆九渊等在此讲学,至今书院的文会堂还有朱熹手书对联一副:"鹿豕与游,物我相忘之地;峰泉交映,知仁独得之天。"这座桥,因白鹿而得名、因名人而闻名,妙哉!

观音桥 又名栖霞桥,是一座雄伟壮观的古石拱桥,横跨于陡峭的山涧,水势湍急,击石如雷,故苏东坡将其比之为瞿塘三峡,并写有一首著名的《栖霞桥》诗,其中诗句是"空蒙烟雨间,溅洞金石奏;弯弯飞桥出,激激半月毂。"据桥下石刻记载,此桥建于宋祥符七年(1014),已历时 900 多年,至今仍完好无损,令人惊奇。

虎溪桥 是建在庐山西北麓的东林寺山门前虎溪之上的石桥,传说有"虎溪三笑"的故事。东林寺是晋代高僧慧远和尚创立的,在其任主持时,一心修行,深居简出,即所谓"影不出山,迹不入俗"。散步、送客,均以虎溪为界,从不踏上虎溪桥。据说,如果登上了虎溪桥,寺后山中的老虎就会呼啸起来,虎溪桥即由此得名。一次,陶渊明和道士陆修静来拜访慧远,三人谈得极为投机,当慧远送他二人出山门时,不觉走上了虎溪桥,忽听寺后虎啸之声,三人方恍然大悟,于是相视而笑,后人就称此事为"虎溪三笑"。唐代李白有《别东林寺僧》诗一首:"东林送客处,月出白猿啼;笑别庐山远,何须过虎溪。"其实这是一个美好离奇的传说。而李白随兴写诗,使虎溪桥更加闻名。

黄山

素以奇松、怪石、云海而著称的黄山,它有20潭、24泉、16溪,外加三大名瀑。有水就有桥,据记载,在方圆500里的黄山,有名字的桥就有37座,建于明代并保留至今的桥大约有10座。黄山的古桥,大多是石拱桥,架设于"峭壁悬崖相对出"的石溪间。拼合精巧,刚健古朴,技艺高超,显示了我们祖先的智慧与创造。

小补桥 建于前山紫云峰"大好河山"石刻南边的溪洞之上,至今留有半段石拱桥,桥上有亭,叫翼然亭,此桥现名叫小补桥,距今已有1000多年的历史。唐宋时,小补桥名为汤院桥,因桥的上游有龙头大石,故明清时又改称卧龙桥。清道光四年(1824),由旌德方锦贤居士捐款重建,更名为小补桥,意在此桥能小补游山之兴。1939年春,周恩来到皖南新四军视察,经黄山曾在小补桥翼然亭旁摄影留念。1956年8月,该桥南端被山洪冲断,为了纪念周恩来同志,旧桥被保留下来,并将翼然亭修葺一新。同时,在小补桥不远处的下游建造了钢筋混凝土的拱桥,供行人车辆通行。此桥又因在黄山温泉的出口处,也叫名泉桥。

麟趾桥 黄山的又一特色是在无水的溪洞也架有一些观赏性的旱桥。在轩辕峰神仙洞下,唐天宝六年(747),目轮禅师在此建福固寺,宋代石侍郎吕溱在寺旁绝壑上建麟趾桥,与庄严肃穆的古刹交相辉映。尽管桥下无水,但能让人恍若凌波之上,可谓匠心独具。可惜,此桥已不存在,只能在志书中寻找感觉了。

揽胜桥 解放后,黄山又先后建起一些桥,其中以1983年竣工的揽胜桥最为宏伟壮观。这是一座横跨桃花溪上的石拱桥,长135米,高36米,宽10米,中间大孔为50米,两边各有5个小孔,桥面两边装水磨石栏杆,风格古朴豪放,造型美观大方,恰似长虹飞落,给黄山增添了雄伟的气魄。

武功山

地处江西省安福的武功山,群峰竞秀,层峦叠嶂,危崖嵯岈,飞瀑腾空,既有绚丽多姿的自然景色,也有令人神往的人工胜迹,其中的虹桥,就是景中奇观。

虹桥 建造年代无从考证,但早在300多年前,我国旅游界的老祖宗徐霞客就曾到此一游,他惊叹道:真乃神州第一奇观也。虹桥左为大箕山,右为小箕山,中间形成一道刀劈斧削般狭长的槽缝,深不可测,虹桥就建在两座崖山的半空中。这座石拱桥虽然只有三丈多长,却气势宏伟,全部是花岗岩砌成。虽历经风雨,却很牢固,没有裂缝,没有沉陷,桥额处镌刻的"虹桥"二字清晰可见。

虹桥当地人又叫"天心桥"。因为这里还有一处 70 余米高的瀑布,叫"天山瀑",虹桥就架设在瀑布的起瀑处。大凡天下瀑布,在观赏时都是由下而上仰视,唯有此处,因地势独特,只能站在桥上扶栏俯视。是时,身后的溪水从大箕山一侧拐来,从桥孔下冲出,狂泻 70 余米,如白龙般冲入深潭,激起蘑菇云般水雾,响起震耳欲聋的闷雷之声,惊心动魄。在一两里路的山坳里翻滚奔腾,烟雾弥漫。如此险绝奇特的景观,令许多文人墨客而倾倒。明代御史刘阳就有诗曰:"回看天际白龙悬,大箕小箕生青烟",就是对虹桥瀑布真实的写照。 ⑥

徽州桥景多逸趣

安徽徽州,是朱程阙里、礼仪之乡,出过 1242 名进士,清代仅休宁一县就出过 12 名状元,这里有着古老而神秘的历史文化;有着如诗如画的绿水青山,步入其中,似在水墨丹青画中行,更有以奇松怪石和云海著名的黄山。这里,水系纵横,古桥迷人,总共有 1223 座,俨然是一幅景色宜人的风景园林画。

在徽州的古桥中,不仅有求安祈福的太平桥、万年桥、兴隆桥、仁济桥,有表示信仰的观音桥、如来桥、仙化桥,还有不同类型的砖木石梁桥、拱桥、廊桥、曲桥等。特色各异,风情万种。

在徽州,桥对人们有着至关重要的作用。不孕者要到桥上求子,或建桥求子;孩子出生后要到桥上焚香拜佛,以求菩萨保佑;出门送至桥头,以求平安;结婚要过三桥,以求白头偕老,成为当地流传至今的习俗。还有的为母 80 寿辰建桥,名曰"八十桥",也有为家人建造的"延寿桥"、"长生桥"、"长寿桥"等,人们对桥寄予了种种美好的希望。

民族英雄岳飞曾为花桥题诗 宋代绍兴元年(1131),岳飞在征战中路过婺源的甲路,登上花桥,只见周围风光旖旎,更有百姓宰猪担酒纷纷犒劳岳家军。面对此景,岳飞激动不已,吟诗抒怀:"上下街连五里遥,青帘酒肆接花桥;十年征战风光别,满地芊芊草色娇。"这座花桥原是一座很一般的单孔砖桥,桥上置亭,覆以青瓦,长9米,宽4.7米,高1.8米。只是由于岳飞留下的千古绝诗,一夜之间远近驰名。后来,人们又在桥亭中设立了岳飞的神龛,并悬挂木制楹联一幅,云:"武穆题诗存古迹,留侯进履仰遗风"。如今看到的花桥,已不是宋时的原貌,而是明朝万历年间重建的桥了。

胡雪岩拾金不昧处的中王桥 安徽绩溪是清代著名红顶商人胡雪岩的故乡,这里有一座横跨在登源河上的石桥,名叫中王桥。13岁的少年胡雪岩,在桥边放牧时意外地拣到了一个蓝布包。内装着一张三百两的银票和碎银子等物。家境贫困的胡雪岩,依母亲诚实做人的教诲,在酷热的盛夏一直等着失主前来认领。这座明代的石拱桥,全长80米,宽6米,高10米,4墩5孔,现已不存,但后来成为巨富的胡雪岩拾金不昧的故事一直在流传着。

记录胡适与曹诚英爱情故事的杨林桥 在绩溪上庄镇的常溪河上有一座清代康熙年间建造的5孔石拱桥,曾是近代文化名人胡适与表妹曹诚英少年时相戏相恋的地方。胡适与江冬秀成婚以后并不幸福,追求神圣爱情的曹诚英,曾经追随胡适到杭州、到美国,但由于种种原因,终未成婚,留下了永远的遗憾,但杨林桥依然印记着两位恋人的故事。1969年,一场山洪把桥冲坏时,曹诚英主动捐资修建。在人们走过这座桥时,不禁想起胡适那首《希望》的诗:"我从山中来,带着兰花草,……朝朝频顾惜,夜夜不能忘。"兰花的幽美是永存的。

江南第一太平桥 号称"江南第一石拱桥"的太平桥,位于歙县城西练江之上,是安徽现存最长、孔数最多的石拱桥。建于宋代,初为浮桥,后改为石桥,因屡遭兵燹、洪水破坏,到解放前重修有8次之多,全长294米,宽9米,高9.5米,共有15孔。桥面中央建有石亭,供人休息,亭中立有石碑,记载着修桥经过。这座桥传说是李氏寡妇捐资所修,却遭到诬陷,百姓为其申冤,故又叫"寡妇桥"。

宁岩横江上的登封桥 是通往道教圣地齐云山的要径,受到人们格外重视。该桥是一座8墩9孔的石拱桥,长140米,宽7米,高9.5米,桥的两端建有石坊,上书"登封桥"三字,桥上西侧石栏上立有徽州府警示碑,上书:"严禁推车晒打,毋许煨暴污秽;栏石不许磨刀,桥角禁止戳鱼。倘敢故违有犯,定行拿究不饶。"其实,不论官府民众,都十分重视对桥梁的保护,然立此警示者并不多见。

徽州最具特色的是廊桥,仅歙县一地,现存的廊桥有许村、北岸、唐模等10余座,像一颗颗明珠把歙县大地点缀得格外秀丽。

许村廊桥　最初为双孔石墩木桥，系元代处士许友山捐资在家乡兴建，明代改为石拱桥，并增建了砖木结沟廊屋，清康熙年间重修。桥全长21米，宽5.3米，廊7间，两侧各置坐凳，居中置佛座，供奉观音。两边各间设漏窗，既可调控廊内空气，又可供游人凭窗观赏江南水乡美景。许村廊桥，又称离合桥，古人远行，或游子返乡，均在桥头相送、相迎，在廊里佛座前跪拜、祈祷，悲苦的离愁和欢喜的聚合均化作滴滴热泪融入桥下潺潺的溪水中。

北岸廊桥　是歙县最大的一座廊桥，远看就像一幢水上阁楼，极具皖南水乡特色，建于清中叶，3拱圈，长33米，宽4.7米，高6米。南北两瑞有桥门，南端门额上题写"乡贤星"，北端门额上题写"谦庵旧址"。廊11间，中间原有佛龛，沿墙置坐凳。东侧墙开各式空窗，砖砌龟纹、梅花纹等花格；西侧墙设水磨砖漏窗，样式有满月、花瓶、桂叶、葫芦等；还置一敞窗，敞窗上挑出雨披，有撑拱，外装"美人靠"，可供游人小憩。桥下水流湍急，凭栏俯视，颇有"飞阁流丹、下临无地"之感。

歙县的廊桥极富变化，有些廊屋盖桥一侧，另一侧为走道，如绍村长生桥、贤源观音桥等；有些廊屋一半开间压在桥上，另一半开间压在岸上，如渔梁狮子桥等。歙县廊桥既坚固实用，又精致美观，展示着徽文化的博大精深和古徽州的辉煌历史。

江陵一景梅槐桥

唐朝大诗人李白有一首家喻户晓的诗篇《早发白帝城》，其中一句是"千里江陵一日还"，这江陵就是现在的湖北省荆州市江陵区，唐朝时为江陵府。是一座历史文化古城，名胜古迹遍布城内外。在江陵城西门外15公里处有一座保存完好的古代石拱桥，叫梅槐桥。梅槐桥造型别致，古朴典雅，势如一条巨龙横卧在碧波荡漾的太湖港上。桥体与水中的倒影相接，形成一个幽美的椭圆形，是江陵著名的一景。

关于梅槐桥的来历，还有一段美丽动人的故事。相传早年这里有一位勤劳朴实的男青年，与心灵手巧的少女相恋，誓结百年之好，双方父母也表示赞同。无奈当地官府要强娶少女为妾，少女坚决不从，就在江边一颗梅树上自缢而死；那青年亦在另一边的槐树上自缢。这一事件轰动了四邻八乡，纷纷谴责官府横行乡里的恶行，倍加赞扬青年男女忠贞的爱情。离奇的是，梅、槐二树越长越茂,枝叶相连,谓梅、槐合生,行人可攀援而过水。后来才在这里建起了一座桥,即称此桥为"梅槐桥"。

关于梅槐桥的传说,表达了人们扬善抑恶的愿望。始建于何时,缺乏明确记载。根据考证,它在东晋之前就已存在。明嘉靖十一年(1532)刻本《荆州府志》记载,梅槐桥古为木桥。清康熙四十九年(1710),乡人郑继周集资改建为石桥,后被洪水冲毁。清同治八年(1869),当地人邓心让、陈希麟出面募款筑桥,得到百姓的响应。在桥侧的石碑上刻有捐款人的姓名及其数额,至今仍清晰可见。

梅槐桥跨越太湖港河,南通荆江大堤,为三孔蛋形石拱桥,全长 33 米,宽 5.4 米,中孔净跨 11.7 米。桥面由条石铺成,石缝间以糯米浆粘合,相当坚固。中孔两侧拱脚处置有分水尖,递次变小升高。桥两侧 42 块栏板上镶嵌着精美的浮雕,刻有花草树木、亭台楼阁、飞禽走兽、人物故事,生动形象,惟妙惟肖。据介绍,位于桥栏中央的两幅,更值得关注。左边的一幅是一青年船夫以篙撑船,船上众乘客在仰首张望,有的神情贯注、有的凝视静想、还有的充满希冀,神态各异;右边的一幅似乎是一些达官贵人,倚栏而立,很像是在祈求什么,在他们的身旁还有数枝梅花。与一般栏板上浮雕不同的是,还有一首诗,诗云:"玉质冰姿数丈高,叩求雨露天下曹。昨宵花木成灰土,二度梅花万古标。"

在桥梁栏板上的浮雕少有题跋,题诗更少,这首诗是对画的一个解释,耐人寻味。在桥的两侧中孔拱眉上,各嵌有一个石雕龙头,翘首睁目,造型生动,意谓安澜,也被乡人称之为"蛟龙出水"的条梁。这条石梁还有一个戏剧性的传说,为这座桥的架设增加了神秘的色彩。

在梅槐桥即将建成时,怎么也找不到一块合适的条石上梁合龙,所选石料,任凭怎么打磨,非大即小。此时,领工的张石匠心急如焚,焦灼不安。郁闷中无意间走到镇上一家小旅店前,被门前的一块石头绊了一下,张石匠心中很是不快。这时,只见小店老板笑迎出来,关切地询问建桥情况。张石匠道出原尾,老板听后说道:"已经等候多日了"。他告诉张石匠说,数年前有一位手艺高超的老石匠,鹤发童颜,曾在本地做工,住在小店里,临走时留下一块两头雕刻着龙头、中间刻着阴阳八卦图的条石。他对店家说,这条石在将来会有大的用场,要妥善保管。张石匠听罢,心头一喜,急忙叫人来抬这块条状石头。待众人把这块条石抬上桥中间时,只听:"轰隆"一声,条石恰好落在石桥中央,严丝合缝。张石匠等众人,惊异不已,纷纷向苍天跪拜。于是,"神仙赐梁"的说法也就被流传了下来。

　　这座桥的建成,给人民的生产生活带来了方便。尤其在清末,这一地区一度是江陵主要的集贸市场聚散地。解放后,这一地区逐渐繁荣起来。有人曾吟诗赞美道:"长桥流水石桥朗,为往为来风景秀"。1986 年,梅槐桥被收入《中国历史文化名城大辞典》一书中,2003 年由交通部主编的《中国桥谱》中也收入了此桥,它已成为了江陵名城一个著名的历史文化景点,吸引了许多游客。 🉀

险桥也是诱人景

　　宏伟的桥梁,有壮观美;精致的桥梁,有秀丽美;而惊险的桥梁,有一种动感美,是独特诱人的景观。有的险桥是天生的;有的险桥是人造的。因其惊险,甚至是恐怖,给过桥的人一种心理刺激,获得另类的满足和享受。

　　会仙桥　又名试心桥。是五岳独秀的湖南省南岳的"八绝"之一。在祝融峰岭北面有一个青玉坛,所谓"坛",其实是突兀峥嵘的一大片岩石,岩石平坦无奇,可容数十人。俯瞰岩下,深不可测。岩下有大小两块石头,小的面积仅为大石的一半。两石的中间有一座极险极窄的石桥可通,这桥只可容纳下一只脚。一般人不敢在上面行走,偶一失足,便会成千古之恨。

　　据道家言:青玉坛是乌青公所创,为第二十四福地,仙人常在夜间到这里聚会,来去都要经过这座桥,所以叫"会仙桥"。相传,深夜还可听到群仙聚会时奏出的仙乐声。桥上有"昔人曾此飞仙"、"爽心悦目"、"南山一境"等石刻。明代卢仲田有咏《会仙桥》诗一首:"柯烂仙人久不回,一桥空对百花开;我来桥上寻遗事,云满空山月满台。"站在会仙桥畔,四顾金光灿灿,绿浪滔滔,蔚为壮观;还可望见祝融峰侧的一块巨石,宛如乌龟,人称"金龟朝圣"。

　　仙人桥　在泰山日观峰西南面,两崖对峙,下临深涧,中间三块巨石挤附衔接攀连,拱悬如桥,其势极为险峻,对绝大多数人来说是可望而不可及,绝无胆量过桥一试。有《仙人桥》诗一首为证:"三石两崖断若连,空蒙似结翠微烟;猿探雁过应回步,始信危桥只渡仙。"这首诗是明末泰安人萧协中所写。诗中描绘了仙人桥奇特凶险的形状,在迷茫半空中,仅有三块石头相连在 青灰色断崖之间,就连大雁和猿猴都知难而退,若要过桥是极其危险的,于是劝说胆大的"好事者"不可冒险。

溜索桥 在我国的西南地区，由于地势险恶，生产力水平不够发达，不能建墩架桥，于是便在两岸悬崖上将一根绳索固定，行人便溜索渡河。后来发展成多索桥，上铺木板，有的还加上扶栏索。现存最早的竹索桥是四川灌县的安澜桥，相传为春秋时所建。最具规模的藤索桥是西藏渝旁固村架在雅鲁藏布江上的藤网桥，有 47 根粗大的藤索系于两岸大树上，长 130 米，上置 20 个筒状藤网，以保安全。最具代表性的铁索桥是云南的霁虹桥和四川的泸定桥。索桥由于"下无所凭，上无所依"，形成了"飘然悬空"的动态美，被山区人们叫做"飞桥"。现在虽然建起了许多大型现代化桥梁，在一些地方仍然使用着这种古老的桥型。

过索桥时，由于桥面颠簸摇晃，下面又是恶浪排空的江水，使人产生恐怖感。尤其是过溜索时，只有一根索绳，手脚都用索套固定在索绳上，待下降到索弧的下端，就得用手攀索前进，十分艰难，是对一个人勇气、毅力和体力的考验。有一位演艺名星，在惊险的江面上要过一把攀溜索的瘾，从上索之后便尖叫不已，到了江心更是嚎啕大哭，幸亏准备了一根拉索，把她拉过了江，此时的美人已成了泪人。

游戏铁索桥 在沈阳有一座植物园，是东北地区植物品种最全的园林。园内森林茂密，飞红流翠，空气异常新鲜；园中最富情趣的是在溪流上架起了数座铁索桥。第一座如同浪木，桥下伴着涛声，在几条飞跨两岸的铁索上每隔半米铺有一块木板。过这种桥需要借势大步流星地向前走，否则桥摇晃起来就不那么轻松了。在悠扬的蛙鸣声中，又转到了另一座宽不过 1 米，长有 20 米的铁索桥，只有几根纵向的铁索，没有桥板。看到它，自然会想起强渡大渡河泸定桥的勇士们。植物园的一个工作人员率先登桥，一脸得意的样子，仿佛自己就是当年的勇士之一了。他边走边说，我敢保证全省找不出第二个这样的桥。说话间，他已飞身走了个来回。他说，有个游园者想当一回"勇士"，没走几步，就被摇晃得不知所措，简直像荡秋千一般。赶紧抓住作为扶栏的铁链子，反而会悠得更厉害，时间不长，已是满身大汗，刚走一半就失足落水，在草坪上晾了半天裤子。走这种桥，只有抬头挺胸，气沉丹田，屏住呼吸，心态放稳，一步步往前蹭步。之后，在一条软绵绵的小路前方，又是一条深沟挡住去路，两条大铁索横跨两端，主人像杂技演员走钢丝似的走了过去。不少游客摸着汗湿的衬衣，打心里不想再当"勇士"了，显出犹犹豫豫的样子，这时主人指着身后的路说，不想过就原路返回去。这种"激将法"，逼得你硬着头皮，咬紧牙关,蹬上铁索,挺身而过。不少人脚一沾地儿,就跌坐在草坪上,大口地呼吸,原来主人就是让你来这里"洗肺"。据说,公园还要建造几座更为险峻的索桥,供游人"休闲"。 🌉

桥洞穿飞机　惊险又刺激

在两个年份的同一天,我国的南方和北方的两个城市先后举行了飞机穿越桥洞的活动,这不仅创造了新的"穿越最狭小空间"的吉尼斯世界纪录,也使我国的桥梁文化增添了精彩新异的一页。

2000年10月6日,江苏省吴县市举行的"2000中国环太湖特技飞行大赛"。先是外国特技飞行员表演了令人眼花缭乱的空中芭蕾,15时30分激动人心的时刻到了,飞机穿越"中国内湖第一桥"太湖大桥1号桥的主桥洞就要进行了!由于国外飞行员退出比赛,全部穿越由中国6名飞行员来完成。这时的天气状况并不太好,能见度较差,人们不禁提心吊胆起来。就在这时,听到了由远而近的马达轰鸣声,由我国飞行员金亮和杨尚峰驾驶的海燕双座飞机在1公里处看到大桥后,高度降到了距水面2米,机头对准了宽26米,距水面高6米的中心桥洞,现场30万观众哗地站了起来,屏息等待那历史性的一刻。中国飞行员勇敢果断地穿过了桥洞,也就是3秒钟,飞机从桥洞出来后像一只快乐的小鸟,机尾拉起了白色的烟雾,随后几十万观众欢呼声响彻云霄,也就那么惊险一瞬,创造了一项新的吉尼斯纪录,随后中国的另外5架飞机也都顺利穿过。但与此同时,从报纸上、电视上看到这次表演的人们,也关注起这座美丽的太湖大桥。

这座大桥建造于1992年10月,完工于1994年10月。在碧波万顷、天公巧绘的太湖景色中,融入了一座犹如画一样的桥,这便是被誉为我国内湖第一长桥的太湖大桥。它全长4308米,181孔,是由三座特大桥组成:从苏州胥口渔洋山跨向湖中的长沙小岛,这是1号桥,长1768米,73孔,主跨净宽为38米和28.4米,高17米,水面距桥洞底部为5至6米,1号桥是3座桥中最长的一座;穿过小岛,长桥又驰进湖中,再跨向湖中的叶山岛,这是2号桥,长1621米,68孔,是3座桥中最高的(标高22.5米)、跨径最大(30＋50＋70＋50＋30)米的一座;穿过叶山岛,长桥继续在湖中行驶,一直跨上太湖中的第一大岛西山大庭山,这是3号桥,长919米,40孔,是三座桥中最靓的一座,桥面宽12

米,车行道9米,两侧人行道各1.5米。一座三级跳式的湖上长桥,桥尽是路,路尽是桥。长桥,连接起西山岛的环山公路。桥梁结构采用预应力混泥土连续梁和简支梁有序组合,桥墩为独柱墩,造型轻巧。非通航孔把桥面压低濒临水面,通航孔微突,这种多变的桥形,起起伏伏,有波浪的流动感,使桥的立面形成优美的曲线。

过去居住在西山的渔农要到苏州,靠小船摇橹,几乎要一天的时间,乘轮船也需要几个小时,建桥后乘车只要1个小时。西山盛产果品、水产和碧螺春茶叶,过去由于交通不便,根本运不出来,造成资源浪费,农民生活水平很低。而且于地方封闭隔离,近亲结婚现象严重,人口质量不高。随着大桥的建成,这些问题都迎刃而解,并在迷人的太湖中增添了一个新的景观。江泽民、李鹏、朱镕基、李瑞环、胡锦涛、尉健行、李岚清等都视察了这座大桥。

2001年10月6日13时10分,在我国东北的雾凇之城吉林市举办的"江城腾跃"特技飞行表演中,由国际航联组建的"天隼"突击队,9机编队拉着白烟,按照桥洞的编号,同步穿越吉林大桥,挑战吉斯尼世界纪录成功。10余万现场观众和众多的电视观众,在看了精彩的特技表演的同时,也欣赏了吉林大桥的风采。

这是一座新老桥并联、外形美观、极具特色的大桥。它建筑在吉林市老市区与江南之间的第二松花江上,长449米,宽22.5米,其中车行道宽17米,两侧人行道各宽2.75米。桥面用沥青混凝土铺装,人行道为预制混凝土方砖,两侧安装钢筋混凝土水磨栏杆、钢管扶手,以及用扁、方钢制作的花格栏板。旧桥建于伪满时期,1938年1月动工,1940年12月建成。全桥15孔,中间13孔跨径各为31米,两端的孔径各为22米。上部结构每孔由3根双悬臂梁和桥面板组成。桥面宽9米,未设人行道。下部为双筒沉井基础,入土深度8米,重力式墩台。解放后,由于交通量的增加,桥上车辆经常拥堵,遂于1974年对大桥进行展宽改造。其办法十分巧妙,是在桥的上游一侧加宽,工程量小,施工时原桥照旧可以通行,建成后还可以减轻江水对旧桥基的冲刷,有利于旧桥的保护。拓宽后的新桥上部结构为等截面悬链线空腹式双曲拱,跨径与旧桥同。施工时,大量采用射水沉桩的工艺,加快了进度,保证了质量,且外形美观。桥

七、美学与桥

诗情画意桥梁美

我国的桥梁建筑,以它构思的奇妙,设计的精巧,施工的精湛,具有着通达、雄壮、秀雅、飘逸、灵性的艺术魅力。使人感知着一种空灵美、飘逸美、雄壮美,蕴含着我们民族的精、气、神。美丽的事物是永恒的享受,它会给人带来愉悦、信心和力量,使人赏心悦目,及至迷恋。

桥梁,凌空越阻,飞跨江河,横卧沟壑,雄姿腾跃,似龙飞舞,纵观数千年来无数的桥梁建筑,犹如长城一样,展现着一个伟大民族的精神,是我们中华民族文化底蕴的结晶。姑且不谈那些闻名中外的古今名桥,就是那些通常的桥梁,也表达着这种神韵。且看风陵渡黄河大桥,两山之间,一桥飞架,在夕阳的照射下,如一条金色巨龙,飞腾于山水之中。你看,那巍然耸立在桥头的亭子和纪念碑,不就是龙头和犄角吗?那插入水中紧扣河床的桥墩,不就是龙的巨爪吗?那纵横交织的钢筋铁骨,不就是龙的脊梁和骨架吗?对面的引道绕山而去,更给人一种"神龙见首不见尾"的无穷韵味。晚霞、落日、远山、旷野、大河、长桥……,这不就是一个蛟龙飞舞的宏图大观么!再如,江苏吴县的甪直镇,曾有"青龙"之称,其"龙首"、"龙骨"、"龙节"、"龙尾"等就是由72座半桥组成的。注目着桥的神姿,感受着桥的精气,空灵之美悠然而生,萦怀不绝。

桥梁,超凡脱俗,卓然隽逸,与众不同。它荷载承重,而无忧无怨;秀绮多姿,却不张扬;轻盈通透,绝不浮躁……。桥,高悬在波光粼粼的水上,似飘浮长空的彩练,似横贯天际的长虹,似腾云驾雾的巨龙,似静谧夜空的弯月。"彩练"、"长虹"、"巨龙"、"弯月",一桥一姿,一桥一画,一桥一乐章,都在编织着不同的神韵。过一座桥就是读一首诗,听一首歌,赏一幅画,"玉帛千丈天投虹,直拦横槛翔虚空";"波光柳色碧溟蒙,曲渚斜桥画舸通"。给人梦幻般感觉的是河北井陉县苍岩山的桥楼殿,在70多米高的两崖之间凌空飞架着一座敞肩圆弧拱石桥,桥上还有一座宏伟的大殿。若从山下仰望,宛如飞虹挂宵汉,蜃楼现长穹。若从桥下走过或在桥上移步,时有云雾从桥洞和桥上飘过,真有到了南天门的感觉。有诗写得好"双崖断处造楼工,仿佛凌宵驾彩虹;仰视弧高盈万丈,登临疑是到天宫"。这是一千多年前的建筑,现代建造的大型的石拱桥、钢桁梁桥、斜拉桥、悬索桥等无不传承着飘逸的民族古韵,若飘若舞,若动若飞,若实若虚。使人获得一种超凡脱俗的享受,就是那种小桥也是如此。当你步入幽静、清雅的青山翠谷,踏上一座小桥时,远离身边的烦恼与重负,携带着向往与回忆,那种超然、怡然之情,正如陶渊明所说:"此中有真意,欲辩已忘言"。亦如当代建筑大师张开济先生所言:"建筑能与人对话。建筑可以让人感动,建筑能影响人的性情"。

桥梁,是力量、是阳刚的表述。桥,巍然屹立在山光水色、城镇旷野之间,普渡众生,是使用功能、艺术造型、环境协调高度统一的杰作。一方面为民所用,一方面又能观赏,从而给人以信心、力量和希望。桥的雄姿给人以无穷的观赏价值。对桥的审美,你会在不同的角度,观赏到不同的美,是真正的"步移其景"。以悬索桥为例,在桥头,你会看到巍峨的索塔,恰似"刺破青天锷未残"之势,成为力量、刚强的化身;平整悠长的桥面,是金光大道的灿烂,充满着惬意和希望;在桥侧,你会看到如竖琴、如扇面、如放射形的索面,由线条组成的画幅,犹如工笔细描,不同的角度展现着不同的雄姿。

摄影师吴卫平拍摄的一幅虎门大桥的照片,令人叫绝地显现了现代索桥的风韵!图片的正面突兀地出现了两条缆索,两道优美的孤线,由上向下、由近及远;在主缆上垂直地挂着吊索,有序依次地变小,直至对面的索塔;吊索下的六车道桥面,同样是由宽变窄伸向对岸,黑色的路面、白色的交通标线与浅蓝色的桥边清晰可见;水面上呈金黄色,上下游恰好有几只红白等颜色的驳船和快艇在航行,江面上划出了一道道条纹状的水线。这独具慧眼的艺术作品,是作者从缆索上一直爬到索塔的门楣上拍摄的。那画面的奇丽壮观,构思的独特巧妙,线条的酣畅淋漓,是桥梁线条最完美的组合,把悬索桥的神姿风韵诗意般地表现出来。此后相继建成的江阴长江大桥、润杨长江大桥等,其横空出世的雄姿,把桥梁的壮美尽数表现了出来。 桥

卢沟桥建筑艺术享誉天下

被桥界泰斗茅以升称誉的古代"最雄伟的桥是卢沟桥",位于北京天安门西南15公里处,宛平城西门外。它横跨永定河上,是北京地区现存的一座最古老的多孔联拱石桥。这样雄伟的古桥,在全国也很罕见。金代,永定河叫卢沟河,故桥称为卢沟桥。13世纪著名旅行家马可·波罗看了这座桥称赞道:"各处桥梁之美鲜有及之者","老实说,它是世界上最好的、独一无二的桥"。

卢沟桥始建于金大定二十九年(1189),建成于金明昌三年(1192),历经800多年风雨战乱而不毁。20世纪70年代科学工作者对它进行过一次测试,400多吨重的超限大件平板车,安全地从桥上通过,锐气不减当年。卢沟桥设计科学,坚固实用,而且有很高的艺术价值。马可·波罗称其为"美丽石桥"。正如蒲道源所言:"卢沟石桥天下雄,正当京师来往冲。"

科学的建筑结构 这座联拱大石桥,总长268米,正桥长212.2米,桥面净宽7.5米,连栏杆及挑出桥面的仰天石在内,总宽为9.4米。全桥共11跨,各孔的跨径和矢高均不相等,由中间向两边逐渐缩小,边孔为11.5米,中心桥孔为14.26米。桥面当中稍为隆起,中心高93.5厘米,约合千分之八的坡度,便于排水。拱圈用框式横联法砌筑,在每个拱底有八道通贯横条石与圈脸石相交砌,以防圈脸石向外倾倒。在拱背上,平铺厚20厘米的护拱石一层,并且挑出脸石外15厘米。拱圈石厚95厘米,圆弧拱矢高和拱跨度之比约为1:3.5,较为平坦,在联拱石桥中尚属罕见。全桥共有10个特殊的桥墩,墩厚6.5米至7.9米不等,约为桥跨的一半,十分坚实。桥墩间的距离,也是从两端向中心逐渐增大的。中心孔两边桥墩的距离21.35米,而东西两岸的桥墩间距却是16.49米和16.64米。每个桥墩的平面呈船形,进水的一面砌作分水尖,分水尖长达4.5米至5.2米,约占桥墩的十分之四。分水尖宽5米,每个分水尖上垂直安装一根约26厘米边长的三角铁柱,以锐角迎击洪水和冰凌,起着保护桥墩和桥身作用。分水尖凤凰台上,加压六层共达1.8米厚的压面石。这就是传说中的"斩龙剑",人们把洪水视为妖龙,以此斩镇。桥墩顺水的一面砌成利于泄水的船尾型,向内微收,使水流一出桥洞即能分散,减少桥洞内的压力。另外,在关键部位还使用了腰铁等铁活,加固桥体。

精美的石雕艺术 卢沟桥是一个石雕艺术群,几近为石雕艺术馆。其中首推桥两边 281 根栏杆上千姿百态难以数清的石狮子。每根栏杆上有一个大狮子,有的昂头挺胸,仰望天空;有的双目凝神,注视桥面;有的侧身转首,两两相对……。大狮子都有雌雄之分,雌的大都在戏弄小石狮子,雄的多在滚弄绣球。大狮子身上的小狮子,大的 10 多厘米,小的只几厘米。它们三三两两,有的爬在大狮子身上,有的伏在大狮头上或是背上,有的藏在脚腿腹腋之下;有的在大狮子身上奔跑,有的在怀里打斗,有的正戏弄大狮子身上绣球或铃铛,有的只露出一个头一张嘴……活灵活现,变化无穷,栩栩如生。欲要弄清数目,确实很难,多数文献认为是 484 个。

大桥的东西两端的华表、石碑和碑亭,雕刻着许多云龙花卉。4 座华表的顶端,各有一个神态生动的石狮,面向桥外,迎送着过往的客人。东西桥翅处一边是大型的石狮子,一边是大象,都用力地抵着大桥的栏杆,它们要坚决把大桥保住,其造型逼真,憨态可掬,令人忍俊不禁。

著名的景观 "卢沟晓月照古桥"是著名的"燕京八景"之一,位于桥堍处。一座云龙盘绕的四柱方亭,在亭座上、栏柱内有一御碑,一面由乾隆皇帝题写着"卢沟晓月"四个大字,一面是御诗。"卢沟晓月"成为一景,并非是这里的月亮比别处更加妩媚,而是因为进出京门的官宦、客商多在此处留住一宿,次晨起程。其景是"未晚先投宿,鸡鸣早看天";其时正是"金鸡唱彻扶桑晓,残月娟娟挂林梢";其状则是"落日卢沟沟上柳,送人几度出京华","卢沟桥西车马多,山头白日照清波"。1988 年中国楹联学会副会长常治国先生撰有一联:"晓月沟桥,千载南辕客旅;湍鸣卢水,歌四时北国风光。"

中国古桥多有未解之谜,卢沟桥也是其中之一。纪从周先生曾于 1992 年 10 月 24 日在《北京晚报》上撰文,题为《卢沟桥四谜》,大意是:石狮子数清了吗? 早在清代时数是 368 个,国家文物局在 1963 年数是 485 个,丰台文管所在 1983 年数是 498 个,1990 年夏季一个霹雷,又打掉了一根柱头。到底是多少,此是一谜。卢沟桥所以坚固,史载原因之一是"插柏为基",1986 年大修时,在墩下深挖一米,未见有"柏",有人提出异议,此为二谜。在东、西三孔石拱下的两侧,有 3 个 30 厘米见方的石洞,有说是置灯照明,有说是过船时手扒洞口用力,有说是用于"热胀冷缩",究竟孰是孰非? 这是三谜。如此精美坚固的大桥谁人设计,却无人知晓。这是四谜。这些既有科学性又有趣味性的问题,很值得玩味,后来未见有人解谜。其实,有的"谜"未毕一定要解开,解开了反而失去了魅力。

卢沟桥曾于 1967 年改造加宽成通行汽车的交通桥梁,因而受到了不同程度的损毁。1986卢沟桥进行全面整修,恢复了古桥原有风貌。同时,在不远处另建了一座大桥,卢沟桥作为古迹被保护了起来。 **桥**

五亭桥秀恰如莲

欣赏优秀的桥梁建筑,就应像欣赏美女一样,不仅要远看,近看,还要细看;不仅要看体形,肤色,还要看装饰;不仅要看外观,更要了解她的内涵和气质,唯此,方能领略其神韵风采。

五亭桥是江苏省扬州市著名园林瘦西湖的标志性建筑,束瘦西湖之腰,是一座古雅别致的拱形石桥。由于是建在湖中的莲花埂上,故旧称莲花桥;也因桥上的五座亭子形似莲花而取名,现在统称五亭桥。清代诗人黄惺庵云:"扬州好,高跨五亭桥。四面清波涵月影,头头空洞过云桡。夜听玉人箫。"这是对五亭桥区秀美景色的精炼形象地概括。诚如茅以升先生所说,古典建筑的桥梁中,最古老的桥是赵州桥,最雄伟的桥是卢沟桥,最美丽的桥是五亭桥。

五亭桥在建筑构思上独树一帜。在我国著名的桥梁中,桥上设有五座亭子的有福建泉州的安平桥、广西程阳的三江桥、北京北海公园的五龙亭,这三座桥上的亭子是一字排开的,而五亭桥则是集中在一起的。

这座桥是清代扬州盐商为迎奉乾隆而建筑的。当时扬州的一些盐商和官吏为争宠于皇室,竞相在瘦西湖畔建造楼台亭榭,以显示自己的身份,并争宠于皇帝。1757年,乾隆第二次下江南时,两淮盐运使高恒为了盛迎皇上,殷邀圣赏,特雇用能工巧匠设计,营建了五亭桥。

五亭桥是仿效了北京北海公园五龙亭的形式而建造的。北海公园的五龙亭,是五个亭子临水而建。中为龙泽,两重檐,上檐圆、下檐方,表示天圆地方;中亭两侧东为澄祥、西为涌瑞是方形重檐;再次东端为滋香、西端为浮翠,均是方形单檐。五亭皆绿琉璃瓦顶,黄瓦剪边。亭与亭之间分别建4座小型石梁桥相连,状若游龙。中间三亭又分别有3座单孔石桥与岸边相连。这是皇家园林桥中十分精致与独特的桥型。

扬州五亭桥的设计是摹仿北海的金鳌玉蝀桥、白塔、五龙亭景区的秀美,但是又并没有全盘照搬,而是依据瘦西湖"清秀婀娜",既借鉴了北海公园五龙亭的宏伟气势,又融入了江南园林秀美的意韵,经过翻新、升华、再创造,在没有北海公园水面那么开阔的情况下,遂建成上为亭、下为桥,分之为五亭、聚之为一桥,桥、亭合一,巧妙绝伦的景观。

这种别出心裁、情趣多样的建筑,体现了能工巧匠的聪明才智。五亭桥的跨度为 55.5 米,桥基主轴线有 4 对相对称的方形桥墩,构成桥的 4 个翼角,使其平面呈"廿"字形的桥基,两端为宽阔的石阶,围以石栏,栏上雕有 20 余只石狮。28 根大红圆柱支撑着桥上五座亭子,亭亭相通。中亭为大,端正突出地坐在中央,为重檐四角攒尖式瓦顶;4 个小亭子对称相围,状如众星捧月,为单檐四角翘起,亭上有宝顶,四翼的角尖处悬有铜铃,轻风掠过,铃儿叮咚作响,悦耳动听。亭内彩绘藻井,雍容华贵;亭顶着黄色琉璃瓦,檐背为翠绿色,更显得金碧辉煌、典雅瑰丽。亭与亭之间以短廊相接,五亭虽各抢地势,"勾心斗角",却又是一个整体,形成"五方相属"的态势。这在国内现存的许多古桥中是罕见的。

桥亭秀,桥基雄,两者相托相谐,比例恰当。造桥者把 3 种不同的拱圈作桥身,桥下共有 15 个圈洞。大洞有 3 个,中心孔最大,跨度为 7.13 米,呈大的半圆形,直贯东西,可供画舫往来;小洞有 12 个,布置在桥基的三面,可通南北,亦呈小的半圆形,只供小艇回旋。桥阶洞则为扇形,可通东西。正面望去,形成 5 孔,大小不一,形状各异。《扬州揽胜录》记载:"上建五亭,下列四翼,桥洞正侧,凡十有五。三五之夕,皓魄当空,每洞各衔一月,计十五洞,共得十五月,金色浇漾,众月争辉,倒悬波心,不可捉摸。观此乃知西湖之三潭印月,不能专美于前。"《扬州画舫录》亦载云:"月满时,每洞各衔一月,金色浇漾,众月争辉;莫可名状"。

五亭桥之美,与周围的秀丽风景相陪衬也有密切关系。对面有高耸入云的白塔,东南湖心则有飘于湖面形似水鸟的凫庄,三者互相映托,亭桥风貌更觉绮丽。

五亭桥的神韵还在于四季有景:春日气候宜人,桃红柳绿、玉兰绽放,桥仿佛置于花海之中。若登桥远眺,小金山似一幅巨型的山水画卷,"钓鱼台"仿佛是海市蜃楼;夏秋景色最盛,其时,百翠涌桥,亭影湖面,桥水相映,风姿绰约;入金秋,云高水阔,气势更加不凡;隆冬游湖,若逢重雪,五座桥亭,成了五座雪岭,起伏于桥面,那长长的桥栏,披上晶莹的白雪,闪出耀眼的光辉。

"亭者,停也"。到此停下来,游人可以小憩;并借以观景,览瘦西湖里桥梁画卷,赏者甚感美不胜收。 桥

古桥明珠龙脑桥

在四川省泸县福集区大田乡龙华村的九曲河上,有一座东西横跨的石梁桥,叫龙脑桥,又名龙脑石,因石雕中以龙头为主体而得名。这座桥建成于明洪武三十一年(1393),距今已有600多年的历史。全桥布局奇特,造型雄伟,石雕艺术精湛。在四川乃至全国古老而众多的桥梁中,堪称是一颗明珠。

龙脑桥系石墩石梁式平板桥,全长54米,宽1.9米,高5米,有14个墩、13孔,每孔跨径3.6米。在每个桥墩石雕动物的脊背中间均凿成凹形,中间嵌放30块长3.6米、宽0.95米、厚0.6米的大石板作为桥面,整个桥梁就像是架在这些威武雄壮的龙的背脊上的。它们背负着桥梁,却显得神态自若,轻松愉快。两边高起的雕塑又起到了护栏的作用,突破了一般在栏板望柱上雕刻的成规。

中间的8个桥墩上设有横梁,横梁两头超出桥的宽度,又稍稍高于桥面。这块突出的地方不是一般的石料,而是造型精美、体态传神、刀法精湛的瑞兽。中间的4个桥墩上雕有4条龙;在龙的左侧的一个桥墩上雕着石狮,右侧的一个桥墩上雕着石象;石狮、石象两侧,各雕有一只麒麟。这些石雕大小不一,但比例匀称,造型古朴庄重,生动自然,雄浑有力,气势磅礴,成一字排开,远远望去,恰似群兽戏水,踏波冲浪,势不可当。

桥墩上最大的一条龙,头长1.6米,身阔0.8米,高1.9米,龙尾轻轻搭在桥面上,给人腾空跃起的幻觉。正如古书所云:"龙生于水,披五色而游,故神。"龙的眼、鼻、耳、须及身上的鳞甲,刻得栩栩如生,具有形神兼备的艺术特色,在细微处又独具特色,技法精湛娴熟。当河水上涨时,水没龙身,只露出龙头和龙尾,仿佛4条蛟龙并驾齐驱在水中游弋。

这些石雕的纹饰各不相同,有卷云飞舞,有火焰熊熊。在造型上有的衔绶带,有的吐玉书,有的踏绣球,有的踩玉圭。再加上镂空的雕法,使正中4个墩上的4条龙的口内,各衔一颗,能够滚动自如重达30公斤的石球,风起时,石珠随风滚动,四条蛟龙一齐奏出清亮的乐声;更奇妙的是,龙的鼻孔也可以吹出"嘟嘟"的声音,组成一章"龙吟"交响曲,真是妙趣横生,反映了古人独具匠心的构思。

用蛟龙和雄狮等瑞兽来装饰桥梁,最早是出于"厌胜"的目的,就是让这些力大无穷的神兽来为人们镇住水族中的妖魔,以石头作为灵物寄托着美好的愿望。后来,这类想法慢慢地被科学技术的发展所冲淡,然而石雕形象的威武雄浑,神气灵动,有助于改变平梁桥平直板硬的外观形象,从整体上提高桥梁的审美价值。

在桥的结构上,每个桥墩都用四层夹砂岩石垒砌而成,最上层的石块中部凿成凹形,以使中间安放的石板不会左右移动。桥墩各石块之间既不用卯隼相衔,也不用糯米浆、石灰等物质粘接填缝,而是利用石面打凿的粗糙条纹和石块自身的重量,作为凝结防滑的措施。更耐人寻味的是,每个墩面都凿有坡面分水,虽然九曲河几乎年年都有洪水来袭,但龙脑桥仍然屹立在滔滔江水之中。

解放后,将该桥第 10 孔升高 5.3 米(未动桥墩石雕),桥面两边各铺设五步石梯,梯石高 17 厘米,宽 50 厘米,长 190 厘米,使该桥对现实生活发挥了更大作用。

据《泸县志》记载,桥头坡上原有龙脑寺,它与附近的龙严寺、观音寺、玉佛寺一起,称为明代四大古刹。历经演变,寺庙已不复存在,唯有龙脑桥完整无损。 🌉

桥梁景观美漫谈

作为一种特殊的建筑类型,桥梁不但是人类聪明智慧和灵巧技艺的结晶,而且作为人类创造物,她又因具备了丰富而有情趣的景观美,成为人们审美欣赏的重要对象。桥梁的外在造型蕴涵着科学的智慧和技术的机巧,是桥梁各种审美要素的载体,是以社会功利为基础的群体情感的形象显现。这里,我们想通过对中国主要桥式在造型上的审美分析,去透视一下积淀在其中的丰富的美学内涵,在欣赏千姿百态的桥梁整体形象的基础上,去领略它们的独特魅力。

1. 平直刚劲　尽展力量之美的梁桥

梁桥,在中国桥梁建设史上可以说是最早出现的,并且至今仍具有强大的生命力:从造型的特征来看,梁桥是以直线为最基本的构成因素。无论桥梁的材料、结构、体量上有多大变化,古今梁桥都是以坚实的桥桩或桥墩立于水中,并靠它们承托起梁体的。如果我们把桥桩与桥墩的实体性和多种细节忽略不计,或者说把它们原有的"体"的特征暂时加以淡化,抽象地看做"线"的话,那么,矗立在水中的桥桩或桥墩都可以看做是垂直线,而平铺其上的梁体也完全可以看成水平线。桥梁史和大量的实物都告诉我们,梁桥最基本的构成是由直立的墩、柱和平直舒展的桥面相互组合而成的,也就是说,垂直线与水平线的组合,是梁桥最基本的构图特征。这横竖相接的线条组合看起来似乎过于简单,其实里面包含着丰富的力学原理和心理因素,而这正是梁桥造型美的特征。

从线条本身来看,直线是两个点之间距离最短的连接,虽然它缺少变化,也没有装饰性,但是它的简捷明快却包含着力的传递最直接、最迅速的优点;从空间构成来看,直线的组合形状最明确、最肯定。那么,主要是由直线构成的梁桥,虽然与多数桥梁一样,在平面上是用直线把此岸和彼岸连接起来,但是,它和拱桥、索桥不同,从立面来看整个桥面,同样也是一条平展展的水平线,但拱桥一般是向上凸起的圆弧形,索桥则与拱桥相反,呈中间下垂的弧线,它们都不是直线。由于桥梁最根本的用途就是沟通两岸的最标准形式,呈水平线的梁桥以最短的距离连接两岸,车辆行人就能以最短的时间通过河流或沟壑,而且由于它是一条水平线,又能使过桥者处于最省力的状态。因此,梁桥对于交通来说,就比拱桥与索桥具有更大的便利和快捷。尤其是在今天,汽车火车已成为陆上主要交通工具,梁桥桥面的水平线状态对于提高车速具有极为重要的意义。因此,这一特点得到了桥梁科学家的普遍重视,并且把这一优点推广到其他桥型上,让各种不同桥式的桥面都以水平线出现。这样做就大大提高了桥梁的运输能力和使用寿命。

线条的力学特征是和它的美学特征紧密地联系在一起的。直线的坚挺有力虽然因为缺乏变化,在审美上有单调的欠缺,但它却有另外一种美。从梁桥的柱和墩来说,以垂直线为基本特征的线条,确实没有曲线的柔和与优雅,但刚劲有力使它们具有挺拔锐利的美学意味。垂直线的这种美,我们在生活中是常常可以感受到的:挺直的青松、笔直的钻天杨、"刺破青天锷未残"的高山、高耸入云的铁塔都被我们看成力量的化身,刚强的象征。就连人的姿势也讲究"立如松"的风度美。这些现象都说明以力度为内涵的垂线,确实具有崇高美的品格。

通常,在审美欣赏中我们把桥墩或桥桩看成是一组垂直线。它们的下端一直深入到基岩,水流的冲击、泥沙的流动都无法使它们移动一步。桥桩、桥墩就像一棵棵大树,牢牢地扎根在那里。它们的上端支撑着桥梁的上部构造,让车辆行人快速通过,并且如履平地。桥桩、桥墩就像一个个顶天立地的男子汉,显示着中流砥柱英武气概和泰山压顶不弯腰的刚毅精神。同时,它们露出水面的那部分,由于水平面和梁体的作用,呈现出统一的高度,形成整齐一致的美,这就使多跨梁桥的水上基础部分,从个体的形象到群体的组合都充满了力的美感。可见,虽然由于线条本身的简单,在形象的审美上确有单调之不足,但是它蕴涵着科学与技术的深刻内涵,体现着巨大的社会功能,而且在审美上有其内在的深刻性。

同桥墩、桥柱相比较,梁桥的上部结构又是另一番景象。虽然同样都是直线,但由于它处于水面之上,就与下面的垂直线部分表现出迥然不同的美学意味。梁体横跨水面,平衡是其最基本的技术要求。视觉美学告诉我们,呈水平状态的直线,常常给人以稳固、宁静的感受,而这正是桥梁建设者最乐于赋予桥面的形象特征,希望每一个过桥的人在对桥梁造型的肯定性感受中,增强对桥的强度的信任感,舒心地通向对岸。同时,水平线是以地平线为基准的,又与人类双眼的并行排列的方式是一致的,因此它极易与人的视觉处于一种协调的关系之中。这种和谐的主客体关系使人对审美对象的水平线产生一种安全、平和、亲切的情感。这种快感反过来使人赋予水平线本身以舒展、流畅的品格。

梁体水平线的美感,还由于它在桥梁整体构造中的地位而得到强化。在单跨梁桥中,梁体把两岸的桥台连接起来,它成为桥梁通达作用的直接承担者;在多跨梁桥中,它还使各自分散独立的桥柱或桥墩连成一个整体。这种作用与人在知觉中乐于把相似的事物组合起来的倾向相应和,因此就增加了欣赏者对整体性的认同,从梁体的水平线中感受到贯通和统一之美。再者,呈水平线的梁体与桥下的水面在总体上处于平行的状态,两者在形式的相似中又相异,在性质上又有虚实的对比。这种互相应和而不类同当然也是很美的。

当然,桥梁本身都是以三维空间的形式存在着,我们要求在审美欣赏中抓住它在造型上的基本特征,把立体的桥柱、桥墩及桥面都抽象成线条,这只是通过视觉去简化对象,为的是在形象上更好地把握对象,更好地感受其深层的意味。而要做到这一点,正需要欣赏者具备一定的审美能力,这样才有可能在繁杂琐碎的体积、块面和错综复杂的线条组合中,敏锐地感受到对象的构成要素及其形式的美感。这就要求对圆柱体、长方体,甚至像钢桁架中那令人眼花缭乱的钢杆件进行必要的视觉抽象,从最能代表对象造型特征的线条中去体验它的美学价值,去把握桥梁整体形象之美。

2. 长虹倒倩影 尽呈曲线之美的拱桥

石拱桥是以曲线为主要的造型要素。曲线在视觉美学上被看做最优美的线条,它不像直线那样刚劲有力,但却比直线富于变化,它能表现事物的活力和动势,具有很高的生动性。人们在日常生活中所接触到的彩虹、树冠、花朵、叶片、贝壳乃至人类制造的各种器皿、车轮、喷气式飞机的流线型外壳,都包含各种不同的曲线,当然还有人体自身,这种曲线更是精美绝伦。以曲线为特征的石拱桥造型,不但比起木石梁桥的垂直线与水平线的组合显得更加柔顺、流畅,更具雅致的情调。而且,作为圆的一部分,曲线能给人以和谐、圆满的感觉。

由于圆是许多事物运动的轨迹,如行星绕太阳公转、月球绕地球旋转,以及飞旋的车轮都呈圆形。因此,石拱桥的曲线也就富有流动的美。特别值得指出的是,每一座拱桥常常是几条曲线的复合,大凡成功的作品都是以和谐的曲线群表现出美的空间形态。这些线条中最显著的是拱圈和桥面这一组曲线,由于石拱桥的桥台一般都很坚固,以便承受住石拱的推力,这就需要桥台不同程度地伸进水中,而桥面与堤岸道路连接处总要比桥台外沿要向岸边离得近一些。这样,作为两个桥台的连线,无论拱圈的弧度多么小,它总是比不上两岸之间的连线——桥面曲线的长度,也就是说,桥面曲线总是要比拱圈曲线长一些。这样,两条相似(都是曲线)而不相同(弧度、长度有差别)的线条组合在一起构成一组复合线条,在统一中存在着差异,在多样中呈现着统一,既有整体的和谐,又有个体的生动。这使得石拱桥的基本造型从整体上使人十分悦目。

同时,从材料的运用和加工技艺上看,石拱桥的曲线已经进入了比较自由的审美境界。当人们能够比较熟练地建造石拱桥时,就已经很好地掌握了开采石料的技术,并且能够根据工程的技术要求把它打制成各种形状的构件。石料的轮廓可以做得很规整,线条很清晰。这样的构件在组装成拱圈或铺设成桥面时,就会有比较光滑平洁的表面。这样,桥梁的总体结构所显示出来的线条就不会充满皱褶,凌乱分散的了,而是十分柔和与明确。技艺的高水平在这里就转化为较高的审美价值了。

石拱桥的曲线不但因桥梁自身的相近组合而收到相辅相成的效果,而且在与桥栏、望柱和水平面的对比之中,表现出相反相成的意味,这是由直线和曲线的配合所产生的特殊情趣。两个半世纪前,英国美学家威廉·荷加斯曾经在《美的分析》一书中说过,直线与曲线结合,其变化比单纯的曲线多,因而具有相当的装饰性,这种组合就比较美。石拱桥自身的曲线与直线,以及与水面的组合就是最好的实例。

再有一点,石拱桥的桥面总是要比两岸的地平面高些。虽然桥梁在功能上是对两岸道路的沟通,但在路—桥—路的整体形象中,不论这一拱形的波峰比地面高出多少,它又是对道路水平线的中断,从这一点看来,民间俗语说的"桥归桥,路归路",也就有了一定的合理性。可见,石拱桥以其高耸的英姿改变了道路在空间形式上的单调,丰富了地表景观的轮廓线。正因为如此,石拱桥的坡度虽然给通行带来一定的不便,在通畅平直上比梁桥逊色,但却在景观变化的意义上赢得了人们的赞誉,使这种高出地面的建筑物常常成为当地的标志,成为有象征意义的人文景观。因此,当石拱桥的高度对交通的影响不会对人们的生产生活带来实际的不利时(如在园林桥中),有意提高桥拱的高度,使整个道路系统处于起伏有致的变化中,也就常常成为自觉的审美追求了。

中国石拱桥的拱圈形状多种多样,有全圆、半圆、马蹄、圆弧、锅底、蛋圆及椭圆,还有抛物线及折边拱圈。这些形形色色的拱圈,都是曲线不同的展开形式,它们除了具有共同的曲线美之外,同时还具有各自的造型美学特色。

3. 飞索高悬 尽显险峻之美的索桥

顾名思义,索桥就是悬挂在山峡两边的"绳索"桥梁,不论这"绳索"是由什么做成的。因此,它的线条感就十分明确、现实。跟梁桥和拱桥不同的是,它是以线条本身为桥梁的基本构架,建筑的空间要素或者说建筑构件的立体感更容易抽象为具体的线条。它没有结结实实的桥墩,没有方方正正的梁体,甚至于像溜索桥,连一个平面都没有。面的缺乏就突出了线的形象,观赏索桥,不需要从立体的桥柱、桥墩的具象中去抽取它的线条,没有必要对桥梁在视觉上进行简化。在这里,线条会十分清晰明白地展现在你的眼前。可见,强烈的线条感应该是索桥在造型上的第一个特点。

从线条的形态来看,无论是藤萝还是铁索,都是以各自的抗拉性固定在两岸的山崖上,以承载行人车马的通行。然而,悬索柔软性的特点、自身的重量以及力学上的要求,要使悬索在固定的过程中绷得像一条直线,既做不到,也不可能,因为紧绷的桥索在拉力达到极限时,再有重物在上面通过,就很容易拉断,因此,留有一定的余地就很必要了。这使得桥索不是以一条水平线出现在河流之上,而常常带有一定的弧度。从形象上看,这种曲线总是两头稍高,中间微微下垂。正如徐霞客在他的游记中所指出的:"盖凡桥拱而中高,此桥反挂而垂"。在那如同刀斧削过的悬崖峭壁之间,连上一条优美的曲线,使山的崇高与桥的秀美相映成趣。同时,这样的曲线作为桥梁承载部分,必然要求具有相当的强度,所以,悬索都拉得比较紧,所出现的弧度又是很小的。这里,形象上的柔和与结构上的强力融为一体,形式与功能得到了完美的统一,科学技术与造型艺术在这一特殊的地域氛围中显示出独特的风采。

正因为索桥常常以几根竹索、铁链就沟通了两岸,所以它在造型上的另一个特点就是简单。它没有纵横交错的线条组合,也没有大小不同、形状各异的板块堆砌。最简单的溜索桥只有一条线,即使是比较复杂的并列多索桥,如泸定桥,九底四栏,一共也只有13条铁链。索桥的简单不但表现在线条少,而且排列的方式上也相当统一。桥索一般都是固定在两岸桥台上,由于距离相等、材料相同,因此它们在成桥后有很强的统一性。在我国的西南山区,虽有个别索桥从两端到桥中心斜挂铁链,也有像都江堰上的安澜桥在扶栏索上装了木条,与桥面形成垂直,或者像西藏墨脱的藤网桥,做成网状圆筒形,但它们都有一个显著的特点,就是全桥在形象上的统一性。

同其他桥型相比,索桥的造型确实是最简单的了。这种简单有什么意义呢?从建筑学的角度看,形的简单正说明结构的合理,用最经济的手段圆满地去达到目的。与那种繁杂、累赘的建构相反,人们完全有把握把那些可有可无的东西省略掉,从而说明他们在适应自然的过程中已经有了很大的自由。从审美的角度去看,简单的形象往往也就带有一种肯定、明确的意味,它不是把各种审美信息塞给欣赏者,而是以有限的然而有较大包容性的形象为载体,让欣赏者自己去展开想象和联想活动,以一种"引而不发"的方式,使形象具有"以一当十"的效果。因此,索桥在造型上的简单,也是其形象美的重要根源。

索桥由于"下无所凭,上无所倚",因此还有一个重要的特征,就是具有"飘然悬空"的动态美。山区人民常把索桥称为"飞桥",如云南《永吕府志》曾这样记载霁虹桥的建造:"成化中,僧了然者乃募建飞桥。"把索桥称为"飞桥",确实抓住了它的特征。这种悬索飞荡的景象,在风中还能使人产生一定的恐惧感,这种恐惧感却因桥本身的强度而容易转化为战胜险恶自然的愉悦。宋人范成大曾经这样描述索桥:"攒立大木数十于江河中,辇石固其根。每数十木作一架,挂桥于半空。大风过之,掀举幡幡然,大略如渔人晒网,染家晾彩帛之状。"索桥的飞动之势和飘逸之美,被他描绘得具体而生动,而这种态势恰恰与梁桥及拱桥的稳固坚实相反,形象的动态感,更增加了造型简单的魅力。

这种飞动之势对于观赏者来说,当然是一种很有意思的美感享受。但是,对于过桥者来说则不是那么简单了。因为观赏者只是从它的线条构成、动态形象来感受它的姿态的特点,因此对于飘荡飞动总是充满了肯定性评价。这种美感是单一的,与亲自过桥时所体验到的复杂感受就不大相同了。由于桥索只有两头固定在岸上,一般索桥在中间又没有桥墩支撑,两岸山高崖陡,这种景象先给过桥的人一种恐惧感。尤其是踏上桥面,每走一步,桥索摇荡如秋千,身体站立不稳,开步更感困难。许多人都在安澜桥上体验过这种滋味:感觉就像在风浪中的海轮上,脚步踩下去像是空的,好比喝多了酒,身体重心很难控制。旧时文人更不习惯于这种颠荡摇晃的桥梁,在他们的笔下,过索桥简直就是过"奈何桥":"山川阻洪流,深广迈可越。两崖兀相望,怪石走蜥蜴。飞空架索桥,锁钮危欲绝。曳踪窘不前,轰然竖毛发。宛宛虹舒腰,落落蛇脱骨。回疑匹练铺,窄抵长组拽。谁遣高梯横,莫挽巨筏脱。翻风乍飞骞,缘云更危危。手怯扼索扣,足苦缩板裂"。正是在这紧张、恐惧之中,一步一颤、步步颤颤地走到对岸,仍然是心惊肉跳,双腿紧张得抖个不止,"登陆股犹栗",确实是充满着对"一坠无百年"的后怕。当然,在勇敢者的脚下,这种恐惧和危险就会被转化为挑战的兴奋和征服的愉悦。同样的险山恶水,同样的悬索飘荡,甚至在独根竹索的溜筒桥上过,却有"渡者如激矢,其下石如犬牙,与波相戛摩,而土人殊不为意"。当地群众的胆魄,早已使索桥在他们足下变得俯首贴耳。英国探险家台维斯曾经在长 90 多米的溜筒桥上亲身体验过,在他的笔下,不但没有丝毫的恐惧,反而充满着"愉快的感觉",认为过桥"并无看起来那样危险"。中国古桥技术史的考察小组也曾亲试飞渡,他们的体验是:"大有凭虚御风的感受"。

这些都说明悬索桥看起来颇有几分危险,走起来也会有摇晃的感觉,但只要材料的强度有保证,设计中注意各种环节的安全,那么,在一个敢于迎接挑战的人面前,这种视觉上的恐惧与危险都可以转化为快感的。这种从痛感向快感转化的心理过程,正是人们欣赏崇高美的普遍反应。这就告诉我们:悬索桥的形象,具有崇高特质,与其他型式的桥梁所具有的壮美是不一样的。

4. 新颖奇特 尽扬现代桥梁科技之美

传统的桥梁形式在造型上更多地表现着质朴、简明的美,人们把创造的重心更多地放到实际功用上,美观只是在桥梁工程技术之外的附加物,而科技的发达使现代桥梁的造型美成为更自觉更内在的要求。人们在更好地驾驭桥梁科学的内在规律,更完善地掌握实际建造技艺的基础上,把审美创造提高到一个新的水平。因此,修建更新更美的桥梁也就成为了现实。这里,我们想介绍钢桁架桥、钢拱桥和斜拉桥的造型美。

钢桁架桥的基本造型是从梁桥发展过来的,它的基本形状跟普通梁桥差异不大,主要是在梁体的构造上,与木石梁桥乃至混凝土梁不同,它不是用实体的方式,靠自身的强度来达到承载的目的,而是梁体本身是由钢制的桁架构件组合成,所依据的就是结构学上的三角原理,就是三边长度不变更,三角形就不可能变形。因此,它的结构是最牢固的。钢桁架由简到繁,又出现了复式腹杆系桁架。其实不论如何复杂,核心仍然是用三角形原理把钢桁架构件组成一个框架,放到桥墩上,让行人车辆在钢铁框架的空腹中通过。这种钢桁架桥的立面形象就比实体梁桥要大,不但桥的左右两边有纵横交错的钢杆、钢板构成的桁架,而且上部还有顶棚,过桥就是经过一个钢铁世界。因此,钢桁架桥不像普通梁桥,在造型上以平面为主要特征,而是以空间的围合为其造型上的特点。由于拉杆、顶棚的作用,整座桥梁会出现一种独特的立体感。同时,正是由于一根根钢杆、钢板的不同布置,形成了一种新的氛围:钢构件排列的复杂与简单,顶棚位置的高低、桁架平面造型的整体形状,是长方形,梯形,还是穹窿形;采用的桁架式样是三角形,是双斜杆,还是菱格形;是米字形,还是Y字形,抑或是W形的,这些都具有不同的审美价值。

有些桥梁用钢桁架作为跨越江的主跨,在靠近两岸的桥跨上用实体性梁或者钢筋混凝土梁。就是说,一座桥上有两种不同的材料和构造方式,这样使整座桥梁的中间一部分桁架高耸,两头则比较平直。这种情况,丰富了桥梁的外部形象。我国在解放后建的许多大桥,如武汉长江大桥、南京长江大桥、重庆白沙坨长江大桥、成昆线上金沙江铁路桥,都是钢桁架梁桥。前两桥的钢桁架贯穿全桥,如同钢铁巨龙横跨天堑;后两桥在主跨上用等腰梯形桁架,它的高度及围起来的空间与其他跨上的平面形成鲜明对比,也不失为一种对比之美。

用钢来建造拱桥,不仅可以获得与石拱桥一样的美,而且由于钢材的强度可以超过石料,因此拱跨可以大得多,形象也就显得更加壮观。再加上钢拱桥一般不像石拱圈那样由一块块拱石砌成,面是用钢杆件组合起来的,这就使得它的线条更为明确、流畅,整体形象更加空灵轻盈。钢拱桥在结构上也比石拱桥丰富得多,它的桥面与拱的组合方式更为自由。传统石拱桥由于材料的限制,一般只能以上承式的组合方式出现,就是拱圈在桥面之下。这种形式虽然仍然为钢拱桥所采用,但却有所发展,这主要表现在钢拱桥的桥面趋向平坦。石拱桥为了使拱肩不必承受过多的压力,桥面基本上采用与拱圈近似的曲线,而钢拱桥可以在拱顶两边到拱脚的弧线上装设拉杆,起到类似梁桥桥柱的作用,使桥面不必有坡度,而像梁桥那样平坦舒展,这样不但在功能上为过往车辆提供了极大便利,而且在造型上以柔和的肋线与刚劲的直线相结合,增添了线条的丰富之美。钢拱桥除了上承式外,还有下承式和中承式的组合,下承式是把钢拱整个放在桥面的上面,利用拱的拉力来发挥承载作用;中承式则是桥面在钢拱的半腰穿过。从造型来说,下承式圆拱高耸,很容易成为当地的标志性建筑,在景观中有较高的审美价值;中承式使曲线与直线互相交接,既有下承式的高挑,又有上承式的平整,形象上显得丰富、生动。由于钢拱桥的造价较高,国内建成的这类桥梁不是很多,宁波的灵桥是下承式钢拱,武汉的江汉桥是上承式钢拱,但数量大大少于钢筋混凝土拱桥。因为钢筋混凝土拱桥在造型上既有石拱桥那种在厚重中显出轻灵的特色,又有钢拱桥的曲线明快,形象生动的风采,在造型上富有更自由的表现力,所以在美丽的拱桥家族中堪称后起之秀。

在现代桥梁中,斜拉桥的造型可能最富有审美情趣了。它一改传统索桥直接以索为梁的结构模式,而是以索悬梁,形成了崭新的桥梁形式。斜拉桥如上海的杨浦、南浦大轿等,一般都是由桥塔、拉索、梁体三部分组成。根据水面宽度,先在水中建起若干桥塔,从桥塔上系拉索把梁体拉住,同时桥塔又是搁置梁体的桥墩。这样,梁体上靠从塔上斜拉下来的钢索的拉力,下靠塔座的支撑,完成沟通两岸的使命。桥塔的坚实挺拔,使它的下部能够承受住梁体及过往车辆的压力,而它的上部又必须经受得住斜拉索的拉力。因此它总是以高大伟岸的形象,成为整座桥梁构图的中心。在具体的桥梁中,桥塔还可设计成不同的形状,如柱形、A字形、H形,它们在造型上各领风骚。柱形塔的挺拔,A形塔的锐利,H形塔的端庄,再加上它们的高度,使它们常常成为当地著名的人文景观。梁体由于不是直接用绳索做成的,就不是以曲线的形式出现,而是一条水平线,跟普通梁桥相比,显得更薄一些。这样线条感更强,造型上更为轻巧了。

斜拉索是全桥最生动的部分,它不仅可以有竖琴形、放射形、扇形等不同的样式,而且还可以布置成单索面或双索面,形态丰富。其实,斜拉索无论作何种布置,都与桥面,桥塔一起构成一个个三角形,牢牢地维系着整个桥梁。同时,钢丝索是以高强度的优质钢为材料,却被加工成索的形式,可以说是寓刚于柔,柔中见刚。当它紧紧拉住大梁,让千车行、万人过时,又显示着力量的美。在这里,力学的规律和美学的形式法则是那么完美地融为一体,高科技时

代正使桥梁造型向更新颖更生动更多样化的方向发展。（於贤德） 桥

桥梁形式美浅议

桥梁建筑和其他建筑一样，一般是遵循着先功能后审美，先结构后装饰的基本原则。就是说，不仅要在功能上适用安全，而且要在审美上赏心悦目，成为结构合理与形式完美的工艺品。

在实践中，有的桥梁只着意于结构的合理、造价的低廉、施工的方便等因素，却疏于研究桥梁形式的艺术美，当一座耗资巨大的桥梁建成后，尽管使用良好，却因形式陈旧、错落散乱、缺乏韵律、主次冲突等因素，留下了永远的缺憾。其实两者应该是相辅相成、互为依托的组合，达到红花与绿叶相得益彰的效果。

现代桥梁，由于新材料、新技术、新工艺的不断涌现，呈现着大跨度、高强度、轻质量的特点，给桥型美提供了充分发挥的有利条件。由于人们对美的要求不断提高，由此就要不断创新。

环境与桥型 桥梁是在特定的环境中置入一个固定的建筑物，它影响着人们的生活，增添了新的景观。桥梁建筑和其他建筑不同的是具有通透及全裸的特点，即上下左右全可观览，因此与环境的和谐尤为重要。专家认为：特大型的桥梁，由于规模宏大，气势磅礴，本身就是一地的主要景致，因此可以放手进行美化，以形成新的景观；一般规模不大的桥梁，在当地已形成固有景观的情况，就不必突出桥梁，应注意桥梁要与环境融为一体，自然和谐，共生共辉。还可根据地势的特点选择桥型，一般是平坦河面宜平桥，河面不宽用拱桥，陡峭处用索桥。城镇中的桥梁必须适应原有的建筑，以免破坏整体风格。由于科技的发展，一跨越过大江大河的索桥、拱桥已是屡见不鲜。因此，因地制宜、因势制宜，是桥梁造型的灵魂。有的桥梁设计盲目赶时髦、随大流，片面追求新桥型、大跨径，结果是既不实用又不美观。

均衡与稳定 均衡在造型上是指形态的和谐，它是结构内部力的和谐在外形上的表现。均衡的事物常常有一种稳定感，任何宏伟美观的建筑，离开了均衡的布局都是不可思议的。可以说，均衡是桥梁结构的基础也是桥梁造型的基础。正是这种均衡，才使桥梁在负重时保持了稳定。赵州桥两端敞肩的

相等,十七孔桥由两端逐渐向中间增大的孔洞,不仅使桥梁结构内在力的传递均衡,而且在外观形态、体量、质感等因素上也产生了美感。在现代桥梁建筑中,同样运用着对称性平衡的手法,斜拉桥与悬索桥的桥塔与拉索,在体量、形状、数量等方面都表现出强烈对称感,这种整体性的稳定使大桥更为雄伟壮观。当然也有非对称平衡的,一般是主航道不在两岸的中央,主跨径偏向一侧,只要另一侧布局得当,同样可以达到平衡的效果。

韵律与节奏 人们常说,音乐是流动的建筑,建筑是凝固的音乐。就是说,不论是音乐还是建筑,都需要韵律与节奏的流畅,才能产生美感。桥梁结构相同与不同部件的有序排列、重复、变化形成了韵律与节奏,呈现着多样的变化性并保持着整体的统一性。其跨径的大小、墩柱的形状、桥面的起伏,如果没有生动的变化,或者杂乱无章,繁琐堆砌,都会失去艺术感染力。古桥成功的事例不胜枚举,例如苏州宝带桥、上海青浦的放生桥、浙江温岭寺前桥等,其拱圈的形状、大小、桥面的起伏,由于韵律感强,使桥型外观颇为优美别致。

现代桥梁更是如此,中国内湖第一长桥——太湖大桥,是由3座预应力混凝土连续梁和简支梁有序组合而成。有的宽有的长,独柱墩、薄桥型,轻盈秀丽。通航孔微微隆起,非通航孔濒临水面,高低起伏错落有致,简洁明快,新颖别致,富有时代感。每座桥都有和谐的节奏与韵律,3座桥共同组成了一曲完美的乐章,如飞舞的银练飘落在太湖群岛之间。

在斜拉桥中,斜拉索面韵律感最为突出。竖琴形索面缆索相互平行,每股之间距离相等,而长度从里向外递增,形成渐变韵律。放射形索面从塔上同一点出发,而下端在梁上成等距间隔,缆索的长度由里向外渐增,索与梁的夹角渐次减小,表现出更为丰富的韵律感。扇形索面缆索在桥塔上的距离由高到低渐减,索与梁以及索与塔的夹角都有变化,而且索、梁、塔形成三角形由里到外递增,其多样性就更为丰富。

韵律和节奏在桥梁建筑中的美学意义,就是表现为运动的活力和简洁明快的效果,造成协调有序的组合,避免杂乱堆砌。

比例与尺度 不少美学家认为,美的本质就是比例的和谐、尺度的得当,桥梁亦然。只要把握好了这一原则,就能造出美观的桥梁。20世纪70年代,有一座建在平原区流量很小的宽浅河床上的多孔连拱桥,拱脚与河床的标高几乎相同,远远望去,似乎部分拱圈已被泥沙掩埋,给人一种压抑感。20世纪80年代建造的斜拉桥,有的索塔高耸,宏伟壮观,但桥面以下的墩台却很矮,头重脚轻,比例失调,既不经济又不美观。

因此,设计者首先要注意上部与下部构造比例的协调。上部构造与下部构造在功能上有跨越与支承的分工;在型式构造上则有水平延伸与垂直竖立的差异。墩台的体量、型式对桥跨重心起着调节作用:粗大的墩台或是型式上的上小下大,将桥体重心移向下方,一般显示平稳厚重;纤巧的墩台或型式的上大下小,使桥体重心上移,衬托出上部构造的轻捷及跨越功能。桥台型式有着不可估量的作用,宜合理安排水平块面与竖直块面的尺度、比例、形状,使上下呼应、均衡、协调。其次要注意主跨与引桥比例的协调。主桥与引桥虽有主宾之分,然而又是不可分割、相互依托的。主跨是视觉的中心,引桥是主桥的延续。不能"重主轻宾",也不能"喧宾夺主"。一般说,与主桥相适应的引桥,不宜体量跨径过大,以避免主次不分。

色彩与质感 在造型艺术中,形、色、质是直接影响视觉的三大因素。形象美总是包含着色彩与质感的审美。有的造型平常,却可通过色彩加以烘托。我国古今桥梁多用材质的本色,被称为是"万全之色",它很容易和背景色相协调。但廊桥却是雕梁画栋、黄瓦飞檐,富丽堂皇;而现代大型拱桥在拱弧上涂以红色等,也很鲜艳夺目,充满生气。 桥

似飘似舞似彩虹

拱桥建筑艺术一直是我国桥梁文化艺术苑中一簇夺目的奇葩。拱桥,不论是砖拱、石拱、木拱,还是圬拱、钢拱桥,均因其富有韵律的曲线美,为其他桥型所不及,在桥梁体系中独树一帜,风流千古。即使在现代诸多新技术、新工艺条件下,拱式结构的桥梁,仍显示出巨大的魅力,并永远传承。

远在 1400 年前,人们就造出了技艺精湛、桥型优美的单跨 37.02 米空腹式赵州桥。1958 年建成通车的湖南黄虎港大桥,跨径达到 60 米;2000 年建成的山西晋城丹河大桥,主跨径达到 146 米;2003 年建成的超大跨度钢箱拱桥上海卢浦大桥,主跨径是 550 米,当时位居世界第一。拱式结构的桥梁,不断续写着辉煌。

在北宋著名画家张择端《清明上河图》中出现的汴河虹桥,是创建于北宋明道年间(1032~1033)的叠合梁木拱桥,它精美绝伦,是桥中瑰宝。有人说这种桥型已经失传 900 多年了。其实这种桥型在浙江泰顺一地就有 200 多座,

多建于宋朝之后,最大跨径达 42 米。1980 年一个考察组发现之后,戏称这里是桥梁的"侏罗纪公园"。后来在上海青浦仿造了一座这样的桥,引起了国内外专家的瞩目。其实,虹桥的式样用火柴棍就可以搭接起来。复杂的构造能够简单化,是技艺高超的升华。

在世界拱桥之林中,我国拱桥独具一格,形式之多,造型之美为世界之最。有驼峰突起的陡拱,有宛如皎月的坦拱,有玉带浮水的纤道多孔拱,有自然纵坡的长拱;有实腹式拱和空腹式拱,有上承式、中承式和下承式拱;有多跨联拱和固端拱,有桁架、钢架和扁壳拱;以及卡砌拱、悬砌拱、箱形拱、双曲拱、两铰平板拱等等。有的固若磐石,宏伟壮观;有的深厚持重,古朴典雅;有的纤巧秀丽,妖娆多姿。这一切都源于拱桥承压为主及其固有的曲线美。

拱桥的魅力主要表现在拱轴曲线的千变万化上,拱上建筑灵活多变,桥路相接刚柔与平稳,同周围环境协调与和谐。而它独特的空间、体型、线条、色泽、质感、光影以及民族风格、地域特点、历史背景、社会特征的文化内涵,就更加值得玩味。在赵州桥、卢沟桥、宝带桥、十七孔桥、玉带桥这些桥上,无不体现出这些方面的魅力。

拱桥的曲线柔和多变,若飘若舞,若动若飞,目不暇接。其拱形就像是一弯彩虹,又若蛟龙戏水,状如玉带飞天,同兰天云影、青山绿水融为一体,相映成趣,它被记录在古诗词中。"弯弯飞桥出,敛敛半月彀";"两水夹明镜,双桥落彩虹";"驾石飞梁尽一虹,苍龙惊蛰背磨空";"千丈虹桥望入微,天光云影共楼飞"…… 桥

立交桥——华尔兹的旋律

当车流飞旋在互通式立交桥上时,一种华尔兹圆舞曲的韵律感会油然而生。设计巧妙、功能完善、造型美观的互通式立交桥,既像是美术家精心绘制的图画,又像是音乐家谱写的优美乐章。行云流水般的通畅和惬意,使人感受着节奏美、韵律美、音画美、诗歌美。直线的刚劲,曲线的圆润,使线型变化无穷,图案丰富多彩,格调和谐高雅。曲线在视觉上被看做是最美的线条,立交桥正是以独特优美的曲线,使其最大限度地展示了美的韵律。

互通式立交桥的韵律美,常以对称的弧线,连绵的环线,旖旎的螺旋线,大

圆套小圆、小圆接大圆的卵形曲线,形成一道道绚丽多彩的景观。特别是那些凌空而起的定向性的曲线匝道,犹如玉带高悬、跌宕起伏、潮涌浪推。车辆由路上桥,出桥上路,靠的是妙不可言的曲线匝道。匝道,让来自四面八方的车辆,无论直行、左转右拐,还是分流合流,都能顺畅便捷、各行其道、自在自如、各奔前程,行驶在美丽的线型中。

曲线与直线精心地勾画,又把立交桥的形状描绘成各种平面的和立体的几何图形。从平面看,它们有圆形、椭圆形、喇叭形、菱形、苜蓿叶形、混合形等,种类繁多,造型优美,风格各异,赏心悦目。从纵面看,有直线的穿越,有曲线与圆弧的飞跨;有箱梁、弯梁、工字梁、盖梁等形状的展现;而墩柱,有圆筒形、多边形、倒梯形、H形、Y形等。"一桃一柳",或疏或密,排列有序,墩实秀雅,各显神采。真正是桥上有桥,桥下有路,层层叠叠,分合穿梭,锦绣如画。

摄影艺术家是美好事物的追寻者和发现者,他们常常把美的事物呈现在人们的眼前。当他们在北京上空俯瞰拍摄时,惊喜地发现堪与故宫、天坛媲美的不是高楼大厦,而是立交桥的造型。

北京四元桥在十多年中,不论在全国、在北京,其规模都保持着最前的名次,而且桥型美、功能全,充分体现着华尔兹的韵律美。它所以叫"四元桥",是因为它建在四环路上、通向4个方向、是由4层组成、还有4个"环"。桥是一种动荷载,四元桥的桥垫不是梯形橡胶垫,而是钢制圆球体,其目的就是平衡荷载,防止地震撕裂,所以四元桥还是一座会动的桥,因而它的韵律就更具神奇的色彩。

北京天宁寺立交桥的倩影经常出现在许多的报纸重要位置和杂志封面中,还有数位摄影师拍摄了它的夜景,淋漓尽致的凸显了它的韵律美。这座桥位于西二环路的转折处,又是西护城河与永定河引水渠汇合处,北有居民楼,南有天宁寺,东有罗城西垣遗址,中有入档编号的古树。正是这一复杂的地形,使这座桥的设计者的聪明才智得到了充分的发挥,成为既跨路又跨河、由17座桥组成为三层苜蓿叶形、环形、菱形、喇叭形加定向型融汇于一体的互通式立交桥,在弯曲、斜向、纵横中有序交错。最美的是桥中有多种曲线的转向匝道,使这一重要的交通枢纽行进如水,川流不息。最上层是二环路主桥,是三上三下封闭快车道,全长600米,是一个大弧线,十分壮观。一层是通向北京站、西客站及沿护城河的直线与连接线,一、二、三层之间便是不同形状的互通桥,它们分别是半圆形、马蹄铁形、葫芦形等。由于是在狭窄面上布置转向桥,因此不可能像四元桥那样把匝道变成舒展对称的四个环。正因为它是不规则又是精巧的，才更具特色。

摄影师李士昕曾拍摄过一张很有韵味的精致的夜景照片，他是从桥的北面的高层楼上聚焦，面向镜头的是汽车前灯拉出的白黄色的亮丽线条，背向镜头是车的尾灯拉出的红色线条，横向的是红白相间的色条，把天宁寺立交桥描绘得层层叠叠、曲曲弯弯、错落有致，眼花缭乱，成为一种妙不可言的造型。若从桥上看，车辆如同行驶在色彩斑斓的灯光的隧道中；若从地面看，桥如彩虹般高悬在天际般的幻影；若从水中看，恍若是海市蜃楼般的迷离。其婀娜多姿的神态，犹如新疆舞一般在和谐的音乐与舞步中飞旋。更兼周围楼群上的灯光如明星眨眼，霓虹灯光如彩霞般闪现，形成一幅优美的图画。

立交桥上的灯饰使动感的立交桥平添了许多的美感。北京的一些大型立交桥更以灯彩着意美化，点缀了迷幻般的夜景。曾被称为亚洲最大的立交桥的四惠桥，是由主桥3座、辅桥7座组成，占地15公顷。高架主桥上安装了624组红、白、黄、绿、蓝五色变光灯。通过电脑的控制，富有韵律地变换着色彩，产生出动与静、明与暗、快与慢的圆舞曲。整个桥区成为了生动活泼、气势恢弘、美不胜收的景观。 🌉

精美的桥上石雕

我国的石雕艺术，在桥梁建筑中得到了充分的展示，出现在桥梁上最多的是威猛的瑞兽与象征富贵的花卉，是桥梁建筑中一个耀眼的亮点。有的石拱桥从整体上说就是一件精美的工艺品，再加上桥上的构件和桥头的附属建筑，几乎就是一座石雕博物馆。这些装饰，全靠手工雕琢，巧夺天工，技艺精湛，常常是桥梁工艺的点睛之笔，有很高的审美价值，给后代留下了宝贵的文化遗产。

龙。在我国神话中能够驾云化雨、兴风作浪的神异动物，有鳞角须爪，甚至是作为封建时代皇帝的象征，是至高无上的。这种神活中的动物，以各种形态出现在桥梁上，经常是见头不见尾，见爪不见身，充满了神秘感。在赵州桥的栏板上，精雕细刻着游龙、蛟龙、蟠龙、双交龙、戏珠龙等。在一块栏板上，正面刻着相向的两条龙，右边的一条龙前爪托着"宝珠"，左边的一条龙前爪抓着一朵大花，线条柔和，神情兼具；栏板背面也是两条相向的龙，龙身好似钻入栏板之内,冷眼看去,大有穿透栏板的感觉。这些雕刻,刀法苍劲古朴,布局多样,引人入胜。它不仅体现着劳动人民的智慧,而且象征着善良、美好,战胜邪恶的愿望和力量。

四川泸县龙脑桥,由四条巨龙及其他瑞兽支撑着桥体,造型精美,体态传神、刀法细腻。龙的眼、鼻、耳、须及身上的鳞甲,刻得细腻入微,栩栩如生。当大水漫过时,四条蛟龙如在激流中戏嬉,使人不得不感叹古人构思是何等的精巧,雕工是何等的高超。

狮。号称兽中王,体魄魁梧,极其威猛。狮子本来是猛兽,然而当它出现在桥上时,常常十分亲和。以卢沟桥上的石狮子为例:它们有的憨态可掬、有的顽皮戏耍、有的专注警戒。它们有大有小、有蹲有卧、有藏有露、千姿百态,难以尽述。众多的狮子,无一雷同。刀工细腻,技艺精巧,神工鬼斧,浑如天成,其雕刻艺术达到了登峰造极的地步,是中国一绝。仿照卢沟桥与宝带桥建造的十七孔桥,望柱上的石狮子比卢沟桥还多,雕工精美的程度不在卢沟桥之下。

解放以后,桥梁上的石雕艺术在继承民族优秀传统的基础上得到了不断的发展,内容和形式越加丰富多彩。1960 年建成的浙江新安江白沙大桥,栏杆上精雕着 264 个石狮。20 世纪 80 年代初修建的福建泉州大桥,栏杆上雕有 328 个石狮,326 朵莲花,桥头上安置雄壮的石狮两尊。1987 年在陕西绥德县无定河上建成的一座石拱桥,其栏杆上雕有大小不一,形象多变的石狮 1008 只,号称"千狮大桥"。桥头还雕有蟠龙灯柱,栏板上有"龙凤呈祥"等石刻浮雕 72 幅。这些雕刻刀法高超,有庄有谐,实属难得。

我国桥梁上的石狮雕刻艺术高妙之处,就在于它集中了狮子的特征,既写实又写意,既似又不似,其结果反而更加逼真。

龟。在江苏省徐州市南 20 公里处,有一座建于明万历十八年(1590)的 3 孔石拱桥,名为"燕桥"。历经 400 多年,仍坚固完好。

燕桥与一般古代石拱桥不同的是,桥墩安排相当别致,在迎水的一面,两个桥墩巧妙地利用了石龟的形象,以龟首为分水尖,减缓水势对桥墩的冲击,以龟身负重,桥上的拱墙就立于龟背上。石龟是在长 2 米多的巨石上精心雕刻而成,龟首仰翘,浮于水面,使装饰与实用融为一体,这在古代建桥史上是不多见的。

我国古代,桥梁上的石雕以石龟为桥拱的装饰并不多见。据说这种神龟是"龙生九子"的老大,名字叫赑屃,好负重,以此来托负重物,表示能承担固桥大任。另外,燕桥在拱墙中间,每面都有两个石雕龙头,称为"吸水兽",龙首正视河心,监视着通过桥孔的流水,不得兴风作浪。另一方面,还可以作为水位的标志,一物多用。应该说这是研究明代北方古桥难得的实物,尤其在石雕艺术上更有独到之处。

画。山东省内现存年代最早的一座大型石桥——卞桥,结构严谨,造型美观,尤其是图案浮雕,技法精湛,俨然一条石刻艺术画廊。史载,春秋始建木桥,西汉改建石桥,历代都有重修。

桥头四角均有石狮蹲坐于莲花宝座之上,神态威猛,形象逼真;两面拱顶上各有3个透雕龙首探水的造型,高鼻深目,耳后旋发,口含宝珠,神采各异。桥墩迎水上面刻有莲花座,花瓣圆润,展示出独特的镂雕艺术风格。最有特色的是26块栏板上的浮雕,镌刻着寓意深刻的历史典故。其中有"后羿射日"、"首阳二贤"、"孔子见老子"、"刘邦斩蛇"、"韩信点兵"及金刚力士、巨龙猛虎、鹤鹿飞马、山水游鱼、莲花牡丹、楼台亭榭等。一幅幅镂雕线条流畅,丰姿多采,引人入胜。其中有三幅值得一提:一是"卞庄刺虎"。画面左右侧两只猛虎奋力拼杀,隐藏在巨石后面的卞庄子,坐山观虎斗,窥探时机,乘虚出击。整个画面布局得当,恰到好处。二是"周处除害"。画面上周处与昂首蛟龙隔桥相峙,杀气腾腾,一决雌雄。巨龙后面还有一只猛虎,准备随时参战,一场殊死搏斗一触即发,给人留下了强烈的悬念。三是"渭阳垂钓"。大树下,小河边,姜太公头戴斗笠,身披蓑衣,盘坐于钓台之上。轻扬钓竿,待鱼上钩,其悠然自得的闲情逸致,与世无争的景象,令人遐想不已。卞桥整个浮雕惟妙惟肖,形神兼备,呼之欲出,组成了一条不可多得的石刻艺术画廊。🌉

桥梁栏杆美浅议

"远看桥形,近看栏杆。"这是人们欣赏桥梁美的习惯。栏杆美是桥形美的重要组成部分和点睛之笔。随着人们审美品位的提高,对桥梁栏杆美提出了更新更高的要求。

桥梁栏杆的作用有二:一是实用性;二是装饰性。实用性在于坚固保安,装饰性在于和谐美观。实用性先于装饰性,但是在具备了实用性的同时,应该加强装饰性。美的形式令人赏心悦目,丑的形式令人兴味索然。具有形式美的桥栏,是引人入胜的艺术品。金水桥、玉带桥的雕栏,富丽堂皇,高雅华贵;

卢沟桥栏杆上难以数清的石狮子，妙趣横生，名闻遐迩。然而，近年来建筑在城市的一些过河桥和立交桥的栏杆，大体上都是"横杆竖条"，显得单调乏味。美的桥栏犹如秀发上的金饰，彩衣上的绣领，骏马身上的雕鞍，可以使桥体增色溢美，成为城市飞虹蟠龙般的风景。

马克思说："劳动创造了美"。"人们总是按照美的规律塑造物体"。设计师和工程师们就是以自己的劳动和智慧，运用美的因素，遵循美的规律，创造出人民群众喜闻乐见的形式美。美的线条、美的形体、美的色彩，是构成建筑艺术的重要因素，将这些因素融于整齐一律、平衡对称、对比调和、多样统一等美的规律之中，就可能塑造出千姿百态，各具特色，形式美观的建筑物，桥栏亦然。为不使桥栏千篇一律，就需要加强线条、形面和色彩的变化。或取十字丁字连接的镂空栏杆，或用几何变形图案的栏杆，或采取花卉动物造形的栏杆，或以实体漏窗的栏杆，甚至以现代科学成果的造型为栏杆……在色彩上，过去都是采用建筑材料的本色，今后，可采用坚固轻质合金铸造栏杆，不仅表面光洁，色彩也比较柔和多样。总之，桥梁栏杆的构思，要给人以丰富多彩，协调相宜，心旷神怡的美的享受。

探索和追求桥梁栏杆的形式美，还应考虑：

和谐感。和谐是形式美的最高要求。桥栏与桥体的协调统一、桥栏与周围环境和建筑物的协调统一，才会形成格调一致、自然和谐的环境美。脱离桥体，背谬环境，孤立地追求形式美，就会不伦不类，甚至使美的环境遭到破坏。

民族感。具有民族特色的建筑物，可以激发民族感情，使人感到亲切舒畅。注意民族特色，并非仿古复古，生搬硬套，而是要吸取民族性的精华，和谐自然地糅合在建筑物中，犹如写诗作画，在于写意传神。值得注意的是，在古建筑周围的桥栏杆，尤应重视民族特色。否则，就可能与环境失去协调。

时代感。时代在飞速地前进，科技在迅猛地发展，人类文明的水准在不断地提高，人们的审美情趣也在发生变化。所以不能因循守旧，固步自封，而要标新立异，敢于创新。生活节奏快，情趣变化多，交通工具速度高，就需要线条流畅，构图简洁，造型精巧；而尖的角、斜的线、旋的圈、动的纹，更富有想象力、激发力。

贵在因地制宜。要赋予桥栏杆以时代感民族性和与周围环境和谐，关键在于因地制宜，正如美学家朱光潜所说，是"此身、此时、此地"。不妨设想：在高速公路上的桥梁栏杆，采取顺向尖角构图，给人以速度感；在儿童公园的小桥上，以幼儿携手为栏，给人以天真活泼之感；在科学城的桥上，以火箭卫星造

型为栏,给人以奇妙独特之感……总之,要有新意,不雷同,为创造有益的形式美而开拓努力。 桥

桥梁装饰与桥区美化

桥梁美对于人类来说,是一种永恒的享受。桥上的装饰物和桥区美化,起着锦上添花的作用,许多大手笔着墨不多,却是画龙点睛、妙笔升花,把桥梁装扮得既美观又经济。

桥上装饰有一个显著的特征:就是反映着时代精神,印记着时代的痕迹。我国古代许多桥梁,在桥型上既科学出众,装饰上又大方灵秀。一般是以瑞兽、名花、碑亭、楼阁等进行配饰。主要目的是图吉祥、保平安。近代建造的桥梁,其中石拱桥仍然延续着传统的风格,而现代化的大型钢铁水泥桥梁,就有了很大的变化,注入了现代的理念和特征。

我国万里长江上第一座公路铁路两用桥——武汉长江大桥和我国自行设计施工的南京长江大桥,在桥头上已看不到蹲着一对石狮子了,而是高大的桥亭和雄伟的桥头堡。20世纪80年代后在江河海湾上建造的大型的斜拉桥、悬索桥、钢拱桥等,则以观览塔、旋转的引桥、雕塑、桥区公园等工艺来美化大桥。因为这些桥梁体量很大,本身就是一座宏伟的景观,飞速而过的车辆不可能、也没有时间细看桥上装饰。在这样的桥上提供给人们欣赏的对象需要广阔的视角,即使装饰小品,也要有相应的体量。

建成于1957年的武汉长江大桥的桥头建筑,在征集的方案中,有的方案是庞大的桥头堡,其造价达到全桥的六分之一;有的方案是4个宝塔,以象征总路线是灯塔,照耀着社会主义前进的道路等;最后建成的是民族形式的小亭,顶部四角攒尖,飞檐挑起,上覆琉璃瓦。从底层大厅到亭顶共七层,高35米,有电梯可供行人使用。这一造型与正桥的菱格形的构件相匹配,造价是全桥的五十分之一。

南京长江大桥的桥头建筑,其要求是"雄伟壮丽",主要体现"总路线精神"。它由前台和后台两部分所组成。前台耸立着高达70米的庞大的桥头堡,以"三面红旗"为主题,呈现"大跃进"的气势;后台以工农兵群雕为主体,体现着"工农兵当家作主"的精神。这些作品在当时来说确实表现了中国人民扬

眉吐气的气势。此后一段时间内,所建的较大规模的桥梁,大体都建了桥头堡。

改革开放后的桥梁装饰,与解放初期有了很大的不同,体现时代特征更为明显。

1991 年 5 月建成的厦门大桥,是我国第一座跨越海峡大型公路桥,架设于高崎、集美之间,桥上装饰颇费功夫。厦门因白鹭多,被称为鹭岛。大桥犹如碧海蓝天中的一只白鹭飞翔,其雕塑上也突出了这一标志。在漳州方向匝道桥的一侧,是一座高 13 米,由五只银光闪闪展翅飞翔的白鹭组成的雕塑,体现着突飞猛进的含意。靠福州方向是一座高 7 米的一朵盛开的三角梅,是厦门市市花,造型富有时代感。在主桥两侧的四座桥头堡的墙壁上,各镶嵌着一幅黄铜浮雕。第一幅为"黄金海岸",以海水、风帆和朝阳为背景,奔跑着一对青年男女,以示奔向幸福的未来;第二幅是"科技之光",一对青年男女环绕着科技之星在腾越,以示科技兴市;第三幅是"一衣带水",以海潮、明月、飞翔的和平鸽为北景,一位沉思的少女遥望海峡对岸在遐想,以示对宝岛台湾的思念;第四幅是"鹭岛琴声",以各种乐器为背景,一位少女正弹奏竖琴,以示对美好生活的向往与歌颂。高崎岸桥头左侧,筑成逼真的人工岩石,镌刻着"一桥飞架南北"六个红色大字;桥头右侧的高地上,是一座高 26 米金钥匙,象征着大桥的通车打开了厦门通向世界的大门。不言而喻,这一切的时代特征十分明显。

先后建成于 1991 年和 1993 年的上海南浦大桥与杨浦大桥,都是跨越黄浦江上的全飘浮式的斜拉桥,两端的索塔本身就气势宏伟,中间是由邓小平题写的桥名,而建在桥区的雕塑,更是个性显明。人们说杨浦大桥要比南浦大桥显得刚强,这是因为它的直线感更为强烈。南浦大桥婀娜多姿,杨浦大桥坚毅刚强。雕塑家也许是从这点出发,创作的《贝之印象》作品有意突出了柔和圆润的特性,以与杨浦大桥雄伟挺拔的造型形成对比,可谓一刚一柔,相辅相成;作品又以三组拉索将雕塑与地面相连接,形成三角形的构图,与大桥的斜拉索造成一种默契。每当阳光灿烂之日,这些排列整齐又作扭转状的拉索便会在白色的造型体上显现出漂亮的线形和线影。

桥区的绿化已成为桥梁美的重要方面。1991 年建成的山东流亭立交桥,是一座全苜蓿叶形的三层互通式立交桥。由引桥和匝道组成的 4 个环内,其绿化格外精心。用不同的花木颜色在两个环内拼成方向盘和飘带;另两个相对的环则是牡丹与葵花。北京四元桥的 4 个环内是长城和 4 条龙。北京的五惠桥因靠近奥运村,其绿地是足球造型。就是规模不是很大的安慧立交桥,也着意进行了绿化。桥区周边用草池树墙镶边,还间植塔松、龙爪槐、桧柏等错落有致的乔灌木;在桥区内因匝道形成的八片大块草地,自然成丘;在草地内栽有马尾松、云松、翠柏、垂柳以及桃树、李树、木槿、丁香、迎春、月季等花木。真是绿草茵茵,翠木森森,群花织锦,一片生机;还有桥墙与栏杆上挂满了爬山虎,变成了立体绿化的桥体。桥区的绿化,吸纳了灰尘、减少了噪音、美化了环境。 🌉

有趣的桥头瑞兽

中国的古桥,多有瑞兽立于桥头,而且千姿百态,寓意丰富。它们的作用,从审美上说是为了装饰与美化桥型;从心理上说是希冀安全吉祥。在桥头兽中,有狮子、麒麟、健牛、大象等,它们威武雄壮,镇守桥头,用以固桥安澜,给人一种安全感;还有的桥头雕有鹿、兔、猴等,这些动物机敏灵活,可以遇险报警,且形象可爱,给人一种愉悦感。

在闻名遐迩的卢沟桥上,有一个常常被人忽略的景观,那就是"狮象固桥"的场面。桥翅西端是两只力大无比的大象,用头部使劲抵住桥栏,四条粗壮的腿奋力向前,其憨态可掬;桥的东端是两只狮子,它们是用脖子扛着桥栏,拼命抵抗对面推来的桥体,那不胜其力的神态,令人忍俊不禁。双方还算势均力敌,这一独具匠心的构思,令人玩味不已。当然,卢沟桥建成后一直比较安全,主要是由于采取了一系列技术措施,诸如桥基稳、桥墩厚,以及桥墩上的分水尖(俗称斩龙剑)等,而"狮象固桥"的装饰,也给人们精神上一种安慰。

在一些石拱桥的两端,多置有相向蹲立于莲花宝座之上的石狮子,神态威猛,形象逼真。它们的安排也有讲究,就是雄狮居右,左足踏球,俗称"狮子滚绣球";雌狮居左,右足踏一小狮子,俗称"太师少保",或"太师太保",寓意是保平安、多吉利。

在造型优美的北京颐和园十七孔桥的东端,有一个独特的"金牛安澜"的景点。这个镀金的铜牛昂首而卧,双目炯炯,左前蹄伸出,随时都可以跃起,像一个机警的卫士。关于铜牛的神话与传说,有四五种之多,都带着浓厚的历史印迹,附会着编撰人的感情色彩。有的过分玄虚扭曲,已不可信,其实,本意还是镇水安澜。大桥建起同时安放铜牛,这是中国古代的一种习俗。大禹治水时,每治完一处水患,就铸一头铁牛投入水中,唐朝后才放置在岸边。昆明湖畔的铜牛,也是为了乞祥降瑞,乾隆皇帝还亲撰《御制金牛铭》,以篆体镌刻在铜牛的背部一侧。铭文言道:"夏禹治河,铁牛传诵;义重安澜,后人景从。制寓刚戊,象取厚坤;蛟龙远避,讵数鼋鼍。"本意就是如此。

在山西省襄汾县京安镇有一座通惠桥,它跨在汾水河支流上。这座桥初建于明弘治五年(1492),没几年便被大水冲毁。1501年重修时,除在桥体结构上加固外,又添加了诸多石兽。除常见的狮子、麒麟外,还有老虎等。与众不同的是有猴子、兔子、小鹿等小动物。这些小动物形体可爱、神态灵敏,将它们置于桥上,就在于他们反应迅捷,未雨绸缪。四百多年过去了,大桥安然无恙,仍在使用中。

桥头兽充分显示了我国古代精湛的石雕艺术。有的逼真,有的写意;有的粗犷,有的精细;北方剽悍,南方秀气……。不论采取哪种艺术手法,都是神形兼备,寄托着人们美好的愿望。 桥

飞虹盘龙

刘铁锋刻

八、诗歌与桥

咏桥诗歌壮长虹

　　桥,给人带来了通畅之便;桥,给人带来了审美之趣;桥,给文人骚客带来了创作的天地,文人也为桥写下了无数的讴歌诗篇。中国是诗的国度,几乎每一位著名的诗人都写过吟桥的诗篇。在《全唐诗》中,李白、杜甫、刘禹锡、白居易、温庭筠等诗人涉及桥的诗都有20多首。可以说,大大小小的桥梁,都是诗人赞美的对象。从古到今究竟有多少咏赞桥梁的诗歌,真可谓"汗牛充栋",难以计数。仅扬州瘦西湖上的大虹桥在清代就有七千诗人吟诵,编成三百卷。像著名的赵州桥,写诗记胜的人成千上万;即使是无名的小木桥、小石桥,也有"鸡声茅店月,人迹板桥霜"(唐·温庭筠《商山早行》);"枯藤老树昏鸦,小桥流水人家"(元·马致远《天净沙·秋思》);"古宫闲地少,水港小桥多"(唐·杜荀鹤《送人游吴》)等脍炙人口的佳句,且流传甚广。

　　在这些咏桥诗歌中,许多是赞美桥给人类带来的便捷。毛泽东著名诗篇《水调歌头·游泳》中的两句诗:"一桥飞架南北,天堑变通途",可以说是家喻户晓,也最能说明桥的功能。明人王世贞咏《碧水桥》诗云:"桥通千嶂碧,溪抱一村幽"。在吟诵赵州桥的诗篇中,宋代赵州刺史杜德源赞道:"驾石飞梁尽一虹,苍龙惊蛰背磨空;坦平箭直千人过,驿马驰驱万国通";元代刘百熙有诗赞道:"水从碧玉环中过,人在苍龙背上行"。这些古代名句,用了十分形象的语言,比赋了桥的功能。

　　桥梁对人类来说是十分重要的,因此人们赞美它、渴求它。"弯弯飞桥出,敛敛半月彀"(宋·苏轼);"横空贯索插云溪,补天绝地真奇绝";"杨柳萦桥绿,玫瑰拂地红"(唐·温庭筠)。曹操有诗曰:"水深桥梁绝,中路正徘徊";曹丕有诗曰:"愿飞安得翼?欲济河无梁"。被誉为诗仙的唐代诗人李白,在咏叹江河阻隔之苦时,有诗云:"横江一渡风波恶,一水牵愁万里长";"白浪如山哪可渡,狂风愁杀峭帆人"。被誉为诗圣的唐代诗人杜甫在寄赠李白的诗中也说道："水深波浪阔,无使蛟龙得","蛟龙"就是指桥梁。陆机更悲叹道:"怨彼河无梁,悲此年岁暮"。正如今人所言:有桥千程近,隔水咫尺遥;彩虹跨绝壁,碧水唱欢歌。

在赞美桥的诗歌中,有许多是写景抒情的,其中有很多是名句。江泽民同志在一次接见台湾作家时,就曾吟诵过杜牧的诗篇:"二十四桥明月夜,玉人何处教吹箫"。郭沫若同志《题三江程阳桥》的诗篇中说:"重瓴联阁怡神巧,列砥横流入望遥";李白的"两水夹明镜,双桥落彩虹";陈子昂的"鹤舞千年树,虹飞百尺桥";宋之问的"江雨朝飞浥轻尘,阳桥花柳不胜春";鱼元机的"枫叶千枝复万枝,江桥掩映暮帆迟";冯延巳的"独立小桥风满袖,平林新月人归后";苏轼的"我欲归寻万里桥,水花风叶幕萧萧";陆游的"断桥烟雨梅花瘦,绝涧风霜槲叶深";李益的"那堪好风景,独上洛阳桥";元代白朴的词:"啼莺舞燕,小桥流水飞红";总之,桥"能使山河增瑞色,永偕日月赛光华"。

桥常常是怀旧、送别的地方。唐代白居易《洛阳桥》:"前水复后水,古今相续流;新人非旧人,年年桥上游";刘禹锡《柳枝词》:"清江一曲柳千条,二十年前旧板桥;曾与情人桥上别,恨无消息到今朝"。在桥畔送别,西安的灞桥折柳最为有名。这座有着两千多年历史的桥梁,许多诗人都留有诗篇。据《西安府志》载:"灞陵桥边多古柳,春风披拂,飞絮如雪,赠别攀条,黯然神往"。折柳送别的习俗,代代相传。唐代雍陶《题情尽桥》诗曰:"从来只有情难尽,何事名为情尽桥;自此改名为折柳,任他离恨一条条"。宋代词家柳永有词曰:"参差烟树灞陵桥,风物尽前朝,衰杨古柳,几经攀折,憔悴楚宫腰"。明朝葛一龙的诗就更加悲情了:"桥上飞花桥下水,断肠人是过桥人"。唐诗人李白在《灞陵行送别》诗中曰:"正当今夕断肠处,骊水愁绝不忍听"。

卢沟桥建成后,成为东西交通要道,行人辎重熙熙攘攘,不胜繁华。写这一情景的诗很多:"卢沟石桥天下雄,正当京师往来冲";"卢沟桥西车马多,山头白日照清波"。同时也成为了送别的地方,金代礼部尚书、韩林学士赵秉文,有一首诗曰:"河分桥柱如瓜蔓,路入都门似犬牙;落日卢沟桥上柳,送人几度出京华"。

桥也是婚恋的媒体,吟诵恋情和婚姻的诗歌多如繁星。唐朝大诗人李白在诗作《长干行》里就有"长存抱柱信,岂上望夫台"的佳句。对于鹊桥,魏人曹丕在《燕歌行》里写道:"牵牛织女遥相望,尔独何辜限河梁"。明人唐寅(伯虎)咏"鹊桥"的诗有:"神官召集役灵鹊,且渡银河横作桥";又,"但令一岁一相传,七月七日桥边渡"。写断桥景致和抒情的诗也很多,如北宋诗人徐俯的诗:"春雨断桥人不渡,小舟撑出柳阴来";诗人徐颖的诗:"明月两堤人不见,小舟独向断桥边"。宋朝大词家陆游与唐婉的爱情故事,就有"伤心桥下春波绿,曾是惊鸿照影来"的名句,令人肝肠寸断。 桥

诗寻二十四桥踪

由于唐朝诗人杜牧的一首咏二十四桥诗,引起了历代许多人的追寻,且又以诗来作证,这是一个有趣的文化现象。

1990年2月19日,江泽民同志在人民大会堂福建厅接见了台湾著名作家陈映真一行,在交谈时说道:"中国是一个历史悠久、文化灿烂的国家。各地都有不少文物古迹。唐朝诗人杜牧的诗'二十四桥明月夜,玉人何处教吹箫',写的就是扬州。我小时候一直找这二十四桥,直到昨天晚上,家乡来人告诉我说,二十四桥如今已恢复了原貌。如有机会的话,希望你们到扬州看看。"

江泽民提到的杜牧的诗是《寄扬州韩绰判官》,是一首七言绝句,全诗是:"青山隐隐水迢迢,秋尽江南草未凋;二十四桥明月夜,玉人何处教吹箫?"这是对扬州在盛唐时期的艳赞,是一首脍炙人口、传诵不已的优美诗篇。

2月21日下午,在中南海紫光阁,江泽民接受《美国新闻与世界报道》总编辑朱克曼采访时,又谈起扬州和二十四桥,并邀请中外宾客前往他的家乡扬州观光游览,还念了这样的诗句:烟花三月下扬州,沐天下二分明月。游二十四桥景区,听玉人吹琼花箫。此后又在1991年和2000年又先后陪同来访的朝鲜劳动党总书记金日成、法国总统希拉克游览了二十四桥。希拉克对扬州秀美的山水赞美有加。

扬州位于长江与运河交汇处,自隋唐以来就是中国繁华富庶的文化与商业名城,可谓是物华天宝,人杰地灵。江泽民同志于1987年5月2日曾为扬州题词:"扬州是我可爱的故乡,祝愿它在社会主义现代化进程中焕发出更加绚丽的青春。"

杜牧的诗在写出了扬州山清水秀、绰约多姿的风貌后,又给后人留下了一个千古谜团:二十四桥位于扬州的何处? 到底指得是几座桥? 这些都引来了许多的追寻者。

其实,关于"二十四桥"还有多种说法。

一是二十四座桥说。据《一统志》载,隋朝时曾置二十四桥于扬州,唐朝时仍可见到那二十四座桥,分布在当时扬州最繁华的街道上。宋代科学家沈括在其《梦溪笔谈·补笔》中,列出了二十三座桥的名字和位置。这种说法颇多异议。所列出的桥不足二十四座,下马桥竟有两座,是否重复? 而唐代扬州城里极负盛名的禅智寺桥、月明桥等,为何未列入其中呢? 有人说,唐代末年的战乱使二十四桥全部倾圮了,但这只是猜测。又据说,到了明朝,二十四桥已全部毁坏,故明代程文德有"二十四桥都不见"的诗句。后来便有人认为"二十四桥"仅出现在文学作品中,不必太拘泥于现实。

二是排序编号说。有人认为,二十四桥是扬州城里排序编号为第二十四座的桥。依据是诗歌中常出现把桥编号的句子,如杜甫:"不识南塘路,今知第五桥";张乔《寄扬州故人》:"月明记得相寻处,城锁东风十五桥"等。还有,宋代文人姜夔不仅在《扬州慢》中写过二十四桥外,还在《咏芍药》中写下这样的句子:"红桥二十四,总是行云处。"那么,二十四是不是红桥的编号呢? 他在《过垂虹》中有"曲终过尽松陵路,回首烟波十五桥。"尽管姜夔没有在数字前加"第"的字样,但使读者隐隐感觉到,编号说似乎存在过。或许在唐宋时期,扬州有很多桥,桥名不够用,只好用编号来代替。就像现在的城市小区内有几号楼一样? 应该说这也是一种猜测,仅仅从古人的诗句来确定编号说法,显然没有足够的说服力。

三是泛指、代指说。我国向来就有对数字概念采取含糊、朦胧、夸张的表达方式,尤其在诗词中为说明事物的不凡、感情的激越,常常使用夸张数字,并不采取绝对数字。譬如"白发三千丈"、"飞流直下三千尺"、"山道十八弯"、"三百六十行"等等,并非确数。那么杜牧的二十四桥是否也用了这样的手法来泛指扬州桥梁之多呢? 这也是一种推测,是一种猜想的说法。

四是一座桥说。自宋代以来,二十四桥的几种说法已逐渐形成,其中能够确指是一座桥的首推大词人姜夔。他在淳熙三年(1176)冬至日来扬州,写下《扬州慢·淮左名都》诗,其中写道:"二十四桥仍在,波心荡,冷月无声。念桥边红药,年年知为谁生?"这种写法似乎是一座桥了。宋代还有几位诗人也认同这种说法,如韩琦:"二十四桥千步柳,春风十里上珠帘";赵公豫在诗中写道:"桥在大业间,今日已倾圮。万古长不磨,云山并烟水";吴文英《风流子·芍药》词中有:"二十四桥南北,罗存香分"等等。此外,在明代齐东野人编撰的《隋炀帝艳史》中,记载过隋炀帝与萧后赏月的故事,炀帝见同游去的有 24 位宫女，遂将新桥命名为二十四桥。这虽是小说家的描写，不足为信，但由此可知道，当时的文人一般都愿意将二十四桥看为一座桥。

而后，清代的历史学家谈迁于顺治十年（1653）七月，游毕蜀冈司徒庙，出问二十四桥。当地人说由此向南一里多路即是。他特地去二十四桥怀古，在其日记《北游录·纪程》中记载过访寻二十四桥的经过，并作《二十四桥》绝句一首："斜阳古道接轮蹄，明月扶疏万柳西。桥上行人桥下水，落花尚自怨春泥。"由此可见，二十四桥是作为一座桥的形象出现的。还有清代词家吴绮在《扬州鼓吹词·序》中说："出西郭二里许，有小桥，朱栏碧瓮，题曰'烟花夜月'，相传为二十四桥旧址。盖本一桥，会集二十四美人于此，故名。"

清道光二十六年（1846），梁章钜觅迹寻踪二十四桥，在其《浪迹丛谈》中记有见闻："二十四桥只是一桥，即今孟玉生山人毓森所居宅旁。玉生尝导余步行往观，桥榜上有陶文毅公题'二十四桥'大字，询之左近建隆寺、双树庵僧人，俱未敢以为信。"既然已有"二十四桥"的大字，为什么还"未敢以为信"呢！从这段记载看，这虽然是一座桥，但也没有断定这座桥就是杜牧所说的二十四桥。后来梁章钜在孟玉生所绘二十四桥画卷上题云："我居扬州不识路，二十四桥定何处？"

还有一种说法是扬州西门吴家砖桥附近景致秀丽，常有文人墨客在桥上念诗，当地方言中，二十四读为"廿四"，念诗又与廿四同音，于是就被人们称为二十四桥。据 1927 年上海广益书局出版的《楹联宝库》中，在名胜类楹联扬州瘦西湖篇目里，有一副咏二十四桥的楹联："胜地据淮南，看云影当空，与水平分秋一色；扁舟过桥下，闻箫声何处？有人吹到月三更。"

综上所述，多数诗文中认为二十四桥就是一座桥，就是吴家砖桥，在扬州西北郊瘦西湖公园里，是与"二十四桥"同名的"廿四桥"。

现在的"二十四桥新景区"，是按《扬州画舫录》记载和故宫博物馆珍藏的扬州著名画师袁耀所绘《邗上八景·春台明月》册页、乾隆《南巡盛典图》等有关史料，结合地形地貌，设计恢复方案，于 1987 年 10 月动土重新修建在扬州瘦西湖五亭桥西。

现在新建二十四桥，是一座单孔石拱桥，通体为银白色的汉白玉筑成，如玉带飘逸，似霓虹卧波。桥上建筑处处皆与数字"24"相对应：桥长 24 米，宽2.4 米，栏杆 24 根，是谓表述二十四桥名一致，或与念诗、廿四相谐。上下桥的台阶共 24 级，供游客踏步寻景；栏板上雕有 24 幅玉女吹箫浮雕，让人思古探幽。在二十四桥的东南侧，竖有一座石碑，高约 3 米，宽约 2 米，碑上镌刻着毛泽东手书的杜牧诗的全文。诗碑庄重古朴,系唐代风格。诗碑的竖立,使扬州的湖光山色增色不少。那仙境般的景物,特别是新建的二十四桥风采,令中外游人心驰神往,流连忘返。 桥

延绵不绝的二十四桥诗

我国古代的桥梁,多数规模不大,但是许多桥梁却魅力无穷,吸引着中外游人。其原因除了桥型美、景观美之外,重要的原因是有历史、有文化、有诗篇,有些桥梁毁圮了,还要重建。扬州瘦西湖里二十四桥,就是典型的一例。

常言,诗因桥而咏出,桥因诗而闻名。在咏二十四桥诗中,脍炙人口,妇孺皆知的诗篇,首推唐代诗人杜牧的《寄扬州韩绰判官》,全诗以抑扬的声韵,优美的意境,写出了扬州旖旎的风光,繁荣的市井,以及诗人向往的情怀,更为二十四桥留下了千古绝唱。

杜牧(803~852),唐代大诗人,历任监察御史,黄、池、睦诸州刺史,后入为司勋员外郎,官终中书舍人。诗文中多为指陈讽喻时政之作,也有写景抒情的珍品,文笔清俊生动。这首诗是杜牧于大中二年(848)路过金陵(今南京),因"厌江南之寂寞,思扬州之欢娱"怀念旧游和老友韩绰而作。首联从远处写起,以浓淡相宜的笔墨,画出一幅隐隐于天际的青山,迢迢如带的绿水;其时虽已是晚秋,但仍是绿草茵茵,风光秀媚。接着,末联把白天的景象转到了夜晚。在"天下三分明月夜,二分无赖是扬州"(唐·徐凝《忆扬州》)的夜晚,于二十四桥处,皎洁的明月、美丽的玉人才俊、悠扬的箫声、欢乐的歌舞,诗人以清丽的笔触绘出了迷人的夜景。全诗使人仿佛看到了传说中的隋炀帝在月光明媚的夜晚,偕同披着银辉玉润洁白的宫女二十四人,响起优美的箫声,且歌且舞,欢声笑语,真是妙不可言。这样的诗,怎能不流传千古呢?

接下来的是小杜牧33岁的诗人韦庄的诗,是一首七律《过扬州》:"当年人未识兵戈,处处青楼夜夜歌;花发洞中春日永,月明衣上好风多。淮王去后无鸡犬,炀帝归来葬绮罗;二十四桥空寂寂,绿杨摧折旧官河。"

韦庄(836~910),一生先后遭逢黄巢起义和军阀混战的大混乱,所以在他的诗中充满了伤时、怀乡、惜旧的情绪。他在写扬州时,把战乱前后繁荣与衰败的景况作了对比。眼前见到的是空寂寂的二十四桥,绿杨摧折的旧官河,抒

发出他对扬州的怀念,特别是对二十四桥的缅怀。

可能唐代诗人咏二十四桥的诗只有这两首。此后,历代文人歌咏扬州时,总爱念及二十四桥。其中,不含"明月"、"玉箫"等确指"二十四桥"的诗,仅在标题中、或诗文中直接出现"二十四桥"字样的诗,粗略找到的有:宋代18首、金元9首、明代28首,而清朝实在多得难以胜数。这些诗词的作者,他们因个人的阅历、景况、遭际等方面的不同,或记事、或怀旧、或抒情、或赞美、或向往、或讽喻,从各自不同的角度咏叹了二十四桥。他们在诗中或喜、或忧、或乐、或愁、或闲情逸致、或邀越亢奋、或颓废奢华……情怀多彩,琳琅满目。

北宋著名诗人、唐宋八大家之一的欧阳修,在颖州时,怀念故地扬州的诗云:菡萏香清画舸浮,使君宁复忆扬州?都将二十四桥月,换得西湖十顷秋。

宋朝大文学家苏轼,在其诗作有:坐思吴越不可到,借君月斧修朣胧。二十四桥亦何有,换此十顷玻璃风。

宋代诗人黄庭坚,在一首回忆诗中写道:淮南二十四桥月,马上时时梦见之。想得扬州醉年少,正围红袖写乌丝。

南宋著名诗人范成大,有诗云:万里归程许过家,移将二十四桥花。石湖从此添春色,莫把葡萄首蓿夸。

著名民族英雄岳飞之孙岳珂在一首长诗中有"东来三府西陪京,二十四桥夸广陵"句。

著名民族英雄文天祥,在《望扬州》诗中亦表现了豪迈情怀:阮籍临广武,杜甫登吹台。高情发慷慨,前人后人哀。江左遘阳运,铜驼化飞灰。二十四桥有,楚囚今日来。

明代诗人吟二十四桥的诗词很多,在找到的28首中,有不少是名家之作。

"明四家"之一的文徵明在《扬州》一诗中写道:锦帆烟月千年梦,禅榻情怀两鬓丝。二十四桥何处是?扁舟西去不胜思。嘉靖年间进士王世贞,其诗中有:二十四桥月,醉踏未成半。终夜歌吹喧,谁传《广陵散》。

扬州在清初和清中叶是全国文化中心之一。书画领域出过"扬州八怪",经史领域有过"扬州学派",在诗词领域可以说是精英荟萃。有关扬州二十四桥的诗,卷帙浩繁,难以尽数,只能管窥点滴。

康熙皇帝在《维扬雨霁》诗中云:二十四桥夜雨收,蜀冈阜下水西流。禅心欲定沾泥絮,不为繁华紫绮裘。

乾隆皇帝在扬州题咏甚多。如《江北杂咏》中就有:二十四桥明月夜,清词丽句数司勋。玉娥诏我无双景,不遣长空点片云。

清初著名戏曲作家《桃花扇》的作者孔尚任在咏《扬州》诗中写道:阮亭合是扬州守,杜牧风流数后生。廿四桥边添酒社,十三楼下说诗名。曾经画舫无亲柳,再到纱窗总旧莺。亦有芜城能赋手,烟花好句让多情。这首诗,对杜牧二十四桥诗和李白"烟花三月下扬州"等句,以及其后诗词作了纵横千古的综合。

近代,吟咏二十四桥的诗仍然延续不绝。萧华同志于1984年在扬州过春节,作《扬州之歌》一首,发表在《人民日报》上,后被谱成曲子,传唱于扬州一带。全诗15句,其前四句是:瘦西湖亭水相映,大明园琼花竟芳,二十四桥莺歌燕舞,运河两岸五谷飘香。一位港澳同胞游览了二十四桥后,也留下了这样的诗句:"千秋杜牧句如瑶,绝唱风光廿四桥"。

看来,咏二十四桥的诗,还要久远地延绵下去。正如俄国作家杜勃罗留波夫所说:没有诗人,人类"许许多多美妙的感情与高尚的愿望,都会被遗忘。" 桥

郭沫若咏安平桥、程阳桥诗

郭沫若先生每到一地游览,几乎都有题吟,留下了许多精彩的传世佳作,且书法艺术超群出众,雄劲豪放,这里选录咏桥诗两首,以飨读者。

"英雄气魄垂千古"的安平桥 安平桥位于福建省晋江县安海镇,跨越安海湾之上。因桥长达五华里,又有"五里桥"之称,被誉为"天下无桥长此桥"。郭沫若于1962年参观了这座桥,颇多感慨,赋诗一首:

五里桥成陆上桥,郑藩旧邸纵全消。

英雄气魄垂千古,劳动精神漾九霄;

不信君谟真梦醋,爱看明俨偶题糕。

复台诗意谁能识,开辟荆榛第一条!

大桥始建于南宋绍兴八年(1138),历时14年。沧海桑田,到20世纪60年代时,海湾被泥沙淤积,周围是一片片青翠的田畴稻浪,海上桥成了陆上桥,原建在桥头的郑成功父亲郑芝龙的宅邸也没有了。郭老在诗的首联,为安平桥及周围建筑未能得到很好保护发出的感叹是:"五里桥成陆上桥,郑藩旧邸纵全消"。

接着，在颔联中热烈赞扬了劳动者的智慧、胆略和热情："英雄气魄垂千古，劳动精神漾九霄"。平安桥是一座超长型的海湾大桥，原桥长2500米，共362孔，宽5米，全部以花岗岩和砂石岩建成，有着鲜明的建筑特色：桥长、亭多、梭形墩、筏形基础。如此浩大的工程，在古代石桥建筑中，可谓首屈一指，是中国乃至世界上最早最长的石梁桥，具有重要的历史、科学和艺术价值。

颈联是"不信君谟真梦醋，爱看明俨偶题糕"。这里是借喻典故，传说当年蔡襄（字君谟）在主持修福建泉州海湾大桥洛阳桥时，经常受到台风和海潮的袭击，使工程进展缓慢，因此托梦求助于神仙帮助，海龙王在海滩上放置了一封书信，只一个"醋"字。蔡襄顿悟，遂在廿一日酉时筑墩架梁获得成功。郭老不相信有什么神仙帮助，喜欢像郑成功这样敢作、敢为、敢干大事业的人，而建筑安平桥的人，正是勇于创造者。"题糕"是一个典故。一说，唐人刘禹锡以"糕"字不见经典，不敢用此字题诗。亦说，宋代邵博在《邵氏闻见后录》中，说有一位叫刘梦德，字玉溪的人，作《九日诗》，欲用一个"糕"字，因《五经》中没有先例，于是就不用了。足见其是何等的因循守旧，若都是这样固守陈规，不敢创新突破，洛阳桥、平安桥就无法建成了。

郭老所以借用这个典故，是因为安平桥有仿造洛阳桥之处，但也有许多创新。桥梁的墩台，在不同的位置根据通水的情况，选择了三种形式：两端都迎水的地方采用梭形墩，以减轻潮水的冲击，现存27个；一端水急另一端水缓的地方采用船形墩，利于泄水，现存45个；在浅水缓流的地方，则采用长方形桥墩，以增加稳定性，现存259个，共331个，比原来少了30个。桥墩之间，一般相距6到8米，最长的11米。桥墩宽1.8米至2米，墩长4.5米至5米，全部用条石纵横叠砌而成。桥梁是以4至7根巨大的条石拼成，石梁长7至11米，宽、厚在0.4至0.8米之间，每根石梁重10至13吨，最重的是25吨。

由于桥太长，在桥上建了五个亭子，供行人憩息与躲避风雨，并有护栏、石将军、狮子、及蟾蜍等雕刻。最大的一座建在桥的中央，叫"水心亭"，亭面宽10米。亭的后半部分是一座塑有观音菩萨像的佛殿，在亭柱上镌有一副楹联："世间有佛宗此佛；天下无桥长此桥"。郭老在末联中，再次对收复台湾，"开辟荆榛"者给予了赞扬。他鼓励的是那种不惧艰险、勇往直前、爱国爱家的大无畏精神。郑成功的复台诗是："开辟荆榛逐荷夷，十年始克复先基；田横尚有三千客，茹苦间关不忍离。"

晋江县人民政府已前后数次拨款对大桥进行维修，桥下10米的范围内挖沙灌水，恢复了水上桥原样。对残缺的石墩石梁依原样进行了更换修补。现在,安平桥已经成为了著名的游览区。再现了"玉帛千丈天投虹,直栏横槛翔虚空"的壮观景象。

"重瓴联阁怡神巧"的程阳桥　程阳桥建在广西壮族自治区三江侗族自治县程阳村林溪河上,是一座奇特的风雨桥。其奇特之处,一是结构奇特,造型别致,古色古香,桥上有五座宝塔形楼阁;二是桥的上部建筑全部是杉木制成,以榫梢连接,没有用一个铁钉子和铁件;三是它曾被认为是一座古老的桥,其实建于1916年的民国年间。

1965年10月,郭沫若先生以其遒劲萧洒的书法艺术写了"程阳桥"三个大字,镌刻在大理石上,镶嵌在桥的中央,还写下了《题三江程阳桥》的诗篇,热情洋溢地赞美了这座风格别致的风雨桥。全诗是:

艳说林溪风雨桥,桥长廿丈四寻高;

重瓴联阁怡神巧,列砥横流入望遥。

竹木一身坚胜铁,茶林万栽抚新苗。

何时得上三江道,学把犁锄事体劳。

这首诗的首联,以"艳说"之语,对桥的基本情况作了介绍,概括了丰富的内容。程阳桥的原名是永济桥,也叫"三江程阳桥",郭老采用了别名"林溪风雨桥"。所谓"风雨桥",就是桥上建有房屋,因此也称"屋桥",建有长廊的就称"廊桥",建有亭阁的就称"亭桥"。这种桥不仅能够便利交通,而且能够歇脚休息,聚会娱乐,在多雨的南方更可以挡风避雨,故称"风雨桥"。"桥长廿丈四寻高",这座桥由五个石墩,四孔组成,为伸臂木梁桥。每孔跨径为14.2米,桥宽3.4米。桥全长64.2米,约合"廿丈";桥高10.6米,约合古代"四寻"。

诗的颔联是"重瓴联阁怡神巧,列砥横流入望遥"。在五个墩台上建有五座宝塔形楼阁,中间一座为四层六角,其余为四层四角。它们层层向上,重檐飞椽,巍峨典雅,"重瓴联阁",玲珑秀丽。塔亭之间由长廊相互贯通,并镂雕着民族特色的图案,犹如工艺美术画廊。这些建筑起着重力平衡、稳固桥梁的作用,把装饰功能和使用功能有机地结合了起来。因此才有"列砥横流入望遥"的赞语。颔联是全诗的点睛之笔,既道出其精巧"怡神"之处,又道出其"列砥横流"稳固之势。

诗的颈联"竹木一身坚胜铁,茶林万栽抚新苗"。这里把侗族人民精湛的建桥工艺给予了高度评价。侗族同胞建造风雪桥,一是事前不绘制任何建筑草图,二是不搭建脚手架,三是不用一颗铁钉铁件,以榫合衔,坚固非凡,历数百年而不损。这种建筑工艺代代相传,真是令人叫绝的神手妙技。程阳桥的正梁落在五座青石墩上,用直径1.6尺8根连排杉木分上中下三层迭合向两边挑出,在桥孔中间相接。然后在正桥上铺板、竖柱、建亭、修廊。正梁是架在挑梁上,而不是桥墩上,挑梁是以桥墩为支撑点的杠杆,五座桥亭各自起着重力平衡作用,使负重近20万斤的正梁安然不动。虽为木质结构,却胜似钢铁,将这座巧夺天公的风雨桥镶嵌于青山绿水之间。此处又兼茶林遍布,令人陶醉神往。在末联里,郭老也禁不住感叹道:"何时得上三江道,学把犁锄事体劳。"流露了他对从事农耕享受田园生活的向往。

诗里枫桥独有名

江南水乡名城苏州,约有桥300多座,而被诗人墨客吟诵最多的是枫桥。因而明朝诗人高启(1336~1374)在《枫桥诗》中不无感慨地写道:"画桥三百映江城,诗里枫桥独有名;几度经过忆张继,乌啼月落又钟声。"

正如诗中所言,令枫桥扬名四海的是唐朝诗人张继的一首诗,名曰《枫桥夜泊》:"月落乌啼霜满天,江枫渔火对愁眠;姑苏城外寒山寺,夜半钟声到客船。"

据说,这是诗人张继赶考落第,郁郁回乡,途经此处,挥毫写下的诗篇。诗中把旅途中的愁客与周围幽美的深秋景色,如音似画般地描绘了出来。弯月、客船、江枫、渔火、乌啼、钟声,有明有暗,有静有动,有音有画。短短的28个字,写出了一个悠远旷达、逼真深刻的意境。全诗没有出现一个桥字,但全篇都是紧紧围绕着桥来写。为此,这首诗便成为了脍炙人口、千古绝唱的好诗。更因为这首诗,使枫桥名声大振,中外闻名。

枫桥,旧称封桥,位于苏州西北七里小镇枫桥镇,横跨于运河支流之上。枫桥只是一座江南普通的月牙形单孔石拱桥,长39.6米,高7米,宽4.2米,跨径10米。始建于唐代,据推断距今至少已有1200多年的历史。明崇祯末年、清乾隆三十五年(1771)都曾修缮过,现存的枫桥为清同治六年(1867)重建的。据史略记载,古时这里是水陆交通要道,设护粮卡,每当漕粮北运经此,就封锁河道,故名为"封桥"。与枫桥毗邻的是寒山寺,始建于梁代,据今已有1400多年的历史,因唐时名僧寒山在此任过住持,遂将枫桥寺易名为"寒山寺",至今在大殿佛旁嵌有寒山子诗36首。

枫桥自张继之后，为历代诗人所歌咏。晚唐诗人杜牧在《怀吴中冯秀才》中写道："长洲苑外草萧萧，却忆重游岁月遥；唯有别时今不忘，暮烟秋雨过枫桥。"南宋诗人俞桂在《枫桥诗中》写道："昔年曾到枫桥宿，石岸旁边系小船。"宋代大诗人陆游于乾道六年（1170）六月赴蜀途中经过枫桥时作的一首诗是《宿枫桥》，诗云："七年不到枫桥寺，客枕依然半夜钟；风月未须轻感慨，巴山此去尚千重。"

南宋时被称为是田园诗人的范成大也曾写过一首诗，名为《枫桥》："朱门白碧枕湾流，桃李无言满屋头；墙上浮图路旁堠，送人南北管离愁。"

明代诗人高启在《将赴金陵始出阊门夜泊》中写道："正是思家起头夜，远钟孤棹宿枫桥。"

明代著名大画家唐寅（字伯虎）也以七律写了一首枫桥的诗，名曰《寒山寺》，诗中写道："金阊门外枫桥路，万家月色迷烟雾；谯阁更残角韵悲，客船夜半钟声度。树色高低混有无，山光远近成模糊；霜华满天人怯冷，江城欲曙闻啼乌。"

清代诗人姚配写的一首诗是《夜过寒山寺》，其中两句为："只有疏钟添客恨，潇潇暮雨过枫桥。"据《秋灯丛话》记载，清代诗人王士禛在蒙蒙雨夜中去感受枫桥情趣，诗兴大作，写绝句两首，其一曰："日暮东塘至落潮，孤蓬泊处雨潇潇；疏钟夜火寒山寺，记过吴枫第几桥。"其二曰："枫叶萧条水驿空，离居千里怅唯同；十年旧约江南梦，独听寒山半夜钟。"

这些不同年代，不同风韵的诗作，无疑使枫桥更为光彩照人，但最为突出的还是张继的那首《枫桥夜泊》。寒山寺东曾有一座诗碑专载此诗，素为寒山寺胜景，可惜几度兴废。1993年重新用汉白玉刻制了一座新碑，高0.6米，宽1.1米，由全国第四届书法比赛一等奖获得者84岁的老书法家瓦翁书写，由被誉为"江南碑刻第一刀"的名家时忠德镌刻，现已成为一个新的景观。

寒山寺"夜半钟声"的钟，初为唐代所铸，可惜早已失传。明嘉靖年间，重铸巨钟，并建有钟楼，声音洪亮，可达数里之外，但后来流入日本，康有为有诗云："钟声已渡海云东，冷尽寒山古寺枫"。以后，日本虽又送回一钟，但已不是原物。现在悬于寒山寺钟楼的大钟，为清光绪三十年（1905）仿旧钟式样重铸的，钟高一人，需3人合抱，堪称巨制。

"夜半钟声"的习俗虽早在《南史》中即有记载，但把它写进诗里成为诗歌意境的点眼，却是张继的创造。现在每到年底，都有众多的中外游客来听钟声。特别是日本的多家旅行社，总要组织"元旦听钟声访华团"，多达数千人。

他们在除夕之夜盘坐在寒山寺钟楼的广场上,一边背诵着张继的名诗,一边聆听着108下的钟声,以求在新的一年里带来平安和好运。据说日本的小学生几乎都会背诵这首诗。在日本的青梅山国家公园里还仿建了一座寒山寺,亦建有钟楼与诗碑。1999年1月1日,苏州某网站通过国际互联网直播"新年听钟声"活动,上网收看者近万人。此后便成为了一个非常吸引人的重要节目。 桥

七千诗人吟虹桥

因一座桥,四方文人雅士先后有七千多人依韵和诗,编成三百余卷,这在古今中外的桥梁史上是一个罕见的文化奇观。这座桥叫大虹桥,横跨于扬州瘦西湖入口处,是西园曲水通向长堤春柳的大桥。

虹桥又名红桥,始建于明代崇祯年间,原是一座木质板桥,红色栏杆,故称"红桥"。清初文人吴绮在《扬州鼓吹序》中描写红桥说:"朱栏数丈,远通两岸,彩虹卧波,丹蛟截水,不足以喻。而荷香柳色,曲栏雕楹,鳞次环绕,绵亘十余里。春夏之交,繁弦急管,金勒画船,掩映出没于其间,诚一郡之旧观也。"每逢春夏之交,游人云集,纳凉赏景,吟诗结社,一片繁荣景象。清朝顺治进士,曾任扬州司理、刑部尚书、别号渔洋山人的王士禛,作吟虹桥的《冶春》绝句20首,广为传诵,和者甚众,成《红桥唱和集》,流传海内。其中一首云:"红桥飞跨水当中,一字栏杆九曲红;日午画舫桥下过,衣香人影太匆匆。"末句被后人撷取"香、影"二字建成"香影廊"水榭,以供游人休憩,今为红园茶社。正如朱孝臧词云:"消魂极,绝代阮亭诗。见说绿杨城郭畔,游人争唱冶春诗,把笔更凄迷。"

康熙年间进士,内阁中书汪懋麟在其和《冶春诗》中写道:"红桥桥下水潆回,青雀衔波接尾来。莫放春光容易过,海棠渐落野棠开。"

清乾隆年间,杭州诗人汪沆在《红桥秋禊词,同闵莲峰、王载扬、齐次风作》三首之一中,把杭州西湖与扬州瘦西湖作了比较,写道:"垂杨不断接残芜,雁齿红桥俨画图。也是销金一锅子,故应唤作瘦西湖。"

清代乾隆元年改建为拱型石桥,后又建亭于桥上。王渔洋在《红桥游记》中写道:"林下尽处,有桥宛然,如垂虹下饮于涧,又如丽人靓妆照明镜中,所谓

231

虹桥也。"遂改"红桥"为"虹桥"。又因城里有一座桥叫"小虹桥",因而称此桥为"大虹桥"。

扬州是我国历史上的文化名城,是文人荟萃之地。特别是清代康熙、乾隆二帝,屡屡南巡,各盐商在瘦西湖两岸纷纷"争城构园",形成了"两堤花柳全依水,一路楼台直到山"的盛况,慕名而来的文人很多。如《桃花扇》的作者孔尚任就有《红桥》诗云:"红桥一曲绿溪村,新旧垂杨六代存。酒舫时摇看竹路,画船多系种花门。曾逢粉黛当筵醉,未许笙歌避吏尊。可惜同游无小杜,扑襟丝雨乍消魂。"

《红楼梦》的作者曹雪芹的祖父曹寅作有《再至广陵,读南州学士"诸同人红桥泛舟"诗,述和一首》:"清溪挂度云,小桥横江来。烟水猝相背,河亭谁共陪。颓风冀徐子,雅韵传深怀。犹及渚莲色,冶红零乱开。"

清时画派"八怪"之一的郑板桥,涉及红桥的诗有多首,其《兰竹图·挂轴》云:"日日红桥斗酒卮,家家桃李艳芳姿。闭门只是栽兰竹,留得春光过四时。"显然,以卖画为生过着清贫生活的郑板桥,同那些纸醉金迷,日销斗金的官宦商贾行为和感受是不同的。

在红桥上,不少文人墨客都留有诗文和足迹。乾隆二十二年,两度任两淮盐运使的卢见曾,仿效王渔洋在虹桥修禊(古代习俗,于阴历三月三日到水边嬉游,以消除不祥,称"修禊"),邀集诸名士于依虹园"虹桥修禊厅",作"虹桥修禊"诗。卢见曾写有七言律诗四首,其中有这样的诗句:"十里画图新阆苑,二分明月旧扬州"、"重来修禊四经年,熟识红桥顿改前"、"雕栏曲曲生香雾,嫩绿纷纷拂画船"、"冶春旧调歌残后,独立诗坛试一更"。全面地概括了虹桥一带的盛况。此后依韵和诗者七千余人,编次得三百余卷。还有画坛高手绘有《虹桥揽胜图》等。由于文人刻意渲染,使虹桥名声斐然,过扬州者无不到虹桥一览。乾隆年间有词云:"扬州好,第一是虹桥,杨柳绿齐三尺雨,樱桃红破一声箫,处处住兰桡。"

现在的虹桥是1972年在旧桥的基础上扩建而成。桥面由4米拓宽为8米,由一孔改为三孔。桥身延长,坡度减小,比原来更为壮观。据扬州人称:大虹桥最惬意的是夏日登桥观雨,但见雨帘柳丝,溪清荷碧,宛如一幅妙手泼墨的烟雨图。俯仰水天,烟波迷人。桥

多彩的苏东坡咏桥诗

　　北宋大文学家苏东坡(1037～1101)对桥梁有着深厚的情缘,咏桥的诗歌颇丰,据统计有 30 余首。这些风采斐然的诗歌,是我国桥梁文化中珍贵的篇章。

　　苏东坡的咏桥诗歌丰富、深刻、细致、风韵独具,首先是由于他亲自主持过修堤建桥工程。他曾两次在杭州为官,前后五年,勤政爱民,政绩卓著。当他第二次到杭州时,阔别 16 年的西湖,葑田已占到水面的一半。面对"葑合平湖久芜蔓,人经半岁尚凋疏"的景况,他奏请皇帝批准,进行疏浚整治。为此,他除发起募捐外,自己又写字作画,筹集资金;他动员了 20 万民工,除葑清淤,修起了全长 2.8 公里的长堤。因通水需要,在堤上还建起了玲珑别致的 6 座石桥。后人为了感念他的功绩,取名苏公堤,通称苏堤。对长堤和六桥的建成,苏东坡非常激动,并欣然题诗:"我在钱塘拓湖渌,大堤士女争昌丰。六桥横绝天汉上,北山始与南山通。忽惊二十五万丈,老葑席卷苍烟空。"

　　苏轼治理西湖的诗,共有十联二十句,这是其中的三联。在"拓湖渌"之后,"二十五万丈"的葑泥忽被起出,湖清似镜,长堤如画,六桥秀丽,士女俊郎,追逐嬉戏,面对万民欢乐的情景,诗人激情四溢,展露了他为民勤政的情怀。

　　苏东坡的一生像许多文人一样,遍游名山大川,几乎走了大半个中国,观赏了许多桥梁胜迹,写出了永留后世的珍贵诗作,涉及到桥梁的各个方面。对长桥、小桥、野桥、石桥、绳桥、断桥、草桥等各类桥梁从桥型、材质、色彩、方位、时令、声音都有佳句。诸如:"六月长桥断不收,朱兰初喜映春流"、"小桥过南浦,夹道多乔木"、"野桥多断板,山寺有微行"、"东海独来看出日,石桥先去踏长虹"、"朝行犀浦催收芋,夜度绳桥看伏龙"、"断桥隔胜践,脱履欣小憩"、"归来瑞草桥边路,独游还佩平生壶"、"解鞍歌枕绿杨桥,杜宇数声春晓"、"桥声春市散,塔影暮淮平"、"桥下龟鱼晚无数,识君拄杖过桥声"等。

　　苏东坡虽才华横溢,但仕途不爽,履遭贬谪。在这些咏桥诗中,无疑表露着他人生的遭际和情怀。"伤心范桥水,漾漾舞寒藻"、"独自披榛寻履迹,最先犯晓过朱桥"、"吴越溪山兴未穷,又扶衰病过垂虹"、"病夫最与民间喜,卯酉匆匆无复忧"、"夜桥灯火照溪明,欲放扁舟取次行"、"今日骆驼桥下泊,恣看修网出银刀"、"回头顷刻失长桥,却到龟山未朝饭"、"我欲归寻万里桥,水花风叶暮萧萧"等。

苏东坡诗吟《栖霞桥》,使栖霞桥名声飞扬。其诗写得绘声绘色,惊心动魄;同时又惟妙惟肖,委婉动人。这座桥位于庐山栖贤谷栖霞寺旁、玉渊潭南,横跨悬崖之上。洞水滚滚而下,飞流湍急,奔腾击石,如雷炸响,势如"三峡",故又名"三峡桥"。全诗是:"吾闻泰山石,积日穿线溜;况此百雷霆,万世与石斗。深行九地底,险出三峡右;长输不尽溪,欲满无底窦。跳波翻潜鱼,震响落飞狖;清寒入山骨,草木尽坚瘦。空蒙烟雨间,澒洞金石奏;弯弯飞桥出,激激半月毂。玉渊神龙近,云雨乱晴昼;垂瓶得清甘,可嚼不可漱。"

全诗有"二十四潭争一桥"、"一山瀑布归三峡"(清·屈大均《雨过三峡桥上作》)气势磅礴的描写。也有"空蒙烟雨间,澒洞金石奏;弯弯飞桥出,激激半月毂。"这种精妙的比喻,美轮美奂的着笔,如同"小桥、流水、人家"一样,广为流传。

苏东坡还有两首咏桥的叙事长诗,均为五言45句,具有史诗价值。这是他晚年被贬至广东惠州,正是东新桥和西新桥改建竣工时。其中东新桥,是40条木船以铁索贯连,上铺木板而成的浮桥。当他看到新桥便利民众的情况,感到十分高兴,欣然题诗两首。东新桥诗的前半部分是:"群鲸贯铁索,背负横空霓;摇首翻江雪,尾插崩云溪。机牙任信缩,涨落随高低;辘轳卷巨索,青蛟挂长堤。奔舟免狂触,脱筏防撞挤;一桥何足云,灌传广东西。父老有不识,喜笑争攀跻;鱼龙亦惊逃,雷电生马蹄。"

这首诗对浮桥的结构形状、修造特点、施工方法、安全措施、人行马驰的声响都有深刻生动细致的描绘。言其为桥的史诗,名副其实。

在《新西桥》诗中,除了对这座木桥本身进行了描述外,着重写了新桥建成后,乡里民众欢欣鼓舞,兴高采烈的情景。其诗后半部分是:"探囊赖故侯,宝钱出主闻;父老喜云集,箪壶无空携。三日饮不散,杀尽西村鸡;似闻百岁前,海近湖有犀。那知陵谷变,枯渎生茭蒌;后来忽忘今,冬涉水过脐。"描述了新西桥建成后,人们欣喜若狂,倾囊沽酒,纵饮三日,鸡也杀尽的盛况;同时告诫后人,记住过去无桥涉水的困难,因而要修桥爱桥。 ⊕

伤心桥下春波绿

几乎每一座桥都有一段或美丽、或愉悦、或凄婉、或悲壮的故事,使人动容、感叹,垂念不已。绍兴"春波桥"便演绎着陆游与唐婉一段美丽动人的爱情悲剧。

"春波桥"原名"罗汉桥",位于绍兴市都昌坊路南侧,从禹迹寺到沈园必经此桥。它因南宋大诗人陆游的怀旧诗《沈园》里"伤心桥下春波绿"一句,后人将桥名易为"春波桥"。这座桥全长 10 米,宽约 3 米,是一座南北走向的小型石拱桥,现已改为抬架式水泥桥。

陆游(1125～1210),字务观,号放翁,今浙江绍兴人,是南宋时一位伟大的爱国诗人,诗作万余首,与范成大等四人同为"南宋四大家"。他从小受家庭影响,立下了"上马击狂胡,下马草军书"的志愿,然而,在其英气豪放,"亘古男儿一放翁"(梁启超语)的另一面,是不幸的婚姻悲剧。

陆游的原配夫人唐婉,是同郡唐氏士族的一位大家闺秀,美丽娴淑,才华出众。婚后"伉俪相得","琴瑟甚和",是一对情投意合的恩爱夫妻。不料作为婚姻包办者之一的陆母,以命相克翁姑为由,不容儿媳,硬逼儿子休弃唐氏。陆游百般劝谏、哀求,均遭斥拒。于是,陆游为应付其母,将唐婉置于别馆,时时往来,被其母发现后断然隔绝,终于在婚后三年被迫仳离。后来陆游另娶王氏为妻,唐婉亦改嫁同郡宗子赵士诚为妻。宋高宗绍兴乙亥年(1155),在一次春游时两人邂逅相遇于城南禹迹寺附近的沈园。唐婉甚念旧情,在征得赵士诚同意后,派人给陆游送去花雕美酒。陆游百感交加,魂魄激荡,乘醉赋词,题词《钗头凤》于沈园壁上。

红酥手,黄藤酒,满城春色宫墙柳。东风恶,欢情薄。一怀愁绪,几年离索。错!错!错!

春如旧,人空瘦,泪痕红浥鲛绡透。桃花落,闲池阁。山盟虽在,锦书难托。莫!莫!莫!

词中记述了陆游与唐婉相遇时的情景及过去美满幸福的生活,表述了他们眷恋之深和相思之切。也宣泄了诗人怨恨愁苦和难以言状的凄楚心情。唐氏读了这首词之后,肝肠欲断,悲恸欲绝,也答词一首。

世情薄,人情恶,雨送黄昏花易落。晓风干,泪痕残。欲笺心事,独语斜阑。难！难！难！

人成各，今非昨，病魂常似秋千索。角声寒，夜阑珊。怕人寻问，咽泪装欢。瞒！瞒！瞒！

这两首词充分表达了俩人之间的心心相印，息息相通，一往情深，矢志不渝的忠贞爱情。唐婉在写了这首《钗头凤》后，郁抑成疾，愁怨而死，留下了这个传诵不息的爱情故事。

唐婉向陆游送去的是美酒，而实质上是一杯苦酒。这杯苦酒，使陆游心头的创伤更加难以愈合，抱恨终生。晚年他居住在鉴湖三山，每进城，必经罗汉桥登禹迹寺眺望，在他68岁时，重游沈园，赋诗寄情：

枫叶初丹槲叶黄，河阳悉鬓怯新霜。林亭感旧空回首，泉路凭谁说断肠？
坏壁醉题尘漠漠，断云幽梦事茫茫。年来妄念消除尽，回向蒲龛一炷香。

陆游以烧香的方式祭奠唐婉，也难平静他和唐婉分离的切肤之痛，怀念不绝的深情。七年之后，再游沈园时，作《沈园》绝句两首，诗云：

城上斜阳画角哀，沈园非复旧池台。伤心桥下春波绿，曾是惊鸿照影来。
梦断香销四十年，沈园柳老不飞棉。此身行作稽山土，犹吊遗踪一怅然！

后来，已经是81岁的放翁梦游沈园，又写了更为悲凄的两首绝句。

路近城南已怕行，沈家园里更伤情。香穿客袖梅花在，绿蘸寺桥春水生。
城南小陌又逢春，只见梅花不见人。玉骨久成泉下土，墨痕犹锁壁间尘。

陆游对唐婉的爱情历久弥新，刻骨铭心，在春波桥前到了"已怕行"的程度。在85岁临终前一年，还作诗《春游》悼念唐婉：

沈家园里花如锦，半是当年一放翁。也信美人终作土，不堪幽梦太匆匆。

桥

广济桥的民谣、对联与诗歌

在广东潮州一带流传着这样一首桥梁的民谣："到广不到潮，枉向广东走一遭；到潮不到桥，枉向潮州走一遭。"

民谣中所说的"桥"，指的是"广济桥"，初名"济川桥"，因韩湘子书"洪水止此"的石碑于桥畔的传说，又叫做"湘子桥"。它位于广东省潮州市广济门外的韩江上，是我国古代桥梁中最早的梁桥和浮桥相结合的开启式的桥梁。因造桥艰巨、结构多样、在桥上又有商市等原因,使其闻名海内外。

韩江原名叫"意溪",它的上游有两大支流,即东支汀江和西支梅河,交汇于三河坝,正是江面狭窄处,水流十分湍急,洪水危害甚大;再加上潮汐影响,更是浪潮汹涌。韩江因经常有鳄鱼出没,又有"鳄溪"与"恶溪"之称。唐代文学家韩愈,(768~824),被贬作潮州刺史时曾动员民众驱鳄入海,并写下了著名的《祭鳄鱼文》。于是,民众以其字"退之"作了一副巧妙的对联:"恶溪鳄鱼;退之退焉!"

这副对联至今仍流传在潮汕一带。由于韩愈在潮州两年的时间内修堤、造桥、植树、办学等,做了许多好事,故把"意溪"改为"韩江"。

韩江上的广济桥始建于南宋乾道六年(1170),历时 56 年建成。全桥长518 米,分东、西、中三段,东西两段皆为石墩、石梁桥。东段共有 12 孔、13 墩,长约 283 米;西段共有 7 孔 8 墩,长 137 米;桥面很宽,约 5 米,这样的宽度在我国古代桥梁中还是很少见的。后来在不断水毁中,重建时增加至 24 墩,并建有望楼。中间一段长约 100 米,是浮桥部分,主要是因为"中流惊湍尤深,不可为墩"。同时又受台风洪水冲袭,不宜建墩,因此中间一段是用铁链把 18 到24 只木船铰接在一起,定时开启,以利航行。那时,大型海船可以由汕头过桥经潮州直达上游的大埔,宽阔修长的木排则可顺流而下穿桥入海。在发大水时,就将浮桥拆掉,可使泄洪通畅。这种开启式桥梁的构思产生的桥梁结构,在中外建桥史上写下了光辉篇章。同时,大桥在急流与海潮中更形成了潮涌浪险惊人的景观。清乾隆年间有一位进士曾赋《湘桥春涨》诗。诗云:"湘桥春晓水迢迢,十八梭船锁画桥;激石雪飞梁上鹭,惊涛声彻海门潮。雅州涨起翻挑浪,鳄渚烟深濯柳条;一带长虹三月好,风光几拟到层霄。"

由于韩江水急势险,造桥经年,屡毁屡建,从建成之日起,历元明清各代重修二十多次,但基本格局没变。这座桥就是因为韩江独特的地形、水势,才有独特的桥形,而桥墩就更有特色。桥下的 24 个桥墩,全部用花岗岩石块卯榫砌成,比一般的桥墩要宽大。其中大的长度在 14.4 米到 21.7 米,宽度在 9.5米到 13.85 米;小的长度也在 10 米以上,宽度在 5.7 米,全部桥墩的长度加起来达到 207 米,占了整个桥身长度的 40%,使大桥显得墩实壮观。历朝历代的工匠在修桥时,各显神通,建成了不同形状的桥墩。大多数是长六角形,也有少数是五边形;上游一端多作成三角形,以利杀水,下游一端也有作成尖角形的。桥墩边线不整齐,或凸或凹任意转折。

广济桥的另一个特点是"一里长桥一里市"。由于桥墩长,桥面宽,便在桥上建起了楼台亭阁,几乎每个桥墩上都建有高楼,桥面上木屋比连,楼台鳞次,商贩云集,各色的叫卖声不绝;入夜,桥上灯火高悬,酒肆猜拳呼令,还有歌妓丝弦,已是嘈杂声不堪。在桥市里几乎听不到韩江的水声,因此,外来的人常常闹出"到了湘桥问湘桥"的笑话。长期以来,有关广济桥商市热闹非凡的诗文很多,清人曾廷兰曾有《晚过湘桥》诗一首:"韩江江水水流东,莫讶扬州景不同;吹角城头新月白,卖鱼市上脸灯红。猜拳蜑艇犹呼酒,挂席盐船恰驶风;二十四桥凝目处,往来人在图画中。"生动地描写了这一场景。

广济桥在 800 多年建设史中,留下了数不清的奇闻轶事。由于屡修屡圮,人们便祈求吉祥。清雍正六年(1728),在大桥又一次修好后"铸二铁牛,列东西岸以镇之"。铁牛背上铸有"镇桥御水"四个字,分别安置在西岸的第 8 墩和东岸的第 12 墩上。道光二十二年(1842),大水冲毁东岸桥墩,一只铁牛跌入河中,以后在上游较远处发现。另一只在 1939 年遭日军飞机轰炸,后不知去向。为此,在潮州一带还流传着这样一首民谣:"潮州湘桥好风流,十八梭船廿四洲;廿四楼台廿四样,两只铁牛一只溜。"1980 年重铸铁牛一只,置于桥西第 5 个桥墩的分水尖上。

1958 年 4 月,当地政府对大桥作了全面的修理与加固,新建了钢筋混凝土梁,从此,结束了 800 年来屡修屡毁的历史。1976 年再次将桥拓宽,车行道宽为 7 米,两侧又各增加了 2 米宽的人行道。桥两端的城楼已作为工人文化宫供人们休闲。以后又在下游 1 公里处修了一座韩江大桥,把广济桥作为文物保护了起来。2003 年至 2007 年对广济桥按照最辉煌时期的明代进行了修复,桥墩作了加固,恢复了"十八梭船"的启闭式浮桥,修复了桥上的十二座楼阁和十八座亭屋,并为之加上匾额与对联,定位为旅游观光步行桥。 桥

绘声绘色的栖贤桥诗

我国古代桥梁工艺珍贵的遗产之一"栖贤桥",从宋朝以后,多有诗人题咏制铭,著名的有苏轼、苏辙、黄山谷、杨万里、朱熹、欧阳玄、屈大均等。苏东坡《栖贤桥诗》的其中两联是:"空蒙烟雨间,澒洞金石奏。弯弯飞桥出,激激半月毂。"前一联淋漓尽致地描绘了栖贤桥的环境氛围、自然音响;后一联生动形象、细致深刻地写出了桥的结构形状,神态色彩。诗中有画面、有声响、有色

彩,脍炙人口,形象生动。

栖贤桥位于江西庐山南侧五老峰下、玉渊潭南,距九江约40公里,离庐山牯岭街约10公里的栖贤谷悬崖上。因涧水从五老峰湍急而下,声如雷霆,苏东坡题诗将此处比喻为瞿塘三峡,故又称作"三峡桥";又因桥侧建有观音庙,亦称"观音桥"。栖贤桥建于北宋大中祥符七年(1014),是一座单孔石拱桥,全长20.45米,宽4.1米,高11米,跨径10米,两岸是陡崖峭壁。

桥台用花岗石砌于天然岩基上,拱圈为圆弧形,厚约1米,用7排长方形条石作纵向分排砌筑,每排用条石15块,每块石重约1200公斤,共用石条105块,首尾设子母榫相衔接,不用灰浆。单排成拱,拼连严密,再在拱背浇铁。桥基部有一平台,拱圈上刻有"维皇宋大中祥符七年岁次甲寅二月丁巳朔建桥"等字样。拱圈两侧墙上砌有石栏,桥面铺石板,两端各砌有石阶四级。全桥坚固、壮观、雄奇,历千年风雨侵蚀,巍然屹立,现仍能通行汽车。

栖贤桥横跨于百尺大壑之上,桥基立于东西悬崖上,下为一深潭,称"金井"。由桥上向下俯视涧底,使人惊心动魄,有"足掉不自持,魂惊讵堪说"(朱熹诗)之感。凭桥栏远眺涧水,就会使人想起唐朝大诗人李白在庐山香炉峰观瀑布时留下的名诗:"日照香炉生紫烟,遥看瀑布挂前川;飞流直下三千尺,疑是银河落九天。"

栖贤桥周围的环境十分优美,景观处处,有典有诗。在其北一里处便是栖贤寺,从宋人陈舜俞《栖贤寺》诗中就可见一斑,诗云:"辟蛇行者应开寺,拭眼高僧尚有坟。龙带雨归三峡水,鸟衔花出五峰云。"这首诗,静谧中有灵动,把水光山色做了传神的描绘,而这里所说的三峡水,就流过了"栖贤桥"。另一首《栖贤寺》的诗,为南宋王十朋所作,诗云:"瀑水声中夜不眠,星河影动半秋天。谁云滟滪瞿塘远,只在扬澜左蠡边。狮子吼成方外法,石人参得定中禅。住山五老知今古,借问曾栖几个贤?"诗人的感受是瞿塘峡就在近处,那狮吼般的瀑声使人夜不能眠。从这里使人知道栖贤桥是建在险要之处。

栖贤桥工程艰巨,规模宏伟,结构精致坚固,至今近千年,仍完好无损,古人惊叹其为"神施鬼设"、"巧夺天工",是南国桥梁建筑上的一颗明珠。桥的上游不远处,有方整如棺的巨石横亘涧上,俗称"棺材石",上刻有"回溯"、"水哉"等字,传说是建桥时用以缓冲上游湍急的水流而设的。桥下之溪系汉阳、五老峰间九十九条小溪汇集而成,坡陡流急,水激涧中大石声若滚雷。据传,自玉渊以下,共有24个潭,潭水迂回曲折流向三峡桥,形成雄伟的奇观。宋代诗人欧阳玄有诗赞曰:"百尺悬潭万道山,一虹横枕翠微间;半天云锦开青峡,几地轰雷撼玉关。"

这首诗使你仿佛听到了满山的流泉、飞瀑震天的响声。与这首诗有异曲同工之妙的是清代诗人屈大均的《雨过三峡桥上作》,且更细致,更有声响和色彩。其一曰:"二十四潭争一桥,惊泉喷薄几时消?一山瀑布归三峡,小小天风作海潮。"其二曰:"一片鄱湖九水通,茫茫吴楚有无中;云间忽见庐山影,半壁芙蓉挂白虹。"

这两首写桥景的诗,各有重点。前一首使你听到是如海潮般的声响,是听觉的感受;后一首使你看到的是天空中有雾时出现的呈淡白色的虹,是视觉上的图画。全诗把桥与周围环境、自然现象,色彩声响,如同是立体电影般展现出来。

咏栖贤桥诗,意境丰富,绘声绘色,如临其景,使人感受着山灵水秀的神气,洋溢着大自然的醇芳,散发着美学的幽光。 桥

元白诗会蓝桥驿

古时候诗歌作品的发表和流传,当然没有现在这样大众传媒的方便。大体有四种方式,即:亲朋互赠、宴席赋咏、投谒名流、墙壁题诗。这后一种方式的主要场所是在名胜古迹、妓馆青楼、庵观寺院、驿馆驿亭。蓝桥驿亭便是诗人经常题咏的地方,其中就有唐代新乐府主将元稹、白居易诗作交汇的佳话。

白居易是我国历史上伟大的现实主义诗人之一,他和另外一位诗人元稹,在文学上积极倡导新乐府运动,发扬从《诗经》以来贴近生活的传统,同为新乐府的主将,两人相交甚笃,经常唱和,号称"元白"。有这样一段故事:一次白居易春游后同友人饮酒,经推算,正出使四川的元稹可能到达了梁州,遂写诗道:"花时同醉破春愁,醉折花枝当酒筹。忽忆故人天际去,计程今日到梁州。"是夜,元稹醉于梁州驿馆中,梦见了白居易,之后写诗道:"梦君同绕曲江头,也向慈恩院里游。亭吏呼人排去马,忽惊身在古梁州。"这无疑是一种巧合,也说明二人交谊之厚和思念之切。尤其在遭际贬谪时,仍在蓝桥驿亭上交流诗歌,抒发情怀。

在两千前的东汉时期,陕西蓝田县东南50里处蓝溪之上坐落着一座古老的桥梁——蓝桥。它同灞桥一样,是陕西乃至全国最古老的桥梁之一。千年沧桑,蓝桥虽然荡然无存,但围绕蓝桥产生的优美传说和轶事,却千古不绝。庄子杂篇《盗跖》中,记载了这样一个故事:有一个叫尾生的人,与女友相约桥

下，女子没有按时赶到，大水突然冲来，尾生为了守约，抱着柱子被水淹死。对于蓝桥，今人推测：能抱柱而死的桥，可能是一座桩柱式的双跨以上的梁桥。蓝桥因尾生的故事而出名，后人称尾生为坚守信约的人。《国策·燕策一》中说："信如尾生，廉如伯夷，孝如曾参，三者天下之高行也。"唐诗人李白就在其诗作《长干行》里写道："长存抱柱信，岂上望夫台"的诗句。当然，也有人嘲讽尾生以这样的方式坚守信约而不知其他者，未免迂腐。

蓝桥位于蓝田、商洛之间，是交通要津。唐代许多文人学士，在经过蓝桥驿亭时常有诗作在这里"发表"，蓝桥驿亭成为了诗人们友谊的桥梁和交流诗作的场所。元和十年（815），元稹一度回朝，途经蓝桥作有《西归绝句》12首，其中一首写道："五年江上损容颜，今日春风到武关。两纸京书临水读，小桃花树满商山。"题在兰桥驿的诗是一首七律："泉溜才通疑夜磬，烧烟馀暖有春泥。千层玉帐铺松盖，五出银区印虎蹄。暗落金乌山渐黑，深埋粉堠路浑迷。心知魏阙无多地，十二琼楼百里西。"诗中所言"玉帐"、"银区"说明经过这里正逢春雪之时。

元稹本是春风得意地回来，但不久又再度被贬，出为通州司马。此时白居易也相继被贬为江州司马，在蓝桥驿看到此诗，立刻写出《蓝桥驿见元九诗》。诗云："蓝桥春雪君归日，秦岭秋风我去时；每到驿亭先下马，循墙绕柱觅君诗。"

诗的前两句道出了二人春归、秋去的处境，虽未明言，却隐喻着境遇的不济，黯然伤神。而白居易对元稹诗作的寻找更为急切、更为认真，已是到了"每到驿亭先下马"，然后便是"循墙绕柱"四处寻找，若是看到了元稹诗该有多么的高兴。

唐以后蓝桥已废。明代羽士王天枝在原桥址"募铁为链，飞控为虹，行人便之。"嗣后，铁索蓝桥毁于明末农民战争中，直到清康熙乙巳年（1665）重修铁索蓝桥。此桥毁于何时，尚待考证。

今蓝田县新建的蓝桥旁，在一块河石上，有一个古桥柱孔痕迹清晰可辨。漫步在这古老的土地上，寻觅古蓝桥的遗迹，抚今追昔，不胜感慨。

李白·采石矶·行吟桥

被誉为诗仙的唐朝大诗人李白，在采石矶一带度过了他贫困的晚年。他留恋于这里的山水之美、人情之醇、纵酒放歌，前后写下了许多传颂千古的诗篇,留下了许多神奇美丽的传说和逸事,其中"醉后水中捉月而死"的传说,最富浪漫传奇色彩。据五代王定保《唐摭言》中说:"李白着宫锦袍,游采石江中,傲然自得,旁若无人,因醉,入水中捉月而死。"后人特别尊重李白的遗迹游踪,用建筑来指明、用诗文来题咏,表达了民众对李白的怀念和崇敬。于是,在这里建起了"捉月台"、"太白楼"、"李白墓"等名胜古迹。

在太白楼附近,有一座古老而普通的石板桥,位于采石矶的南麓,太白楼的西侧。这座桥既不长也不宽,却与历代名人结下了不解之缘,他们吟诗题句,常在这里踱步,写出了许多名篇佳作,因此当地人便称其为"行吟桥",有诗道:"行吟桥下静流水,横江馆前卧涛声。"

采石矶位于安徽省马鞍山市当涂县境内,居长江东岸,为牛渚山突兀江面处,故又名牛渚矶。矶高50米,悬崖峭壁,险峻奇秀。方圆数公里,风光旖旎,胜迹比联。同湖南岳阳的城陵矶、江苏南京的燕子矶,并称为我国长江上的"三矶"。这里不仅自然景色丰富,集"雄、奇、险、秀"于一体,被称为"华夏第一矶",素有"千古一秀"之誉;而且文化底蕴深厚,这里有着一串串文化人的足迹,一个个浪漫的传说,都是以诗仙李白为灵魂的胜景,仅李白在此的诗作就有五十余篇,诸如,《望天门山》、《横江词》等。其中《夜泊牛渚怀古》诗云:"牛渚西江月,青天无片云。登舟望秋月,空忆谢将军。余亦能高咏,斯人不可闻。明朝挂帆席,枫叶落纷纷。"诗中道出了李白一段凄凉经历和在采石矶月夜落寂的心情。

太白楼是后人专为为纪念李白而修建的,为二进三层木石结构的楼阁,造型古朴典雅,气势雄伟壮观。它同湖南岳阳的岳阳楼、湖北武昌的黄鹤楼和江西南昌的滕王阁,合称为我国长江上的"三楼一阁"。游客从太白楼跨过行吟桥,有一条通向长江江边和攀登采石矶的曲径小道。只见桥头树木葱茏繁茂,桥下流水潺潺,一派幽静的环境。历代慕名而来的文人墨客络绎不绝,在漫游采石矶瞻仰太白楼等名胜古迹之余,往往于此桥驻足小憩,吟诗联句,倾吐自己对李白的怀念之情,留下了许多诗篇佳句。

唐代著名诗人白居易《经采石李白墓》诗云:"采石江边李白坟,绕田有限草连云。可怜荒陇穷泉骨,曾有惊天动地文。但是诗人多薄命,就中沦落不过君。渚萍溪藻扰堪荐,大雅遗风已不闻。"

宋代诗人贺铸《采石矶》诗云:"东西采石矶,山水两清绝。渔舠与商舶,仿古几沿越。飘飘翰林主,长笑弄明月。难访物外游,飞云眇天末。"

明代嘉靖人蔡景尧在采石矶的石刻是:"峨嵋峭孤绝,游子往不歇。不见谪仙人,空江自明月。"这些诗充满了感怀之情。

明代戏曲家汤显祖作《重过采石矶》诗云:"夕阳千里弄舟还,一片秋声两面山。醉着锦袍如梦杳,月明何限水云间。"这自然是在说李白着锦袍"醉酒捉月,骑鲸升天"的故事。

近代作家、诗人郁达夫,著有长篇散文《采石矶》,文中引有近代诗人之作多首。当代大文豪郭沫若,于1964年5月游览瞻仰采石矶太白楼时,也趁兴挥毫,赋诗一首,诗云:"我来采石矶,徐登太白楼。吾蜀李青莲,举杯犹在手……"郭老不仅表达了对李白的怀念,而且还拉起了老乡关系,有趣!1964年8月老舍先生题采石矶五绝一首,对李白诗歌进行了热烈的赞扬:"酒涌大江流,人登太白楼。诗歌光万丈,今古各千秋。"当然,在采石矶也有俗不可耐的附庸风雅之作,所以有人题诗曰:"采石江边一抔土,李白诗名传千古,来来去去写几行,鲁班门前弄大斧。"好笑!

据史料记载,采石矶的行吟桥,自北齐以来,历代名人在这里酝酿、挥就的诗词多达200多首,楹联100余副,同时还有大量的题铭、记事和碑记。"行吟桥"真是名不虚传。 ⊛

万里桥上感怀诗

在广西壮族自治区兴安县古灵渠上,有一座小巧玲珑、年逾千年的石桥,叫万里桥。这座桥名的由来,与成都的万里桥不同:成都的万里桥,是由于蜀相诸葛亮送使臣费祎赴吴时说:"万里之行,始于此桥"而得名;而这座桥则是由于从唐朝都城长安算起,至此桥恰好相距万里,因此才有其名。

万里桥始建于唐敬宗宝历元年(825),它已跨越了十多个世纪。据有关文章介绍:这座桥是由当年桂管观察使李渤奉命主持重修灵渠后,在这南北交通、楚粤要津之上修筑了这座桥的。历代均有翻修、加固,但仍保持原型,为单孔石拱桥,以青石为料砌成。全长7米,宽6米,跨径5米。桥的南侧与渠道平行处修有石阶9级,斜坡长3.7米;北侧修有11级台阶,长达4.5米。这斜坡是供人们洗涮或小船靠岸之用。这座桥秀美之处是在桥上建有一座四角高翘的凉亭,灰顶白山,由八根红柱撑起,桥畔垂柳袅袅,直临渡角,红、灰、白、绿数种色彩融于一处,既对比鲜明,又和谐一致。围栏呈倒垂花门状,高为40厘米,伸于桥体之外,颇为雅致。栏内设有长椅,供人歇憩。临亭望水,凉风袭袭,绿柳拂风,诗意浓浓。

这座桥虽然桥体不大,但自古以来,留下了许多史迹与逸闻。据有关资料介绍,曾有许多名人志士,文人墨客,达官显贵,或为开发边疆,或为云游四海,或任职远郡,或贬谪边关,经万里之遥来到这里,从桥上走过,因境遇不同,感触亦异,常常以咏诗的方式来抒发自己的情怀。

明朝著名的一代忠臣刑部主事董传策被发配南疆,在踏上万里桥时,心情沉重地吟诗道:"亿昨含香侍圣朝,风烟回首隔迢遥;客游忽到三江峡,世路今过万里桥。"

这首感怀诗,表述了他满腔冤愤,感叹漫漫人生路的不测和艰辛。明代奸相严嵩也曾经路过万里桥,而此时正是他穷途末路时,于是发出了绝望的悲鸣。其诗曰:"兴安址郭枕高丘,湘漓分水南北流;万里桥头风雪暮,不知何处望神州。"

这首诗将其心境暴露无遗,诗中直言湘漓两江南北而去,"风雪暮"、"望神州",道出了他灰暗的情绪和不堪的结局。诗为心声,心声言志。同地同桥,心志却不尽相同。

现在的万里桥上有两副对联悬于亭楹之上,可谓是古桥沧桑的概括。其一是"桥名万里沟通楚越雄八桂,渠感千秋襟带漓湘誉九州。"其二是"物换星移总是千年古韵,南通北达堪称万里长风。"

当然,在万里桥上也有过轻松的故事,据说桥的周围曾是一些摊贩聚集的地方,其中就有卖汤圆等小吃。传说当年乾隆皇帝在南巡时,在桥上吃过当地的汤圆,称赞不已,有人便撰写了半副对联,刻于桥的亭柱上:"万里桥,桥万里,桥上汤,桥下水,水水汤汤,汤汤水水",至今没有出现下联佳作相对,有人称其为是绝对。当代著名作家魏巍游古灵渠时,题写"万里桥"的匾额,又为桥景增添了文化意蕴。

灵渠始建于秦始皇时代,已有两千多年的历史,是现存世界上最完整的古代水利工程之一。1963年,当代大文豪郭沫若曾以《满江红》为词牌写道:"足与长城南北相呼应,同为世界之奇观。"在这条"世界之奇观"的古灵渠上,筑有众多的古桥,诸如宋代太平年间修建的接龙桥,明朝万历年间修建的花桥,清康熙年间修建的观音阁桥,以及萧家桥、三里桥、夏营桥等。在这些古桥之中,万里桥最为知名,不仅是桥型美,更重要的是它有丰富的文化积淀。当人们说起广西兴安,就会说到古灵渠,说到古灵渠,就会讲起万里桥。主要是因为它演绎过诸多历史篇章,富有诗情画意,富有戏剧色彩。万里桥虽小,但无论是风光、水色,还是交通地位、建桥历史、在中国的桥梁史上都占有一席之地。

万里桥自建桥以来,历经沧桑,或毁于天灾、或废于兵燹,曾几度重修,但始终保存着古桥的原貌。万里桥亭自修建之后,更是几圮几兴,但也不曾改变它的旧容。解放后,仿照古时原样将桥重建,凉亭重修,风貌依旧,古风尤存。桥亭飞阁流丹,顶棚上绘有神话故事"八仙过海"中的八位神仙的画幅,使桥更具有观赏性。 桥

名人名篇宣城桥

唐朝大诗人李白有一首著名的写景咏桥诗,题为《秋登宣城谢朓北楼》。诗中写道:"江城如画里,山晚望晴空。两水夹明镜,双桥落彩虹。人烟寒橘柚,秋色老梧桐。谁念北楼上,临风怀谢公。"

李白于天宝十二年(753)从梁园到宣城,逗留了两年,遍游名胜古迹,写下了不少诗作名篇,这是其中之一。谢朓楼亦名北楼,为南齐时宣城太守谢朓所建。李白是在一个晴空的傍晚登临北楼,看到宣城景色如画:绕城而流的宛溪、句溪清澈如镜,建在宛溪上的凤凰桥、济川桥如同彩虹一般横卧在江面上;在感到秋日寒意时,深深地怀念在诗歌艺术上有很高造诣的谢朓。

双桥始建于隋代开皇年间,距今已有 1400 多年历史,它因李白的名句"两水夹明镜,双桥落彩虹"而名扬四海。颐和园里"西堤六桥"中的"镜桥",就是根据这一诗句取名的。

在宣州还有一座以陶渊明《桃花源记》意境取名的单孔古石拱桥,名叫"桃源桥"。桥旁有古刹天宁寺,寺后为黄金山,山上多植桃树,每当春日来临之际,桃红夺目,芳草献翠。古刹前小桥流水,宛若步入桃花源里。清代诗人蒋宽写有一首《桃源桥晚步》诗:"春日江城暮,寒泉曲涧鸣;人烟迷欲湿,渔火递微明。众鸟低云窦,初钟散晚城;年华催底事,长啸正含情。"

在宣城市境内的绩溪县城西有一座"来苏桥",横跨于微水河上,因迎接苏轼而得名。北宋大文学家苏洵以及两个儿子苏轼、苏辙并称为"三苏"。据传,北宋元丰八年(1085),苏轼从海南岛远道来此,其弟苏辙当时为绩溪县令,就在这座桥头隆重迎接苏轼,因是大名鼎鼎的两位人物相会处,后人便称这座桥

为"来苏桥"。清人赵继序有一首五言诗,记述了这段轶事佳话。诗云:"年年车马渡,人只记来苏;海外欣归止,山中急友于。闻名相倒屣,览胜几提壶;千古清风在,长留水一隅。"

在盛产宣纸的泾县城东,有一座"幕山桥",古为木桥。这里环境优美,风景诱人,山翠水碧,漫步其上,早观彩霞,晚赏明月。而宿居驿站的人,在"鸡声茅店月、板桥人迹霜"时,迎着红日踏上旅途,人在路上,恍若画中行。明代诗人左顺有诗写道:"溪头残月晓苍苍,玉鉴光寒正渺茫;茅屋鸡声千里客,板桥人迹五更霜。疏钟欲断云林海,野色微分驿路长,回首东峰霞散彩,一轮红日上扶桑。"

旌德县溪镇的三溪桥,被称为是"千里皖南第二桥",始建于明嘉靖二十二年(1543),全长149米,宽7米,地处要隘,气势恢弘,引人瞩目。明朝时有人写诗道:"寻源百折疑无路,隔水架桥别有天;置驿此间通上国,深春放舟乐天边。"

这座桥建成后屡有修缮,清代康熙三十六年(1697),经过8年的整修后竣工,时为奉旨改编《二如亭群芳谱》植物谱志而闻名于世的旌德进士汪灏,由河南巡检任上特地赶来庆贺,并亲书一首《飞仙吟》:"七十二又虹,蛟龙不敢侵;泛绿分众涧,积翠临孤岭。春雨渔网静,秋霜人迹深;何当无凯觞,碎作飞仙吟。"

这首诗同样是赞颂了桥的功能,记述了因建桥给民众生产生活带来的欢乐繁荣,自然是要相觞庆贺,吟诗作歌。《飞仙吟》诗也被雕刻成碑,置于桥头,永志纪念。 桥

意趣迥然的遇仙桥螺纹诗

全国叫"遇仙桥"的桥已知的有9座,其中,湖南桃源县的遇仙桥知名度最高。它位于桃源县城南30里桃源山下桃花洞前,横跨两山之间。桥畔方竹、石菖蒲、黄精等各类植物丛生。洞口流泉飞瀑,蔚为壮观。在这仙境般的地方所建筑的小桥,又何能不遇仙呢?

遇仙桥的名字源于传说,表达着人们的希望。东晋诗人陶渊明所写的《桃花源记》,描绘了一幅理想的社会生活图景,展示了诗人美好的生活愿望。这是一个向往中的乐园,洞外山水秀丽,桃林夹岸,芳草鲜美;洞内是土地平旷,

屋舍俨然，丰衣足食，怡然自乐。那个武陵人曾在洞前的一座木桥上遇到两位鹤发童颜的仙人对弈，于是便上前施礼问路，仙人告诉了他步入桃花源的路径，使他舍船进入桃花源里。后来，这座桥就被取名遇仙桥。陶渊明所写的桃花源，是世人向往的地方；而有关遇仙桥的传说，便是世人寻求获得美好生活的一种途径。

据传说，遇仙桥始建于晋代，原为一座木桥，后来改建成一座单孔石拱桥。桥长约10米，宽4米，桥上建有方形凉亭一座，红柱青瓦，雕花彩绘，精美典雅。真是桥不在大，有仙则名。更具异趣的是桥头有一座石碑，在其上部刻有一首繁体字的七言半叠字顶针螺旋诗，下部刻有读诗的提示。

在我国，桥头置石碑者屡见不鲜，多为桥名桥记和捐资者的姓名；碑上刻诗文者也不足奇，但在桥头刻顶针螺纹诗者却颇为罕见。这首诗的全文是：

题遇仙桥

機時得到桃源洞

忘鐘鼓響停始彼

盡聞會佳期覺仙

作惟女牛底星人

而静織郎彈斗下

機詩賦又琴移象

觀道歸冠黃少棋

这是一首七言八句的顶针螺纹诗，即上句末一字的一半为下句头一字，每句七字都相连，顺时针方向从内转到外，押上平声四支韵。

这首诗确实奇妙，当地人是作为一个景观，一种文化现象向游人展现的，也使游人感到兴味盎然。原因在于就是告诉了你如何读也未必能读得出来，不少人被难得在石碑前俯首踱步。

那么如何解读这首顶针螺纹诗呢？首先要找到它的"轴"，然后才能螺旋；顶针格首先要弄明白句中的"节点"所在，才能首尾相连，从而产生上接下连的趣味。多数顶针句的末字是下一句的首字，这首诗的不同处是末字的后半个字是下一个句的首字。根据这些基本规则就会知道：这首诗的"轴"是"牛"字，然后按顺时针旋转，故首句便是"牛郎织女会佳期"。"期"字的后半个字是"月"，第二句便是："月底弹琴又赋诗"。以此类推，全诗如下：

牛郎織女會佳期，

月底彈琴又賦詩。

寺静惟闻鐘鼓響，

音停始覺星斗移；

多少黄冠歸道觀，

見機而作盡忘機。

幾時得到桃源洞，

同彼仙人下象棋。

这种螺纹诗很有迷人的色彩，也有一定的意境。全诗大意是说：在月色明媚的"七夕"之夜，牛郎织女以鹊为桥，喜悦相会，两人弹琴又吟诗，好不畅快！这时，在人间是一片寂静，只听到寺庙里钟鼓的响声；然而，世事沧桑，斗转星移，在万籁俱寂中，黄冠道士们都在道观之中一心修炼，去弃尘俗，领悟玄机。而尘世中的人们就更现实一点了，谁不向往那桃花园中的美好生活呢！

应该说这是一种文字游戏，有引人入胜之处。但由于过分追求形式，在修辞上就受到了很大的限制，也就影响了表意。很明显，在用字上有斟酌余地。当然，对此也没必要苛求，只当是旅游中的一件轶事，把玩一番，增加一点趣味。　🉑

乾隆题诗荆山桥

清朝乾隆皇帝在位期间，到处巡游，曾有过六次南巡，耗费巨大。所到之处，常常要题诗、写联，使景观大为增色。

相传他在一次南巡时，路过位于徐州东北二十里处京杭大运河上的一座石拱桥，名叫荆山桥。在桥头有一间清雅的茶亭，便在这里小憩。乾隆在品茗之时，只见石桥如虹，卧水饮塘；纵目远眺，青山碧水，风光秀美。于是诗兴大发，随即挥笔题写了《荆山桥歌》一首，诗曰："石桥三里许以长，如虹蜿蜒饮两塘；南北咽喉形胜控，春秋节宣计书良。东接睢邳耕桑野，西连好沛王坝乡；我曾坐照资利涉，发帑修筑乃如常。"另有乾隆亲笔题词"万世津梁"四个大字的横匾，镌刻在桥顶一对石狮子之间。

乾隆的诗不仅叙述了桥形的气势如虹，而且说明了它的重要位置：上通冀鲁、北京，下达两淮、江浙，是大运河的咽喉，是利涉交通的要冲，应该加以维护，使其成为"万世津梁"。

　　这座桥于清康熙二十一年(1683)开工建造,原照四十二年(1704)竣工,历时21年,耗银26800两。桥身原长362.5丈,顶宽1.9丈,为159孔石拱石板桥。其中石板桥南头95孔,北头45孔,中间有19个大孔。桥侧有栏杆,中孔雕有12条蛟龙于拱顶,龙头朝向上游,桥中间刻一对石狮子。此桥结构坚固,全桥用花岗石料砌成,接缝处除加糯米汁浇灌外,另有元宝形铸铁扣接相连,桥面上铺有青砖。

　　在桥的北面约200米处的石驳岸上还建有一座石牌坊,其顶横额面上北侧刻有"荆山桥"三字;南侧(背面)刻有"利涉大川"四字。牌坊石柱刻有对联,北侧为:"虹影飞空百世津梁歌利涉;湖光澄碧九洲行旅沐恩波。"南侧为:"山近彭城水映之龙瞻瑞霭;人道王路功成砥柱履州行。"字迹刚劲有力,端秀大方,均系乾隆御笔。

　　随着历史烟云的变换,这座桥也经历了战争的创伤。抗战时期和国民党军队溃败时,此桥先后两次被炸毁了27个桥孔,桥上只能勉强通过行人。

　　解放后这座历经沧桑、千疮百孔的古桥回到了人民的怀抱。1958年,因疏浚开拓京杭大运河,这座桥由于碍航等原因,已不适用,便被拆除。从此,这座历经300多年的古桥,正如乾隆楹联所言,在完成了"人道王路功成砥柱履州行"的历史使命之后,其"万世津梁"的功能,也就与我们永远地告别了,由乾隆题诗与题写的对联,也就成为记忆了。　🌉

银弦金曲　刘铁锋刻

九、对联与桥

桥梁对联　魅力无穷

　　楹联是我国一种独有的文学艺术形式,且与建筑艺术密切相关,有些甚至就是建筑艺术的一部分。中国古典建筑,如庭院、楼阁、亭榭、寺庙、书斋、桥梁,若没有镌贴楹联,犹如诗歌缺了"诗眼",画龙没有"点睛"一样。

　　在古典文学巨著《红楼梦》中,曹雪芹借书中人物之口说道"偌大景致,若干的亭榭,无字标题,也觉寥落无趣,任有花柳山水,也断不能生色。"许多人都会记得大观园里那些精妙的对联,曹雪芹把建筑艺术与对联艺术融汇发挥到了极致。大观园中第一副对联就是桥联。只见,从曲径通幽处进入一石洞后向北,一带清流泻出。白玉为栏,环抱池沿,石桥三港,桥上有亭。亭柱上联云:"绕堤柳借三篙翠;隔岸花分一脉香。"全联没言一个"水"字,却在说"水";全联没有出现一个"桥"字,却在写"桥",尽在意境之中。

　　对联在外在形式的整饬与内在意蕴和节律上都与桥梁等建筑艺术是相通的,而且它把活力与风采凝固在建筑上。桥梁对联出现在桥的拱圈旁、亭柱上、牌坊侧、碑石里,大大地丰富了桥梁文化的韵味。

　　我国是桥梁大国,古今桥梁,难以尽数;而咏桥的对联也十分丰富,在有关桥梁对联的专著中,有时一部书就多达数千副。许多名人学者都有咏桥诗篇或对联,如李白、杜甫、苏东坡、王羲之、毛泽东、朱德、彭德怀、郭沫若、艾青等。

　　建筑在波光溢彩的江河溪湖水面上之梁,建筑在交通枢纽十字街头的陆上之桥,犹如宝石般熠熠生辉,犹如诗画般喻意情趣。题桥的对联,恰如中国画中的题款,信手拈来,着墨不多,寥寥数字,可使画幅添彩增辉,可谓是"妙款一字抵千金"。桥联亦然,以它高度的概括性和启发性,开启并点染主题、强化意境的作用。桥联或状写眼前景、或抒发心底情、或探索"画外"音、或钩沉史与典，都以言简意赅、精美绝伦的艺术手段，导向着人们在画中游，诗中行，这就是它的魅力所在。

中外驰名的赵州桥不仅造型优美，而且是沟通华北地区重要的交通咽喉。元代诗人刘百熙在咏赵州桥的诗中有一联，就可充分体现着赵州桥实用与审美两种价值。联曰："水从碧玉环中过；人在苍龙背上行。"赵州桥构思精巧，秀逸壮丽。远看，桥拱的倒影美如碧玉环，河水又似缎练般穿孔而过；近观，桥型雄伟，桥面宽敞，行人如同走在"苍龙"背上，平稳安全。这副对联，是桥梁对联中的经典之作，许多人都能随口吟出。

桥梁能使交通顺畅，受益于一城一池，还远及于四方各地，在人们得益的同时，也以对联的形式来赞美它。且不言架设在长江、黄河、黄浦江等处的那些"巨无霸"式的大桥，就是一般的桥梁，同样给人们带来了交通的方便和美化了环境。

河北省涿县长石桥的桥亭上原有清人题写的一副对联："十八省通衢，冠盖如云，斗大一州供亿苦；二千年旧郡，河梁落日，车停片刻感怀多。"

涿县，古称涿郡，又称涿州，水陆交通发达，是北京的南大门。来自各省的官员、商旅、进京赶考的学子，大都在此留宿一夜，以便次日清晨赶赴京城。上联描绘了涿州长石桥上行人车马络绎不绝的繁忙景象。"供亿"，意思是"供给所需"。斗大一个涿州要为这么多往来的人员提供食宿，确实不容易。下联则写出了落日夕照下，进出京师的人停车于古涿郡桥头时纷繁复杂的心绪。这副对联突出了涿州长石桥的功效，笔势深沉豪健。

兰州镇远浮桥，初建于明洪武元年(1358)，此后，历代多有修建。这座桥扼甘肃、宁夏、新疆、青海的交通要道。其联云："天险化康衢，直如海市楼中，现不住法；河墙开画本，安得云梯关外，作如是观。"以"云梯"得康衢，以"海市"落人间，言其重要作用和壮观的雄姿。

凌空飞架在浙江建德新安江上的白沙大桥，是沟通杭州与兰溪之间公路上的一座6孔、全长362米的空腹式石拱桥。它建筑在青山滴翠，绿水映天的优美环境之中，且工艺精致。桥头建有碑亭一座，碑上镌刻着当代大文豪郭沫若书写的"白沙桥"三个遒劲的大字，亭柱上镌有浙江省交通厅高级工程师王家骝所撰楹联一副："姿若长虹，为河山增秀色；固若磐石，与岁月竞长久。"全联语句流畅，比喻恰当，文字优美，寓意深邃。言桥之坚固，"与岁月竞长久"；言桥之美丽，"为河山增秀色"。是咏桥对联中一副佳作。

许多古桥都承载、勾勒着历史典故、轶闻趣事。西安灞桥位于西安市东郊的灞河上,是一座历尽两千多年沧桑的古名桥,古人题咏灞桥的对联云:"诗思问谁寻,风雪一天驴背上;客魂销欲尽,云山万里马蹄前。"它写的是桥头送别情景。灞桥两岸多植柳树,汉唐时长安人送客出行,多在此折柳相赠,以表依依惜别之情,令人黯然伤神,所以灞桥又名"销魂桥"。联中"云山万里马蹄前"一语颇潇洒,"驴背上"与"马蹄前"相对,也为工巧。

福建省泉州洛阳桥碑刻上有一副对联:"两翼石栏扶海出;三秋水月渡空行。"此桥又名万安桥,坐落在泉州市东的洛阳江入海口处,是我国最早的海湾石桥。公元1053年始建,历时9年。该桥原长1200米,宽约5米。有桥墩46个,扶栏500个,石狮28个,碑亭7座。上联描绘了泉州洛阳桥横空临海的磅礴气势;下联则勾画出洛阳桥秋夜的迷人景色。

在诸多的桥联中,最为大气磅礴的是毛泽东在《七律·长征》诗中咏泸定桥中的一联。即:"金沙水拍云岸暖;大渡桥横铁索寒。"泸定桥是在峭壁上悬铁索13根铺板而成。桥下水流湍急,踏板扶索过桥还觉头晕目眩,何况在硝烟弥漫,弹火纷飞的激烈战斗中攀索而过呢!确实是惊心动魄。但是,与此相反也有一副轻柔优美的对联,镌刻在桥头的石壁上。"上下影摇波底月;往来人渡镜中梯。"这真是一幅美妙的图画。把空中的月亮、高悬的桥、步桥的人均映照在水面上,给人一种宁静悠闲的感觉,同毛泽东的诗联形成了强烈的对比。

此外,还有许多名人撰写了对联,朱德元帅的一副是:"万里长征,犹忆泸关险;三军远戍,严防帝国侵。"

胡耀邦同志的对联是:"飞身可夺天险;健步定攀高峰。" 桥

桥梁对联纵横谈

桥梁对联,是楹联艺苑中的一朵奇葩,也是桥文化的一个重要组成部分,为桥梁建筑艺术增加了诱人的风采。

(一) 传世久远的桥梁对联

从古到今,各种各样的桥联数以万计,它们虽然随着桥的建成应运而生,

但并不连同桥的消亡而灭迹。经过时间的淘汰、岁月的变化,许许多多的桥重修、新建了,更有许许多多的桥毁坏、废圮了,然而不少桥联却流传了下来。其中的佳作精品,还将一代又一代地传下去;桥联的生命力似乎比桥本身还坚固、更久长。比如,安徽省合肥有一座凤凰桥,桥已不存在了,然而这一副众口称赞的桥联流传下来:"一道长虹飞彩凤,半轮明月赋游龙。"

四川新都新繁曾有一座三邑桥,20世纪20年代桥棚柱上有一联:"上游即是龙桥,看春水桃花,虹涨奔流三邑界;下汇应无骇浪,听秋风芦苇,碧帆飞波二江沱。"这座桥后来毁于战火,但桥棚柱上的楹联流传至今。

桥联所以能传世久远,首先是因为修桥建桥事关国计民生。无论山村水乡的小桥,还是贯通数省的大桥;从古代的赵州桥、洛阳桥、卢沟桥,到近年建成的南浦、杨浦大桥、虎门大桥等,无不影响着一方一地,及至五湖四海、亿万人民生活的改善与国民经济的发展。1968年建成的南京长江大桥,是一座贯通大江南北的大桥,它使津浦和沪宁铁路连接起来,客运列车由使用轮渡需3小时过江变成了两分钟;货运列车由9个小时编组通过变成不到3小时,建成30年直接经济效益60亿元。大桥建成后,全国联界高手纷纷撰联祝贺。江苏一位专事桥联的作者巫祖才先生前后撰联十余副,现择两副,其一:"丰采冠古今,一线横牟,六朝古都圆旧梦;雄姿领中外,双楼高牟,万里长江展新容。"其二:"历建业金陵,高悬彩练银河,风月秦淮添韵律;经幽燕齐鲁,横越钢梁铁轨,龙蛇津浦倍精神。"

30年后,大桥依然年青。他又作了数联赞颂:"三十载风风雨雨,玉带无恙,石城有情,莫非鬼斧神工,天造地设;一亿程水水山山,素练横飘,彩虹倒挂,疑是鹏连鹊搭,蛇走龙游。"

其次,从古至今,人们历来把修桥建桥认为是义举善事,因此,其桥联往往出于当时当地文人名士之手或高官显贵之笔。如福建泉州洛阳桥,有明代著名文人徐勃、清代大书法家莫友芝、近代诗人周彦升的题撰;湖南澧县多安桥的三联,出自近代楹联高手吴恭亨;江苏武进港桥始建于明朝,1947年重修,题联者四,其中就有国民党元老吴稚晖和时为上海市市长的钱大钧。吴联是:"创始前明亘大港;利民重修永安澜。"钱联是:"天际彩虹留大港;人间司马好题桥。"

第三,对联历来被称为是诗中诗,文学品位很高。人们见到一些佳联,往往手抄口传,相互交流欣赏,故很容易流传下来。江苏吴江市同里是风景优美的水乡,也是名震遐迩的桥乡,由于建设的需要,一座座小木桥、小石桥被拆除了、改建了;可是当地群众已在心中刻上了这些桥的对联:

春入船唇流水绿,秋归渡口夕阳虹。——渡船桥联

一泓月色含规影,两岸书声接榜歌。——东溪桥联

吉利桥横形半月,太平梁峙映双虹。——吉利桥联

(二) 体味诗情画意的园林桥联

园林之桥大多位于风景名胜区内、游人休憩之所,有的本身就是园林的景点,如北京颐和园十七孔桥、杭州西湖断桥、桂林南溪山风雨桥、扬州瘦西湖二十四桥等。一般说来,园林桥联注重写景、写情,其特色是富有诗情和韵味。

北京颐和园绣漪桥有一联:"碧通一径晴烟润;翠涌千峰宿雨收。"联文犹为"好色":一径通碧、千峰涌翠,满眼皆绿,一片春色!

自古就有天堂之誉的苏、杭两地的园林桥联更是不俗。著名美学家、园林专家陈从周曾为苏州拙政园写了三联。五曲桥联是:"芳草池塘绿;落梅亭榭香。"三曲桥联是:"流水溅照影;杨柳绿成荫。"曲径小桥联是:"芳郊绿遍;小径红稀。"三联皆着眼于"色",一个"绿"字,使人感受到了园林的气息,自然的温馨。

杭州西湖的几则桥联则富于才情。位于西泠处的西泠桥联是清代才子郭尚先题撰,联曰:"到处溪山如旧识,此间风物属诗人。"联中虽只字不写西湖之美,却将西湖之美写到极至。

位于小瀛洲的九曲桥亦有联,只知清人所作,名已失传了。一联是:"枫叶荻花秋瑟瑟,闲云潭影日悠悠。"一联是:"记故乡亦有仙潭,看一样湖光,浮得石桥九曲;至此地宜邀明月,问谁家秋思,吹残玉笛三更。"

赵云峰先生曾为太原几座公园题撰了几则桥联,颇有情致。黑龙潭公园桥亭联是:"曲榭烟笼,薄袭霓裳披岭树;长桥雾锁,半拖玉带入龙潭。"文瀛湖公园桥亭联是:"流水作鸣琴,天籁徐闻真悦性;卧波思揽月,橹声乍起倍精神。"玩味其联中加点处之字词,使人得以欣赏"诗眼"之趣。

扬州瘦西湖二十四桥之联众多,且脍炙人口。清代名士江湘岚所作一联,历来为联坛所推崇:"胜地据淮南,看云影当空,与水平分秋一色;扁舟过桥下,闻箫声何处,有人吹到月三更。"其境悠远,其味悠长,令人一唱三叹,拍案叫绝;更令人引起思绪,悠远而悠长……

(三) 展示磅礴气势的铁索桥联

我国的铁索桥大部分分布于云南、贵州、四川三省。这些桥飞架于急流激

水之上、悬崖峭壁之间,加之桥又是由铁索构成,行人至此往往踟蹰畏惧、心惊胆寒。世界上最早的铁索桥诞生于我国的云南保山市。此桥名字很有诗意,曰"霁虹",位于永平县岩洞与保山市平坡之间的澜沧江上。这里汉代"以篾绳为桥,攀缘而渡",明成化年间(1465～1487)由僧人了然募化集资修建了一座铁索桥。嘉靖时,监察御史王大任为该桥撰了一副对联,并刻于桥边的石壁上,联是这样写的:"怪石倒悬侵地隘;长江诘曲傍山多。"联语虽没有直接写桥,却从侧面衬托了架设霁虹桥之艰难。霁虹桥还有一联是清代康熙时李杰正所撰,传后来曾刻于桥一端的桥亭楹柱上。联文为:"俯察仰观,四面云山一面水;载轻负重,十分人为几分天。"上联形容桥所处的地理环境,下联赞扬桥的作用与建桥之人,以"十分"与"几分"的对比,喻示了人力的主导性与重要性。明代诗人张含的一联则用夸张的手法对霁虹桥进行了描绘:"桥通赤霄俯碧马;江含紫烟浮白龙。""赤霄"、"紫烟"与"碧马"、"白龙",不仅生动地形容了桥的高险和水之湍急;而且"赤"、"紫"、"碧"、"白"四色更寓涵着桥名"霁虹"二字,使联文富有美感和诗意。

贵州比较著名的铁索桥有遵义渡头铁索桥、关岭花江铁索桥、晴隆盘江铁索桥。晴隆盘江铁索桥的桥联中较为有名的有两联。一为王继文撰写,刻于桥旁的石壁上。联云:"峻岭不飞天外燕;惊涛常吼地中雷。"此联虽无一字写桥、赞桥,仅从形容地形地貌之险反衬出建桥之难,所谓"不着一字,尽得风流"。另一联是直接写桥、赞桥的,将桥形容得壮而且丽,富有气势,惜已失传作者之名,其联文如下:"千寻金锁横银汉;万尺丹楼跨彩凤。"

遵义渡头铁索桥二联清代名臣岑毓英所作,其一联为:"化险为夷,从此牂牁休问渡;销兵偃武,当年铁柱共铭勋。"

四川境内有两座名传中外、彪炳史册的铁索桥,一为都江堰之安澜桥,一为泸定大渡铁索桥。二桥均有联语,当然,最为驰名的是朱德元帅一联,因为人们所熟知,就不赘述了。

(四)记录现代风采的立交桥对联

立交桥是20世纪初的产物,是现代交通发达的标志。1928年美国建成了第一座苜蓿叶形互通式立交桥,1936年加拿大建成了丁字喇叭形立交桥,此后,立交建筑有了飞速发展,全互通、全定向的三至五层的功能齐全、形式美观的立交桥不断建成。我国立交桥建设起步较晚,最早的立交桥,是广州市1964年建成的大北环立交桥。北京于1974年建成了具有现代意义的第一座立交桥——复兴门苜蓿叶形互通式立交桥,从此,北京及全国各地的形式多样、多姿多彩、功能齐全的立交桥大量涌现。随着一座座雄伟壮观的立交桥渐次傲立于交通枢纽、城市中心,一副副洋溢着浓郁时代气息的立交桥对联也"闪亮登场"。

立交桥的功能就是可以使车辆高速行驶,既可直行,又可定向,还可转向。车辆各行其道,互不干扰,加速交通流量。面对桥通路畅的喜人景象,楹联作者纷纷撰联,湖北作者胡承鸿,以"立交风采"为横额,吟联道:"立体浮雕,上下纵横皆有道;交叉结构,东西南北可通车。"新疆作者赵义柏以"桥颐车畅"为横额,赞扬道:"驰骋千车,盘旋上下奔千里;汇交四路,叠绕高低达四方。"广西作者林芳胜以"春风拂面"为横额,吟诵道:"十字街头,四面通车真便利;立交桥下,两旁有路最安全。"

立交桥的桥型绚丽多姿,有环形、喇叭形、苜蓿叶形、定向形、迂回形、蝴蝶形、蜻蜓形等。在建成之后,往往形成了一个个景观。辽宁作者季复春以"巧夺天工"为横额,赞誉道:"弯弯曲曲高低路;叠叠重重上下桥。"湖北作者杨道平以"一通百通"为横额,作联道:"桥桥相连,繁荣华夏;路路互接,安定乾坤。"

北京是世界上立交桥最多的城市,到 20 世纪末在数量上占全国的一半,多集中在一、二、三、四……环线上,其中大型互通式枢纽立交桥约占 15%。那种桥叠桥、桥套桥、桥连桥的景象令人目不暇接,魅力无穷,它们像成串的珠玑镶嵌在京城华贵的项链上。北京作者成立(女)以"盘龙舞凤"为横额,撰联道:"金桥万座京城好;玉带三环气象斯。"北京作者宪成以"都市新貌"为横额,作联道:"路上铺路,似银蛇腾飞,八方车辆凭交会;桥中有桥,如彩蝶起舞,四面通途任驰驱。"

1980 年,古城西安诞生了第一座铁路、公路两用立交桥——星火路立交桥。楹联艺术家樊川满怀激情地撰了一联:"虹桥飞彩练,看故土新装,大展恢弘气象;复道走盘龙,任长车铁马,竞奔广阔前程。"新疆乌鲁木齐在人民路建成一座气势雄壮的立交桥,上下左右有六条车道,东西两端各建一亭,具有鲜明的伊斯兰风格,新疆楹联艺术家陈明柏先生有一长联咏之:"昔日桥危灯暗,今日交叉立体,六条道相连南北东西,人民路景区添景色;晴时车水马龙,雨时安全畅通,两座亭互映秋冬春夏,伊斯兰风格显风流。"

在"要想富,先修路"思想的感召下,全国多数省市有了全封闭、全立交的高速公路,一些大型枢纽性立交桥如雨后春笋般建了起来,许多楹联爱好者纷纷作联赞扬建设者的功勋。安徽安庆交通职工方溪以"云梯彩路"为横额,作联道:"路坦销玉练;桥高接彩虹。"河南临颍交通职工张桂乐以"迎日揽月"为横额作联道:"天飘彩带神工舞;路伴云霓巧手裁。"黑龙江作者张贵权以"虹桥纳瑞"为横额,作联道:"上通富路谋高举;下弄新潮写大观。"湖北作者石金洲以"发奋图强"为横额,作联道:"足登兴业路;心念架桥人。"

这些桥联,灌注着中国人民的豪情,鼓胀着改革开放的春风,给古老的联坛陡添了一股盎然生机与一片蓬勃朝气。虽然在立交桥的桥体上镌刻上楹联的几乎没有,但作为文学作品的桥联,却为当代楹联艺术写出了光辉篇章。

(五)泼写浓墨重彩的友谊桥联

我国幅员辽阔,与之接壤的周边国家较多。在与缅甸、尼泊尔、朝鲜邻近的交通要道上,有的桥是贯通两国的必经之路,这些桥因之被两国人民誉之为"友谊桥";这些友谊桥上的楹联(包括新题撰联)特别尊友重谊,情深意长。

位于贵州镇远的祝圣桥,虽然不紧靠边境线,却是一座闻名中外的友谊之桥。由于古代中缅两国使者多次均从此桥经过,缅甸使者还曾于桥边之中和山憩息参禅,在中缅友谊史上留下一段佳话,故此桥多为人所称道。清代诗人汪炳璈曾撰三副桥联,其中一联云:"扫尽五溪烟,汉使浮槎撑斗去;辟开重驿路,缅人骑象过桥来。"

在云南边陲小镇畹町,有一座畹町桥,它是中缅两国的界河桥。畹町,傣语是"太阳当头"的意思。1956年12月15日,周恩来、贺龙陪着缅甸总理吴巴瑞、外长苏昆雀在签订了《中缅议定书》之后,迈着稳健的步子走过畹町桥,来参加中缅友谊庆祝大会,受到傣族同胞的热烈欢迎,畹町桥是中缅友谊的一条重要的纽带。改革开放后,畹町小镇边境贸易十分繁荣,中缅友谊更加稳固。中国楹联学会副会长常治国先生曾撰联曰:"玉龙旧雨滋中缅;丽日惠风并胞波。"联语告诉我们,由周恩来总理奠定的中缅"胞波"情谊,如雨露般滋润着中缅大地,如阳春惠风般吹拂着遍地开花。

位于西藏聂拉木樟木口岸附近的中国、尼泊尔界河上,有一座长45米的钢筋混凝土大桥,此桥建于1964年,一桥跨两国,连结着中尼两国人民的心,传递着中尼两国人民的谊。当代楹联艺术家纷纷撰联,魏寅的对联是:"友送桥头,一声汽笛他邦路;谊联亭左,共话离情故国思。"周渊龙的对联是:"礼尚往来,友谊隔江连纽带;国须平等,有情对面是山河。"

飞驾于鸭绿江上的鸭绿江大桥,是中国、朝鲜两国人民友谊的象征与标志,凝聚着中朝两国人民战火中结成的生死之谊和血肉之交。关长禄先生的一联言简意赅:"鸭绿流南北,中朝共饮一江水;铁桥贯东西,兄弟同歌两岸情。"中国楹联学会副会长常治国先生亦曾撰联曰:"友于敦勉长流水;上下交通不遏风。"

(六)巧寓佛理禅机的寺刹桥联

我国过去有不少桥梁,是由佛寺僧人化缘集资修建的,有的桥就架设在寺院内外,所以这类桥联往往带有一定的佛教色彩,字里行间流露出颇有妙趣的佛理禅机。如浙江云和大庆寺前的桥亭上曾有过一联:"近水楼台开觉路;平桥栏槛俯清流。"江苏吴江青龙寺前的青龙桥上的一联云:"仗我佛慈悲,渡登彼岸;看神龙蜕化,利涉大川。"安徽练江妙法寺之桥的桥亭上一联云:"大士现身,今古尽超无量劫;长桥度世,往来谁是有缘人。"

以上数联有一个共同之处,即是都把"桥"与"佛"联系在一起,第一联中云此桥邻近佛寺,为人们登升觉悟之路大开了方便之门。第二联喻桥乃为龙之所变(蜕化),我佛慈悲所致。第三联则更是直接借桥宣扬佛之度世之旨了。

佛寺桥联还有一个特点,就是联文大多通俗易懂,甚至犹如白话,且富有鼓动性;当然,其目的是为了向老百姓进行劝诫行善,宣扬佛法,其中不乏浓重的迷信色彩。且拈出几联供诸君欣赏,甘肃兰州五泉山企桥桥联是:"想过去么?过去便能通碧落;休下来了,下来难免入红尘。"浙江奉化某佛寺桥联是:"十方来,十方去,十方共成十方事;万人舍,万人施,万人同结万人缘。"湖北黄梅五祖寺飞虹桥联是:"桥引无穷路;虹飞自在天。"苏州枫桥联是:"吉人语善视善行善,三年天必降之福;恶人语恶视恶行恶,三年天必降之祸。"

有些佛寺桥联还有一个特色,就是唯我独尊、口气阔大,富有优越感和自豪感。四川纳溪佛寺前的迎龙桥上有两副楹联,其一是:"既有文明光宇宙;犹多佳气拥禅关。"其二是:"云峰秀擢三千界;雪拥宏开不二门。"宁夏中卫高庙无上法桥坊上镌刻的一联为:"儒释道之渡我渡他,皆从这里;天地人之自造白化,尽在此间。"

(七)蕴涵雅趣的嵌名桥联

嵌名是楹联创作中一种常见的艺术技巧,联格有 12 种之多,如用得妥帖巧妙,可增添该联的趣味性、强化其感染力。桥联中的嵌名联甚多,如近代楹联高手吴恭亨曾为湖南澧县多安桥写过三联,分别为:"多为狂澜,借中流砥柱;安见过客,无驷马高车。""问题柱客,四郊昨多垒;告过桥者,九澧今安澜。"

"陆多虎儿，水多蛟鱼，驯使无忧；士安庠熟，农安畎亩，偕之大同。"

细心的读者一定已经看出了，三联虽然都分别嵌入了"多"、"安"二字，但格式是不同的。在嵌名桥联中，以"首嵌式"用得最多。所谓首嵌，即在上下联之第一个字分别嵌入该桥之桥名。"石可成梁，从今不唱公无渡；津真是玉，到此方知水有源。"此为清代赵藩题云南剑川石津桥桥联。"广交游，到此闲谈风月；利行旅，于斯补就江山。"此为题湖南东安广利桥桥联。"云比泰山多，霖雨苍生仙人悦；龙入沧海外，林峦翠霭灵气来。"此为题甘肃榆中云龙桥桥联。"普地视瞻波底月；济人来往镜中梯。"此为题安徽涡阳普济桥桥联。这种联格又称并头格、藏头格、凤顶格、鹤顶格。

尾嵌式，亦称藏尾式、脱靴式；即在上下联的末字分别嵌入该桥桥名。此式在桥联中也较普遍，下列对联皆是："生来素洁人皆玉；过此闲游我亦仙。"——廖树基题四川绵阳玉仙桥桥联。"两岸回峰犹是石；长桥过客早如龙。"——邹鹏寄题湖南某地石龙桥桥联。

一种称之为腹嵌式的桥联也不少，即在上下联的句中分别嵌入该桥的桥名，如江苏吴江同里渡船桥桥联、广西桂林南溪风雨桥桥联皆是："春入船唇流水绿；秋归渡口夕阳红。""和风梳柳绿两岸；细雨润花香一城。"

上述首嵌式、尾嵌式、腹嵌式均归竖嵌格。在嵌名桥联中，还有一大类为横嵌格，即在上联或下联中嵌入该桥桥名。下列桥联中使用的技巧就都属于横嵌格："水远天长，万古川原连泰渎；年丰人乐，四时风景胜滁阳。"——清代齐彦槐题江苏吴县丰乐桥桥联。"驿路走英雄，马嘶波上人称快；桥名扬孝女，龙卧江心浪不惊。"——近代高利生题四川成都龙桥桥联。"天上月明，山中明月，教我此处多留步；柳边花好，桥外好花，问君何方兴觅诗。"——当代施子江题安徽芜湖步月桥桥联。

还有一种嵌名联格叫迭嵌，即在联中将所需嵌入的人名、地名或事物名等着意再三入联，循环往复加以突出和强调。如上海松江乐郊桥桥联、陕西宁县长庆桥桥联、江苏吴江度生桥桥联、广西桂林七星公园花桥桥联等皆属此格："乐我乐人方是乐；郊安郊稔恰斯郊。""水远天长，万古川原长香路；年丰国庆，四时烟雨庆彩虹。""度佛度仙兼度世；生天生地与生人。""花缀彩虹，花落花开千古秀；桥添鲜蕊，桥边桥上四时香。"

最后，笔者特向读者荐一桥联，此联为清代李待问为上海松江秀野桥所题撰："桥眼五通连野秀，秀野连通五眼桥。"此联不仅是一副嵌名联，而且从修辞上说，还是一副回文联，这在桥联中十分难得，故特奉上与诸君共赏之。

(八)美称雅号润桥联

人类创造了桥,同时,也把人类的情感寄托于桥、附会于桥。桥联中屡屡出现的对桥的美称雅号,就可视之为是一种昭示和证明;那些形容桥的巧言妙喻,为桥树立起一个美的形象、为桥联开拓出一个诗的意境,展现了人类绚丽而丰富的情感世界。

"虹"常常被墨客们用来体现美的形象、诗之境界;"月"更是诗人们借以抒发情怀、寄托思绪的对象。所以,在桥联中,以"虹"、"月"入联喻桥之美者最为常见。仅就手头资料来看,一个县级的江苏昆山市的桥联中就有不少。诸如:"长虹直吸东宅界,半月弯环南浦浜。"——报恩桥联。"双虹遥接昆冈秀;满月交辉淞水清。"——南浦桥联。"一曲长虹欣,看气象聿新,南浦群雄儒者冠;半钩皎月静,溯潮流依旧,北风时系古人思。"——永福桥联。"虹彩亘长空,柳市南头,夜半钟声梅隐近;龙梁凭远眺,江流东去,日斜帆影淀湖遥。"——种福桥联。"虹腰恰锁吴淞水;雁齿高连玉岫云。"——广福桥联。"雁陈排连,北接吴淞而源远;彩虹环卧,南通蒋淀之津长。"——陶家桥联。"上下橹摇,两岸波平涵半月;往来人渡,万家鳞密领千波。"——陶家桥联。

练者,丝绢之美者。在桥联中,以"练"喻桥者也不少。如上海嘉定钱门塘寿人桥联:"长虹远吸三江水,匹练横衔双月湾。"四川都江堰南桥之赵蕴玉先生一联亦是:"群岭从西来,想千载白云、长浮玉垒;洪流引东注,留一条翠练、稳搏苍龙。"

在桥联中,常有以"璧"称桥的,而"璧"为美玉的称呼。明代四川才子杨慎和清代贵州名士汪炳璈所撰桥联,都是以"璧"喻桥的佳作,尤为联家所推崇。杨慎联为:"一水跨云虹,洞洞重门司锁钥;两城联地轴,双双环璧拱金汤!"——四川叙永蓬莱桥桥联。汪炳璈联为:"水从碧玉环中出;人在青莲瓣里行。"——贵州贵阳浮玉桥桥亭联。

龙和凤是中国神话传说中的神灵和祥瑞之物,在桥联中,时时可见以龙凤形容桥的题撰。河北赵县赵州桥桥联是:"水从碧玉环中过;人在苍龙背上行。"上海嘉定天恩桥桥联是:"云际龙飞,高凌百尺;波间虹卧,彩耀三槎。"四川南充鹤鸣山浮桥桥联:"神宗西下八千里,见乌鹊横江,夹岸烟花迎使节;阆苑南来第一桥,像螭龙饮渭,中天云雾拥仙槎。"四川南溪桂溪桥桥亭联:"泉饮天犀流碧空,石驱东海神工,时有英雄题驷马;矫若游龙横巨浸,锁断西郊春色,不放烟波下五湖。"浙江湖州万元桥桥联:"源远流长,永固虹梁成利济;

地灵人杰,高寨凤尾焕文明。"浙江湖州化成桥桥联:"联双水之晴虹,中流自在;起三桥之彩凤,夹道行空。"

还有一些借动物的状貌来称桥的桥联,别具想象力和形象感。江苏昆山太平桥桥联是"数叠渔歌传鹊架,一湾潭水达龙门。"。江苏无锡石塘桥桥联是"乌鹊架长空,横锁一湖春水;彩虹横嶙麓,斜连半壁秋山。"。

取材自神话牛郎织女的故事,亦寄托了人们对美好事物之向往也。台湾云林西螺大桥由伏嘉谟撰:"旷古奇工,咸讶浮鼋;起今巨制,仍须连鹊。"四川广汉金雁桥桥联由商逸溪撰:"论形踞沱江上游,看落霞孤鹜,杨柳春旗,幸今日湖山无恙;此址是汉家遗迹,问雁齿秋云,鼋梁夜月,比当年风景何如?"鼋,亦称鼋龙、猪婆龙,即今之扬子鳄也,可长时间浮于水上;以鼋比桥,取其安稳之义也。

"虹腰共际连江口;雁齿同登达汉阳。"——四川剑阁溪河桥桥联。"花渡束蛟流,万古川原镇惠麓;梵宫连雁齿,一泓清涨接毗陵。"——江苏无锡洛社大桥桥联。"天目山两峰双来,凤舞龙飞,到此始成大结束;云塘桥百年重建,虹腰雁齿,于今再焕旧规模。"——浙江德清白云桥桥联。

以上三联均以雁齿喻桥,是取其形象仿佛,别无深意。比较有趣的是江苏江阴马镇桥的一联:"蟹爪浪淘银,万斛水流迎北渚;虹腰波映玉,一拳山势接西胶。"

以蟹爪别称桥者,于桥联中仅见此一副,录之以飨读者,想阁下也会感到有趣的吧。(金石秋) 桥

谐趣桥联的趣味

在桥梁对联中,有一种谐趣联很有趣味。这种对联大多都是比较浅显明白,琅琅上口,常以典故和传说来加强其寓意和趣味。所拟对联,幽默诙谐,让人忍俊不禁,有的还有劝诫、评述或讽刺的内容。

北宋文学家黄庭坚与友人同游江西九江甘棠湖,湖的长堤上有一座思贤桥。黄庭坚面对思贤桥口出一联:"思贤桥,桥上思贤,德高刺史名留世;"

黄庭坚用得是"顶针"格的修辞手法,友人一时对答不上来。于是,黄又自己对出下联:"琵琶亭,亭下琵琶,情多司马泪沾襟。"

这副对联写得是一段历史故事。"德高刺史"指的是白居易,在其遭贬时,曾任九江刺史,颇有政绩,后人建白公祠以祀。在九江他写下了诗歌名篇《琵琶行》,后人遂建亭以作纪念。黄庭坚以这一历史事实和两处建筑物吟出这副对联,是为对白居易的称颂。对仗精当,文词巧妙,"情多司马泪沾襟"一句,更具幽默和情趣。

清代著名才子,号称"扬州八怪"之一的郑板桥,不仅擅长诗画,还撰得好联。相传一次他和友人对句,他先出一上联:"日照纱窗,莺蝶飞来,映出芙蓉牡丹;"

友人苦思冥索,未能对出下联。不觉已是腊月,一日雪后,到户外散步,蹀上一座小桥,看到桥面上有狗和鸡在雪上踩出的"梅花"和"竹叶"的形状。于是,顿来灵感,吟出下联,并将"板桥"二字嵌入联中。联云:"雪落板桥,鸡犬行过,踏成竹叶梅花。"郑板桥听到友人对出的下联,十分贴切,很是钦佩。

在云南弥渡县有一座登鳌桥,为清代同治年间李尧钦登科后修建的。相传弥渡县观音村秀才李尧钦赶考时,骑马冒险涉江,被一农家女子看到后,大声唱道:"蚂蚁过河玩胆大;萝卜烧烛你心粗。"李尧钦觉得这是一种提醒,很佩服她的善心。待李尧钦登科之后,为方便后人过江,便倡议修桥,因古人称中第叫登鳌,便取名"登鳌桥"。后来有人写了副桥联:"至西至东凭过去;或远或近此登高。"

广东某地有一处地名叫"风吹径",有一座桥名叫"水吼桥",有人以此写了副对联:"风吹径口风吹径;水吼桥头水吼桥。"作者以"风吹"、"水吼"复辞互对的手法,状述这一景观,读后使人感到妙趣横生。

还有以叠字的方法,撰写的对联,如:"分水桥边分水吃,分分分开;看花亭下看花回,看看看到。"这种叠词连绵对,在读音上表明意思,全联似有绕口令的效果。(详见《巧对与无名桥》)

更有一些反映人文、民情、习俗的桥联,引人入胜。贵阳北关外,有一座头桥,这座桥的一副楹联是:

说一声去也,送别河头,叹万里长驱,过桥便入天涯路;

盼今日归哉,迎来道左,喜故人见面,握手还疑梦里身。

这一副对联通俗明白,用口语化的词句,把桥头迎来送往的场面,绘声绘色地描摹了出来,如临其境,回味不尽。类似这种看似通俗、富含哲理,且又诙谐的桥联是很多的,这里再举一例。

在江西庐山五老峰下,有一座以天然山石堆垒成的桥梁,名为"仙人桥"。

这座桥的对联是:"想上去吗? 上去便能通碧落;快下来吧! 下来难免坠红尘。"真是,要想成仙何其容易! 这种参禅佛理,实有对官场名利之徒、患得患失之人,是一种讽刺与规诫。

南京市区夫子庙泮池西,有一座文德桥,始建于明万历年间(1573～1619),因这一带是进京赶考的书生住宿的地方,故取"文德桥"为名。后人以对联形式评述说:

文之有德,诗之有德,画之有德,无非是人之有德;

石可成桥,木可成桥,铁可成桥,岂不知史可成桥。

这副对联的文词,看是浅显,却含意深广,不言引申意义,仅字面上的含意就很丰富。它告诉人们,不论为文、为诗、为画,首先是要做一个道德高尚的人;即所谓文如其人、诗如其人、画如其人,唯德高者方能文高、诗高、画高,才会有品位,才会有益于社会。无论木、石、铁,都是建筑材料,都可成桥;而人呢? 不论家境贫富,智慧高下,都可以成才。历史如桥,沟通了过去和未来,有许多先人哲理,可供我们学习。好一副妙联! 🌉

巧对与名桥

许多名桥本身就是名胜,这些桥联,被理所当然地收入名胜联了。有一些名桥进入巧对,则是利用了这些桥的某一方面的特点。

有这样一副巧对:"洛阳桥,桥上荞,风吹荞动桥不动;鹦鹉洲,洲下舟,水使舟流洲不流。"

这是同音巧对:桥与荞,洲与舟都是异字同音产生妙趣。不过,此联未免给人一种硬凑的感觉,洛阳桥上,怎么会长荞麦呢? 当然,就不必较真了。

桥名在这里是明用了的,还有暗用的。1983年,中央电视台等单位举办首届全国迎春征联,其中有这样一个出句:"十里春风,长安两路;"最终获得一等奖的是:"千年晓月,永定一桥。""永定一桥",是永定河上的一座桥,大凡北京人都知道,这是卢沟桥,金章宗所定"燕京八景"之一的"卢沟晓月",就是这里。

还有一种"半明半暗"的,像这样一副地名双关对联:"石婆婆磨刀辟竹竿,万家箍桶;范公公拖板搭浮桥,千秋太平。"这是江苏镇江的十个地名。上联是五个巷:石婆婆巷、磨刀巷、竹竿巷、万家巷、箍桶巷。下联是五座桥:范公桥、拖板桥、石浮桥、千秋桥、太平桥。许多串组成的地名对(以及其他专名对),意思都很连贯,从而形成双关。

就地域而言,南方的水多,故而桥多。江南之景,美在杭州;杭州之景,美在西湖。有水则有桥,西湖名桥便纷纷进入巧对。断桥残雪,为西湖十景之一,有一副顶针联便是分解这一景名的:"断桥桥不断;残雪雪未残。"这是从正面对"断桥"和"残雪"加以"否定",以达到强化景点的目的。

当然,写成反问联也能产生同样的效果。明代李士彬与先生一同夜游西湖,路过断桥时,先生出句考他:"今日过断桥,断桥何日断;"这是反问,也就是明知故问,不需要回答的。所以,李士彬不再说断桥,而改言明月:"此夜望明月,明月当夜明。"

也是明代的大家徐渭,曾以杭州的保淑塔和锦带桥为题,作过这样一副贯穿到底的顶针联:

保淑塔,塔顶尖,尖如笔,笔写五湖四海;
锦带桥,桥洞圆,圆似镜,镜照万国九州。

从古至今,许多文人都在杭州留下千古佳话。作家郁达夫游西湖时,想到这样一个出句:"三竺六桥,九溪十八涧;"三竺,即三天竺,是北高峰下灵隐寺之南的三座古代寺院:下天竺寺,建于隋;中天竺寺,建于隋;上天竺寺,建于晋。六桥,在这里当指苏堤六桥。

郁达夫的出句,概括地道出西湖景色,相当不错。但是,应该用什么来对,他也一时没有找到适合的句子。不多时,郁达夫来到一家小饭馆,先要了一壶茶,再要了几碟小菜,吃了两碗米粉。临走结账,就听店小二拉着长声向柜上报价:"一茶四碟,二粉五千文。"

郁达夫一听,这不正是自己苦思冥想的下联吗?于是,提笔为店家将此联书出,一时传为佳话。

不知自谁人开始,"三竺六桥"(或"六桥三竺")便成了固定词组,频繁出现在西湖楹联中,如德馨题平湖秋月联:

玉镜静无尘,照葛岭苏堤,万顷波澄天倒影;
冰壶清濯魂,对六桥三竺,九霄秋净月当头。

至于以"六桥"与"三竺"相对仗的,则比比皆是。再推而广之,"三竺六桥"(或"六桥三竺")成为西湖绝佳风景的代名词了。前不久,广州中山图书馆(原广雅书局图书馆)找到清人陶俊宣的半副楹联:"天开东壁,聚丹黄满架,此中有百宋千元(下联);"为了完璧,他们请香港中文大学饶宗颐教授续出所"失"

的上联："地近南园，会诗酒高朋，是能读三坟五典（上联）。"

其实，陶联并未"失"，商务书馆民国八年（1919）出版的《古今联语汇选二集》中，原来的上联是："地接南园，看苍翠成林，疑身到六桥三竺。"

此处写景，用上"六桥三竺"，恰到好处。（常　江）桥

巧对与无名桥

在巧对中，一批各具特色的无名桥，担负起表现汉字技巧和对联趣味的重任。称它们为无名桥，是因为它们只呈现桥的普遍特征，无须请名桥出场就能圆满完成任务。

最简单的当然就是"桥"了："桥外烟村村外树；洞边云水水边楼。"

这是柯仲生题四川彭水洗耳亭的一副巧对，相连的两个"村"和"水"，构成了修辞上的"顶针"关系。上联从人工景观写到自然景观（桥—村—树），愈写愈远；下联从自然景观写到人工景观（洞—水—楼），愈写愈近。

涉浅渠清流，荡深潭激浪，漫游澋洙濠濮间；

构楘楼棋榭，架槛桥朱栏，采集松柏栋梁材（楘为琴的古字）。

在这一副偏旁对联中，桥的作用并不那么明显，差不多只是用上木字偏旁，充其量也只是"槛桥"一词的中心语；然而，下面这副巧对中的桥却举足轻重了："和尚渡桥，罗汉倒行清净界；佳人照镜，嫦娥步出广寒宫。"

这一联的构思十分巧妙：对句的镜，以其圆满的形象，被联家比喻成月（广寒宫）；出句的清净界则并非专指桥，而是连桥带水一揽子全包了。

比"桥"稍微复杂一点的，便是一些抽象的桥了。

石桥　实际是石拱桥。明人赵时春应某官的出句，有这样的对句："宝塔七层，止存一个圆图影；石桥三洞，倒有六只半爿圈。"

分水桥　有涵洞的桥可以起分水作用，俗称分水桥。明代一位善作对联的陈启东，有这样的对子："分水桥头分水吃，分分分开；看花亭下看花回，看看看到。"

此为变读对联，出现多次的字，有不同的读音。如出句的五个分字，第1、2、5个，读作分，分开的意思；第3、4个，读作份，即"份儿份儿分开"之意。对句的"看"，相应地读成"看"和"刊"。

高桥 明人沈蛟门应对有如下的对子："高桥映水，上半圈，下半圈，共成一个圆圈；巨路通天，前无数，后无数，占尽许多步数。"

危桥 所谓"危'，指不稳，难行。如："江边骏马过危桥，足下打点；门外蜘蛛结小网，肚里寻思。"联中"足下打点"，非常传神，人们仿佛看见那匹骏马走在摇摇晃晃的小桥上，踌躇不前，而主人又紧着催行，那马只好光"打点"不前进，和主人较劲。

霜桥 联中用"霜桥"是很有诗情画意的。出句为："鸡犬过霜桥，一路梅花竹叶;"鸡爪明显的是三指（其余的退化了），呈尖形，印在地上，如同"竹叶"；犬足为五指，呈团形，印在地上，如同"梅花"。此为摹形联，在修辞上属于照应。自然，首先是以比喻见长了。那么，对句呢？一个是："龟蛇浮水面，两件玉带荷包。"另一个是："燕莺穿绣幕，半窗玉剪金梭。"对句中的"龟—荷包，蛇—玉带，燕—玉剪，莺—金梭"，呈现出与出句相应的关系，真够绝妙。（常　江）

数字桥联的风采

我国在世界上被誉称为"多桥古国"，楹联又置于桥上，更是我国文化诸形态中独有的形式。与此相应，多彩的"数"学文化也上了桥，每个数字都会找到与真善美有关的事物，成为桥名。人们表达对"修桥补路，功德无量"善业的纪念、崇敬、礼赞，发为联吟、注于桥名而以"数"记之，也成了我国独特而又常有的现象。下面举例试谈之。

武汉长江大桥 我国在万里长江上所建第一座铁路、公路两用桥。建成当时诚为惊天动地之举。几千年、亿万人的美梦，在重镇得以实现，诗文歌咏几遍神州，多年不断。联吟中白启寰先生有一联："臂挽龟蛇，千秋胜地新三镇；城连京广，万里长江第一桥。"文思、局度宜居联中首擘。

论声势之久远，是兰州"黄河镇远浮桥"，号称黄河第一桥，明初洪武五年(1372)大将徐达主持始建，原为浮桥，直至1907年铁桥建成。清代名吏梁章钜，在甘肃布政使任上拟题桥门一联："天险化康衢，直如海市楼中，现不住法；河壖开画本，安得云梯关外，作如是观。"在兰州通济门外黄河南岸，面对镇远桥处，清代嘉道间有河神庙一座，道光间在甘肃任道员的查延华题庙联曰："曾经沧海千重浪；又上黄河一道桥。"联中"一道桥"自然也有**第一桥**之义。礼赞河神而达己意,用典无痕,韵致渊雅,对偶工切,并梁氏之联,均称联中上选。

以上江河两桥声势之大,占先桥史,桥名虽未纪第一,联文渲染却与实际相符,全然鼎甲格调。除此,还有不少在一方数一之桥,如四川成都有"川南第一桥",佚名作者有联曰:"桥头看月色如画;枕畔听江流有声。"听此恰如从大江大河的惊涛骇浪上下来,到此体会这平缓、清静的韵味。

二郎滩大桥 在四川古蔺镇东赤水上,今人胡才源先生有联曰:"造福万家,变南北通途,留古今胜迹;横空一绝,跨东西激浪,枕左右雄关。"

三曲桥 全国有多处,亦不乏联作题咏。著名联家赵云峰师所作太原文瀛湖公园(今名儿童公园)三曲桥联,小中见大、深蕴雅致,文曰:"曲尺丈清流,小桥三曲;弯弓横碧落,新月一弯。"上下句分别首尾复辞,甚见意匠。

四荣桥 在广西融水县,当代联家冯鸣先生有联曰:"桥下江声,永共苗家歌德政;路边山色,能为行客解愁思。"读此联,第一感觉,这座桥简直是民族团结的桥梁。

"五" 为首字的名桥众多,贵州有榕江五榕大桥、浙江有长兴五里桥(在县城东南五里处)、福建有晋江市五里桥(本名安平桥)、江苏扬州瘦西湖有五亭桥、苏州拙政园有五曲桥等等,最负盛名的当属晋江五里桥,始建于南宋绍兴八年(1138),全长八百十有一丈,为当时全国乃至世界最长桥,地处安海镇,横跨晋江、南安交界的海弯上,附近有座古龙山寺,供千手千眼佛,始建于东汉,有一联曰:"世间有佛宗斯佛;天下无桥长此桥。"桥、寺、联均举世闻名,无可比伦。

六泉桥 在上海嘉定,又名南浦桥,位于安亭镇吕浦村。有联曰:"花香鸟静春耕候;塔影山光夕照中。"咏桥念及农耕,特写盛春,摄取该桥良辰时美景,颇具眼力,可惜不知作者为谁。

七宝塘桥 又名蒲汇塘桥,地处上海县七宝镇中心,建于明正德间,久列上海市市级文物保护单位。当代曹云岐先生一联云:"五拱环锁,大塘东西通两江富庶地;一桥雄跨,宝镇南北维三邑鱼米乡。"联语朴实无华,建筑类型、位置、功能、气势概括无遗。

八仙桥 在湘潭市两湖公园,建于清代,距桥不远有十佛寺,有一联云:"万瓦千砖,百匠造成十佛寺;一舟二桨,四人摇过八仙桥。"十一言二十二字,用八个数字,且上句万、千、百、十位退,下句一、二、四、八倍增,堪列联中巧制。

九曲桥 在北京北海公园内濠濮间,白石平铺,雕栏九曲,立单间双柱石坊于桥之北端,双向均刻乾隆帝额联,北向额出"汀兰岸芷吐芳馨"。联书:"蘅枭蔚雨生机满;松嶂横云画意迎。"南向额曰:"山色波光相卷画"。联曰:"日永亭台爽且静;雨余花木秀而鲜。"南北两额语又适成一副对联:"山色波光相卷画;汀兰岸芷吐芳馨。"亦堪列艺文一趣。

十桥　江苏江宁县东山镇至南京市雨花区金胜村入江的秦淮新河上建有一座铁路桥、五座公路桥、四座农用桥,合称"十桥"。20世纪80年代前期,南京评选新四十景,定名为"十虹竞秀"。近年陈衡先生吟联颇为清新:"一水旧秦淮,夜泊何须吟旧韵;十桥新建郏,春游只合唱新诗。"

二十四桥　建于隋代,几经沧桑,难于确指,清代瘦西湖之二十四桥乃附会唐代杜牧"美人吹箫"之典专指吴家砖桥。今瘦西湖西部之二十四桥,为20世纪90年代初所建。清代江湘岚咏联曰:"胜地据淮南,看云影当空,与水平分秋一色;扁舟过桥下,闻箫声何处,有人吹到月三更。"道的是扬州景物特色,月光云影、都会繁华、清丽可人。

百子桥　在贵州都匀城区剑江上,始建于乾隆五十一年(1786),桥上有耸翠亭,清代欧阳朝相作一联为:"数载倦游,听桥下潮声,一片是洞庭波浪;孤亭无恙,问眼前过客,几人为旧日渔樵。"盖即游子还乡,感物怀旧之情。

千秋桥　在浙江诸暨城南50里,相传越王勾践曾住这一带。清代有联曰:"烟柳有湖传彩凤;峡溪如画卧长虹。"亦动人遐想,惜作者佚名。

万字头　以此为名的桥以四川成都万里桥名声最著,至晚在蜀汉时即已有。公元226年诸葛亮派费祎出使东吴于此为之送行,费有"万里之行,始于此桥"之叹。今日七孔石拱局制,为清康熙五十年(1711)重建,亦经多次重修。清末沈葆桢题成都杜甫草堂联曰:"地有千秋,南来寻丞相祠堂,一样大名垂宇宙;桥通万里,东去问襄阳耆旧,几人相忆在江楼。"联文颂武侯、咏名桥、怀诗圣,思古情幽,局量渊雅。

四川峨眉山观音岩下有座积善桥,一名万渡桥,合万缘桥、万福桥称"三道桥"。山上佛门将康熙四十一年(1776)十一月皇帝颁赐卧云庵僧照玉诗中"石漱泉声细,林穿鸟路长"一联摘出作万渡桥联,倒也恰切其地。

一桥同时悬有多副楹联者虽然少见,但特殊之例亦有。据载,明代福建浦城县城之南浦门外,建于宋隆兴元年的南浦桥,永乐初年一次重修竣工,适值本县在朝为宦的潘容庵(永乐二年进士,官"行人")奉使日本,假归故里,为桥作联,848根桥柱悬遍,均为一夜所作。据此推计,两面要848副,单面也要424副,一桥同时悬联之多首屈一指,至今为极,举二例,其一:"乔木参天,半点云香生大石;悬崖笼雾,千寻瀑布出高泉。"其二:"古洞联翩,毕岭旧存仙杵妙；清溪浩荡，总章新过客帆多。"其文思之敏捷，真令人叹服。

各地还有不少半、头、双、独为首字的桥，或引申或含义自与数字相关，多有联咏，不再赘述。（常治国）

乾隆皇帝园林桥联

园林中建桥属人文景观，其功用不外凌波跨堑以通阻隔，创景增势以壮湖山等。而桥联之设，则多是以桥为载体，扬葩振藻、标胜增辉、点景抒怀、称扬勋贤、晓喻人生之类。北京颐和园，是中国现存古代皇家园林最大也最完好的一座，内有十七孔桥，本名"长桥"，型仿卢沟桥，建于清代乾隆十五年（1750）。十七孔桥洞，自两端起数到中孔，或由中孔到两端均为"九"数，在我国传统文化体系中为最大阳数，是阳性最尊贵的象征，如"龙形有九"、"龙生九子"、"壁雕九龙"等，且北方语音中"长久"之"久"与"九"同音，是帝王们最为惬意之数，这也就是孔洞数目之诣趣了。后来此桥遂以俗称名世。建桥时乾隆帝亲题额联，北向桥额为"灵鼍偃月"，联为："烟景学潇湘，细雨轻航暮屿；晴光总明圣，软风新柳春堤。"南向桥额曰"修蝀凌波"，联为："虹卧石梁，岸引长风吹不断；波回兰桨，影翻明月照还空。"

上一联中"烟景"指烟云缭绕景象。"学"是如，象之意。"潇湘"指"潇湘八景"画图中的有关景象。"晴光"，指晴好的阳光或月光。"总"是都，皆之意。"明圣"，指杭州西湖曾名明圣湖。联语意谓：这里的"细雨"、"轻航"、"暮屿"，有如湖南潇湘八景中"潇湘夜雨"景象之奇；这里丽日下的晴好风光，一如西子湖的软风、新柳、春堤之美。下一联中"石梁"即石桥。"长风"是远来之风。"波回"指水波回荡。"兰桨"，船桨的美称。"照还空"，指月光在水波上反射闪现与消失。

乾隆皇帝一生有诗作四万多首，联作也不少，时有佳作，这两副联上一联写雨晴浓淡，颇类东坡"水光潋滟晴方好，山色空蒙雨亦奇"之景。下一联写清风明月，长桥卧波，岸来远风；轻舟荡桨，波光闪闪。笔下情景，恰是会心处不必在远，贵在因时得趣。

在颐和园最南端，有座绣漪桥，取意为锦绣湖波上之桥，桥下是当年皇家水路进出颐和园的孔道，建于乾隆十五年。其式高拱，石级急峻，俗称"罗锅桥"。乾隆也有两副对联,南北两向,其一:"螺黛一丸,银盘浮碧岫;鳞纹千叠,璧月漾金波。""螺黛",是古代女子画眉用的一种青黑色矿物染料,此处代指万寿山,化用唐代刘禹锡"遥望洞庭山水翠,白银盘里一青螺"句意。"鳞纹",指水波如鳞。"璧月",指湖面如璧似月。其二:"路入阆风,云霞空际涌;地临蓬岛,宫阙水边明。""阆风",指阆风颠之苑,在昆仑山颠,是传说中的神仙居所,此喻颐和园宛如仙境。"蓬岛",即蓬莱仙岛,传为东海三仙岛之一;园中南湖岛即曾取名"蓬莱岛";在建园构思上,昆明湖中三个小岛也按三仙岛而设,如西堤之西的藻鉴堂拟作蓬莱,治镜阁拟作方丈,西堤南端之东的凤凰墩拟作瀛洲。

颐和园昆明湖西堤上共建六桥,仿杭州西湖苏堤,自北而南为柳桥、桑苎桥、玉带桥、镜桥、练桥、界湖桥,其中玉带桥高拱如绣漪桥,一为建筑形式有所变化,主要是为实用,当年皇家的龙舟从昆明湖到玉泉山必从此桥通过,非高不通。乾隆有两副对联,东向联曰:"螺黛一痕,平铺明月镜;虹光百尺,横映水晶帘。"联中"螺黛"与绣漪桥联之"螺黛"词义有别,此处为蛾眉之代称,指玉带桥如一弯蛾眉,谓桥如黛眉平铺于明镜般湖面上。"虹光",指桥的光彩如虹。"映",是映照的意思,谓桥如彩虹横映在水晶般帘幕上。西向联曰:"地到瀛洲,星河天上近;景分蓬岛,宫阙水边多。""瀛洲",即上文中三仙岛之一。"星河",天上银河。"分",分形,分化。联文摘藻扬华,尽力渲染这里的景物之不同凡俗,妙比仙界。大意是,到此地如同登瀛入神仙上界,距天上的银河已经不远;景致如同蓬莱岛的分形,天上宫阙般的成群建筑耀目地列于水边。

在颐和园的东北隅有一处谐趣园,仿无锡寄畅园,建于乾隆十六年(1751),初名惠山园,至嘉庆十六年修缮时改为今名。小园内有知鱼桥,用庄子与惠子游于濠梁之上问答之典,取知鱼之乐而命名。桥上建石坊,东西两向有乾隆两副对联刻于坊柱,东向联曰:"月波潋滟金为色;风濑琤琮石有声。"意谓明月般的湖面上,微波闪着金光;风浪荡岸时,如击磬般琤琮作响。西向联曰:"回翔凫雁心含喜;新苗蘋蒲意总闲。"意谓回翔的水鸟到此内心喜悦;新生的水草,意态总是恬淡闲适。这里用的是"移情"的写作艺术手法,即"心喜"、"意闲"者是人,不是水鸟和水草,是作者之情移于物。(常治国)桥

苏州桥梁对联择秀

苏州之美,是小桥流水,垂柳依依;"是江南烟雨渲染的国画,是粉墙黛瓦组成的诗歌"。这里的园林、河道、古桥有着说不尽的轶事。水多,桥多,对联也多,实在是难以胜举,只能择秀选之,以彰显其韵美。

多有题咏的乌鹊桥 位于市区平桥直街南端,跨十全河,是苏州最古老的石拱桥。始建于春秋,因近处有吴王乌鹊馆而得名,是苏州的一个重要景点。唐代诗人白居易有"乌鹊桥红带夕阳","乌鹊桥高秋夜凉","黄鹂巷口莺欲语,乌鹊桥头冰未消"等佳句。宋杨备《上元诗》有"月满星移水照天,南飞乌鹊景翩翩"之诗联。明高启亦有诗云:"乌鹊南飞月自明,恨通银汉水盈盈;夜来桥上吴娃过,只道天边织女行。"可惜,咏桥的两副对联却是佚名的。

一侧为:"雁齿重新,两岸絃歌铿茂苑;虹腰依旧,一湾烟月溯莕溪。"

另一侧为:"利涉同资,会看千秋援渚北;嘉名永锡,每逢七夕意淮南。"

多有反抗斗争的觅渡桥 位于苏州城东南隅莕门外,横跨京杭大运河。始建于元大德二年(1298)十月,竣工于大德四年(1300)三月。此处为水陆要津,原设有渡船,因乘客不能忍受舟人把持敲诈,由昆山僧人敬修发起募建桥梁。桥建成后,人们无不称庆,从此再也不必为横渡大运河发愁了,所以其始取名为"灭渡","志平横暴也",今讹称觅渡桥。此后,历代多次整修。由于地理位置重要,历史上在这里曾发生过几次重大的斗争。明万历三十二年,织工葛成率众攻打这里的税卡,解除农民商旅的苛捐。1862年,太平军重兵驻守该桥,为了防止清军洋枪队的偷袭,在觅渡桥前的河底放置了大量水草。果然使洋枪队的小火轮在此无法行驶,并受到重创。1895年,帝国主义分子扼守桥堍,在此征税,曾激起苏州人民的强烈反抗。中国楹联学会副会长常治国先生,感叹此桥的斗争历史,并勉励有宏图大志者应从足下起步。于是,他撰写了一副鹤顶格的嵌名联。联曰:"觅彼天涯芳草路;渡兹足下壮图桥。"

多次整修的越城桥 越城桥位于苏州市郊石湖东北岸,跨北越来溪。始建于南宋淳熙年间。元至正,明永乐、成化、清康熙、乾隆和道光年间均有整修之举。同治八年(1869)重建,1993年照原样修复。这是一座单孔石拱桥,花岗石砌筑,东西走向,全长33.2米,净跨9.5米,矢高4.8米,中宽3.6米。桥两边的间壁明柱上各刻有对联一副,北面是:"碧草平湖青山一画;波光万顷月色千秋。"南面是:"一堤杨柳影接形;十里荷花香连水。"此桥位于石湖风景区,登桥远眺,湖光山色,田野村舍,杨柳堤影,荷香连水,入诗入画,别有情趣。

观赏串月的行春桥　俗称九环洞桥,位于苏州市郊上方山下,跨石湖北渚,始建年月无考。南宋淳熙十六年(1189)重修时,诗人范成大作记。其地山清水秀,波光塔影,景色宜人。范成大《行春桥记》称:"往来憧憧,如行图画间。凡游吴而不至石湖,不登行春,则与未始游者无异。"明成化、崇祯年间再修。1949年国民党军队撤退时拆去桥东四孔,1953年修复,1957年重修。

行春桥为一半圆拱薄墩9孔连拱长桥,东西走向,全长54米,中宽5.2米。花岗石砌筑,桥身平缓,势若长虹。自明代起苏州就有农历八月十八游石湖,看行春桥下串月的民间传统习俗。相传这一天,当夜月初起时,月亮倒映于桥洞下的水中,其影如串,形成"串月"奇观。游石湖登行春桥者,倾城而出,游船如织,歌舞音乐之声通宵达旦。清代诗人沈朝初在《忆江南》词中这样描述道:"苏州好,串月有长桥。桥面重重湖畔阔,月光片片挂轮高,此夜爱吹箫。"

苏州著名作家周瘦鹃观"串月"后,作七绝二首赞誉这一奇观。其一为:"一水溶溶似玉壶,行春桥畔万船趋;二分明月扬州好,今夜还须让石湖。"中国楹联学会副会长常治国先生,盛赞该桥景致的绮丽,近看串月,远观层叠的山峦,遂题一联道:"春丽清川秋串月;近观绮构远层阿。"

工艺精湛的普济桥　这是一座在比例上最符合黄金切割率的石拱桥。它位于阊门外山塘街,横跨山塘河。始建于清康熙四十九年(1710),桥侧有普济堂,故以此取桥名。此后多有重建重修。

普济桥为三孔石拱桥,花岗石砌筑,南北走向,拱圈纵联分节并列砌筑。它的每个桥拱的矢跨比接近黄金率,更重要的是中间一个桥拱的矢高与跨度跟两旁的桥拱相比,大致上接近8:5,基本上符合"黄金分割",因此使得普济桥整体协调统一,美观大方。是姑苏城珍贵的历史建筑之一。由花岗石砌成的东西两面明柱上都刻有桥联,主要是写景的。一侧是:"东望鸿城,水绕山塘连七里;西瞻虎阜,云藏塔影立孤峰。"另一侧是:"北绕山塘,水驿往来通陆墓;南临路轨,云车咫尺到梁溪。"

联语点明了桥所处的地理环境和水路走向。鸿城是苏州异名,山塘是苏州街名,塔是虎丘云岩寺塔;陆墓是指唐代陆贽墓,梁溪是无锡的别称。楹联将石桥、古塔、山水、城市融为一体,交相辉映,勾画出一派优美的水乡风光。对联为清人所撰,作者姓名不详。

大运河上的彩云桥 位于市郊横塘镇,跨京杭大运河之上。始建无考,1928 年重建。桥身东西走向,东端引桥折北,与长堤相接,由此经驿亭去胥门;西端引桥南北落坡,向南步入市镇。这是一座圆拱薄墩三孔石拱桥,全长38 米,中宽 3.7 米。

因大运河拓宽,1992 年迁建于胥江上,桥西处与驿亭相接,桥与驿站交相辉映。东去数百步即唐寅墓,附近还有范仲淹高、曾、祖、考四世坟墓。为横塘古镇的重要古迹。有桥联两副,以写景为主。其一是:"彩鲵漾中游,双楫回环通范墓;云虹连曲岸,一帆平浪涉胥江。"其二是:"彩色焕虹腰,水曲堤平资利济;云容排雁齿,流长源远阜民生。" 桥

逍遥津边的两座古桥联话

逍遥津在安徽省合肥市区的西北隅,以三国时代的古战场而闻名。由于《三国演义》的渲染和流传,"张辽威震逍遥津"的故事几乎家喻户晓。1953 年被辟为公园,现已成为合肥市区的三大名胜(包公祠、教弩台和此公园)之一。

逍遥津西,原有一座两丈多长的木板古桥,即名"西津桥",亦称"逍遥桥"。东汉建安二十年(215),吴主孙权发兵十万围攻合肥,在此津激战而败。孙权被魏将张辽追袭至此桥时,桥已被拆断丈余。孙权乃"退后着鞭驰骏骑,逍遥津上玉龙飞",跃过断桥脱险。此桥之名乃大显,后遂改名称"飞骑桥"。前人有题飞骑桥联一副,曰:"威显曹公将勇;名传吴主骑飞。"联语言简意赅,工整贴切,堪称佳作。

但是,《三国演义》第六十七回后半部,写"张辽威震逍遥津",至孙权被追,有"凌统大呼曰:'主公何不速渡小师桥'……孙权纵马上桥,桥南已拆丈余,并无一片板。……孙权收回马来有三丈余远,然后纵辔加鞭,那马一跳飞过"的描写。所以至唐代诗人吴资的《飞骑桥纪游》诗中犹云:"东门小狮桥,曾飞吴主骑。"

其实,《三国演义》和吴资都弄错了。吴主孙权的"飞骑桥",并非"小师(狮)桥",而是"西津桥"即"逍遥桥"。那么,有没有"小师(狮)桥"呢?有。因两桥相距不远,故而有误。

小师桥,正确的写法应为"小狮桥"。位于逍遥津西稍偏北,与逍遥桥相距

约一里。原名岁丰桥,又名小狮桥,因此桥两边石栏杆上刻有 9 只小狮,故后来都叫它为九狮桥。今合肥市建有一座九狮大厦,其名即据此而得。小狮桥的石柱上,原也刻有一副对联,曰:"两翼石栏小狮活;千秋璧月大盘圆。"小狮桥是石拱桥,故用"璧月"、"大盘"形容之。全联生动形象,工巧雅切,在桥联中当称妙品。

千百年来,由于种种变化,这两座古桥均已不复存在了。该处早已整修成了街道、马路、花圃、林阴道和停车广场。今天,如果从合肥去肥东、长丰两县,你就要在此处广场上候车。假如你知道这些往事,正可以在这里展开遐想,好好凭吊一番!(白启寰) 桥

清官、孝女入桥联

安徽省肥东县撮镇镇的中街西头,横跨店埠河上,有一座古老的三拱青石桥。桥长 60 米,宽 10 米,质朴雄伟,非常坚固,至今仍存。

据桥头所立的碑文记载,此桥系明代万历年间(1573~1619)合肥县令(当时肥东县为合肥县东乡)曹光彦所修,历时半载而成。曹县令为官清正,关心民瘼,是位倍受人们爱戴的清官。桥成后,当地父老作记勒石,并命名为"曹公桥",以作永久纪念。

此桥顶上(桥之正中部)原建有横跨桥面的石塔一座,下层转拱,状如城门洞。两边刻有对联曰:"临空频对帆樯影;隔岸常闻钟磬声。"

上面有一长方形白石横额,刻着"曹公桥"三个大字,算是这副桥联的横批,殊为亲切。当时镇上最古老的东岳庙和规模最大的邑堂寺,均在此桥东头不远处。联中"钟磬声"即出自这两座寺庙。古人迷信,当以此借指对人民的祝福和对曹县令的颂祷。

安徽省砀山县的邵楼乡,在利民河和闸沟(小河名)汇合处北二里许的曹桥村外,有一座极为简易的小桥,正名"曹姑桥",俗称"一百(碑)一十(石)一孔桥"。因为此桥仅用两个大石磙作桥墩,搭上一块长长的石条作桥身,桥头立着一块刻着"曹孝姑故里"五个大字的石碑。

此桥始建于清初,时有孝女曹刘姑,父早殁,方及笄而母双目失明。遂毁容剪发,放足耕作以养其母,终身未嫁。母九十方卒,姑竭力备棺葬之。每日

涉小河祭母墓,风雨无阻。乡人为她的孝行所感动,为搭此小桥于河上,以便其行,因名"曹姑桥"。曹刘姑死后,桥毁于洪水。乾隆年间,县令刘王瑗复建,并题"曹孝姑故里"碑,立于桥头,以昭世人,以彰孝行。桥于清末又毁,碑仍存,至今其地尚流传有两副桥联于众口。其一曰:"不羡鸳鸯,尽力尽心尽孝道;何愁风雨,一碑一石一溪桥。"其二曰:"但得养亲如若女;何妨生子不为男。"

联中"若",作代词用,意为"如此"、"这样"。"子",这里指孩子(不分性别)。古人云"百善孝为先",观曹孝姑之行为及以上两副桥联之流传众口,益信也。(白启寰) 桥

海沧大桥超沧海

由江泽民主席题写桥名的海沧大桥,于1999年12月竣工通车。大桥东起厦门西港的东渡码头,西达海沧台商投资区。海沧宋时为海口市,明代合沧江各取首字名为沧海镇,原属海澄县,1957年划归厦门市,1989年经国务院批准为国家级投资区。

海沧大桥为国家"九五"重点工程之一,1985年开始前期准备工作,1989年完成可行性研究报告,并于1995年经国家计委批准,1996年12月动工兴建,由厦门市路桥建设投资总公司、厦门路桥股份有限公司负责承建,总投资为28.94亿元,工程混凝土数量30.77万立方米,土石方数量134.26余万立方米,钢材数量5.6余万吨。

建成后的海沧大桥全长5927.407米,由东航道桥、西航道桥、引桥和互通式立交、匝道等组成。其中东航道桥采用三跨连续漂浮体系的钢箱梁悬索桥,全长1108米,两塔之间主跨长648米,通航净高55米,净宽450米,万吨级巨轮可自由通航;通车桥面宽32米,在建成当时为世界第二、亚洲第一座同类悬索桥。大桥的建成和通车,每昼夜最大通车量是5万余辆,为厦门半岛从西部海域通向海沧投资区和漳州市提供了交通捷径,对于投资区的建设发展有着重大意义,故命名为"海沧大桥"。

海沧大桥宏伟壮观,为海内外所瞩目,还成为了新的旅游区。远眺大桥,如长龙凌波,气势恢弘;近观则桥塔钢索高耸云表,其形亦如竖琴展姿,桥面平

直通畅,塔顶,江泽民同志提写的"海沧大桥"四个大字红光焕彩。海上碧波千顷,鸥鹭竞翔,岛屿润翠,以岩层色彩斑斓著称的火烧屿顶住硕大的桥墩;桥下船舶劈浪前进,穿梭织锦;陆上,牛头山至七星路一带立交桥迂回联延,车辆来往奔驰,络绎不绝;时有民航飞机凌空掠过,好一幅壮阔瑰丽的交通立体图画!真是"海上风光如画卷,天涯烟霭尽诗情"。20世纪初厦门诗人王步蟾在《寒食过东渡》诗中曾感叹"山迷宿雾形全失;帆受东风势半偏",而今却"天堑变通途,当惊世界殊"。

建成后的大桥,进行了绿化美化,建起了大桥博物馆,游人若步上桥塊平台,登上牛头山顶,视野更觉宽阔。前瞻大桥雄姿,生机盎然,神思飞扬;回顾厦门经济特区发祥地湖里工业区的发展历程,情怀激荡,思之反复,把大桥同厦门代表性的名牌联系起来,油然生出一联:

海沧大桥超沧海;华夏名牌出夏华。

厦门在历史上亦作"夏门",联中首尾两字回文,更生趣味。(方文图)   桥

熟溪桥上对联多

浙江武义县壶山镇熟溪桥,是跨越浙中武义江(又名熟溪、武川湖)上的大跨度木结构廊桥。史载,该桥始建于南宋开禧三年(1027),距今已近800年的历史了,曾几经洪水冲毁和大火焚烧,现在的桥为2001年所修。该桥为十墩九孔,桥墩用青条石砌筑,舟形,桥长为140米,宽4.8米,双向伸臂结构,中间通自行车,两侧是人行道。桥的中部有两层桥楼,辅以花窗,雕饰牛腿和吻兽、鸱鱼屋顶装饰,颇赋艺术品位,桥楼可登临远眺,赏心悦目。桥上建有木结构的廊屋,顶覆蝴蝶黛瓦,用以遮阳蔽雨,桥形气势磅礴壮观。熟溪桥在我国桥梁建筑史上占有重要地位,是我国现存最早的木结构廊桥之一,也是我国古代桥梁建筑中的艺术珍品。

该桥两端均写有"熟溪桥"醒目大字,桥头蹲着一对硕大的石狮子,炯炯有神。登上十余级的台阶后,便进入了桥廊,俯视桥下,碧水滔滔,奔流而去。而随着视线的前移,最令人惊讶的一幕出现了,桥廊红漆柱上均整齐地悬挂着一副副镌刻精美的对联。联句长短不一,字体真草篆隶各具,或苍劲、或典雅、或古朴、或秀丽,总共数量达51副之多,令人大饱眼福,叹为观止。国内有一些

名桥也有一些对联,但一座桥上拥有如此众多的对联,恐怕是绝无仅有,堪称中国第一。由于有这么多对联,将古桥装点得别具一格,显现着一种典雅气质和散发出浓浓墨香,堪称是桥联文化的一个浓缩,也是书法艺术的展示。

这些对联的作者,有古有今,多数为今人创作,不乏佳联妙对。现择选几副,以飨读者。

北岭松云摩诘画;熟溪流水伯牙琴。

这一副对联,形象地告诉读者熟溪桥的位置,是在北岭下、熟溪上。以北岭的青松和云朵,衬托着古桥,就像古代名家摩诘的画一样优美;把熟溪的流水声音,比作古代音乐家俞伯牙的琴声一样动听,让桥景成了绝画绝响,可谓高手妙对。

三百里溪泉,自何年煮成熟水;五千家灯火,从何处飞越长桥。

此联似仿临杭州灵隐冷泉亭名联:"泉自几时冷起,峰从何处飞来"的写法。上联咏水,而且富有想象和幽默地将溪泉煮成熟水,构思巧妙;下联咏桥,写出桥头灯火辉煌,烘托出一片繁荣景象,不失为一副好联。

鸟能解语衔香至;山亦知时拥翠来。

全联写出该桥融于景观中,又为景观点睛的魅力。道出鸟衔香至,山拥翠来,有色有味,有动有静,时空互联的优美图画,是一副佳对。

步青云,封南廓,壶峰千秋耸翠;看明月,向东流,熟水一派澄清。

上联写山,写山的翠绿,写白天的景色;下联写水,写水的清澈,写月光的明亮,也是静动相映,辅以青云、南廓等,对仗工整,读来琅琅上口。

凭栏眺熟水,政通人和,喜收三熟;对坐见壶山,心旷神怡,欢饮一壶。

上联写改革开放,形势大好,政策对头,调动了农民的积极性,面对一片丰收景象,感到无比喜悦;下联写一边欣赏名山秀水,一边品茗饮酒,心中充满了欢乐。在修辞技巧上,上下联的相对位置,均嵌入重字"熟、壶",这种复辞互对的方法,颇具匠心。其他还有许多,就不一一列举了。

总之,该桥除了作为旅游景点外,更具有人文景观的价值,值得我们对联界的朋友们,前去观赏、发掘、研讨。最后,笔者根据该桥的特色,也撰了一副小联,以志其胜:

熟水奇葩,满目琳琅,楹联圣殿;

壶山瑰宝,千般锦绣,对艺桥廊。　　　　(周北壬)

侨乡桥联侨胞情

小桥流水风光好;爱国怀乡德泽长。

当您来到侨乡广东省大埔县,走过一座座建造别致的桥梁时,就会看到许多颇有意味的、镌刻在桥柱上或桥亭里的对联。

大埔前称"万川",由于交通不便,江河之上、峡谷之间,自古多有桥梁建筑。改革开放后的十余年间,海外侨胞纷纷赠款,在全县各地建起大小桥梁500多座。这些桥梁命名朴实,多冠之以"乐善"、"思源"、"同德"等雅称。有不少桥柱或桥亭内镌刻着情景交融的桥联,或盛赞侨胞美德,或描写山水风光,令人回味不绝。如三河镇白石村旅外乡亲捐建的"思乡桥",其联曰:"一桥横贯山村路;万里萦回赤子心。"

在百侯镇的百侯大桥上有这样一副对联:"狮潭通四海;夜月照九州。"这是一副嵌字对联。联中的"狮潭夜月"为百侯镇的八景之一。海外乡亲萧老先生主捐并集资在此兴建了百侯大桥后,又在桥头不远处建一凉亭,与桥相映成趣,使山光水色平添风采。联语以景名为题,既歌颂赤子的宽阔胸怀,又道出桥梁通达四方的作用,其浩然气派,可见一斑。

在桥联中,不乏嵌入集资人与捐资者芳名的妙联。英雅乡坑尾有一座桥梁,由当地人涂同金、涂善余出面牵头,海外侨胞刘坦途、张康衢先生捐建。桥联云:

同抵于道,步亦当车,任他北往南来齐归坦途;
善则称人,行皆让路,从此风清月白永锡康衢。

联首各取牵头人的"同"与"善"两字,寓意为建桥牵头人,联末融入捐资者的芳名,可谓匠心独运。

"一道飞虹,人在青云路上;半轮明月,仙藏丹桂宫中。"这副对联刻在通往福建省龙岩路中的石拱桥边。联语以"一道飞虹"、"半轮明月"之句赞美桥梁,清新隽永,意境颇佳。桥旁石碑上有一序文:"天有缺,炼石以补之;地有缺,造桥以渡之。""炼石者谁?女娲氏也;造桥者谁?芳名列后。"

其实,这也是两副言简意赅的代序联。作者巧妙地引出古代的神话人物,通过用典、对比的手法,来赞誉热心的捐款者,寓意深远。

位于茶阳洋陶的"金婚桥"桥头有一凉亭,为旅美侨胞饶氏昆仲,为纪念其父母"金婚"之喜,合资60万元兴建。桥亭的楹柱上亦有一联:"怀德庆金婚,百丈长桥留纪念；乡情思建树，千秋伟业永流芳。"联语道出了饶氏昆仲铭记父母之思，寄托怀乡之情的意思。

大埔境内最长的梅河，处于下游的湖寮黎家坪，与县城仅一河之隔。旅港同胞田家炳先生捐资在此建起一座长153米的大桥，桥的一端矗立着一座三层的桥亭，内有长联一副：

桥贯梅河，畅梯航于粤境，接飞挽于闽疆，利国利民，何止湖山添壮概；

功高田氏，遵四化之方针，得群资之济美，同心同德，且将桑梓换新装。

此联既言表大桥"横跨梅河、连接闽境"的用途，又对田先生的爱国爱乡善举极尽赞美之辞，不失为一副好联。（杨俊威）桥

绍兴桥上有酒联

浙江绍兴的桥很有名，被誉为"中国古桥博物馆"，几乎每一座桥都有一段韵味十足的故事；同时，绍兴又是著名的酒乡，花雕、加饭、状元红等老酒中外有名。陆游在沈园遇前妻唐婉，受赠酒馔，便有"红酥手，黄藤酒"的名句。鲁迅小说中那个叫孔乙己的小文人，在咸亨酒店曲尺柜台前买酒吃的情节更是让人印象深刻。绍兴的酒在桥梁文化上也有反映，在绍兴的两座桥上就镌刻着与酒有关的对联，把酒文化与桥文化有机地融为一体，成为一个亮点。

这两座桥，一座叫"荫毓桥"，在绍兴县柯桥镇阮社村。这是一座与"古纤道"平行的单孔石拱桥。始建于明代，重修于清光绪年间。全长14.45米，桥面宽3.4米。拱圈呈马蹄形，近似中国古典园林中的月洞门，最宽处约4.5米，可使满载绍兴老酒的大木船从桥下通过。在这座桥的拱圈两侧，有一副与酒有关的对联：

一声渔笛忆中郎；几处村酤祭两阮。

联语中所言"中郎"，是指东汉著名文学家、音乐家和杰出的书法家蔡邕（蔡文姬的父亲），字伯喈，著有《蔡中郎集》。汉灵帝时为议郎，因上书论时政阙失，遭诬陷遇赦后，曾在绍兴柯桥、阮社一带亡命流浪。在这里，他创作了音乐史上闻名的"柯亭笛"。三国时董卓专政，被迫为侍御史，官左中郎将，故人称蔡中郎。

上联既写景又写史，由近及远，发思古之幽情，故有"渔笛忆中郎"之句，或

许那一声渔笛,正是蔡中郎作曲的"柯亭笛"。下联的"酤",应为薄酒、清酒的意思,泛指酒类;也作动词用,为买卖酒的意思。"两阮",是指三国魏时"竹林七贤"中阮籍、阮咸叔侄。

这副对联,文句优美,对仗巧妙,连用典故,寓意深湛。是桥联,是酒联,也是史联。不愧是历史文化名城之作,显示了深厚的文化底蕴。这副对联为清人所撰,可惜没有留下作者姓名。

还有一座桥,在绍兴县东浦镇上,名曰"新桥"。这座桥上的对联也与绍兴的酒有关。它是一座3孔石桥,桥面宽2米,中孔跨径4米,可供运载花雕美酒的乌篷大船往来穿行。两侧各有一个小孔,净跨均为2米,只能通过乌篷小船。桥孔都采用薄形墩,既利于泄洪,又利于船只出入,且显得轻盈美观。在桥的中孔两侧,砌有两根横锁石,顶端伸出桥外,雕成兽头状,其形怒目圆睁,咧嘴卷舌,生动活泼,是谓护桥安澜之意。横锁石下配有长条形的间壁,其上凹刻着两副大字对联。

东侧是:"新建虹成在越浦;桥横镜影便济民。"西侧是:"浦北中心为酒国;桥西出口是鹅池。"

东侧一副是鹤顶格的嵌名联,把"新桥"二字嵌入联首。联语中,以"虹成"与"镜影"寓桥、寓景,并赞美它"济民"的功能。

绍兴的黄酒很有名,据康熙年间修纂的《会稽县志》载:"越酒行天下,其品种颇多,而名老酒特行。"在国内外的博览会上多次获得金奖。上联中将东浦赞为"酒国",当地人自称"酒窠",这是因为在近二百年来,它是绍兴酿造业的一个中心,是黄酒的发祥地,曾有"东浦十里闻酒香"的美誉,东浦镇赏枋村开设的谦豫萃墨记酿酒坊,在1910年清末时,曾获"南洋劝业会"金牌和奖状。下联是上联的补充,言酒之多,色之美。鹅黄是酒色,古诗中就有"麦虹鹅黄新酿酒","鹅儿黄似酒","应倾半熟鹅黄酒,照见新晴水碧天"。在桥梁对联中赞"酒国",道酒美,也是一个创造,颇为鲜见。 桥

同里三桥的对联和习俗

同里位于江苏吴江市东南,是太湖之滨典型的水乡古镇。这里充满了古朴、清新的风情,还有厚重的历史,多彩的文化胜迹。同里风景优美,镇外四面

环水,东临同里湖,南濒叶泽湖、南星湖,西接庞山湖,北枕九里湖,襟带吴淞江,宛若五湖怀抱中一朵盛开的睡莲。镇区被 15 条小河分隔成 7 个小岛,而49 座古桥又将小岛串连成一片。清丽富饶的同里小镇,田沃物丰,人杰地灵,素有"东方小威尼斯"之誉。

同里的特点在于明清建筑多,水乡小桥多,名人志士多。镇内建有明清两代园宅 38 处,庙观祠宇 47 座,有士绅豪富住宅和名人故居数百处之多。同里人世代勤奋苦读,知书达理,教育发达,人文荟萃。自南宋淳祐四年(1247)至清末,先后出状元 1 人,进士 42 人,文武举人 93 人。古今许多著名人士曾流寓同里。正因为有如此之多的名人,才会创造出厚重的文化。

同里镇安祥地坐落在清流碧波之中,因水成街,街巷逶迤;因水成河,河道纵横;街缘水曲,路由桥通。诸多的宋、元、明、清各个时期的古桥,百态千姿,典故各异。最为著名的是建于清朝时期的"太平"、"吉利"、"长庆"三座石桥,它们是同里镇的桥中之宝,被视为是当地的吉祥圣物。这三座不同形态的石桥,跨于竹行街和富观街之间的三条河流交汇处,呈"品"字状排列,自然形成环形街道,在方圆 50 米之间,一览无余。沿河青石驳岸,岸边合欢,女贞临波倒映,两岸筑有花岗石栏,河中船来船去,悠然自得;桥上人来人往,笑语荡漾;水木清华,秀色可餐。人在其中诸虑尽消,成为古镇一道独特的风景。

同里有着优美的环境,同里人更喜欢"走三桥",从旧时一直延续至今。镇上居民婚娶、寿诞、升迁、科中都要过三桥。婚嫁时新娘子坐在花轿里,在欢快的鼓乐鞭炮声中喜气洋洋的通过三桥,唱喜歌者长长地念着"太平—吉利—长庆";凡老人在 60 寿辰时,午餐之后也必须去"走三桥";小孩满月,也要由舅舅抱着撑着阳伞,走一番三桥,都是图个喜庆吉利,象征着幸福美满。

三桥当中,以太平桥为首,跨于东柳、漆字两圩。初建无考,里人范景烈重建于清乾隆十二年(1747),后于嘉庆二十三年(1818)重修,光绪二十八年(1902)再建。桥为梁式石桥,小巧玲珑,桥上有对联一副,联曰:

永济南北太平路;落成嘉庆廿三年。

桥联既道明造桥者的美好心愿,又记录下建桥的年代,简洁明白,通俗易懂。

吉利桥跨漆字、稇镰两圩,处太平、长庆两桥中间。初建无考,清乾隆十一年(1746)由里人范景烈重修,乾隆四十八年(1783)里人又斥资重建。1988年,同里镇政府按原样进行重建,焕然一新。桥型为半月形的石拱桥,桥之南北两侧都有桥联。南侧一联曰:浅渚波光云影;小桥流水江村。北桥一联曰:

吉利桥横形半月；太平梁峙映双虹。

长庆桥，俗名谢家桥，跨东柳、稻镰两圩。旧名叫福建桥，又称广利桥。初建无考，明成化中期由里人陈镛、谢忱改建，清康熙三十九年(1700)重建，于同治十二年(1873)再修。1988年，同里镇政府对石桥拱面进行了加固整修。桥侧树木葱郁，古朴苍幽。桥上刻有对联一副，曰：共解囊金成利济；好留柱石待标题。桥联表明建桥者义结同心，为民造桥，功在当代，利在千秋。

"过三桥"，是同里古老的民间风俗，何时形成，难以查考。但三桥在同里人的心中，是象征着吉祥和幸福。随着时代的前进，"走三桥"的习俗也被赋予了新的内容，其歌谣为：走过太平桥，一年四季身体好；走过吉利桥，生意兴隆步步高；(亦有：官运亨通步步高)走过长庆桥，青春长驻永不老。

民间还流传着不同年龄的人"走三桥"的谚语：小把戏(指孩童)，走三桥，读书聪明，成绩年年好；小姑娘，走三桥，天生丽质，越长越苗条；小伙子，走三桥，平步青云，前程无限好；老年人，走三桥，鹤发童颜，寿比南山高；新郎新娘走三桥，心心相印，白首同偕老。

如今三桥之间整齐的驳岸上置有花岗石栏磴，古朴典雅。于吉利桥北环顾三桥，则小桥如虹卧波，水流如练，水曲风清，明净如镜，波光桥影 绿树掩映，充满了诗情画意，美不胜收。 桥

桥楼殿对联的隐秘

在河北井陉县西南有一个著名的苍岩山风景区。山谷深处的断崖峭壁间有一座石拱桥，桥上又建有一座巍峨的大殿，叫福庆寺，是苍崖山的主体建筑。这座桥长15米、宽9米，是单孔弧圈形石拱桥。石桥飞跨对峙的两崖之间，势若长虹，凌云欲飞。故有"千丈虹桥望入微，天光云彩共楼飞"的赞语。

桥上殿面宽五间，进深三间，上下两层，四面出廊，是一座九脊重檐楼阁式建筑。黄绿相间琉璃瓦顶，金碧辉煌。顶势平缓，翼角高翘而柔和自然。正脊两吻间有仙人骑龙、狮子驮塔、飞马奔腾等琉璃饰件。上檐和下檐的椽、檩、枋均绘有苏式彩画。两梢间有楼梯可以登临远眺，四周峰峦叠翠，云雾苍茫。

相传，这里是隋炀帝长女南阳公主出家为尼时修行之所。此处层峦叠嶂，危崖雄险，古柏苍郁，殿、阁、楼、台多掩映于山麓古木之间。从山脚沿石涧入

山，怪石嶙峋，白檀茂密，树根裸露，盘抱巨石，奇姿异态，宛如盆景。蜿蜒前行，有石磴360阶，拾级而上，就会看到那座飞桥之上的恢弘的大殿，在大殿的楹柱上高悬着一副用金字书写的对联。联语是：

　　殿前无灯凭月照；

　　山门不锁待云封。

这副对联，既写了寺庙周围的环境，更描述了寺庙的景况。这里的环境有"五岳奇秀揽一山，太行群峰唯苍岩"的盛名。崇山峻岭，群峰竞翠；古柏横空，重林苍郁；瀑布清泉，飞珠漱玉；殿阁楼台，巍峨壮观。晴朗月夜，银光泄地，万籁俱寂，庄严幽深，超凡脱俗，奇秀蔚然，尽显佛寺静谧的意韵，犹入瑶池仙境；山中常有雾霭细雨，更有云团滚滚，越殿穿桥，封寺锁门，雨响泉鸣，如琴击节，充满了佛寺的神秘感。

据传说，福庆寺曾一度是有寺无僧，香火零落。有一秀才来这里游览，见到这种情景，有感而发，题写了这样一副对联："古寺无僧风扫地，山林有庙月为灯"。联语虽然文词尚雅，未免有点荒凉。后来这座庙宇又兴旺起来，寺中一位叫月照的和尚，另拟了一副对联，就是现存殿前的楹联。大殿几经废兴，对联也几经重写，联语依旧。现在看到的桥楼殿前的这副楹联，是由著名学者楚图南先生于1982年重写的。字迹庄重敦厚，笔力饱满有力，整体隽永朴雅。

这副对联妙在写景，写出了福庆寺的清幽景色，同时也隐喻着一位僧人的不轨行为。

传说，福庆寺只有"一个半"和尚。原来，寺中主持有两个师傅：一个清廉寡欲，厚道心善，专心修炼，备受尊重，名叫"月照"；一个心术不正，思想淫乱，寻花问柳，被认为只能算半个僧人，名叫"云封"。这一年的中秋佳节，众僧徒焚香上供，还备下珍馐，以待赏月，但由于山间崖陡沟深，林木葱郁，通往桥楼殿的石磴路是一片漆黑，往返不便，于是建议云封师傅道："何不点红灯，既可照明，又助雅兴"。因云封和尚事先有约，心中有鬼，打算深夜趁黑溜下山去会见一个情人，若点起灯笼，恐被别人发觉，岂不坏事。因而他连忙说道："不必，不必！'殿前无灯凭月照'嘛！"小僧徒不明原因，自然心中不快。且说众僧人赏月至深夜，也已经疲乏，见此情景，月照师傅便催大家去睡觉。一守门小僧正要关门上锁，被月照师傅拦住了，说道："莫要，莫要！'山门不锁待云封'嘛！"因为月照师傅早就知道云封师傅会溜下山去做那丑事，不知何时能归，抱着"得饶人处且饶人"的态度，也就没有硬让小门僧给山门上锁。

后来，这一个半僧人的两句隐语就演变为这副妙语佳句的趣联。如今，当你踏着 360 级石蹬跋涉而上时,走到"峭壁镶珠"处(山中一处景点名)回眸一顾,再细细品味一下,自会发现其意境之美,对仗之工,用字之精,顿使你消失攀登之苦,精神为之一振。再说,若不身临其境和了解这副对联的来龙去脉,又怎能真正领略到联中的情趣和妙意呢? 🌉

今人咏桥对联集纳

改革开放以来,作为国计民生的大动脉交通事业有了蓬勃发展,桥梁建设突飞猛进,出现了一大批桥型美、跨度大、技艺精,名列世界前茅的各类桥梁。桥越多、路越畅、民越富。桥梁对联的创作更是红红火火,许多楹联爱好者、撰联高手、楹联艺术家竟相献艺,如:

江桥河桥海桥,座座桥梁连彼岸;国道省道县道,条条道路奔小康。——前程似锦(王允义)

为中华崛起,斩棘披荆,开创千条致富路;图民族富强,含辛茹苦,架起万座幸福桥。——高瞻远瞩(龚富生)

削平山岭铺大道,大道生黎民财富,富连云汉;跨过江河架长桥,长桥显神匠风流,流亘古今。——兴路富民(胡天生)

这些对联以朴素的语言,概括地描述了我国桥梁建设的状况,表述了交通职工"为中华崛起"、"图民族富强"的大略,"斩棘披荆"、"含辛茹苦"的豪迈气概,削山跨江建设"致富路"、"幸福桥"的辉煌业绩。同时,各界人士,更是纷纷撰联歌颂太平盛世,赞扬"金桥"、"富路"。

忆昔日,地惨天愁,思脱贫穷无坦道;看今朝,山欢水笑,欲求富裕有长桥。——致富有门(甘荫村)

大桥矗眼帘,朴面东风迎客醉;高路入云端,怡人美景伴车行。——龙盘虎踞(李轩才)

金桥玉路,旷世宏图雄中外;铁马碧龙,惊天伟业盖古今。——玉道威雄(熊孟强)

我国是拱桥大国,各个历史时期建成的石拱桥就有百万座之多。改革开放后,随着经济实力的增强,又有了飞速发展,2000 年 12 月建成的山西丹河石拱桥单跨达到 146 米,2003 年 6 月建成的上海卢浦钢拱桥主跨达到 550

米，均居世界同类型桥梁之首。如此众多的景观，吟诵拱桥的对联，也是菲芳纷扬，如：

彩虹越江河，祖国繁荣荣似锦；玉带飘山岭，神州景色色如春。——锦绣山河（吴德梅）

苍龙拱背，车流似水；碧玉连环，船队如龙。——玉带金桥（谢传善）

曲拱卧江心，舟行似箭；长虹横天外，车涌如潮。——天堑通途（李锦辉）

国力的增强，科技的发展，使我国的桥梁建设出现了一大批大跨度、高强度、轻质量、外形美的斜拉桥、悬索桥等桥型。在长江、黄河、黄浦江、珠江上……特大型桥梁如雨后春笋的不断出现，多项科技处于世界领先地位，成为了现代大型桥梁博物馆和展现时代感的平台。这些桥有的一塔双索、有的双塔双索，有的像竖琴、有的像扇面，在阳光照耀下、在彩灯映射下、在风力吹动下，有声有色有灵性，美不胜收。为此，楹联界礼赞不绝。

双塔凌宵冲薄雾；一桥渡水卧长虹。——风平浪静（刘新民）

竖立琴弹流水曲；斜拉索锁大桥横。——江上妙韵（白启寰）

虹贯扬雄威，浦江添胜景；桥斜寄壮志，华夏起宏图。——浦东通途（杨浦大桥）（赵义柏）

对对斜拉，硕硕铜琶连广宇；双双直竿，高高铁塔插长空。——天琴落地（巫祖才）

雾净匡庐，无边春色来三楚；波腾赣水，不尽车流过九江。——长虹卧波（九江大桥）（刘多寿）

冰城舞彩虹，紫电青霜龙摆尾；松水悬金带，红梅翠柏鹤昂头。——舞凤腾蛟（松花江大桥）（张贵权）

把酒对东风，庆金桥高架，富路纵横，车水马龙兴百业；开怀朝北斗，喜皓月徐升，繁星闪烁，男弹女舞乐丰收。——万民同欢（甘荫村）

使人欣慰地是，在这太平盛世，联坛艺人尚不忘国耻，纪念英雄：

月色芦花依旧在；民仇国恨不能忘。——万古难消（吟卢沟桥）（季复春）

滚滚东流，千载涛声呼勇士；匆匆北上，十三铁索渡英雄。——飞夺天险（咏泸定桥）（季复春）

幸卢沟洗清国耻；凭铁索壮大军威。——耀我中华（徐鹏九）

十、科技与桥

中国古桥之王——赵州桥

在我国桥梁建筑史上,最值得大书特书的是拱桥,尤其是石拱桥。它历史最久,分布最广,工艺最高,寿命最长,数量也最多,历朝历代建筑的石拱桥约有百万座之多,其代表作就是河北赵县的安济桥,俗称大石桥,多称赵州桥。它是我国现存古桥中最为古老,也是最有名的一座桥,是我国桥梁建筑的瑰宝,被誉为是"天下第一桥",也有人称其为"桥梁之王"。它在工程技术上和建筑艺术上都达到了很高的成就,在世界桥梁史上占有很特殊的地位。

大桥的设计与建造者以最普通的石料和最简单的几何线条,把一座方便人行和车驶的石桥装扮得那么空灵秀逸,玲珑剔透,大拱如半月,小拱巧飞旋,似玉龙饮涧,若长虹悬空,不得不使人惊叹它的鬼斧神工之妙。美国建筑师伊里莎白·莫斯克在他的《桥梁建筑艺术》一书中,这样赞美赵州桥:"结构如此合乎逻辑和美丽,使大部分西方古桥,在对照之下显得笨重和不明确。"英国科学史家李约瑟博士有过这样的评价,说赵州桥"显然形成了一个学派和风格,并延续了数世纪之久";"弓形拱是从中国传到欧洲去的发明之一"。

赵州桥建于隋代开皇十一至十九年(591~599),由建筑大师李春主持建造,距今已有 1400 多年的历史。桥总长 64.4 米,宽 9.5 米,主桥孔净跨为 37.02 米,是我国乃至世界最早的单孔敞肩石拱桥。它跨越河北省赵县城南 5 里处的洨河,建于隋代的皇道之上,相当于今天的国道。南连东都洛阳,北达涿郡燕京,成为了"坦途箭直千人过,驿使风驰万国通"的要津,不仅为一般老百姓所使用,更为皇家官宦出行提供了方便。而且桥的造型美观,坚固耐用,有着多方面的科学性、独创性。

其一,跨度大而弧形平。其 37.02 米的跨度,在我国保持了 1300 多年的记录,而拱矢(从拱顶到拱脚水平垂直距离)却只有 7.23 米,矢跨比达到

1：5.12,桥高比拱弧的半径小得多。它打破了我国圆形拱与半圆形拱的惯例,增大了流水量,减低了桥的坡度,在桥形上显得稳重轻盈,雄伟秀逸,在实用上,行人可以轻松地过桥,车马可以畅行无阻。

其二,采用了敞肩拱。一般石桥的拱肩都是实心的,而赵州桥在桥的两端石拱上又辟了两个圈洞,成为敞肩。靠桥堍的那对小拱跨径是3.81米,靠拱顶的那两个小拱跨径为2.85米。它既可减轻自身的重量,约节省石材200多立方米,又可增大通水面积65%,便于泄洪。敞肩拱设计更符合结构力学的弹性拱理论,由于采用了敞肩拱使拱轴线和恒载压力线甚为接近,使拱圈各个横截面上均匀受力且很少拉力,大大提高了拱圈的承受力和稳定性,是造成拱圈千年不坏的一个重要原因。在世界上数以万计的古代石拱桥中,拱轴线与恒载压力线比较接近的桥占极少数,而赵州桥能达到二线接近,在当时的条件下,的确是工程技术上的一个奇迹。也是世界桥梁史上的一个首创,比欧洲同类桥型早了700年,而他们建造的桥都早已毁坏。

其三,采用纵向并列砌筑法。整个桥面28道拱圈,每道平行并列排置,各道拱圈都能独立支持桥上的载重量。如有拱圈损坏,可以单独修理,而不影响整个桥身的安全。每道拱圈宽约35厘米,长度为70～109厘米不等。还有9根铁梁横穿在桥拱上,石与石之间均有腰铁相连,增强了桥的坚固性,这些都是赵州桥千年不毁、能够抗击8级地震的重要原因。据记载,1400多年来,赵州桥经历过10次水灾,8次战乱,多次地震,仍安然无恙。著名桥梁专家茅以升说,先不管桥的内部结构,仅它能够存在1400多年就说明了一切。

其四,采用天然地基。经挖掘发现,桥台是建在天然的粗沙土上的,主拱起拱线下只有五层单铺的石料,共1.49米。经计算,桥的反映力每平方厘米是4.5～6.5公斤,这种天然的地基完全能承受大桥的载重量。

其五,有精美的雕刻。全桥44根望柱、42块栏板以及其他部位上都有精美的雕刻。有狮首石像、龙头锁口、竹节花纹,精致秀丽,花团锦簇。尤其是栏板上的浮雕,刻的是鳞甲披身,神态各异的蛟龙,有的出云入水,有的盘曲飞舞,诚如古人诗文所赞的"若飞若动",充满了神秘色彩和想象活力。

赵州桥还有几处特殊的雕刻,即在桥面上的驴蹄印和车道沟以及桥下的手掌印,它们被神化为是仙迹,其实都是有科学道理的,它们是行车安全和修桥支撑标志。

整个桥形在庄重中透出轻盈,在雄伟中不乏壮丽,真如"初月出云,长虹饮涧",是一座把高度的科学美、技术美和艺术美融为一体的桥梁精品。有诗赞道:"车马人千里,乾坤此一桥;良工玄绝代,巧构称殊标。"因此,1961年,赵州桥被列为第一批全国重点文物保护单位;1991年还被中、美土木工程学会授予"国际土木工程里程碑"的荣誉称号,立石碑予以表彰,成为了与伦敦铁桥、巴黎埃菲尔铁塔齐名的世界建筑史上的三大杰作之一。

赵州桥走过了1400多年历史,可谓是桥中的老寿星。它除了桥面经常换修及桥栏迭有更换以外,桥梁的主要部分一直到解放时都没大修过。28道主拱,除了西边5道拱圈在明朝末年倒塌,以及东边3道在清朝塌落而换新之外,其余20道拱圈仍是隋朝原物。在这漫长的岁月里历经了无数次车辆重压,经受了成年历月的风化腐蚀,遭受过多次的洪水冲击和兵燹侵害,却风采依旧,因此是人间奇迹,是中华民族智慧和技艺的丰碑。

传统的石拱桥在解放后获得了飞跃发展。1959年建成的湖南黄虎港桥,以单孔60米的跨径,打破了赵州桥保持了1300多年的大跨径的纪录;1961年,在云南省南盘江上,建成了跨径112.5米的长虹桥;1972年,在四川省建成的单孔九溪沟大桥,跨径达到116米;1991年建成的湖南省凤凰县乌巢河桥,单跨120米;……2000年建成了山西省丹河石拱桥,主跨径是146米,再次成为世界之最。昔日李春的科技成果,在中华大地上不断地延续。 桥

不知谜底的江东桥

在我国古代,有一座既长又大又重的石梁桥,也是世界上既长又大又重的石梁桥,它便是我国十大名桥之一的江东桥。我国桥梁界泰斗茅以升称这座桥是一个建桥史上的"奇迹",世界著名的科学家、英国剑桥大学李约瑟博士在《中国科技史》中介绍江东桥时说:"在中国及世界上任何地方都找不到同它相比的大桥"。

江东桥位于福建名城漳州东20公里处的公路上,原称"虎渡桥"。建于宋嘉熙元年(1237)。全桥长360米,19孔,各孔跨径不一,最大跨度21米。每节桥用三根石梁并列接铺,每条石梁宽、厚在1~1.7米之间,长21米,重量都在100吨以上,最重达207吨。如此巨大的石梁,其架桥技术的难度可想而知,它同埃及金字塔之谜一样,令人惊奇不已,700多年来,吸引了众多的中外旅行家、桥梁建筑家前来考察探索。于是引出了一系列的传说和科技之谜。

一、桥址的选定是因为老虎渡江吗？

江东桥所在的这一段江面，古为渡口，于两山对峙间，地势险要，水流湍急，驾舟过渡，稍有不慎，便会葬身鱼腹，令人触目惊心。因而，从宋代以来，此处一直是兵家必争之地。在建桥时，因水急势险，桥墩屡建屡毁，使工匠们十分着急。有一天，桥工忽见一只大老虎背着一只小老虎过江，游过一段急流，便休息一会，反复多次，终于游过了对岸。工匠们十分惊奇并受到启迪，便寻着老虎游过的路线探测，发现老虎过江时休息的水底有坚固的石阜。于是，便选址筑墩，桥基安固，故此桥名为"虎渡桥"。古人在《读史方舆纪要》中所载老虎负子过江的说法是否可信？工匠们又是根据什么选定桥址的呢？

二、滚木运梁，涨潮架梁的说法能否成立？

在运输工具和吊装设备十分落后的情况下，一条条100～200多吨重的巨大石梁是如何运到江边？又是如何架到桥墩上去的？我国桥梁界先辈罗英曾提出，此桥是仿效"昭功敷庆神运石"法运输的。具体做法是先把石梁各面磨平，再用杂泥塑成圆柱形，等晒干坚固之后，以大木为车，送上特别的大船，运到工地后利用潮汐涨落而架设于桥墩上。这一说法得到不少专家的支持，但也只是一种猜想而已，并没有见到什么历史记载。那么，究竟是如何运输和吊装的呢？

三、石梁的长度是怎样计算出来的？

此桥最大跨度是23.7米，宽1.7米，高1.9米，重达207吨，按现代力学的理论计算，自重在跨度中产生弯曲拉力刚好接近该梁石料的极限抗拉强度，如果江东桥跨度再大一点，它就会因自重而断裂。在没有精密科学仪器设备的古代，其设计水平是如何达到如此精确的程度呢？在科学史上，吉拉德的第一本材料力学著作问世于18世纪末，而江东桥远在700多年前就从实践上解决了梁桥的弯曲理论，对此，至今仍是一个谜。

这些有趣、深邃的科技之谜，足以说明我国古代科技水平的高超。但是，是如何达到这一水平的，是很值得进行探索的。著名科学技术史教授、英国的李约瑟教授对此惊叹不已，他搞不清楚中国人如何在这么早就掌握了这一数据。他想知道是否经过多次失败后，从实际经验中得出来的，还是在采石场进行过专门的试验。其实，这是中国人在同石头打交道中总结出来的科学，它或许没有明确的公式和数据，但是，在年年月月采石、加工的过程中，石工们对石头的性能、质量了解得很清楚了，经验的积累使石工们达到了可以凭自己的直觉来确定石材的长、宽、高的最大限度，而且达到了万无一失的化境。

洛阳桥的三个首创

洛阳桥是我国古代著名桥梁之一,也是我国最早的跨海大石桥。该桥位于福建省惠安县洛阳镇洛阳江上,又称万安桥。宋代之前这里是一个渡口,名叫万安渡。唐代时已是我国的一个重要港口,由泉州运往北方的物资都要经过万安渡,并与30多个国家通商。因这里处在江海浪潮的交汇处,在宽达5里的喇叭口上,每遇飓风,渡船颠翻,人多溺亡、物运受阻。当时,民众官绅、内外商客都希望在这里造桥,以图"万安"。

我国古代在建造洛阳桥以前,尚没有在濒临海湾、水深面宽的江海交汇处建过永久性桥梁。在这样的条件下建桥,工程极为艰巨。据史料记载,洛阳桥从宋皇祐五年(1053)开始兴建,到宋嘉祐四年(1059)建成,整整用了6年8个月的时间。当时桥长1200米,宽5米,共有46个桥墩,47孔,跨径8米;桥上建有7座石亭,9座石塔;还有500个扶栏,28个狮子,据说这是为纪念500个桥工和28位建桥技师而特别设计的。全桥耗银1400万两,规模极为宏大,是古代著名的梁式长桥。故有一个说法:北有赵州桥,南有洛阳桥。

洛阳桥的建造,集中了古代桥工的高度智慧,在中外桥梁建造史上是一次重大突破,其中一些举世瞩目的成就,为泉州及其他地区建造海湾大桥提供了勇气、经验和技术。自此以后的一二百年中,在我国许多地区,特别是福建省建造了数以千计的中长石桥。从而有了"闽中桥梁甲天下"、"泉州桥梁甲闽中"的声誉。

洛阳桥其技术成就突出地反映在三个首创上,即"筏形基础"、"种蛎固基"、"浮运架桥"。

首先是"筏形基础"。所谓"筏形基础",是在江底沿着桥梁中线抛投大石块,并向两侧展开到相当的宽度,成一横跨江底的矮石堤,作为桥墩的基址,然后叠砌桥墩。设计者利用当地石料丰富的有利条件,大胆地运用了现代建筑学上称之为"筏形基础"的技术,这在当时世界上是一个首创。这一技术,是在宋朝以前一直沿用的"甃石作浮桥"的基础上加以发展的。洛阳桥的筏形桥基,宽度约达25米,长度500余米,高度因河底各处深浅不一而有高有矮。这一技术,在近一百余年来的一些现代桥梁建设中也多采用,当然在技术上要比那时完善得多了。

　　其二是"种蛎固基"。牡蛎是一种生长在浅海地区的贝壳类软体动物,其附着力很强,每 1.25 毫米能承受 100 公斤的压力。它与附生物胶接一体,不再分离。它的繁殖力也很强,成片成堆的牡蛎无孔不入地在海边岩礁间密集繁生,可以把松散的石块胶结一体。利用这种办法能使石堤相互连成一体,传说这是采纳了当地渔民的意见而使用的。据《福建通志》载:蔡襄"以蛎房(即牡蛎)散置石基,盖胶固焉。"洛阳桥的石墩不是按照宋以前,或其他地区那样外围砌筑块石或条石中间用大小不等、强度不一的碎石和砂土等填充的办法;而是用整条大石,一层纵、一层横垒置,靠自重相互挤压而成。然后用种植牡蛎来加强石料间的固接。这是因为当时石灰浆在水中不能凝结;用腰铁等办法来连接石块,很快会被海水腐蚀。以"蛎辄封之",在桥梁史上独树一帜。桥基虽历经千年风浪的侵袭,至今安然不动,开创了将生物学用于工程的先河,成了千古建筑史上的佳话。为了维护洛阳桥的安全,桥梁附近禁止捕捞牡蛎,在明清时期就成为代代相传的乡规民约。

　　其三是"浮运架桥"。即利用潮汐涨落运石料、架石梁的方法,后人称之为"涨舟弦牵"的建桥技术。洛阳桥的石梁共有 300 余块,每根石梁长约 12 米,宽厚均在 0.5 米以上,重 7~8 吨。还有数以万计的桥墩、栏杆条石。宋代运输工具还较简陋,更无吊装设备,是如何把这么多石料从采石场运送到建桥工地并架设起来的呢? 具体方法是,在造好桥墩后,把经过加工好的长度相当的巨大石梁先装于大船面上,待海水涨潮时,装石梁的船即开入两礅之间,对准预先计算好的安放石梁的位置,将船锚定。等潮水退下时,石梁船船身渐低,使石梁稳稳地搁置在石墩上规定的地方。明代周亮工的《闽小记》称这种方法为"激浪以涨舟,悬机以弦牵"。今天,浮运架桥的方法在国内外已被广泛采用,并可架设重达数千吨的整孔钢桥,超过洛阳桥的石梁数百倍。可是不能忘记,首创浮运架桥技术的是中国洛阳桥的工匠们。

　　洛阳桥建成后,服役了近千个春秋。它经历了无数次兵燹之祸、飓风地震之灾,大修与重建达 17 次之多,间隔最长的时间约为 171 年。为了"万安",在桥的周围建有盔甲武士、观音庙和各种形式的佛塔、佛殿。洛阳桥还是抗击倭寇、海盗的桥头堡。在桥的周围,建有许多石像、石亭、石狮、碑记等,雕刻精美,堪称精品;还有祠、庙、庵等,附属文物甚多。洛阳桥边风景颇为壮丽,"洛阳潮声"为泉州胜景之一。这里是著名的文物与旅游胜地。

　　现存桥梁基本上是乾隆二十六年(1761)时修筑的。1932 年因修泉惠公路,在原石桥上添架钢筋混凝土桥面,改为公路桥。抗日时期遭日军破坏,解放后多次进行修缮。1962年堵塞14孔改为路。现桥长834米,宽7米,桥柱高1.05米,尚存船形桥墩31座。1987年被国务院定为全国重点保护文物单位。 ⑯

古代最长的石梁桥——安平桥

安平桥是我国古代乃至世界上最长的海湾石梁桥,长达5华里,工程浩大,工期漫长。这座桥位于福建省泉州安海镇,跨越在晋江与南安二县交界处安海港的海湾上,始建于南宋绍兴八年(1138),建成于绍兴二十二年(1152),长达14年之久。

据《石井镇安平桥记》载:"绍兴八年僧祖派始筑石桥,里人黄护与僧智资各施万缗为之倡,派与护亡,越十四载未竟,绍兴二十一年郡守赵公令衿卒成之。"安平桥长811丈(折算为2500米),宽1.6丈,酾水362道,在古代石桥中,可谓首屈一指。当时的泉州郡守赵令衿在《咏安平桥》诗中云:"玉帛千丈天投虹,直栏横槛翔虚空。"足见其雄伟壮观的景象。因桥长达五里之多,俗称五里桥。

安海港又称安平港,是宋元明时期泉州地区与海外交通的重要港口,对外贸易十分繁忙。南宋迁都杭州后,这一地区的海外贸易发展更快,自南宋初到绍兴二十一年(1151)仅20年左右的时间中,外贸税收从每年平均14万缗激增至近百万缗之多。对外贸易的迅速发展急需要建桥,也为筹建大桥提供了资金。

建于洛阳桥之后的安平桥,其桥基仿照了洛阳桥的形式,采用了筏形基础。桥墩仍用条石纵横叠砌而成,墩宽1.8~2米,墩长4.5~5米。桥墩设计很有特色,是根据不同的通水要求,在不同的位置选择梭形、船形、长方形三种。桥墩两端都要迎水、且水流都急,采用梭形桥墩,以减轻潮水对桥身的冲击;在一边水急、一边水缓的港道中,采用船形桥墩,即上游一端呈尖形,下游一端为方形,以利于泄水;在桥的上下游水浅流缓的地方,则采用长方形桥墩,以增加桥的稳定性。桥墩之间一般相距6~8米,最长的11米。桥面是每两座桥墩之间用4至7条巨大的花岗岩石梁拼成,石梁长7~11米,宽0.6~1米,厚0.5~1米,每根石梁重10~13吨,其中最大的石梁重达25吨。安平桥是漫水桥,潮涨时水从桥上漫过,原桥不设栏杆,别具一格。

安平桥是我国历史上保存下来的最长的石梁桥。当时及以后一段时期,福建一带对安平桥和其他的石梁桥评价很高:"论功不减商舟楫,遗利宜书汉平准",把造石桥的功益,比之于殷商时期运输财货的舟楫,和汉代为发展经济所采取的行政措施。

安平桥因桥较长,故在桥上建造了五座凉亭,以便行人休憩。其中水心亭最大,居桥的中央,故亦称中亭。其周围保存有历代重修碑记13座,亭前两侧立着两尊石刻武士像,手执利剑,风格古朴,是宋代石刻。亭柱上有一副对联:"天下无桥长此桥,世间有佛宗斯佛"。门联、眉联上还刻有"水映无心"、"水秀山明桥跨海"等。原桥两侧水中筑有对称的四方石塔4座,圆塔1座,现均已损坏。在桥东头250米处,建有一座五层六角木结构宋塔,高22米,外饰白灰,俗称"白塔",桥上过去还有石狮及蟾蜍等雕刻。大桥因受巨浪、台风及地震的破坏,明、清两代曾六次重修。安平桥一桥跨两县,中亭是晋江与南安二县交界处,这种情况也不多见。清朝时因两县争地盘,使中亭也受到损害,重新划界才得以重修。

1957年和1979年经调查实测,桥长已缩短为2070米,桥墩为331个,少了30个,其中有方形墩259个,船形墩45个,梭形墩27个。部分桥墩已成了安海镇的街道。沧海桑田,随着时代与地理的变迁,安海湾逐渐被泥沙所淤积,桥下是一片田园景象,海上桥几乎变成了陆上桥。

改革开放后,海外侨胞纷纷回乡探亲,侨乡日益兴盛,对安平桥的状况也很关心。为保护国家重点文物和发展旅游事业,晋江县人民政府筹资百万元,于1981年动工,对安平桥进行了大规模的维修。在沿桥梁两边数十米的范围内挖沙灌水,要把"陆上桥"恢复为水上桥,残缺的石墩石梁按原样修补整齐,桥面上还添加了石栏杆,基本恢复了原貌。现桥长为2251米,宽约5米,桥墩331个,并把附近地区扩建为游览区。1961年3月,安平桥被国务院列为国家重点文物保护单位。🌉

现存最长的薄墩联拱石桥——宝带桥

宝带桥位于苏州城东南8公里处,横卧于京杭大运河与淡台湖之间的玳玳河上,与东侧的运河平行。它同赵州安济桥、北京卢沟桥等,并称为我国的十大古桥之一,也是世界上现存古桥中桥身最长、桥孔最多、桥墩最薄、结构最轻的一座多孔联拱石桥。它主要用于拉纤挽舟,故桥面平坦,静卧在碧波万顷之中,形如玉带,飞若彩虹,蔚为奇观。

从隋唐开始,京城的粮食供应均依赖于江南漕运。为了提高运输的速度,保证秋冬季节满载皇粮的漕船能顶风北上,人们多在运河边设立供纤夫使用的挽道。而淡台湖是太湖水流向运河与吴淞江出海口的主要通道,因为排洪与调节运河水位的需要,又不能填土修挽道,于是便以桥代道,修建跨湖口的长桥。宝带桥过去一直是苏州通向杭、嘉、湖地区的陆路要道。

宝带桥始建于唐宪宗元和十一年(816),在其后 400 余年间,多有兴废,屡毁屡建。南宋理宗绍定五年(1232)重建一次。明正统年间再次重修,史称:"洞其下,凡五十有三,而其中之三,以通巨舰。"在清代就重修过 4 次,康熙九年(1670)大水冲毁,十二年(1673)重修。同治二年(1863),清王朝勾结帝国主义的洋枪队镇压太平军,英人统领戈登下令拆去第九孔,结果北端 26 孔连锁倒塌,同治十一年重修复航。1937 年"八一三"事件中,日寇飞机又炸毁南端 6 孔,1956 年修复,1982 年再度维修。

宝带桥共有 53 孔,全长 317 米,桥面宽 4 米,北端引桥 23.2 米,南端引桥 43.8 米,桥堍处为喇叭状,宽 6.1 米。全部采用坚硬的金山石砌筑,简朴奇巧。南北两端,各有石狮一对,桥北端有一座高 3 米的石塔,在 27 孔与 28 孔之间,也有同样的石塔一座。在桥的北端还有石制碑亭一座,单檐歇山顶。这些附属建筑,使宝带桥较为平实的轮廓线增加了起伏,景观更加丰富,也见证了千年的历史。碑上刻有清代文人陆世仪的诗一首:"淡台湖水绿如油,宝带桥平足练浮;好种碧桃三万树,年年花里作春游。"

关于宝带桥的取名,还有一段动人的故事。在唐宪宗元和年间,苏州刺史王仲舒,看到这里贸易繁忙,舟楫颇多,在京杭大运河之西淡台湖畔,"风浪冲激","不利舟楫",经常发生事故。所以决心进行治理,"先筑堤障之,以为挽舟之路","然河之支流。断堤入吴淞江以达于海,堤不可遏,于是建桥"。由于耗资巨大,王仲舒毅然捐出自己的玉质宝带,此举使当地的士绅、百姓深为感动,纷纷慷慨解囊,终于在三年之中造好了此桥,并将此桥命名为"宝带桥"。

宝带桥的建筑艺术十分突出。如此长桥,没有采用冗长繁复的厚体墩,而是采用了小跨径联孔薄墩的结构,拱圈多达 53 孔。用低平的造型,不仅减轻了桥身的自身重量,而且增大了排水面积,有利于流水泄洪的通畅,以保证桥体的安全。人走在桥上也异常平稳。这种创造性的结构,经受了漫长历史的考验,在国内石拱桥中为仅见。

宝带桥拱圈多,跨径并不一样。除第 14 孔到第 16 孔的中间 3 孔外,平均为 4.6 米,桥从 13 孔开始逐渐隆起,第 14 孔和第 16 孔跨径增大到 6.5 米,到第 15 孔为最高点,跨径达 7.5 米。大孔拱圈石厚 20 厘米,小孔则为 16～18 厘米。这种设计便于通行大船,又使桥身的造型富有变化。宝带桥各孔的形状都接近于半圆,矢跨比(孔高与孔径之比)约为 1：2,属于陡拱。宝带桥中间三孔的弓形弧线与两端平直的长桥的对比,加上江南水乡奇山翠湖的映衬,使这座长桥造型确像一条"玉带"静卧于波光粼粼的水面上,因此自古就被人称之为"长虹卧波"、"鳌背连云",有很强的艺术感染力。

宝带桥在结构技术上也有特殊的考虑,它采用了截面较小的柔性墩。桥墩非常薄,只有 60 厘米,与最大跨径相比接近 1：12。这类柔性墩易变化,它的每一个桥墩都靠两边拱脚传来的大小相等或相近,而方向却相反的水平推力来保持平衡。根据这一平衡原理大胆创造的薄型桥墩,比墩厚的石拱桥进步了许多。每个桥墩的拱脚处,薄薄的墩石飞出两条弧线,就像一朵朵盛开的鲜花,使全桥显得轻灵秀气,使坚硬沉重的花岗石在古代能工巧匠的手中变得柔和、轻盈、俊美。这种薄墩拱桥比欧洲要早数百年,乾隆五十八年(1793),英国使臣乌戈尔尼路经姑苏看见此桥时,惊叹道:"奇迹"! 他的同伴麦劳氏在其著作《中国旅行记》中说:"此种世界不多见之长桥,是一座不可思议的建筑物。"

须知,相邻两孔的推力相互平衡,如一孔塌崩,和它相连的两个桥墩就会失去平衡,也要倾毁,而且还会发生连锁反应,甚至全桥尽毁。为了防止这种情况的出现,设计者们筑造了"单向推力墩",即把从北端起的第 27 号桥墩做得特别坚固,比其他桥墩厚一倍,这比最早提出单向推力墩理论的法国桥梁大师简·佩罗奈特早了 200 多年。

大桥本身又与秀丽的江南水乡相映衬,构成一幅图画般的美景。桥的孔洞与水中倒影,虚实交映,成为一个整圆不断连环。每年农历中秋,皓月当空,映入湖面,当月亮升到一个特定位置时,月影正好与桥影相并,于是,在每一个桥孔下面都会出现一个月影,从远处看去,一串月亮如宫灯般映于碧波之上,被称作"串月奇景"。清代沈朝初有词《忆江南》云:"苏州好,串月有长桥。桥面重重湖畔阔,月亮片片挂轮高,此夜爱吹箫。"

泸定桥的铁索架设之妙

　　毛泽东同志在长征中走过大渡河泸定桥时,曾向战士提问,铁索那么长、那么粗、那么重,是怎样从这边拉到那边的呢? 这的确是一个科学技术问题。泸定桥是我国现存最古老的一座铁索桥,在建筑技术上有着卓越的成就,屡次在世界桥梁博览会上亮相。它的架设充分反映了我国劳动人民的聪明才智和坚忍不拔的精神。它比美洲建造的第一座铁索桥的时间早 96 年,比欧洲1741 年建成的铁链吊桥早 36 年。

　　泸定桥位于四川省泸定县大渡河上,康熙四十四年(1705)动工兴建,康熙四十五年(1706)建成。全长 123.42 米,跨径 100 米,宽 3 米,高 10 余米。全桥由 13 根粗大的铁索组成,其中 9 根铁索并列放置于底部,作为承重;索间距离为 33 厘米,每隔 5 米由一根小铁索横联;铁索间还用上下两块铁夹板把 9 根底索锁住,每头各有三处,间距 2～2.8 米。两侧的 4 条铁索同底索用吊钩螺丝联在一起,作为两旁的栏杆扶手,起保险作用。铁索两头均系在两岸的桥台后面,桥台用条石砌筑。在 9 根底索上铺木板作桥面,木板长 3 米、厚 4 厘米,横板用细铁丝绑在索上,板缝间距约为 25 厘米。在横板之上,中间铺四道平行的纵向走道板,两边各有二道行走板,供人马通行。全桥悬挂于空中,真可谓是"横空贯索插云蹊,补天绝地真奇绝"。

　　泸定桥的铁索平均每根长 127.47 米,重 1.5～2 吨;每根铁索平均有 890 个扁环扣联而成,13 根铁索共有扁环 11571 个;扁环长约为 19 厘米,外径 9 厘米,内径 3 厘米。这种用土法冶炼的锻铁件,其强度还是较高的。有关专家做过破断强度试验。清代的链子,链环每股直径 25 毫米,破断力为 21～26 吨,约合每平方厘米 2.1～2.6 吨,已相当于现代普通钢的强度。每个扁环上都刻有打造工人的代号,以保证质量。据说,凡有断裂,按号找人,先打 200 大板再说。全桥铁索重约 21 吨,其他铁件 19 吨,共 40 吨。东西桥台上都建有桥亭,东岸桥亭铸造了长约 1 米的铁犀牛,西岸桥亭有一条铁蜈蚣,以镇水妖。桥头屋上悬有康熙皇帝所题的"泸定桥"三字匾额;桥东立有康熙《御制泸定桥碑》,记述建桥经过。

　　如此宏大的建筑,又是那么重的铁索,在数百年前缺少设备的情况下,又是在两崖陡峭、礁石锋利、漩涡湍急,每秒流速高达 6 米以上的大渡河上,其铁索是如何架设的呢？据《小方壶斋舆地丛钞·云南略考》记载及有关专家1976年的实地考查走访:造泸定桥时先以小船载铁索由东岸向西岸牵拉,由于索重水急,船还没有到达西岸就掀翻了,总是不能成功。后来,经一位少数民族僧人的指点和桥工们从攀附溜索过河的方法中得到启示,想出了一个以小牵大,以轻牵重的方法。这就是先用细麻绳系上小铁锤,甩到河对岸;然后把细麻绳紧紧系在粗麻绳上,在对岸收紧细绳,就把粗麻绳拉过河;接着,用同样的方法把绳子换成粗大的青竹索,并把竹索的两头牢牢固定在两岸桥亭的木梁上。接着,把上百只短竹筒系在铁链上,并且把竹筒全部套进竹索,同时在第一只竹筒上绑上一根长绳,把长绳的一端交给对岸的桥工。这时候对岸七八个桥工一起努力,竹筒就顺利地通过竹索滑向对岸,于是沉重粗大的铁链也就被拉过大渡河了。正是依靠这种巧妙的作法,解决了当时没有现代化吊装设备而把2吨重的铁索横跨过河的难题。

那么,铁索过河之后又是如何拉紧,使其垂度一样呢？具体作法是:铁索的西端先固定在西岸的桥台上,在东岸把铁索缠绕在两个直径约5.6米大木辊上。木辊表面上挖了很多交叉洞眼,用木棒插入,扳动木棒,使木辊滚动,铁索随之慢慢拉紧。拉紧一段,用插销插在重叠的扁环中,紧到不满一个扁环时,就用铁板条作为楔子一片一片插入隙缝中,到拉紧为止。操作这一工作需要70至80个劳动力。铁索拉紧后,把它锚套固定在桥台后面落井中的困龙上。困龙紧贴在地龙桩上(西桥台有8根、东桥台有7根地龙桩)。困龙与地龙桩均为圆柱形实棒,由生铁制成。困龙长4米,直径20厘米。地龙桩直径为14~20厘米不等,埋置在桥台下约7米,四周用灰浆块石胶固好。地龙桩埋置在离桥台顶面有5米多的地方,以便得到足够的压重。据估算,西岸桥台自重约2300吨,铁索传给桥台总拉力仅210吨,安全系数较大。利用桥台自重作为压重,来承受铁索的巨大拉力,是我国古代桥工的一个创造,也是对桥梁建造的一大贡献。

桥在静载作用下,水平中垂2.3米,而东桥台高出西桥台68厘米(这样做也有利于拉紧铁索),所以铁索在河中最大垂度偏离桥跨中5米,其垂量为1.62米,与桥净跨度相比为1.62%。铁索缺乏刚性,摇晃很大。《藏行纪程》记:"泸定桥,人马须少行,徐徐而过,多则动摇,若遇风则不可行矣。"为此,还订出行走桥上不得跳跃,不准25人以上同时过桥等规定,以减少晃动。

泸定桥铁索曾断裂过多次,因此,每三、五年就要大修一次,一年小修一次。大修时须将全部铁链拆卸,一般收到东岸。逐节检查整修,铁环若有裂缝损伤一律更换。因此,不管是断裂更换还是或大修时收索检查,都需要像建桥时在两岸桥亭上架设一根竹篾缆作为拆装铁索的吊索。由于桥梁维修长年需要篾索,当地官府特地在天全州种竹林 40 亩,以保证竹材来源。因泸定桥号称皇桥,竹林也就称为皇林了。

泸定桥是我国重要的历史文物和革命文物,解放后曾作过多次修缮,自1951 年至 1976 年期间,作过四次大修,一次小修。1977 年,国家文物事业管理局又拨款重修,加固了桥梁,改建了东西桥头建筑,并修缮了红军楼,建立了陈列馆,展出了大量泸定桥战斗史料。 🌉

炮弹飞架钢索桥

这是一个桥梁架设史上的惊人之举,但却一直鲜为人知。

墨脱,这个西藏的边远地区,一年里有八个多月是大雪封山,这是全国最后一个通公路的县。雅鲁藏布江把墨脱从头至尾劈成两半,门巴族、珞巴族、藏族同胞,世世代代都冒着极大的危险,靠牛皮筏子、走藤条笼子、荡秋千等办法在急流悬崖上过江,每年都有一些不幸的人们被雅鲁藏布江夺去生命。

1963 年 7 月,政府决定在墨脱雅鲁藏布江上架设一座钢索大桥。于是,在墨脱历史上出现了一次前所未有的壮举,在铺满鹅卵石的羊肠小道上,50名壮汉一字排开,每隔 5 米站立一人,在一呼百应中,只听一声震惊山谷的"上肩"号子,50 个肩膀同时将小胳膊粗、250 米长的钢索扛起。这真是一场坚韧与艰险的战斗。这种以钢索串起的长龙从拂晓走到黄昏,从大雪开化走到大雪封山。他们爬险坡、下绝壁,钻原始森林,闯"老虎嘴"……整整走了一百天,终于将 8 根钢索扛到岸边。8 根钢索上沾满了 50 名壮汉的皮肉和鲜血。

哪里有困难,哪里就有中国人民解放军,"金珠玛米来了!"又一个惊人之举开始了,他们要用炮弹架设这座索桥。只见他们把一门六零炮架在了江边,并把摘去了引信的弹头与钢索连接起来,以牵引钢索过江。

发射就要开始了,此刻,炮手托着这枚连接墨脱人民幸福的炮弹,心在颤抖着:炮弹要正好跃过 230 米的江面,打近了会使钢索掉进江里,那就意味着前功尽弃;打远了会使钢索飞过岸边,甚至扯断钢索,也达不到预期的目的,人们静静地等待着。

军人的准确性是建筑在科学的计算与严格的演练的基础上的。营长李春洪亮坚定地发出了一声口令:"放!"六零炮也发出了一声"轰隆"巨响,只见弹头牵引着钢索,准确地落到了对岸架设处,岸边响起了一片欢呼声。人们紧张的心情顿时沉静下来,很快又变成了兴奋与幸福的期待。

第一炮打响之后,剩下的 7 条钢索也都是顺利地送过天堑。1964 年国庆节那天,钢索大桥举行落成典礼。在行人和骡马通过大桥的欢腾声中,李春挥毫泼墨写出了"解放大桥"四个大字,石雕匠人把饱蘸墨脱官兵心血的 4 个大字镌刻在桥头堡上。

在此后的几年中,李春又带领官兵建成了月儿冬和马尼翁钢索大桥。3 座钢索大桥把墨脱连成了一个整体。然而,这种充满了神奇色彩的、独特的架桥方式,一直鲜为人知。 ⊕

建国初期桥梁建设的几个第一

新中国建立之初,百业待兴,桥梁建设也开始起步。首先是武汉长江大桥于 1955 年动工,1957 年 10 月建成通车,以万里长江第一桥的荣誉载入了中国建桥史册;接着,在不同桥型上又有了新中国第一;后来,特别是改革开放后在桥梁建设上的辉煌成就,更是一个积跬步而至千里的过程。这些是历史的亮点,不应忘记,回忆过去也很有兴味。

打破千年石拱桥记录的黄虎港桥 1959 年建成的湖南省石门至清官渡公路上的黄虎港大桥,是我国石拱桥发展史上一座新的里程碑。上部结构为空腹式等截面圆弧石拱,桥高 52 米,主孔净跨 60 米,边跨 16 米,桥面宽 8 米,总长 103 米。一举打破了赵州桥 37.02 米保持了千余年的记录,首次突破 50 米大关。

当时在深山峡谷、悬崖绝壁处建桥,不仅缺乏设备,而且缺乏钢材,自然就选择了传统的石拱桥。为拱架稳定,创造了一种拱圈分阶段、分环、分段的三分砌筑法。这座桥在设计理论、施工工艺等方面,积累了许多宝贵经验,为增大跨径、减薄拱圈等做出了贡献。从此,我国大跨度的石拱桥便在全国蓬勃兴起,主跨百米以上的石拱桥就有 10 多座,到 2000 年时达到了 146 米,不断创造世界新高,写下了光辉灿烂的篇章。参与这座桥设计、施工的人员主要有:

刘济源、王应荣、王镛生、丁祖吉、李大光、毛合璇、成圣祝、黄杰、向光湖等。

中华首创双曲拱桥 这是在特定条件下诞生的新桥型,它的创造者是无锡交通局桥梁工程队的干部苏松源和老工人蔡夕锦等。在 20 世纪 60 年代初,地处水网地带的无锡县有 3500 多座农用桥需要改造,以当时的资金、材料和施工力量计,一年只能改造 30 座,全部改造完毕需百年时间。他们在对古今拱桥考察研究的基础上,把石拱桥的结构特点和钢筋混凝土桥预制装配工艺结合起来,预制出钢筋混凝土拱形曲梁(后称拱肋),上面再砌筑横向小拱(后称拱波)构成桥面。由于这种桥纵向(行车方向)、横向(顺水流方向)均为拱形,故称"双曲拱桥",其拱圈的形状很像自行车的挡泥板。他们首先在无锡县东亭河上,建了一座三肋两波跨径 9 米、长 13 米、宽 1.5 米的试验桥,虽然体积不大,却具有较强的承载能力,能通行拖拉机和小型汽车。与同跨同宽的钢筋混凝土桥相比,节省钢筋 40%,水泥 50%。施工时一般不在河中搭支架,用空中缆绳吊装。这种桥型很快从无锡走向全国、走向世界,跨度不断增大,工艺日益完善。

第一座公路预应力混凝土桥在摸索中建成 这是一座实验桥,建筑在京周(周口店)公路卢沟桥附近的清水河上,是我国公路史上第一座预应力混凝土桥,是由交通部公路总局组织实施的。1957 年 9 月 1 日开工,1958 年 1 月 3 日建成。下部为 7 米宽的石砌 U 型桥台,上部则为做试验用的预应力混凝土装配式梁,跨径 20 米;由 6 片 T 形梁组成,每片梁有钢丝束 5 根,每根束由 43 根直径 5 毫米的高强度钢丝组成,钢丝由天津钢厂生产。

当时,公路总局对这种构件缺乏了解,组织了 8 名技术人员和工人到铁道部丰台桥梁厂学习,这个厂在预应力结构生产上已有一年多的经验。现在看来很简单的工艺,在当时都需要分成几道工序,逐项演练。这种桥型到 20 世纪 60 年代高强度钢材供应好转后,才得以推广发展。

第一座斜拉桥在"文革"中出现 位于重庆市云阳县云安镇汤溪河上的斜拉桥,上部结构为混凝土板梁,双塔双索面稀索,全长 153 米,宽 45 米,是新中国第一座实验斜拉桥。

1974 年深秋,正是"四人帮"到处疯狂地"割资本主义尾巴"和批判"白专道路"时,交通部重庆公路科学研究所的科技人员怀着茫然与追求的复杂心情来到了云安镇。带队的是年轻的桥梁专家张叔辉,同来的有工程师郭炜、张希仁,还有两位女将——丁香云、张述菊。当时世界上斜拉桥技术已经成熟,德国的一座桥主跨已达 325 米,而我国却一座也没有。于是,他们认真钻研理论与技术，精心搞设计，不在乎可能给戴上什么"白专"的帽子。在油毡棚、走廊里做实验，用一部手摇计算器完成了全部计算。从镇上找来几十个民工，就是工程队，基本操作都不会，需要一点点教起。当时都是身兼数职，技术员、工人、监理、指挥等。1975年4月很有气派的大桥展现在了盛产井盐、煤炭富庶的小镇，全镇沸腾了。20多年后，张述菊回忆说："那个时候，也不知道从哪来的那么大干劲，我们把孩子丢给婆婆就出发了。到了镇上，借条被盖就算安顿下来，晚上在昏暗的灯光下，还在想修桥的事。"当他们作这些回忆的时候，在长江、珠江、黄浦江、嘉陵江、钱塘江、海河、湖泊、海湾……一座座位列世界前茅的斜拉桥纷纷展现着雄姿。　桥

南京长江大桥的技术进步

南京长江大桥是我国自行设计、自行施工的第一座公路、铁路两用桥，位于南京市下关和浦口之间。1960年1月动工兴建，历时9年，于1968年12月建成通车。大桥的建成，为我国桥梁建筑史写下了光辉的一页，也为我国建造特大型的现代桥梁提供了宝贵的经验。大桥建成后，荣获了国家科技进步特等奖。

南京长江大桥的公路桥全长4588米，宽19.5米，双向4车道，两侧各设2.5米的人行道。公路引桥由91孔组成，南引桥1935米，北引桥1077米，由双曲拱桥以及预应力混凝土T形梁桥组成，下部结构为双柱式框架、管柱基础。大桥的下层为双轨铁路桥，全长6772米，其中江面正桥为10孔钢梁，长1576米。跨度除江北一孔为128米外，余均为160米。江中桥墩有9个，高约80米。引桥159孔，多为31.7米预应力混凝土简支梁。主桥上部结构为简支梁或连续钢桁梁，大桥通航净空24米。

首先，在基础工程方面（下部结构）有很大的突破。钱塘江大桥的桥墩基础达到50米，而南京长江大桥的施工水深达到70米，是世界上最深的桥梁基础之一。根据水文地质情况，9座桥墩的基础分别采取了钢板围堰管柱基础、重型混凝土沉井基础、浮式沉井加管柱复合基础、自浮式钢筋混凝土沉井基础等4种。其中一种浮运薄壁钢筋混凝土沉井基础，平面大小为400多平方米，相当于一个篮球场那样大；高55米，14层楼房那样高；有2万多吨重，下沉深

度需达到水下 70 多米。这样一个庞大的结构物,除底节是在铁驳船上制作外;其余部分都要在墩位附近的江水中,始终保持半浮半沉的状态下,进行拼装浇筑工作。南京长江大桥所采用的这种新颖巨型沉井基础,是这一类型基础工程的一项重大突破,当时在国外尚属少见,在我国桥梁工程中则是一个创举。

建造南京长江大桥,经历了同大风大浪、深水急流的艰难斗争。有一年 9 月,长江秋洪暴涨,江面刮起了六七级大风,风吹浪打,使大桥工程顿时处于极其困难的境地。这时,一个桥墩的浮运薄壁钢筋混凝土沉井基础刚拼装完第五节,已筑到 20 多米的高度,入水深 14.2 米,为固定沉井位置而设置的部分边锚(多为 25 吨重的混凝土锚)突然被湍急的江水破坏,总重近 7000 吨的沉井开始连续不断地摆动,摆动的最大幅度达 30 米。在摆动过程中,先后拉断了十几根锚索和一根钢丝绳缆索。沉井随时都有被颠覆淹没的危险。

在正常条件下,南京长江大桥工程中这种巨型沉井的施工已是困难重重,出现这种中外造桥史上罕见的险情,很快就惊动了中央领导,在周恩来总理紧急部署下,调集全国的专家和物资进行抢险。至于现场的工程技术人员更是不顾生命危险,夜以继日地为沉井补锚固定、坚持在吊机上紧张操作、及时供电……展开了抗击洪水的斗争。

排除险情,关键是制止沉井的摆动。开始曾试图用绞紧锚缆的办法,但锚缆随紧随断;后来又用两艘数千吨的船只制摆,也未奏效。经过研究改进,最后采用平衡重止摆,才逐渐制止了沉井的摆动。其方法是:在沉井两侧的浮船上放置平衡重,用钢丝绳把平衡重与沉井联系起来,沉井在摆动中提升平衡重,使沉井摆动的动能转化为平衡重的位能,再用卷扬机将平衡重重新放回船面。这样反复操作,让摆动的动能逐渐消耗在无数次的对平衡重的提升中。经过一段时间,沉井摆幅显著减小,再配合逐步绞紧锚索,沉井开始稳定下来。在约一个月的时间里,沉井总共摆动了 1.3 万次,摆幅距离累计达 435 公里,但它终于被制服了。

在基础浇固于岩层之前,还需进行大量彻底的清基工作,使沉井嵌进新鲜岩层,才能浇灌封底混凝土,把沉井和岩层连成坚实的整体。一个清基面达 1400 多立方米,用吸泥机吸出的最大石块重达 60 公斤。根据经验,在深水下进行清基工作,一般要采用沉箱基础(因在沉箱内可用人工操纵清岩机进行清岩),因而,在使用各种机械设备完成清基工作后,还需通过潜水员下潜进行检查。这里,又遇到了深潜水的难题,下潜超过 45 米,会导致潜水人员知觉失灵,危及生命安全。

　　在周密准备、反复演练和严格的技术操作管理下,潜水员安全地突破了 45 米"警戒线",在水深 60～70 米范围的江底,摸遍了 400 多平方米沉井基础底部的每一寸地方,用特制的钢尺测量了 370 多个测点,查清了基岩清除情况。他们以普通的潜水设备,创造了潜水史上的奇迹。

　　南京长江大桥的建设也促进了我国特种钢材的生产和造桥设备的提升。大桥的上部采用了钢桁架结构,大桥正桥 10 孔中有 9 孔跨径达 160 米,是当时国内最大跨度的钢梁,每孔钢梁重 3000 多吨,采用悬臂法拼装架设。这种钢梁要求钢材具有较强的韧性和能承受较大的应力,才能在施工时基本保持平直悬伸和完工后承受车辆的巨大负荷。我国当时还没有生产过这种钢材,根据合同由前苏联供货,但他们却单方面撕毁了合同。这没有难倒中国人民,鞍钢的领导、科技人员和工人,经过两年多紧张的试制,终于造出了一种高强度低合金钢。这种钢每平方毫米能承受 33～35 公斤的拉力,强度比武汉长江大桥用的钢材提高了 30%,为我国架设大跨径钢梁奠定了坚实的物质基础,使我国彻底摆脱了大型钢梁用材依赖国外供应的局面。建造武汉长江大桥时建造的震动力 120 吨的打桩机,当时在世界上是最大的;在南京长江大桥工程中,为了下沉更大的管柱基础,又设计制成了震动力为 250 吨的打桩机。为凿岩用的大型钻机装备了 7 吨重的大钻头,比武汉长江大桥用的钻头提高了一倍,这在当时国内也是第一次制造使用。

　　大桥建成后,经过 12 级以上的台风袭击,又经历了一次地震余震,还有多次船舶的撞击等,在大桥建成 30 年时,进行了一次全面测试,权威专家认为南京长江大桥还可以使用一百年。 🌉

刚柔并济的洛溪大桥

　　获得国家设计金质奖和工程银质奖的洛溪大桥,位于广州市南郊番禺县境内,是广州至番禺公路横跨珠江主航道沥滘水道的第一座特大型桥。该桥是港澳爱国知名人士何贤先生生前首倡,省交通厅和广州市政府大力支持并给予部分投资,霍英东、何添和已故何贤先生等诸贤达给予赞助,由番禺县政府集资兴建。1985 年 9 月动工,1988 年 8 月 28 日建成通车。

　　全桥总长 1916.04 米（主桥长 480 米，北引桥长 674.02 米，南引桥长 762.02 米），桥面宽 15.5 米，设计荷载汽车—20，挂车—100，人群荷载 35kN/m²。为降低引桥高度，达到"主桥要先进，引桥要经济"的建桥原则，除引桥采用广东省常用的经济跨径 30 米的预应力 T 形梁和 16 米的钢筋混凝土简支梁外，还将主桥桥面设计成 4% 的纵坡，坡顶在主跨 180 米合龙段的中间，以使引桥可适当降低高度，达到了经济合理的原则，全桥总投资 8100 万元人民币，其造价在当时来说也是比较低的。

　　主桥采用预应力混凝土连续刚构，它的形式与 T 形刚构类似，但为多孔连续，跨中不设挂梁式剪力铰，也不设置巨型支座，而是将梁与墩身采用刚性连接的整体结构。主桥全长 480 米，主跨 180 米，建成时居东南亚首位、世界第六位，在中国是首次建造。采用单箱单室薄壁截面，以保证单位面积的惯性矩。箱根部梁高采用 10 米（边跨采用 4 米），为主跨的 1/18，跨中梁高均采用 3 米。通航净高 34 米，净跨 120 米。跨径布置为 65＋125＋180＋110 米，是一个不对称的四跨连续刚构。除与引桥连接处的两端设置伸缩缝外，在主桥全长范围内的上部结构及其与双柱墩身的连接全部采用刚性连接，无伸缩缝。因而使主桥总体设计从大跨径、长悬臂浇筑、大吨位后张预应力群锚体系、双柱式主墩和大型防撞人工岛等方面，体现了整个设计构思的先进性。

　　由于下部结构为双柱式桥墩，在其上直接架设单箱单室薄壁截面梁，整桥显得体态轻盈，安全适用，技术先进，造型美观，线条流畅，气势雄伟。而且在整个施工过程中，面对猛烈的台风和龙卷风的疯狂袭击，由于精心管理，工地未发生任何人身死亡事故和质量事故。全国土木工程学会桥梁会议的专家学者对洛溪大桥的评价是："造型美、技术新、质量好、速度快、造价低"。大桥在建设单位、设计单位和施工单位互相团结协作、紧密配合下，结出了工程质量优秀的丰硕成果，因而荣获交通部 1989 年优秀设计一等奖和 1991 年度国家设计金质奖，并获 1990 年度交通部优秀工程一等奖和国家银质奖。同时，该桥设计论文获国内优秀论文奖并出席 1988 年 6 月 20 日在英国召开的张拉结构学术会议，深得好评。2000 年获得首届"詹天佑土木工程大奖"，2004 年被评为首届"中国十佳桥梁"。

　　自洛溪大桥建成后，同类型桥梁的建设也日渐增多，1997 年建成的虎门大桥引桥超过了洛溪大桥的主跨度，达到了 270 米。

　　洛溪大桥建设中，为了尊重捐资人的愿望和发展旅游事业的需要，在大桥北岸建造了一座具有中国民族特色的大型牌楼；大桥南岸竖起了一座高 48 米的观景楼,登楼远望,珠江两岸风光尽收眼底。还建有纪念亭和几万平方米的桥头公园,既使捐资人满意,又美化了环境。何添先生为公园题名"洛浦公园"。由于有了这些土木工程的衬托,与大桥交相辉映,使得大桥更显得多彩多姿,蔚为壮观。(浦增钤) 桥

新石拱桥王—丹河大桥

丹河大桥位于山西省晋城市泽州县珏山脚下,连接晋(城)焦(作)高速公路。它是一座特大跨径的石拱桥,在建成之后,成为了中国与世界上跨度最大、高度最高的石拱桥,为世界之最,在中国与世界桥梁建筑史上写下了新的一页。

丹河石拱桥于1997年12月10日开工建设,2000年9月20日竣工。全桥长425.6米,宽24.8米,高81.6米,主跨径146米。高度中国首屈一指,跨度世界第一。2003年出版的《中国桥谱》中介绍:"上部结构为空腹式变截面悬链线石板拱,为世界最大跨径的石拱桥,首次成功采用实体单元与空间杆单元联合建模方式实现分环砌筑石拱桥的施工仿真模拟,并填补了中国高标号大型砌体结构力学指标空白。"交通部组织的专家鉴定委员会认为:"该工程和相关研究成果,总体上达到了国际领先水平。"这座桥的设计,注重了与山区地理及人文环境的和谐,继承和弘扬了我国桥梁建设的民族传统,成为我国公路桥梁大家族中的重要一员。

石拱桥在我国源远流长,是世界建桥史上的一个创举,是劳动人民智慧的结晶,因其取材易、造型美、寿命长、承载力大而享誉世界。像我们耳熟能详的赵州桥,就是一个典型的代表。丹河大桥为何要采用石拱桥的桥型呢?原因是晋焦高速公路连接山西省晋城市和河南省焦作市,是山西打通太行山、挺进中原、靠近沿海的一项重要工程。鉴于地势险峻,要跨越丹河天堑,最适合的是建造一座特大型的大跨径石拱桥。为此,专门组建了一个设计、施工、技术研究等方面的课题组,聚集了全国公路石拱桥方面的著名专家,进行科技攻关。负责桥梁设计技术攻关的交通部第一公路勘察设计院,使用最现代化的仿真计算手段,进行桥梁结构设计,使假定拱轴线尽量符合实际,接近成桥拱轴线。担负原材料试验研究任务的西安公路交通大学,对产地材料进行了

科学试验,对砌体基础数据进行了科学求证。重庆交通学院则按 10∶1 的比例建成一个实体桥,进行了动载、静载实验,检查了设计的可靠性。石家庄铁道学院、西安公路交通大学、西南交通大学对钢支架进行了专题设计和比较验证。可以说,科研课题组的每一项技术突破,每一项技术和工艺规范,都可以载入我国公路石拱桥教科书。

丹河大桥建筑工艺复杂,施工难度大,仅主拱就是由 34409 块上吨重的花岗岩拱石分为 5 环砌筑而成。主拱架高 70 多米,承重 6 万多吨,仅万能杆件就使用了 3700 多吨。

施工的重点是主拱圈的砌筑,遇到的最大问题是如何使主拱架均衡受载,如果出现偏载,轻则将主拱架压偏,重则压跨主拱桥。经过集思广益,大桥项目部制定了分环(5 个环)分段,对称均衡砌圈,环环合龙、环环受力的施工方案,解决了这一难题。为确保万无一失,山西省交通科学研究所在主拱预埋了大量应变盒,在支架贴了大量应变片,监控主拱受力情况和支架各部分应力变化。多断面地安装了观察标尺,用精密水平仪观察支架下沉情况,一有异常立即采取应对措施。经过 133 个昼夜精心、艰苦地施工,主拱圈顺利合龙。又经过一年多的奋战,全桥建筑圆满竣工。丹河特大跨径的石拱桥,在设计、施工、科研上都为我国的桥梁建设提供了宝贵经验。权威专家指出:"由于该大桥主拱部分具有跨度大、净空高、拱圈石料重的特点,因此施工拱架尤为重要,本桥的施工拱架采用钢支架和木拱盔组合方式,钢支架部分利用万能杆件拼装",取得了安全可靠的效果。其美丽壮观的造型,也为当地增添了一处旅游新景观。 桥

邕江大桥的跨越

邕江大桥是交通部"八五"联合科技攻关项目,是架设在广西邕宁县城邕江之上的一座中承式钢筋混凝土特大拱桥。1992 年 10 月开工,1996 年 12 月建成通车。全桥长 412 米,宽 16.5 米,主跨径为 312 米,一跨过江,时为世界同类桥型中的第一。建成后的大桥,只见两道弯弯的涂有鲜艳色彩的钢筋混凝土拱肋,如同彩虹般凌空飞架在江面上;两拱之间紧紧夹撑着四车道的桥面,宛若月色泻地般越过江面。全桥壮丽夺目,气势恢弘。

所谓中承式拱桥,其桥面位于拱肋的中部,它比修建上承式拱桥难度大。但是,中承式拱桥能使桥面适度降低,其引道、引桥也可缩短,避免了汽车爬坡上桥之难,因此比较适宜在城市中建造。据专家介绍:建设特大跨径的拱桥,难度在于施工环节上。邕宁邕江大桥的最大难题,就是如何稳当安全、万无一失地把成千上万吨拱肋构件吊装成拱。仅就拱肋而言,钢骨架重达千吨,而缆索吊装系统一次起重能力一般只有 40～60 吨。这就需要将其分段制作,把钢材焊接成 18 段钢骨架构件,然后一段段地吊装悬拼,形成拱肋雏形。如仍沿用卷扬机滑车组系统悬空拼装,施工复杂,且危险性大。

面对施工中出现的困难和风险。大桥设计与施工技术科研项目的课题组长、总工程师郑皆连,同课题组的成员大胆探索。终于提出了应用千斤顶斜拉悬拼新工艺,经试验获得成功,且日臻成熟。具体方法是,在两岸搭起高塔,接上一根根通过钢塔的高强度钢丝,用千斤顶斜拉、控制着悬在空中的构件,一段接一段地扣挂、拼装。过去使用卷扬机滑车组扣索系统,只是凭经验和感觉操作,难以准确调控,危险性较大;使用油压千斤顶,可准确显示拉力数据。按照计算机算出的参数,看着千斤顶上的显示,沉着地操作着千斤顶,时紧时松,方便准确。据有经验的工程人员介绍:过去悬拼 5 段后就成了危险区,此次悬拼数十段也没有问题。这说明,修建四五百米跨径的特大拱桥,施工技术上的难题被攻克了。

同样,应用千斤顶斜拉控制,对拱肋外包混凝土实行连续浇注,也获得成功。钢骨架合龙成拱后,还需要浇注 5000 立方米、1 万多吨的混凝土,外包钢骨架,形成钢筋混凝土拱肋。如按老办法,邕宁邕江大桥需分 8 个工作面进行灌注,很麻烦。科技人员巧妙地使用千斤顶斜拉扣挂技术适时调载,使混凝土浇注时拱肋的应力和变形控制在允许的范围内,并实现了从两边拱脚直到拱顶的连续浇注。运用此法,稳定可靠,既节约设备、材料,又加快了施工速度,仅用 4 个小时就完成了过去要一个月才能完成的浇注量,并避免了多段浇注产生接缝过多而削弱拱肋强度的问题。

邕宁邕江大桥的成功修建,把中承式钢筋混凝土拱桥跨径的世界纪录提高了 72 米,并为建设 500 米以上特大跨径的拱桥开发出了成套技术。成功运用了无支架缆索吊装合龙、预应力斜拉扣挂输送泵连续浇注钢筋混凝土、斜拉扣挂调整应力和挠度等新工艺,从而迎来了拱桥建设的新时代。桥

虎门大桥的科技成果

　　虎门大桥位于广州市东南约 42 公里处珠江三角洲中部,坐落于鸦片战争的虎门古战场,跨虎门水道,是广州—深圳—珠海高速公路跨越珠江的特大型公路桥梁。它东起东莞市虎门镇,与广州—深圳高速公路相接;西至番禺市的南沙开发区,与广州—珠海高速公路相连,是珠江三角洲高速公路网的重要组成部分,也是广东沿海的重要公路交通枢纽,对沟通香港、澳门与广东沿海交通及促进国民经济的发展具有重大意义。

　　虎门大桥于 1992 年 10 月 28 日动工兴建,1997 年 4 月 28 日竣工,历时 4 年 6 个月,比计划工期提前了 8 个月,赶在 1997 年 7 月 1 日香港回归祖国之前,于 6 月 1 日正式通车。

　　虎门大桥工程规模大、结构新、技术工艺复杂,为建设现代化大跨径悬索桥积累了经验。大桥含两岸引桥在内全长 15760 米,其中主桥长 4588 米,桥宽 35.6 米;设 6 车道,昼夜通车量可达 12 万车次,设计行车时速 120 公里;主航道为单跨悬索桥,跨径 888 米,为当时我国率先施工的规模最大的悬索桥,全焊接加劲梁、平行钢丝主缆;辅航道为主跨 270 米的预应力混凝土连续刚构桥,居当时世界同类桥梁之首。主航道通航净高 60 米,宽 300 米,可通航 10 万吨级海轮;辅航道通航净高 40 米,宽 160 米,可通航万吨级海轮。大桥全面实施闭路电视监控等现代化交通工程系统管理。大桥还包括东西威远、南沙两座互通立交桥,一座全长 2530 米的太平特大桥及三座高架桥、三条隧道。工程穿山越岭,跨河渡江,气势磅礴,雄伟壮观,它是我国现代大跨度悬索桥的开端,有着丰富的创新点。

　　在选址上,设计者根据国务院"既要建好大桥,又要保护文物"的指示精神,经多年努力,从 10 个桥位、桥型中成功地选定了技术先进、经济、桥梁景观协调、文物影响最小又能反映我国改革开放新面貌的设计布局和建筑结构造型。

　　鉴于虎门大桥工程所处的地质条件极为复杂,又处在台风登陆区域,平均风速每秒钟 46.3 米(50 年一遇),设计风速 61m/s,又受潮汐影响,水流方向随退潮涨潮而成顺流或逆流变化,常水位深 5~25 米,大部分桥墩基础需要在水中施工。施工中大量采用大直径钻孔灌注桩,将桩的底部嵌入基岩中,根据桩身长,岩石强度高、地质复杂的特点,选用了冲击钻和回旋钻机结合的成孔机械。由于桥址处水深流急,风浪巨大,为保证桩基质量和施工安全,水中墩施工均采用了固定平台。用6毫米厚的钢板卷成直径为1～1.2米的钢管作为平台桩柱,用六四式军用梁作承重梁。

对上部结构的两条主缆、吊索和钢箱梁,首次在国内成功地设计、制作、架设了每股127丝的大型预制索股和工艺难度达到世界先进水平的大型铸焊组合型主、散索鞍。每条主缆由110根索股组成,每股127丝,直径为5.2毫米镀锌高强钢丝,一条主缆钢丝总数13970丝。每根主缆在空中经紧缆机挤成直径687.2毫米的圆形,一根标准索股重34.8吨。吊索为直径52毫米圆股钢丝绳。

通过风洞试验,对施工期间与成桥后的抗风性能进行了分析,验证了设计参数,提出了箱梁拼装过程中安全渡台风的技术措施,保证了大桥的抗风稳定性。在国内率先设计采用气动性能优越的扁平流线型单室钢箱梁,上下游方向设风嘴。桥轴线处箱内净高2.99米,两主缆中心距33米,全宽35.6米,并采用正交异性桥面板结构,板厚12毫米,下翼板及腹板厚10毫米,加劲梁每4米设一道横隔板。全梁分成39个梁段,其中标准段34个,每段长24米,重约300吨。首次采用箱梁节段间全焊连接的结构形式,并解决了在箱梁吊装情况下焊缝间隙调整工艺和焊接技术。经过超声波探伤和射线严格检验,焊缝质量100%合格。

东桥塔为群桩,西桥塔为分离式扩大基础,钢筋混凝土门型桥塔,明挖扩大基础重力式锚碇,西锚锭采用地下连续墙施工。这是我国首次在桥梁基础中采用地下连续墙防水技术,不仅解决了悬索桥西塔基础岩面严重不平给施工带来的难题,而且为我国今后大型桥梁基础设计、施工提供了经验。在国内悬索桥钢箱梁、锚室、鞍室中首次设计采用全自动抽湿防锈技术。首次设计开发出一套完整的大跨度现代悬索桥结构分析程序,不仅用于虎门大桥工程,而且被国内数座悬索桥所应用。通过试验研究和工程实践,首次建立了系统而完整的悬索桥上部构造施工监测与控制技术,为建成高质量悬索侨提供技术保证。经过技术攻关和国外专家技术咨询,开发出一套完整的悬索桥上部结构先进施工工艺,并达到当代国际悬索桥上部结构施工的先进水平。研制出高水平的悬索桥施工专用设备,其中卷扬机提升式跨缆吊机达到世界先进水平,并独立开发了更适用于特大跨径悬索桥钢箱梁吊装的液压千斤顶提升式跨缆吊机。研制成功的紧缆机,其整体结构和使用性能达到了国际先进水平。

在技术理论上,首次编制出我国《悬索桥全焊加劲钢箱梁制造及工地焊接技术规程》,首次制定出21种有关索股制作、吊索制作、钢箱梁制作的技术规程和施工细则等,丰富了我国大跨度桥梁的技术宝库,对推动我国桥梁科技进步具有重大意义。

跨越虎门辅航道的预应力混凝土连续刚构桥,主跨270米,建成时居世界同类桥梁的最大跨度,其主要创新点是:在箱梁预应力配索中,在世界上率先采用顶、底板预应力索的配索技术,严格有效地控制主拉应力,解决了箱梁裂缝控制的技术难题,并为结构轻型化和简化施工创造了有利的条件;有关混凝土箱梁施工监测与控制技术的研究,在分析产生误差原因的基础上,提出每节箱梁三阶段监测法,通过建立挠度预测模型与引入计算调整系数保证了成桥后的线型和高精度合拢,其合拢偏差5.1毫米(规定桥轴线偏差10毫米),合拢两端在自然状态下高差误差3.3毫米(规定10毫米),创造了世界同类桥梁的最好记录;通过混凝土箱梁悬臂施工三种最不利工况的气弹模型风洞试验和抗风计算,采取了一系列有效的抗风措施,保证了混凝土箱梁悬臂施工的质量和安全,为同类桥梁解决长悬臂施工安全的关键技术问题提供范例。

在国内首次运用全球定位系统技术对悬索桥和连续刚构桥主要结构的定位和变形监测,为以后在大江大河和海湾上修建大跨度桥梁解决了控制测量的难题。在交通工程中首次采用"统一收费,电脑分账"的模式,合理设置收费站。采用风速与能见度报警系统,保证了大桥的安全和正常运营。

虎门大桥是完全依靠我国自己的力量成功建成,推动了我国特大跨径桥梁技术跃上新台阶,为我国进入特大桥梁技术的国际先进行列打下了坚实的基础。江阴长江公路大桥、厦门海沧大侨以及规模更大的伶仃洋大桥和琼州海峡大桥,都应用了虎门大侨的科技成果。虎门大桥设计、施工、科研成套技术的推广应用有着极为广阔的前景,必将创造更为巨大的社会和经济效益。

这座大桥是由交通部公路规划设计院设计,广东省公路工程总公司总承包施工。该桥获得了全国第九届优秀工程设计金奖、第二届"詹天佑土木工程大奖"、国家科技进步二等奖、交通部科技进步特等奖、交通部优秀设计一等奖、交通部优质工程一等奖。 桥

获多项大奖的江阴长江大桥

　　江阴长江大桥是经国务院批准的国家"九五"重点基础设施建设项目,是国家规划的"两纵两横"国家主干线中黑龙江同江至三亚公路主骨架的跨江咽喉工程。大桥于 1994 年 11 月开工,1999 年 9 月建成通车,为国庆 50 周年献上了一份厚礼。权威部门评价是:"建桥技术达到国内领先、国际先进,代表我国 20 世纪 90 年代造桥最高水平,将作为本世纪我国造桥工程建设新的里程碑,跻身世界桥梁前列。"大桥建成后,获得了交通部公路工程优秀设计一等奖、国家级优秀工程金奖,还获得了我国建筑领域最高奖的詹天佑土木工程奖,在国际上获得了尤金·菲戈金奖。江泽民为大桥题写了桥名,出席了通车典礼。整座大桥设计和施工都很卓越精良,规模大、标准高,技术难度也特别大。主要表现在:

　　一、大桥选址合理,设计精致。长江流经江苏省境内为 400 公里,原来仅有一座南京长江大桥,已经不能满足江苏乃至全国经济发展和人民生活的需要。经过 7 年多的前期准备工作,设计者对 25 个桥梁结构方案和 24 个隧道方案进行了比较,按照"安全、实用、美观"的设计要求,成功地选定了一个技术先进、经济实用、景观协调,一跨过江的悬索桥方案。在选址上,最终选择了江阴西山到靖江十圩港东侧这个桥位。因为,这里江面最窄,仅 1.4 公里,其上下游均在 2.5 公里以上。南岸是山体,有利于大跨桥梁的基础工程和引道工程施工;此处河道稳定,江面窄,水深 60 米,无墩碍航;北岸第四纪覆盖层厚达 70～80 米,尽可能采取了轻型结构。

　　二、大桥为大跨径钢索桥,主跨径 1385 米钢箱形加劲梁,宽 36.9 米、高 3 米,采用全焊接结构,是我国第一座跨径超千米的特大型悬索桥梁,建成当时,列中国第一、世界第四。大桥全长 3071 米,按 6 车道高速公路标准设计,设计行车速度为每小时 100 公里,桥面宽 33.8 米,桥下通航净高 50 米,可通过 5 万吨巴拿马散装货船。

　　三、大桥的主桥桥塔为 196 米高的钢筋混凝土门式塔,桩基为钻孔灌注桩,南锚锭为重力式嵌岩桩,北锚锭为沉井基础。北锚碇位于软土地基上,首次将特大型整体沉井基础用作大跨悬索桥的锚锭基础。沉井长 69 米,宽 51 米,下沉 58 米,为世界第一大沉井。沉井下沉穿过 4 种不同的土层,下沉过程长达 20 个月。实践证明设计和施工是成功而又经济的,为我国今后大型基础设计施工提供了经验。

四、大桥的两根主览索总重量为 1.68 万吨,长 2200 米。首次对边跨主览和中跨主览采用不同的直径。即中跨采用直径 876 厘米,边跨直径 897 厘米,每根主览采由 169 股组成,每股由 127 根直径 5.35 毫米的高强度镀锌钢丝组成,钢丝总长 9.5 万公里。不仅可提高全桥刚度,还可节省主览钢丝,减轻重量 1400 多吨,效益显著。

五、防风抗震性能良好。大桥位置处于风速不太大的地区,恰到好处地满足了抗风稳定要求,但因距入海口只 200 公里,平均每年仍受 2～4 次台风的影响。为此,主梁采用带风嘴的流线型箱梁和加劲梁断面,不会发生颤振、抖振、涡激共振。

大桥地处设防烈度为 7 度的地震区,跨度大、南北两岸的场地条件截然不同、南北主塔及锚锭基础形式不同,为此,设计者采取了诸多措施,在抗震计算中采用多点激振输入方法,取得了很高的科研价值。 桥

北京第一座斜拉转体桥

北京第一座斜拉转体桥,位于五环路西南段,跨越石景山铁路编组场的咽喉处,南与永定河大堤相邻。该桥于 2003 年 8 月 7 日建成,使历时三年的五环路全线贯通。这种以转体施工的斜拉桥,国内外共有 6 座,中国有 4 座,比利时和法国各一座。

这是一座城市高架桥,全桥长 1181 米,其中主桥为四跨连续箱梁独塔单索面斜拉桥,长 166.7 米,宽 29 米,双向 6 车道,重 14000 吨。塔高 52 米,成倒"Y"字型,桥下净高 9 米。共有 6 组 12 根斜拉索,是由直径 18 厘米镀锌高强度钢丝热挤乙烯构成。

这种转体施工的方法在一般道路施工中很少使用,技术含量高、难度大,只在特殊地理位置才加以运用。石景山南站铁路编组场内共有 7 条铁路:北京—原平、丰台—北京、丰台—沙城、首钢专用线、北京锅炉厂专用线、101 专用线、列车迁出线。在这一路段运输最为繁忙,平均每 3～5 分钟就要通过一趟列车。在如此繁忙的地段若按常规的方法进行现场施工,对过往的列车存在着安全隐患。还有一个原因,就是这 7 条铁路线的距离过窄,在现场灌注

时,必然要搭起施工架,这样就会占用部分空间,同样会给列车行驶带来安全隐患。于是决定,在铁路线的西侧,预制好一座桥梁,通过主桥斜拉转体,再与引桥对接,这就保证了正常的铁路交通运输。在转体的当日,铁路运输中断了95分钟,停运列车156趟,但如果按常规方法施工,铁路将停运一个月,其经济代价就会很大。

预制的主桥顺利转体49度,其奥妙处就在于:以桥墩为轴心,在塔基内部设置了两个半球的机关,叫"球铰",直径3.8米,犹如门的轴。这两个球铰像碗一样摞在一起,中间放有500多片四氟片,这是一种非常滑润的特殊材料,充当润滑剂,用来减少磨擦力,转动时磨擦系数只有0.016,也就是说只需用100多吨的拉力就可使14000吨桥体发生平面转动。转动时,桥墩处放置的两个200吨级的液压千斤顶拉动塔基上的钢索,在牵引力的作用下,球铰就像磨盘一样带动重达14000吨的桥梁转动。为使桥梁的重量均匀传递到球铰上,球铰1分多钟旋转1度,斜拉桥身随之位移。出于安全考虑,还在桥墩处设置了六组支撑脚平衡荷载。万一桥体在转动过程中发生倾斜,这些柱墩可以产生足够的支撑力。

还有一个有趣的现象,大桥两边的长度并不对称、重量也不相等。这么一个庞然大物要是真的平衡、相等了,转动起来就会有飘飘悠悠的感觉,倒不稳当了。所以,朝向铁路一侧的桥身长度是86.7米,另一侧的长度是80米。而短的一边倒比长的那一边重30吨左右。毕竟北京建造斜拉转体桥还是第一次,风险还是有的。因此,建设者有意把轻的一面放在铁道这边。万一桥体砸下来,也会倒向远离开铁道的那一边,不会损害铁轨。

在经过了68分钟行进,桥身在空中划过了637米的弧线,完成了49度的位移,与两侧的引桥准确对接,这就使五环路冲破了一个重要的关隘,全线贯通。 🌉

汇聚中国顶尖技术的润扬大桥

在江南名城扬州与镇江之间的长江上,架起了中国公路建桥史上第一座由悬索桥、斜拉桥和高架桥连成一体的组合式桥梁——润扬长江公路大桥。它位于京沪高速公路和沪蓉国道主干线节点上,是国家公路网中一个重要的枢纽性工程,对完善我国公路网,促进苏南、苏北交通网络一体化,推进江苏南北乃至长江三角地区的经济发展有重要作用。

润扬大桥是国家级重点交通建设项目,2000年10月20日开工建设,2005年5月1日正式通车,历时四年半,比计划工期提前了半年,总投资57.8亿元。大桥由北接线、北汊桥、世业洲互通高架桥、南汊桥、南接线及延伸段等部分组成,工程全长35.66公里,其中主桥长7.21公里,是我国工程规模最大、建设标准最高、技术工艺最复杂的大桥之一,被交通部授予了"交通建设项目典范"称号。这座桥至少在八个方面刷新了中国建桥的纪录。

一、第一大跨径。南汊桥为单孔双铰钢箱梁悬索桥,跨径为1490米,为当时中国第一、世界第三。桥下可通行5万吨级巴拿马型货轮。

二、第一大锚碇。悬索桥北锚碇基础为长69米、宽50米、深50米,能承受6.8万吨的主缆拉力,由近6万方混凝土浇筑而成,为国内第一,世界罕见,被誉为"神州第一锚"。其围护结构由厚1.2米,平均深54米的嵌岩地连墙,12道钢筋混凝土水平支撑及32根钢管混凝土立柱桩组成。

三、第一特大深基坑。"神州第一锚"的基坑,是世界上罕见的特大基坑,开挖深度50米,开挖土方近17万方,相当于17层楼高的一座地下城堡。建设中采用矩形地下连续墙施工方案,创造出我国大型超深基础施工的新记录。

四、第一高塔。南汊悬索桥索塔高度为215.58米,建成当时为国内桥梁中最高的索塔。

五、第一缠丝速度。悬索桥主缆缠丝是国内首次使用的"S"型钢丝,以50天的时间完成了全桥4759米缠丝施工,创造了国内缠丝施工新记录。

六、第一重钢箱梁。在悬索桥北塔桩基础承台施工时,采用了钢吊箱"分块制作拼装、一次整体性吊装"的方案。箱长65米,宽23.6米,高9米,重达1000吨,堪称"长江第一长吊"。

七、第一大面积钢桥面铺装。钢箱梁桥面铺装是一个世界性技术难题。在充分借鉴国内外经验的基础上,建设者采用了上层30毫米、下层25毫米环氧沥青混凝土方案。铺装总长度达2248米,总面积为70800平方米。

八、第一座刚柔相济的组合型桥梁。南汊桥主桥为单孔双铰钢箱梁悬索桥,北汊主桥采用176+406+176米的三跨双塔双索面钢箱梁斜拉桥,是我国第一座刚柔相济的组合型桥梁。

润扬大桥的技术创新体现在工程建设的各个方面,涌现出一批科研成果,运用了许多新工艺、新材料、新设备,创造了国际一流的精品工程。

一、排桩冻结施工法写进世界桥梁史。悬索桥南锚碇开挖总方量超过10万方。在江边软土地基上，面临着巨大的水土压力和大量的地下水渗流问题，国际上尚无先例可循。建设者是将煤矿施工中的"排桩冻结法"移植到大桥建设中来，实现了排桩和冻结两大施工工艺的首次结合，成为建桥技术上的历史性突破。

二、国内特大桥梁工程首用低碱水泥。大桥设计使用寿命要求 100 年，为了保证润扬大桥混凝土施工质量，确保润扬大桥工程的耐久性，建设者们在大桥建设中首次全面推广使用了低碱水泥，极大地提高了工程耐久性。

三、环环相扣建造安全之桥。以"优质、安全、高效、创新、环保，建成世界一流的精品工程"为目标，确立了"润扬大桥无小事、无易事、无虚事"的"无缝隙"工程管理理念。在南北锚碇基础施工中，共埋设了 3800 多个监测点，使整个基坑始终处于受控状态。首次在南汊悬索桥猫道架设中采用无抗风缆系统，达到了安全性、舒适性都非常好的效果。

四、首次应用自平衡测试技术。这项技术在国际上也是最高等级，在国内是首次使用，在一年多的时间里，共进行了 6 根试验桩的测试。

五、大直径钻孔灌注桩世界第二。润扬长江公路大桥塔墩基础为大直径钻孔灌注桩，其中悬索桥南塔桩直径为 2.8 米、承载力 12000 吨，为当时国内最大，世界第二。

六、南北锚施工技术世界领先。北锚碇基础采用地下连续墙工法施工，南锚碇基础采用排桩冻结壁工法施工。创造了国内支护结构嵌岩最深和最大的记录。

在润扬大桥南北锚施工过程中，对地下连续墙垂直沉降、平面位移、纵向变形、墙体钢筋应力、内支撑轴力、立柱桩内力、坑内外地下水位、坑外孔隙水压力、坑外地基沉降、长江大堤及附近建筑物变形等进行监测，共埋设测点1800 多个，对大量的监测数据进行分析处理的基础上，做出了空间模型计算反演分析、神经网络反演分析预测、结构安全复核计算（正演计算）等，整个工程施工都有各种实测数据做支撑，堪称数字化工程。

大桥建成后获得了建设部、铁道部、交通部、中国土木工程学会、中国建筑业协会、中国建筑学会联合评选的《2005 年全国十大建设科技成果奖》🌉

外海长虹——东海大桥

东海大桥是外海上空升起的长虹，在碧波万顷的海面上蜿蜒伸展，宛如条雄姿矫健的长龙，气势恢弘，蔚为壮观。它起始于上海南汇区芦潮港，北与沪芦高速公路相连，南跨杭州湾北部海域，直达浙江嵊泗县小洋山岛。东海大桥工程于 2002 年 6 月 26 日正式开工建设，经过 35 个月的艰苦地科学地施工，于 2005 年 12 月 10 正式通车，是我国建成当时最长的跨海大桥，也是真正意义上的外海大桥。

东海大桥是由 2 座大跨度的海上斜拉桥、4 座预应力连续梁桥，大量的非通航孔桥以及连接 2 个岛屿之间的一条海堤共同组成。大桥按双向 6 车道加紧急停车带的高速公路标准设计，桥长 32.5 公里，桥面宽 31.5 米，设计车速每小时 80 公里，可抗 12 级台风、七级烈度地震，桥墩按万吨级防撞能力设计，基准期为 100 年。大桥设一个主通航孔和三个副通航孔，主通航孔离海面净高达 40 米，相当于 10 层楼高，净宽 400 米，可满足万吨级货轮的通航要求。设 1000 吨级副通航孔一处，通航净高 25 米，净宽 140 米。设 500 吨级辅通航孔两处，通航净高 17.5 米，净宽分别为 120 米和 160 米。

大桥在建设中遇到了许多难题，在缺少现成海上桥梁施工规范与工艺标准的情况下，科技人员最终解决了海上大桥的防腐、GPS 卫星定位打桩、超大体积混凝土箱梁预制与吊装等一系列难题，海上建设者以孤岛、平台、桥洞为依托，在极艰苦条件下完成了预定施工计划。以海上施工为例，全长 32.5 公里的东海大桥，有 25 公里是在海上施工，桩基共有 9000 余根，海上是 5697 根。在桩基类型上，最长的钢管桩达 81 米，钻孔灌注桩直径达 2.5 米，其长度与直径在国内罕见。最初，每天只完成 4 到 5 根，经过总结经验、增加设备、改进工艺，充分利用有效时间，逐步达到每天可完成 50 余根。

在远离海岸 20~30 公里处施工，初期只有 5 个测量控制点，使用的是常规的仪器。不久，建设单位引进了 GPS 沉桩定位系统，解决了海上沉桩快速定位的关键技术难题，加快了沉桩速度，保证了精度，提高了工程质量，使整个沉桩工程偏位控制在 30 厘米误差的正位率达 96％，标高误差控制在 3 厘米之内。在沉桩施工中，建设单位还采用了围令式的夹桩方法，加快了进度，保证了桩基的稳固；改进了吊装工艺，优化吊装点，使吊装作业更为快速、安全、有效；改进了替打结构形式，采用敞开放射型和分离活动式替打，缓解了涌浪对替打的损坏，由一个替打只打 10 根桩，加快到 200 至 300 根，提高了效率。

大桥建设中遇到的另一个难题也是一个值得提及的亮点，就是承台施工中套箱裂缝的问题。2005 年 5 月在承台施工期间，预制混凝土出现了不同程度的裂缝，在排除多种原因之后，施工停顿了下来。由于这种情况在国内从未遇到过，要解决这一问题难度很大。时任中交建设集团第三航务工程局科研所总工程师的时蓓玲（女、博士、高工），临危受命带领课题组赴海上进行调查分析和大规模的现场试验，仅用了四个月的时间找出了真正的原因，在解决了混凝土合理配比的同时，又采取了一系列措施，为工程质量和如期完工提供了技术支持，仅混凝土材料方面就节约 600 万元，也为今后类似工程施工提供了有益的经验。

东海大桥是上海国际航运中心深水港工程的一个组成部分。大桥不仅是洋山深水港区连接上海及长三角腹地的唯一陆路通道，而且是港区供水、供电、通讯服务的主要载体。

东海大桥托起洋山深水港区，作为我国经济发展的重大战略举措之一，是要尽快把上海建成国际经济、金融、贸易、航运中心，上海港将以此为起点向国际航运中心的目标迈进，这将对我国参与国际竞争产生重大影响。

据权威部门预测，到 2010 年，我国沿海港口的集装箱吞吐量将达到 1 亿标箱，其中长江三角洲地区集装箱吞吐量将达到 3600 万标箱，占全国的 36％，在区域经济中名列第一。洋山深水港区的将促进"以上海为中心、江浙为两翼"的上海国际航运中心的形成。其总体规划是：大小洋山地区共可布置 50 多个大型集装箱泊位。到 2020 年，先期在小洋山岛一侧形成约 11 公里深水岸线，布置 33 至 35 个集装箱泊位，码头实际通过能力为 2000 万标箱左右。大桥能满足 2020 年洋山港区集装箱陆路集疏运需求。

大桥建成后，于 2005 年 10 月 31 日晚 8 时，迎来一群特殊"考官"——24 辆重约 55 吨的集装箱卡车，均装满最高荷载的渣石，总重达 1320 吨左右。在三上三下的车道上排成六列，分别以每小时 10 公里、20 公里、40 公里、60 公里的速度重压大桥，特别是对主通航孔进行荷载试验。检测人员还分别测试了大桥的抗风、抗震等性能，均获得了满意的效果。

东海大桥的建成通车，是我国桥梁建设历史的一个缩影。在上海 600 多平方公里的土地上，已经有 5 万多座桥梁，主要是依黄浦江、苏州河而建。从上海的放生桥、到外白渡桥，从南浦大桥、到如今的东海大桥，上海的桥梁由跨河越江，终于伸向了大海深处。它也标志着我国的桥梁建设从长江、黄河走向海洋大国的一个起点。东海大桥，无论从设计、施工、管理，还是从技术规范和建桥理论上，都将为我国跨海大桥的建设提供有益的经验。大桥的建成，将成为我国桥梁建设史上一座新的里程碑。⑱

桥梁设计的精锐之师

在江河上升起的彩虹,在海湾上腾起的蛟龙,许多耀眼的杰作,都出自中交公路规划设计院(以下简称"公规院")设计师们之手,在他们五十多年的历程中,创造了许多辉煌业绩,并且在续写着新的佳绩。他们完成了国家及省部级交通规划及建设项目可行性研究100余项;公路勘察设计近7000多公里;桥梁勘察设计100余座,其中跨长江、黄河及海湾的特大型桥梁50多座,有30多座大桥具有世界先进水平。在公路桥梁勘察设计方面,始终处于国内领军地位,多座桥梁设计位列世界前茅,获得了我国建筑领域最高奖的詹天佑土木工程奖、"鲁班奖"、茅以升科学技术大奖、国家级优秀工程设计金奖、还在国际上获得了尤金·菲戈奖等。近20年来累计共获得省部级以上奖励134项。他们描绘了一道道巨型"彩虹",攻克了一个个技术难关。在2006年首届中国桥梁文化周上被评为"十大桥梁英雄团队"。媒体的赞语是"做世上维艰之事,攻天下难攻之关。"

辉煌路上的起步

该院于1954年8月23日诞生,至1957年,4年里共完成了212条公路的不同阶段测设,累计里程4万多公里;完成桥梁测设70余座,总计8400多延米。同时,编写了中国第一代公路桥涵设计施工、养护等方面的技术规范、概预算定额以及公路桥涵标准设计图等。

从1978年至1998年完成的公路桥梁设计中,很多是新中国桥梁史上的"第一":第一部公路桥梁设计规范(草案),第一座装配式肋拱桥、第一座薄壁箱拱桥、中国最大(也是东亚最大)的钢拱桥、第一座悬挂式拼装的预应力T型钢构桥、第一座钢筋混凝土箱形拱桥以及第一座预应力简支梁桥等。这些成就,在后来看来虽然已不再那么伟大,但仍是值得骄傲的,因为它是中国公路、桥梁设计事业发展的基石。

辉煌路上的加速

从1978年至1998年期间,随着改革开放的潮流,特大型桥梁设计水平迅速提高。从1982年建成的四川泸州大桥开始,该院就进入了特大桥梁设计快速发展时期,到2000年前后,独立或合作设计并建成通车的黄河、长江、珠江及海湾上公路特大型桥梁有30多座。其中,江阴大桥、虎门大桥、海沧大桥、南京长江二桥、南京长江三桥、军山大桥、铜陵大桥等成为具有世界水平的桥梁。2003 年 6 月开工建设的苏通大桥，是一座双塔双索面斜拉桥，将创造世界"四个第一"：即最大主跨径——1088 米、最高桥塔——300.4 米、最深基础——120 米、最长拉索——580 米。与此同时开工建设的世界上最长的跨海大桥——杭州湾跨海大桥，是一座双塔双索面钢箱梁斜拉桥。全长 36 公里，水面长度 35.7 公里，建有水上观景平台。

1999 年后，中交公路设计院与交通部脱钩、转企，并入中国路桥（集团）总公司，成为真正意义上的企业，从而引发了该院观念、机制等方面的深刻变革。从计划经济体制下从事技术工作的事业单位，逐步转变成为能基本适应市场发展要求的科技型企业，并取得多方面的突破，合同额、营业额、利润额等各项指标，每年都以 30％以上的速度增长。2003 年，合同额为 1.3 亿元，营业额达到 9600 万元，利润额达到 960 万元。特大型桥梁设计继续保持强劲势头。独立或合作设计的阳逻长江大桥、南京长江三桥、苏通长江大桥、杭州湾大桥、深圳湾大桥、贵州坝凌河大桥（墩高 300 多米，堪称世界最高大桥）等世界级大桥，有的在建、有的已经完工。正在设计的舟山西堠门大桥主跨 1650 米，是世界第二大跨度悬索桥。广东东外环跨珠江的长 1168 米悬索桥，在索塔、锚碇基础等方面都有新的突破。

强大的科技队伍

这是该院不断提升和迅速发展的关键因素。全院共有各类专业技术人员 486 人，其中高级职称人员 189 人。其中包括设计大师 3 名，茅以升大奖获得者 1 名，享受国务院特殊津贴的 38 名，获省部级以上奖励的 76 人，交通部"十百千"拔尖人才和一批青年科技英才等，并为交通部等上级机关输送了多名优秀人才。

在人才培养和使用上，公规院采取了"积极引进"、"认真培养"、"大胆使用"、"适度竞争"的机制，拥有一支拔尖的专业人才队伍。院里几乎每年都要吸纳国内各院校优秀毕业生；对每个来院新生，都要配备一位指导老师（工程师）进行具体的帮助指导，使其迅速成长。

改革开放以后，公规院通过"送出去、请进来"的策略，加强了技术人员的培养。据统计，近 10 年来，仅出国培训、考察、交流就有 319 人次，相当于全院现有人员人均 1 次。同时，经常请国外著名专家、学者来院讲课，加强员工内部培训。仅 2003 年院内培训就达 750 人次。1984 年，还通过与美国路易斯·伯杰公司合作，成立了华杰工程咨询有限公司。通过这个窗口，引进了许多国外先进经验、管理方法等，并在此基础上进行发展，取得切实的效果。

公规院"大胆使用"、"适度竞争"的用人原则，也促进了人才成长。很多重大项目都由30多岁的年轻人担起重任，为中青年人才提供了事业进步的机会，并由此逐渐形成了业内有影响的人才群体，使"创新"、"育人"的指导思想成为企业文化的核心。全院连续多年被评为国家机关文明单位，2003年被评为全国交通系统创建文明行业先进单位。他们的目标是，用10年或者稍长的时间，发展成为"经济效益显著，社会信誉良好，企业文化成熟，优秀人才集中"的国内一流、国际知名、具有现代企业制度的工程设计咨询企业，培养出1至2名院士，1至2名设计大师，20至30名行业拔尖人才，继续保持行业领先地位，继续发挥"国家队"作用。

资质高优 雄厚装备

该院拥有工程勘察综合类甲级证书、公路行业（公路、特大桥梁、特大隧道、交通工程）设计甲级证书、建筑工程设计乙级证书和公路及水文地质、工程地质（公路）工程咨询甲级资格证书。1992年，经国家对外经济贸易部批准获得对外经营权。2001年通过GB/TI9000—ISO9000质量体系认证，主要承担编制公路技术标准、规范、标准图及公路工程概预算定额；承担公路工程可行性研究和项目评估；承接高等级公路、大型桥隧、交通工程、客运站场及公路沿线建筑设施的勘察设计；承担工程地质勘察、工程质量检测、综合物探、水文地质勘察等；并承揽国外工程的勘测、咨询、设计、监理；工程所需设备、材料出口；对外派遣勘测、咨询、设计、监理劳务人员等任务。

公规院配备有先进的岩土工程勘察、测试、分析设备和水文地质勘察、工程测量设备，先进的公路、桥梁勘测设计计算机软、硬件系统；藏有数万份国内外技术文献资料、技术档案。该院主办的《公路》杂志，为道路与桥梁建设鼓与呼作出很大贡献，是国家期刊百种重点期刊。

前程似锦 李雪光 刻

320

后　记

桥界泰斗茅以升先生曾写过不少桥梁文化方面的文章,深入浅出,生动形象,既写技术,又有趣味,还有文学性,使笔者看得津津有味,如醉如痴。

1984 年夏,我作为交通部公路规划设计院的行政干部,拜见了茅老之后,逐步萌生了写作这类文章的想法。1986 年,我到《中国交通报》工作后,方有了一定条件。从 1990 年起,开始了"原始积累",多方搜集资料和实地考察,并在报刊上发表文章。"苔花如米小,也学牡丹开。"我的学术水平与表达能力,自然无法与茅老相比,如牡丹与苔花,但在我写这本书时,十分注意向先生学习,以期尽力写出可读性强的作品。

笔者在阅读桥梁书籍、接触有关资料和对部分桥梁实地考察之后,感到:在写桥梁的书中,写技术的多,写文化的少;在写桥梁文化的书中,写科技与景观的多,涉及其他方面的少。因此,很想把丰厚广博的桥梁文化编撰成书,呈现给读者并留予后世,以达到"弘扬桥文化,助澜创新潮"的目的。在写作过程中,我不仅写桥梁的科学技术成果,建筑艺术特点;而且写桥与社会发展、人文情趣、史典轶闻、景观诗联等。努力使其成为一部具有科学性、史料性、文学性、趣味性的书籍;亦可作为旅游、科普、知识小品类的读物。文章的构成,基本上是一桥、一景、一典、一故事、一人物,把科技、哲理、趣味融在一起。

令我始料不及的是,这是一项很大的工程。开始没有想到会是这么浩繁复杂,写作过程中才觉得这并非易事,甚至觉得难以驾驭,力不从心。但是既然上了马就不能下马,就要下定决心,竭尽全力把它完成,并尽可能把它完成好。如鲁迅所言:"即使艰难,也还要做;愈艰难,就愈要做。"因此,即使一个数据、一个纪年、一首诗歌、一副对联我都尽可能查到原著或出处,有时要查找三天、五天,甚至一个月以上。有的文章是经过了多年的积累和提炼才写成稿子的,有的名人与桥的故事是从传记、历史事件、纪念文章中一点一点抠出来的。其中关于吟诵二十四桥的诗是从唐代杜牧的诗查起,一直查到近代,累计3000 多页。还有的典故释义,实在查不到了,就抱着"不怕先生嗔,只怕后生笑"的态度,向文史与技术专家请教,尽可能地避免以讹传讹。因此,也发现了一些数据不准、纪年不确、诗联讹释等方面的错误,在文章中得以纠正。

　　桥梁美学在桥梁建筑中有着重要的作用,故于 2000 年特邀时为汕头大学文学院院长於贤德先生写了一篇文章。先生所著《中国桥梁》一书,对我的启发很大。本书在撰写过程,还吸收与借鉴了其他作者关于桥梁文化研究的成果,恕不一一列举,在此谨表敬意和感谢。在《对联与桥》这一篇目中,特邀了当今楹联界杰出的高手撰写了几篇文章,品味很高。南京博物院院长金实秋先生的文章几乎涉及桥梁对联的各个方面,且文采飘逸流畅;中国楹联学会荣誉会长常江先生的文章生动活泼,华丽清雅,妙趣横生;中国楹联学会副会长常治国先生治学严谨,文史功底深厚,还为一些文章创作与补充了对联。书中有的对联、诗词与典故的解释,得到常治国先生的帮助和指导。中国楹联学会会长孟繁锦为本书组织了书法作品,各具特色,对此深表感谢。

　　中国文化研究院原副院长、红学家冯其庸先生为拙作题签,古建筑学家罗哲文先生为拙作写序,十分难得。这些耄耋之年的知名学者,所给予的支持,无疑是对我莫大的鼓励和鞭策。

　　本书在撰写过程中,交通部前总工程师凤懋润给予了热情的关注、中交公路规划设计院在出版上给予了支持。中国交通报社、中交公路规划设计院有限公司和《公路》杂志社、《中国公路》杂志社领导和同仁及其他友好,给予了许多切实具体的帮助,有的给搜集资料、有的提供照片、有的给发表文章、有的协助电脑制作、有的策划出版。他们是杜迈驰、谭鸿、杨平、李咏梅、张俭、谭昌富、吴卫平、杨秉政、刘布阳、周明、莫淘、经晓晔、谢天祥、高立林、高再学、王吉英、张晖等,这里一并表示谢意。

　　本书有三分之一的文章在中央及北京市的报刊上发表过,有的在全国性的征文比赛中获奖。但是,全书仍有缺陷、疏漏、偏颇之处,敬请诸公批评指正。

　　这本书的编写与出版实在是"拖"与"磨"得时间太长了,凡十年有余。有的在建桥梁已经竣工,有的人在职务职称上也发生了变化。我个人的原因是:1996 年退休后,先以三年时间编写了一部《交通对联选粹》;此后,又应北京市科协之邀,在科普网站作了近一年的主编;接着就是长时间的生病,更主要的是十分懒散,遇有困难就要放一段时间。幸亏这本书的时效性不强,终于在我古稀之年后勉勉强强地同读者见面了,让我也用一句演艺界的常用语吧:"希望大家喜欢! 谢谢!"

康志保

2007 年 8 月 22 日修改于北京亚运村

中华名人

百传

100 Biographies of Chinese Celebrity

【插图本】

下

◎唐洪简 编著◎

CHINESE

- 100 部光彩照人的传奇
- 100 种大开眼界的视野
- 100 条发人深省的感悟
- 100 则受益终生的教训

顿悟 启智 借

名人的传奇是让每一位读者惊愕的，他们的成功几乎集合了所有的历史偶然性；名人的视野是与常人完全不同的，只有这种不同才铸就了惊世伟业或千载骂名；名人的感悟是"上天"恩赐的，他们能集中全部资源博成败于一役；名人的智慧是日积月累的，没有精心设计的人生往往不值一提；名人的教训是切肤的，千里之堤往往溃于疲微蚁穴。